신앙의 영적성장과 교회 양적부흥
평신도가 3년에 성취하는 길
(100% 예수님의 방법론)
평신도의 필수 지침서

문만식 지음

바울서신

추천서

"초대교회 부흥을 일구어냈던 평신도들이 되기를!"

문만식 목사를 알게 된 것은 얼마 전에 원로 목사 탁구대회에서 처음 만났다. 대회를 끝마칠 무렵 문목사는 일어나서 말하기를 "혹시 여기 온 사역자들 중에 자녀가 목회하고 있으면 손들고 있으면 제가 가장 귀한 선물을 선사하겠다고 해서 손을 들었더니 책 한 권을 건네받았다. 탁구대회를 마치고 집에 와서 아들한테 전달하기 전에 한번 읽어봐야겠다고 생각하고 책을 집어 들었다.

제목이 마음에 들었다. "교회개척과 교회성장을 3년에 성공하는 길" 가능할까, 하고 읽어보는데 그 방법이 바로 100% 예수님의 방법이었다. 이런 사실을 성경에서 발견한 것도 대단한 일이며 실제로 문만식 목사는 맨손으로 어느 사람의 도움도 없이 3년 안에 땅을 사서 교회를 짓고 정말 300명 이상이 모이는 교회를 만들었다는 것이 가능할까, 하면서 더 읽어보니 이 모든 것이 성령하나님의 역사였음을 알게 되었다. 알고 보니 탁구 실력도 수준급이었다. 그래서 원로목사회 탁구 코치를 맡아 달라고 부탁을 한 바 있다.

2022년 11월에 출판된 이 책은, 사역하는 사역자는 반드시 읽고 표본을 삼았으면 하는 바람이다. 그리고 다시 문만식 목사가 다시 펜을 들고 쓴 책은 평신도 한 성도가 자신의 신앙 성장뿐만 아니라 교회 부흥을 예수님처럼 3년에 성취할 수 있다는 성경의 진리를 소개하는 책일 뿐 아니라 본인이 평신도 생활 10년 동안에 실제로 이루어 놓은 사실을 싣고 있다.

군에서 주일을 범하지 않기 위해 구타를 당해 50사단 의무 중대에서 사망선고를 내렸으며, 대구통합 병원에서 하나님의 은혜로 건짐을 받아

6개월 동안 병원 생활을 하는 중 헌병대에 끌려가 구타당한 사실을 진술하라고 했지만, 끊임없이 구타한 원수 같은 선배 동료를 고소하지 않은 것 때문에 1차 2차 3차 고문을 당하였다. 그 일로 인해 구타한 선배 동료는 예수님을 영접하고 새사람이 되기도 하였다. 그런데 이 일도 예수님 영접한 후 3년에 일어난 일이었다.

  신학교 3학년 때부터 미국, 캐나다 등 부흥회를 인도한 것도 성령의 역사였다. 문만식 목사는 은퇴 후에도 한국교회가 하향 곡선을 긋고 있는 모습에 그 원인분석을 하고 그 방법론을 제시하고 있는데, 그 방법론이 예수님이 걸어가시고 표본이 되어주신 방법론들이었다는 사실이다.

  아무쪼록 이 책이 한국교회 평신도들의 교과서가 되어 한국교회에 큰 부흥이 일어나 종말 시대의 복음의 마지막 주자로서 사명과 책임을 다하는 교회들이 될 수 있다는 확신을 두고 추천합니다.

2025. 01. 01
기독교대한감리회
서울연회 14대 감독
김　　기　　택

추천서

"사역자들에서 평신도들을 일깨우는 책"

　제 좋은 동역자이자 친구인 문만식 목사의 5번째 책을 집필한 것에 대해 먼저 축하와 찬사를 보내며 또다시 추천서를 쓰게 되어 무척이나 기쁨이 아닐 수 없다.
　저는 미국 버지니아 주에 있는 Regent Univ에 교수와 신학대학장으로 재직하고 있을 때, 문만식 목사는 M. Div 3년 D.min 3년을 하면서 교수와 학생이 아닌 동료로서 정을 쌓아 왔으며 벌써 3번째 추천서를 쓰게 되었는데 첫 번째 추천서를 쓴 책은 박사학위 논문으로써 우리 학교에서 유일하게 워싱턴 국립도서관에 비치되었으며, 이 논문을 한국에서 "교회 개척 시대는 지나갔는가?"라는 책자를 낼 때 썼으며, 두 번째는 "교회 개척과 교회 성장을 3년에 성공하는 길"이란 책인데 이 책은 동료 한 분이 영어로 번역 중에 있다는 소식에 미국에서도 많은 사역자가 볼 수 있었으면 좋을 것 같고, 세 번째 추천서를 쓰는 이 책은 사역자가 아닌 평신도 지침서로써 평신도 한 성도가 "자신의 신앙 성장 그리고 교회 부흥을 3년에 성취하는 길"이라는 책을 집필하여 또다시 출판한 것에 이 책도 앞으로 영어로 번역하여 미국에서도 많은 평신도가 읽어서 신앙 재정립의 기회와 한국보다 신앙의 타락이 더 심한 미국에 새바람을 일으키는 계기가 되었으면 하는 바람이 있다.
　현역으로 있을 때는 미국, 캐나다 등지에서는 유명한 부흥강사로 특별히 우리 학교가 오순절 계통의 학교인데 오순절 계통의 교회들에게 영적으로 많은 충전을 해 주었다. 또한 우리 학교 안에 기독교 방송 채널이 있는데 학위 공부하는 도중에 자신을 죽음으로 몰아넣은 원수를 사랑하여 대신 3차에 걸친 고문을 당한 것 때문에 구타한 선배 동료는 대구에 작은 깡패조직의 두목이었는데 회개하고 하나님께로 돌아오게 되었다는 생생한 간증이 지금도 귓전을 울리고 있다. 이 간증은 한국에서도 대박이 났던 사건이었다는 소문을 들었고 미국에 있는 한국 기독교 방송에서는 자주 이 간증을 틀어주어 한인들이 못 들은 사람이 없을 정도였다. 미국 사람들도 번역해 주는 사람들을 통해서 듣고 은혜를 받곤 하였다.

　은퇴 후에 벌써 두 권의 책을 낸 것에 문만식 목사를 평가해 보면, 사람이 늙어가는 것이 아니라 익어간다는 말로 대변할 수 있을 것 같다. 먼저 책이 사역자들을 위한 책이라면, 이번에 출판되는 책은 평신도들이 역시 읽어보지 않으면 안 될만한 책이라고 생각하고 이 두 권의 책으로 한국교회뿐만 아니라 세계교회에 새바람을 일으킬 수 있다고 생각되어 기쁜 마음으로 추천합니다.

2024. 8. 1 5
Regent Univ School of Divinity
전 신학대학장 및 교수 Vinson Synan Doctor

추천서

문만식 목사는 40여년의 목회를 마치고 한국교회 사역자들과 평신도들에게 깊은 감명과 메시지를 던져주고 있다.

그는 40여년의 목회에 30년은 개척한 교회에서, 남은 10년은 목회하기 어려운 교회를 찾아 목회를 마치었고, 김포에서 만나 그의 설교를 많이 들을 수 있는 기회가 주어졌다.

어떤 설교도 원고없이 마이크만 잡고 깊이있는 설교를 하는데 은혜를 많이 받았었다. 알고보니 신학교 때부터 미국을 비롯해 외국에 부흥회를 많이 다니면서 많은 영혼들을 뜨겁게 만들었을 뿐만 아니라 교회마다 큰 부흥을 이루게 하였다.

목회하는 중에도 3권의 책을 쓴 것을 보여주었다.

하나는 제자훈련 서적(열매 풍성한 삶에 이르는 길)과 교회개척의 원리와 전략(교회개척의 시대는 지나갔는가?) 그리고 미국 Regent Univ 에서 박사학위논문이 미국 워싱턴 국립 도서관에 비치되어 있으며, 은퇴 후에도 교회개척과 교회성장 "3年에 성공하는 길"(사역자 필수 지침서) 이란 책을 2년 전에 펴낼 때도 그 책을 읽고 큰 감명을 받아 추천사도 써 주었으며, 이제는 사역자가 아닌 평신도의 신앙의 질적성장과 교회영적 부흥을 "3年에 성취하는 길"이란 책을 펴내는 저력을 나타내 보여준 것은 한국교회를 사랑하고 예수님을 사랑하는 마음의 열정을 담고 있는 것이 분명하다고 본다.

훗날 한국교회가 저자가 쓴 두권의 책으로 말미암아 계속되고 있는 하곡선을 끊고 상곡선으로 올라타는 대반전의 역사가 일어났으면 하는 바램뿐이다.

나는 지금은 한국교회의 원로장로이지만, 분명하게 추천사로 쓰는 이 책을 통하여 한국교회가 마치 감리교 창시자 요한 웨슬리의 시대처럼 타락해가는 세상을 구원하기 위해 평신도들이 이 책을 통하여 일어설 수 있는 계기가 될 수 있다고 믿어 이 추천사를 씁니다.

       2024. 1. 1   엄문용 박사

※ 필자가 더 붙여야 할 글은 2024年1月1日에 이 추천서를 써 주신 엄장로님(미국 미드웨스트 대학교 전 총장, 한국 찬송가 공의회 전 회장, 아현감리교회 원로장로이셨던 엄문용 박사)이 2024年 초봄에 질환과 노환으로 이 책이 출간되기 전에 하나님의 안식에 들어가심으로 필자로서는 심히 안타까움 뿐이라는 사실을 알림

머리말

평신도의 개요와 문제점

 필자는 2022년 11월에 사역자들을 위한 책을 출간하였다. 제목은 "3년 안에 교회 개척과 교회 성장에 성공하는 길"이란 제목의 글을 썼다. 이것은 예수님께서 3년에 "다 이루었다"라는 말씀을 외치신 데서 감동받고 쓰게 되었다. 사실 예수님의 사역은 온 인류의 죄값을 치르시고 온 인류를 구속하시기 위한 사건이지만, 사역자들에게 있어서 예수님이 오늘날 사역자들이 걸어가야 할 길과 무엇을 사역해야 하는지를 표본으로 보여주신 것이었다. 그러기에 사역자에게 있어서 3년이란 시간은 흘려보내야 할 시간이 아니다. 하나님의 크신 역사를 예수님같이 이루게 하시는 데 있다. 이런 사실을 염두에 두고 사역하였다면 오늘날 세계는 교회로 뒤덮여 있을지도 모르겠다. 결국 오늘에 와서 그렇게 못했다는 결론이다.

 필자가 더욱 마음이 아팠던 것은 코로나 기간에 수많은 교회가 예배를 중단하였다는 것이다. 사역자는 밥을 굶어도, 비록 감옥에 들어가더라도 예배를 중단할 수는 없는 것이다. 그러한 이유에서 오늘날 교회들이 덩치만 컸지, 영적인 능력은 소진한 것이 아닌가 생각해 보게 된다.

 우리는 마지막 종말에 살고 있다. 앞으로는 이 일보다 더 큰 일들이 산더미처럼 폭풍에 밀려오듯 밀려올 것이다. 예수님은 종말에 대해 이미 예언하시었다. "그때 많은 사람이 내 이름으로 와서 이르되 나는 그리스도라 하여 많은 사람을 미혹하리라. 난리와 난리 소문을 듣겠으나 너희는 삼가 두려워하지 말라. 이런 일이 있어야 하되 아직 끝은 아니니라. 민족이 민족을, 나라가 나라를 대적하여 일어나겠고, 곳곳에 기근과 지진이 있으리니 이 모든 것은 재난의 시작이니라. 그때에 사람들이 너희를 환란에 넘겨주겠으며 너희를 죽이리니 너희가 내 이름 때문에 모든 민족에게 미움을 받으리라. 그 때에 많은 사람이 실족하게 되어 서로 잡아주고 서로 미워하겠으며 거짓 선지자가 많이 일어나 많은 사람을 미혹하겠으며 불법이 성하므로 많은 사람의 사랑이 식어지리라. 그러나 끝까지 견디는 자는 구원을 얻으리라. 이 천국 복음이 모든 민족에게 증언되기 위하여 온 세상에 전파되리니 그제야 끝이 오리라"(마24:5-14)고 말씀하셨다.

말세일수록 사단은 이 지구를 뒤흔들어 놓을 것이기에 교회는 더욱 영적으로 성숙하여 대처할 뿐만 아니라 성령의 역사로 오히려 정복해야 한다.

필자의 먼저 쓴 책은 사역자의 필수 지침서라고 부제를 달았다. 다시 펜을 든 것은 평신도라도 3년 안에 질적 부흥과 양적 부흥을 성취할 수 있는 방법론을 모든 평신도에게 전하고 싶어서이다. 평신도들도 예수님처럼 3년에 "다 이루었다" 하신 것처럼, 3년 안에 예수님 발자취를 따라간다면 교회를 크게 부흥시킬 뿐만 아니라 자신의 신앙도 하나님으로부터 "착하고 충성된 종아! 내 기쁨에 함께 참여할지어다"라고 들을 것이 분명하다고 본다. 이제 평신도들이 성령 충만 받고 능력까지 받아서 교회를 능력 있는 교회로 만들어 가야 한다.

평신도라는 말은 고대 헬라어 $\lambda\alpha\acute{o}\varsigma$(laos)에서 유래되었고 영어로는 laity(ley-i-tee)인데, "백성"이라는 뜻이다. 카톨릭에서는 성직자와 평신도를 나누어서 사용되고 있다. 사실 "평신도"라는 말은 성경에도 등장하고 있지 않은 단어이다. 스위스 철학자 칼 바르트는 말하기를 "평신도(laity)라는 말은 종교적 어휘에서 최악의 용어이며 그리스도인의 대화에서 마땅히 사라져야 한다"고 주장하기도 하였다. 필자는 오늘의 모든 사역자(목사), 장로, 권사, 집사, 성도가 모두 평신도라고 생각한다. 그러나 먼저 쓴 책에는 사역자들에게 썼기에 필요 상, 평신도라는 말을 사용함에 이의가 없기를 바란다. 오늘의 교회에서도 카톨릭처럼 성직자와 평신도라는 단어를 사용하고 있는 것도 사실이다.

사도 요한이 밧모섬에서 하나님의 계시를 받아 계시록을 쓰면서 서두에 소아시아 일곱 교회를 말하고 있는데, 이 일곱 교회 모습은 복음의 시대에, 2천여 년 동안 교회의 흐름이 어떻게 전개될 것인가에 대한 말씀이다. 물론 그 당시 일곱 교회에 대한 권고, 책망, 상급 등을 말해주고 있다는 사실에도 의심의 여지가 없다.

현재 우리가 살고 있는 시대는 라오디게아(Λαοδίκεια, 라오디케이아) 시대이다. "라오디게아"라는 말의 뜻은 민권교회 즉 평신도라는 말의 의미이다. 이 시대는 AD 1900여 년부터 예수 재림시까지 기간이라 볼 수 있다.

영적인 의미로 보면, 진짜 성직자는 예수 앞에 있는 두 감람나무와 두 촛대이다. (계11:4) 두 감람나무는 두 촛대에 기름을 공급함으로 촛대가 불을 밝히게 된다. 사실 성소에는 출입구만 있지 창문이 없다. 성소에는 이 세상 빛이 들어올 수 없는 구조이다. 그래서 두 촛대가 불을 밝히지 않으면, 제사장은 성소에서 아무 일을 할 수가 없다. 결국 이 세상의 촛대는 복음(예수)이다. 이 복음을 전하기 위해 두 감람나무는 끊임없이 기름을 공급함으로 성전 안과 밖으로 세상을 밝히게 된다. 그래서 두 감람나무는 하나님의 성령 역할을 의미한다.

평신도는 본 교회 안에 있는 구원받은 성도들이다. (벧전2:9) 그렇다면 다 똑같은 평신도라면, 누가 설교하고 누가 설교를 듣고 누가 교회를 이끌어 갈까의 문제를 해결하기 위해서 교회 안에 직임을 허락하신 것이다.

바울은 고린도 교회에 "너희는 그리스도의 몸이요, 지체의 각 부분이라. 하나님이 교회 중 몇을 세우셨으니, 첫째는 사도요, 둘째는 선지자요, 셋째는 교사요, 그다음은 능력을 행하는 자요, 그다음은 병 고치는 은사와 서로 돕는 것과 다스리는 것과 각종 방언을 말하는 것이라"(고전12:27, 28)고 편지했다.

에베소 교회에는 "어떤 사람은 사도로, 어떤 사람은 선지자로, 어떤 사람은 복음 전하는 자로, 어떤 사람은 목사와 교사로 삼으셨으니"(엡 4:11)라고 말씀하고 있다. 평신도 시대는 교회만을 말하고 있는 것이 아니다. 오늘날 평신도들이 활동하고 있는 기업이나 학교나 국가나 사회가 다 마찬가지라는 사실이다. 그러니까 평신도들이 주름잡는 시대라는 것이다.

필자는 오로지 교회 개척과 교회 부흥에 초점을 맞추고 있다. 교회 직임은 누가 높고 낮은지의 문제가 아니다. 목사라고 해서 높은 것도 아니고, 집사라고 해서 낮다고 볼 수는 없다는 말이다. 그런데 아픔은 교회 안에서 일어나고 있는 일들을 보면 자리다툼이 도를 넘는다고 해도 과언이 아니다. 오늘날 교회 안에서는 목사와 장로들과의 갈등, 담임목사와 부목사와의 갈등, 장로와 권사와 집사와의 갈등의 장을 만들어 놓고 있다. 예수님 당시에도 제자들이 "누가 높으냐"의 문제로 서로 갈등하는 것을 보고서 예수님은 이때 "누구든지 크고자 하는 자는 너희를 섬기는 자가 되고 너희 중에 으뜸이 되고자 하는 자는 너희의 종이 되어야 하리라."(마20:26-27) 라고 하시지 않았던가?

예수님 당시의 제자들보다 오늘날의 교회 안에서 벌어지는 갈등들이 더욱 심각하다. 그래도 예수의 제자들은 가룟 유다를 제외하고는 갈라지지 않았다. 그러나 특히 한국교회들은 이리저리 찢어지고 있지 않은가? 해결 방법은 없을까?

성령이 답이다. 누가 높으냐를 놓고 그렇게 다투는 제자들이 오순절 날에 성령 받으므로 해소되었다. 성령은 제3위 격의 하나님이시다. 제자들 마음속에 하나님이 찾아오셔서 주인이 되시니까 그런 갈등은 모두 해소되었다. 성경을 보면 부활하신 예수님께서 "숨을 내쉬며 이르시되 너희가 성령을 받으라!"라고 말씀하셨고, 이 말씀을 들은 500여 명 중의 120명만이 순종하여 큰 다락방에 모여 교제하고 떡을 떼며 말씀도 듣고 성령을 부어달라고 몸부림쳤을 때 누가는 사도행전에 "오로지 기도에 힘쓰니라." (행1:14)라고 기록하였다. "오로지"라는 말은 원어로 ἀλλὰ(알라)인데 이 말의 뜻이 "이 길밖에 없다. 일방통행"이라는 말이다. 120 문도들은 10일 동안을 모여서 밤과 낮을 가리지 않고 성령을 부어 달라고 부르짖었다. 이 사건이 바로 초대교회를 탄생시킨 오순절 사건이었다.

이 사건은 예수님이 이 세상에 오신 사건과 더불어 참으로 놀라운 사건이었다. 예수님이 이 세상에 오신 사건은 성자 하나님이 짐을 싸셔서 이 지구로 이사를 오신 사건이라면, 성령 하나님도 역시 짐을 싸셔서 이 지구로 이사 오신 것이었다.

구약에서는 성부 하나님이 이 지구에 하나님의 형상을 입은 인간들이 살고있는 시대에 계시지 않으신 적이 없으셨다. 아마도 신약시대에는 성자 하나님이 보좌로 가시고 10일 동안 120 문도들이 기도하는 시간 동안만 이 지구에 계시지 않았다는 말이 된다. 물론 "하나님은 어디에도 계시는 하나님이다"라는 것은 말할 필요가 없다. 만일 하나님의 성령이 이 지구에 오시지 않았다면 이 지구는 어떻게 되었을까? 생각만 해도 끔찍한 일이 아닐 수가 없다. 모르긴 해도 벌써 지구는 하나님의 준엄한 심판을 받아 종말의 끝이 왔을 것이 뻔하다고 볼 수 있다.

모든 평신도에게 이렇게 물어본다. 120 문도들이 하늘 보좌에 계신 성령 하나님을 내 마음속에 오시게 하는 것이 쉬울까? 아니면 지금 이 지구에 와 계신 성령 하나님을 내 마음속에 오시게 하는 것이 쉬울까? 말할 것도 없이 우리 가운데 와 계신 성령 하나님을 내 마음속에 오시게 하는 것이 백번 천번 쉽다. 그런데 오늘날 성도들은 성령에는 관심이 없고 자기 나름대로 신앙생활을 하고자 하는 데에 문제가 있다. 집사도 권사도 장로도 목사도 성령 받지 못하고 살아가는 것은 참으로 위험한 일이 아닐 수가 없다. 분명한 것은 성령 없이는 절대로 정상적인 신앙생활을 할 수 없다는 것이다. 실상 오늘날 교회가 세상으로부터 외면당하고 있는 것은 바로 교회에 성령의 역사가 없기 때문이다. 초대교회는 성령

받은 후에 온 백성에게 칭송받았다고 기록하고 있다.(행2:47)

하나님의 교회에 대해 충성, 헌신, 봉사를 힘쓰지 않고 있다면, 그 성도는 분명히 성령 받지 못한 결과이다. 어떤 면에 교회에서 어떤 직분도 받지 않고 편히 신앙생활을 하고자 하는 성도들은 이미 하나님의 거룩한 백성이 되기를 포기한 사람들이다. 왜냐하면 그들은 거룩함에 있지 않기 때문이며 우리의 거룩함은 말씀과 기도로써만 도달할 수 있는 길이기 때문이다. (딤전4:5) 진정한 신앙생활은 교회에 첫발을 디딤으로부터 시작이 아니라 기도해서 성령을 받음으로부터 시작된다는 점을 반드시 기억해야 한다. 예수님의 제자들도 진정한 신앙생활이 시작된 것은 예수님의 부름을 받았을 때보다는 사도행전 1장에서 오로지 기도에 힘쓴 결과 하나님께서 성령을 부어주심으로 시작된 것이기 때문이다. 오늘날 교회의 문제들은 온 교회가 성령 받기 위해 초대교회처럼 부르짖으면 해결될 문제다. 예수님 제자들이 그랬던 것처럼 오늘날 교회도 성령 충만 받지 않는 이상 절대로 갈등의 오해는 해결될 수 없다.

평신도가 교회를 부흥시키는 비결은 배운 것, 못 배운 것 상관이 없다. 새신자든 오래된 성도든 역시 상관이 없다. 가진 것, 못 가진 것 역시 상관이 없다. 세상에서나 교회에서나 직분이 높든 낮든 상관이 없다. 사도 바울은 "(ἀλλὰ πληροῦσθε ἐν πνεύματι,알라 프레로우스 데 엔 프뉴마티) 오직 성령의 충만을 받으라. (엡5:18)"고 외쳤다. 사역자나 평신도들이 성령 받지 못하면 절대로 교회를 부흥시킬 수 없다. 사역자든 평신도든 간에 교회를 부흥시키는 것이 하나님의 명령이고 약속이고 그의 뜻인 것을 잊어서는 안 된다.

초대교회에서 평신도 일곱 집사가 뽑혔다. 자격은 반드시 성령 충만한 사람이 기본이었다. 그리고 믿음이 충만한 사람들이었다. 후에 보면 한 명의 집사 니골라는 니골라 당이라는 것을 남겼고, 네 명의 집사들의 행적은 묘연하다. 그러나 스데반 집사와 빌립 집사는 초대교회에 엄청난 부흥의 영향력을 행사하였다고 기록하고 있다. 스데반 집사는 사도들 못지않게 설교하였고, 기사와 표적을 민간에 많이 행함으로 많은 사람을 주께로 돌아오게 한 평신도다. (행6:7) 사도행전 7장은 가장 긴 스데반의 설교이다. (1절~53절까지) 그리고 돌에 맞아 최초의 순교자가 되었다. 빌립 집사는 사마리아 성에 들어가 복음으로 초토화시켰고, 기사와 표적을 행할 때에 귀신이 물러가고 중풍병 환자와 걷지 못하는 자를 고쳐주는 사건 외에도 에디오피아 여왕 '간다게'의 국고를 맡은 내시에게 복음을 전해서 초대교회 때부터 아프리카에서는 유일하게 기독교 국가로 남게 되었다. 바울의 시대에는 많은 평신도가 바울을 도우면서 세계 선교에 박차를 가했으며, 특별하게도 아굴라 브리스길라 부부는 천막 업에 종사하면서 바울의 선교를 도울 뿐 아니라 아볼로라는 사역자에게 조용히 불러 성령의 시대인 것을 알게 하고 꼭 성령을 받아야 한다고 일러주기도 하였다. 사실 사역자는 목자이고, 평신도는 양인 것을 고려하면, 사역자는 양들을 잘 자라게 하고 새끼를 잘 낳게 해서 양 떼를 번성케 하여 양들이 떼를 이루도록 해야 하는 것이다.

목자가 새끼를 낳은 것이 아니라 양이 새끼를 낳는 원리는 교회 부흥에 있어서 모든 평신도가 알아야 하고 행해야 하는 위대한 사명이고 사역이다. 제일 중요한 것은 이 일을 위해 사역자뿐만 아니라 모든 평신도가 다 성령 충만 받고 능력까지 갖춘다면 이것이야말로 금상첨화가 아니고 무엇이겠는가!

부흥이 안 되던 교회도, 개척교회도 길은 있다. 그 길은 제자들도 몰랐고 예수님만이 알고 계셨다. 예수님은 제자들이 3년 동안 넘어지고 쓰러지고 배반하고 도망자였지만, 그러나 그들이 성령 충만을 받으면, 교회가 세워지고 복음이 세계 곳곳으로 퍼져갈 것을 아셨기에, 그때를 기다리고 계셨던 것이었다. 사실 열두 제자들은 단 하루, 70 제자도 단 하루밖에 전도에 나가 본 적이 없어도, 책망하지 않으셨던 이유는 바로 여기에 있었던 것이다.

"평신도들이여! 당신들이 일어나지 않으면 교회는 희망이 없다." 우리 한국교회가 다시 일어나기 위해서는 사실 평신도들의 손에 달려있다고 본다. 예수님 당시에 이스라엘 나라는 비참하기 이를 데 없었다. 사역자들의 타락, 로마제국의 횡포, 백성들의 굶주림 등 이런 속에서 예수님은 33년의 삶을 체험하셨다. 문제는 종교 지도자들의 타락을 가장 가슴 아프게 생각하셨다. 그래서 그들이 앞으로 만날 재앙에 대해 "화 있을진저"라는 단어를 사용하셨다. 이 말은 이미 구약에 이사야, 예레미야, 에스겔, 호세아, 아모스, 미가, 나훔, 하박국, 스바냐, 스가랴 예언자들이 주로 사용했던 단어였다. 예수님은 이 단어를 17번 사용하셨다.

"화 있을진저(οὐαί,우아이)"라는 말은 "너에게 화가 있으라, 슬프도다. 화가 있으라."는 말이다. 이것은 저주요. 이 명령은 반드시 시행될 말씀이다. 사실 무섭고 두렵지 않을 수가 없다. 혹시 예수님의 이 말씀이 오늘의 사역자와 평신도들에게 하신 말씀은 아닐까 두렵기도 하다. 역사는 돌고 돈다. 예수님 당시의 현상이 A.D.1500년대에 재현되므로 하나님께서 마르틴 루터를 통해 종교를 완전히 개혁하게 하신 것이다. 그럼에도 오늘날 교회는 성령에 의해 이끌려 가는 것이 아니라 사람들에 의해 끌려가고 있음을 볼 수 있지 않을까. 오늘에 예수님이 보시는 관점은 어떠하실까? 이미 유럽교회들은 타락할 대로 타락했고, 미국교회들도 노인들만 남은 교회가 되어가고 교회 건물이 상가건물로 혹은 유적지로 전락한 지 오래되었다. 한국교회도 이미 하향 곡선을 그은 지가 20년이 넘어가고 있는 현실을 오늘에 사는 평신도들이 깊이 깨닫고, "일어나라. 빛을 발하라. 이는 네 빛이 이르렀고 여호와의 영광이 네 위에 임하였음이라. 보라! 어둠이 땅을 덮을 것이며 캄캄함이 만민을 가리우려니와 오직 여호와께서 네 위에 임하실 것이며 그의 영광이 네 위에 나타나리니 나라들은 네 빛으로, 왕들은 비치는 네 광명으로 나아오리라"(사60:1-3)라고 외친 이사야 예언자의 말대로 우리 하나님의 이 징조를 이루어야 하지 않을까!

대한민국은 제2의 이스라엘이라고 말한다. 하나님께서는 이 징조를 이루시고 이 나라를 들어 쓰시려고 기다리고 계신다. 지금 북한, 러시아, 중국뿐만 아니라 이슬람권, 힌두교권에 복음의 기쁜 소식이 들어가야 한다. 이 마지막 때에 하나님께서 쓰실 나라가 대한민국이 되어야 한다. 그러나 오늘 교회의 모습으로는 불가능하다. 교회마다 성령의 강한 역사가 일어나지 않는 한 불가능한 일이 아닐 수가 없다. 결코 사람의 힘으로 할 수 없는 일이다. 직임이 있다고 해도, 성령 충만하지 않으면 직임은 있으나 마나 한 것이다. 그래서 예수님께서는 부활하신 후, 제자들에게 "너희에게 평강이 있을지어다. 아버지께서 나를 보내신 것같이 나도 너희를 보내노라." 이 말씀을 하시고 그들을 향하여 숨을 내쉬며 이르시되 "성령을 받아라. 너희가 누구의 죄든지 사하면 사하여질 것이요. 누구의 죄든지 그대로 두면 그대로 있으리라"(요20:21-23)라고 하셨다.

아버지가 예수님을 세상에 보내셨기에 예수님도 제자들을 세상에 보내려고 하신다. 그런데 보내심을 받으려면 조건이 딱 한 가지가 있다고 말씀하신다. 그것은 실력도, 배움도 아니다. 권세도 아니다. 그것은 성령을 받으라는 것이다. 이 말씀은 원어로 λάβετε πνεῦμα ἅγιον(라베테 프뉴마 하기온)인데 이 말은 "성령을 받으라"이다. 뜻을 해석하면 "반드시 예수님이 내 뿜으신 숨(성령, 예수의 영)을 취하라, 움켜잡아라, 마음에 오시는 성령을 수용하라"는 말이다.

이 말씀의 역사는 초대교회의 120 문도가 일구어낸 사건이었다. 그래서 교회가 교회 되게 하신 것이다. 사도바울은 성령을 받았다면 성령을 소멸치 말라고 경고하였다. (살전5:19) 그런데 한국교회는 이미 성령은 소멸하고 있으면서도, 이 사실을 모르고 있다는 것이 더 큰 문제라고 볼 수 있다. 어떻게든 높은 직임을 받으려고 힘쓰면서도, 성령 받는 일에는 순종하지 않기 때문에, 교회가 하향 곡선을 긋고 있는 것이다.

다시 한번 필자가 쓰는 글이 한국교회와 평신도들을 깨우는 계기가 됐으면 하는 바람이다.

2023. 6. 1

부흥회 포스터

contents

추천사 1. 김기택 – 기독교대한감리회 서울연회 14대 감독 ·················· 3
 2. Vinson Synan Doctor – Regent Univ 전 신학대학장 및 교수 ······ 5
 3. 엄문용 박사 – 미국 미드웨스트대학교 전총장, 한국찬송가 공화전 회장 ····· 7

머리말 평신도의 개요와 문제점 ······································· 9

부흥회 포스터 ·· 18

제1장 인간과 종교의 관계 ··· 23
 1. 종교의 의미 ··· 23
 2. 종교를 찾는 길 ·· 25
 3. 종교의 필수성 ·· 30
 4. 종교에 대한 인간의 의무 ·· 32

제2장 종교를 제정하신 하나님 ····································· 41
 1. 참종교는 하나이다 ·· 43
 2. 참종교를 소유하라 ·· 46
 3. 참종교의 능력 ·· 53
 4. 참종교 역사 흐름 ·· 56

제3장 참종교의 신앙생활 ··· 66
 1. 참신앙과 비슷한 가짜신앙들 ······································· 68
 2. 구약시대 : 신앙 실패의 길 ·· 72
 3. 신약시대 : 참신앙의 길 ·· 76

제4장 참신앙의 3대 요소 ··· 86
 1. 첫 번째 요소 : 세례 ·· 86
 2. 두 번째 요소 : 기도 ·· 95
 3. 세 번째 요소 : 성령세례 ··· 100
 4. 참 신앙의 변화된 모습 ··· 103

contents

제5장 참신앙의 질적성장과 양적부흥의 배경 ·················· 112
    1. 영적비전 ·· 114
    2. 큰 믿음 ·· 122
    3. 성령의 위로 ·· 127

제6장 예수님의 신앙성장 방법 ································· 132
    1. 요단강의 삶 ·· 139
    2. 광야의 삶 ·· 156
    3. 갈릴리의 삶 ·· 162

제7장 성령으로 성취하는 3년의 기적 ························ 170
    1. 3년의 성취를 계획하신 하나님을 보라 : 교회부흥의 예언 ······ 176
    2. 3년에 "다 이루었다" 외치신 예수님 : 교회부흥의 모본의 성취 ···· 180
    3. 초대교회 3년의 대성취 : 교회부흥 방법론 ················ 185

제8장 3년의 성취를 위한 영적 준비단계 ···················· 194
    1. 심령의 가난한 자 ····································· 197
    2. 애통하는 자 ·· 201
    3. 온유한 자 ·· 204
    4. 의에 주리고 목마른 자 ····························· 208

제9장 3년의 성취를 위한 영적사역단계 ···················· 216
    1. 긍휼히 여기는 자 ····································· 216
    2. 마음이 청결한 자 ····································· 221
    3. 화평케 하는 자 ······································· 225
    4. 의를 위해 핍박을 받는 자 ························ 232

contents

제10장 참신앙의 성공과 실패는 성령에 달렸다. ········· 240
   1. 예수님께서 성령에 이끌리신 삶의 증거들 ········· 243
   2. 성령으로 신앙생활을 해야 하는 증거들 ········· 251
   3. 영(성령)으로 사는 자와 혼(육)으로 사는 자 ········· 259

제11장 3년의 성취를 위해 평신도에게 주어진 명령 ········· 266
   1. 물이 포도주로 변하라 (요2:1-12) ········· 266
   2. 성령의 권능을 받아라 (행1:8) ········· 273
   3. 오직 성령의 충만을 받아라 (엡5:15-20) ········· 281

제12장 직분을 통한 교회부흥방법론 ········· 291
   1. 교사의 직분(직임) ········· 292
   2. 속장(구역장)의 직분(직임) ········· 302
   3. 장로의 직분(직임) ········· 318

제13장 모범적인 초대교회 평신도 모델 ········· 338
   1. 평신도인 스데반 집사 ········· 339
   2. 평신도인 빌립 집사 ········· 344
   3. 평신도인 빌레몬 집사 ········· 349
   4. 평신도인 가이오 집사 ········· 354

제14장 전도방법론 ········· 370
   1. 전도란? ········· 370
   2. 전도의 도구들 ········· 373
   3. 어떻게 교회가 부흥하였을까? ········· 376
   4. 사영리 책자를 통한 전도 ········· 382

마치는 글 ········· 388

제1장
인간과 종교의 관계

1. 종교의 의미

종교란 단어는 영어로 Religion인데, 이 말은 라틴어 Religare에서 왔다. 그 원어의 어원을 찾아보면 자신에게서부터 시작하여 윗대 조상에게로 올라가 끝 조상과의 누구도 풀 수 없게 하나로 묶는 것을 말한다. 온 인류는 분명히 노아를 만나게 될 것이고 그 윗대로 올라가면 아담을 만날 수밖에 없다. 왜냐하면 우리 모두는 아담의 후손이기 때문이다.

성경에는 족보를 구체적으로 다룬 책이 마태복음과 누가복음이다. 마태복음의 족보의 끝은 아브라함까지이지만, 누가복음에는 그 위는 아담이요 그 위는 하나님이시니라.(눅3:38) 결국 종교란 단어는 "나"라는 개체하고 맨 끝 조상하고 한데 묶는 것을 말한다. 그러면 정식 종교는 나하고 맨 위 조상과 묶는 것이라면 나와 하나님과 한 묶음으로 묶는 것이다. 이것이 인간 사회에 처음 나온 "종교"라는 단어이다.

이사야는 주전 700년경에 하나님의 말씀을 외치던 예언자였다. 이사야는 외치기를, "오직 여호와를 앙망하는 자는 새 힘을 얻으리니 독수리가 날개 치며 올라감 같을 것이요 달음박질하여도 곤비하지 아니하겠고 걸어가도 피곤하지 아니하리로다"(사40:31) 여기에 나오는 단어 하나가 굉장히 중요한데 바로 "앙망"이라는 말이다. 앙망이라는 말의 히브리어는 (카와)인데, 이 말의 뜻은 종교라는 말과 같다. 그 뜻은 "묶다, 꼬다"이다. 다시 말해 종교는 여호와를 앙망하는 것인데, 결국 그 뜻은 여호와 하나님과 나와 묶는 것이고, 마치 시골에서 볏짚을 가지고 새끼줄을 꼴 때 양 손바닥을 이용해서 서로 비벼대면 새끼줄이 만들어지는 것처럼, 한 가닥은 여호와 하나님이며 한 가닥은 이스라엘이고, 개인적으로 보면 바로 "나"라는 개체하고 하나님과 꼬는 것이란 뜻이다.

그러면 우리나라의 학교에서 가르치는 4대 종교는 기독교, 유교, 불교, 이슬람교인데, 유교의 공자나 불교의 석가는 B.C.500여 년의 사람들이다. 그러니까 예수님이 이 땅에 인류의 죄의 값을 지불하기 위해서 온 때보다 500여 년 먼저이다. 이슬람교의 무하마드(마호멧)는 A.D.570년 정도의 사람으로 예수님 후에 500년이 지나서 태어난 인물이다. 그러니 이 세 종교는 종교라고 말할 수 없다. 이유는 공자도 조상이 있고, 석가도 조상이 있고, 무하마드도 조상이 있기 때문에, 절대로 이들하고 묶으면 종교라고 할 수 없는 것이기 때문이다.

하나님은 알파(α)와 오메가(Ω)이시다. 알파는 시작이고, 오메가는 끝을 말한다. 공자와 석가가 자신들의 조상을 알지 못하면서 무엇을 묶을 수 있을까? 더욱이 무하마드는 더더욱 아니다. 분명한 것은 하나님께서 세상을 창조하셨고 인간 아담을 흙으로 빚으신 다음, 코에 생기를 불어 넣으심으로 아담이 탄생한 것이다. 공자도, 석가도, 무하마드도 아담의 후손이다. 어찌 이들과 묶을 수가 있으랴!

필자가 목회를 하던 중 천신마귀에 들린 자가 남편의 손에 이끌려 찾아왔다. 그런데 그 천신마귀는 하나님의 창조까지 본 마귀였다. 천신마귀에게 필자가 물었다. "세상에 종교가 많은데 어느 것이 참 종교냐?" 천신마귀의 대답이 신기했다. "참 종교는 하나님 종교 밖에 있을 수가 없다"고 말했다. 유교, 불교, 이슬람교는 다 자신들의 작품이라고 말했다. 왜 만들었냐고 물었더니 "모든 인간이 하나님만 따르기에 질투가

나서 어떻게든지 하나님에게서 사람들을 띄워놓아 내 편으로 만들어야 하겠다고 해서 자신들이 만든 것이 바로 유교, 불교, 이슬람교인데, 실제로는 다 사이비 종교"라고 말했다.

한문의 단어로 보면 종교(宗敎)는 마루 종(宗)자와 가르칠 교(敎)자를 쓰고 있다. 마루란 제일 높은 곳을 의미하고 가르침은 인간이 인간답게 살아가도록 가르치는 것이 바로 종교라는 단어의 뜻이다. 인간에게 있어서 가장 높은 가르침이라는 말이다. 인간은 백인종이건, 흑인종이건, 황인종이건, 어느 나라 사람이든 남녀노소 빈부격차를 막론하고 모두 하나님의 아들들이다. "인간은 하나님 앞에서만큼은 똑같은 권리를 갖는다"라고 가르치는 것이 바로 진정한 종교이다. 창조물 중에 인간만이 종교성을 가지고 있다. 그것은 인간만이 영혼을 가지고 있기 때문이다. (창1:7,창1:26) 그래서 인간만이 "영원"을 사모하는 마음을 갖고 있다. (전3:11) 사실 종교는 나와 신이 정면으로 만나는 어떤 존재자로서 관계하는 데 있는 것이다.

2. 종교를 찾는 길

종교에는 이중성(二重性)이 있다고 볼 수 있다. 이 두 가지 이상은 있을 수 없다. 내촌감산 (內村鑑山, 일본의 신학자)은 첫째로 사람이 신에 이르려고 힘쓰는 종교가 존재한다고 말한다. 이 세상에 있는 미신에서부터 사이비 그리고 종교라고 칭하는 모든 종교는 다 여기에 속한다. 사람이 힘써 공부(工夫)하여 신(神)에게 이르려고 하는 종교(宗敎)라고 말할 수 있다.

아마도 사단이 만든 최초의 종교는 성경에 바벨론 종교라 볼 수 있다. 바벨론 종교는 그 족보를 보면 노아의 아들 함이 구스를 낳고 구스는 니므롯을 낳았는데(창10:6-8), 그는 세상의 첫 용사 곧 영걸이었다. "용사"라는 말은 히브리어로 (깁볼)인데, "전능한 영웅, 교만한 폭군"이라는 말이다. 이런 니므롯은 당시에 신과 같은 존재였고 그의 명성은 부활 내지는 환생을 낳기에 충분한 것이었다. 성경에 의하면, 니므롯은 여호와 앞에서 특이한 사냥꾼이 되었다고 고백하고 있다.(창10:9) 요세푸스는 유대인 고대사에서 "니므롯은 사람들 앞에서 하나님께 대해 그토록 모욕적이고 경멸적으로 격돌시킨 자였다."라고 증언한다. 그는 폭군정치로 일관하기 시작하면서 수많은 일꾼을 고용하여 하나님께 도전하기 위해서 높은 탑을 건축하였는데 그곳이 시날평지라고 성경은 증언하고 있다.(창11:2-8) 하나님께서 그 탑을 더 이상 쌓지 못하도록 언어를 혼잡하게 하심으로 세계 언어가 이때에 형성되었으며 하나님께서 그 탑을 무너지게 하시므로 니므롯은 죽고 말았다.

어느 시대에나 죄인이 된 인간들은 죄에서 구원할 메시야를 기다리고 있지 않은 때가 없었다. 그 당시 사람들은 이 세상을 통치할 메시야가 바로 니므롯이었다고 믿었는데, 니므롯이 죽고 나니 니므롯의 시체를 토막 내어 여러 지역으로 보냈는데 이때와 같이 성경에도 이런 사건들이 일어났다고 증언하고 있다.(삿19:29, 삼상11:7) 그가 죽고 난 후에, 그 지역의 백성들은 큰 슬픔에 잠기고 말았다. 이때 니므롯의 부인(황후) 세미라미스는 니므롯이 태양신이 되었다고 주장하기에 이르렀다. 그 후 세미라미스는 탐무스(Tammuz)라는 아들을 낳게 되었는데 결국 태양신(니므롯)의 아들이라고 주장하기 시작했다. 창3:15절에 여인의 후손으로 오실 메시야의 완벽한 모조품이었다.

니므롯이 태양신이 되었다면, 세미라미스는 신의 아들을 낳은 신의 어머니였으므로 경배의 대상이 되었으며 이것이 바로 여신 숭배 사상 곧 음녀 종교의 출발점이 되었다. 중세기에 카톨릭이 타락하면서 바벨론 종교의 세미라미스가 탐무스를 안고 있는 그림과 마리아가 예수를 안고 있는 그림과 같다고 해서 하나가 되고 말았다. 이것은 정상적인 종교 기독교를 변형시키는 데 성공한 사례이고, 가장 오래된 종교로서 바로 이 세상 종교의 출발점으로 볼 수 있다. 이때부터 카톨릭은 드디어 마리아께 기도를 드리는데 이르게 되었다. 그렇다면 카톨릭은 타락의 길을 가고 있는 사단의 종교로 전락했다고 보아야 하지 않을까? 사이비 모든 종교는 사람이 신을 찾아 나서는 것이다. 사람이 신을 만들어 놓고 그것을 경배하고 따르므로 마치 신을 찾았다고 생각하는 것이다. 유교, 불교, 이슬람교도 모두 여기에 속하여 있다.

  종교의 이중성(二重性) 가운데 또 한 가지는 인간이 신의 경지에 이를 수 없기에 신이 직접 인간을 찾아오신다는 것이다. 이런 사실은 하나님 종교인 기독교밖에 없다. 하나님께서는 이미 최초의 인간 아담과 하와가 선악과를 따먹고 타락하였을 때, 하나님께서는 이 세상에 인류의 구원을 위해 여자의 후손을 꺼내 드셨다.(창3:15) 지금으로부터 6,000년 전의 일이다. 구약의 4,000여 년이 흐른 다음, 때가 되어 하나님께서는 하나밖에 없는 아들 예수 그리스도를 여자의 후손으로 보내주셨다. 마리아는 아직 남자를 모르는 여자였고 하나님께서는 마리아에게 성령으로 잉태케 하심으로 남자의 후손이 아닌 성령 하나님의 역사로, 여인의 후손으로, 사실 하나님께서 이 지구에 찾아오신 것이었다.

  하나님은 한 분이시다. 다만 위 격이 성부, 성자, 성령 삼위일체 하나님으로 인간들에게 나타나 보이셨다. 남자의 후손은 사실 죄의 후손이다. 성경은 "하와가 먼저 선악과를 따 먹었지만, 아담의 범죄로 말미암아 죄가 세상에 들어왔다"(롬5:12-18)라고 바울은 증언 한다. 그래서 하나님께서는 여자의 후손을 선택하신 것이었다. 구약에서도 하나님께서는 이스라엘을 찾아오셨고, 많은 믿음의 선진들이 이 세상에 오신 하나님을 만났던 것을 증거하고 있다. 이 사건들이 4,000여 년 동안 이루어졌고, 지금으로부터 2,000여 년 전에 성자하나님께서 실제로 인간과 똑같이 육신을 입고 찾아오셨고, 예수님이 부활, 승천하신 후에는, 성령 하나님을 이 세상에 보내 주셨다. (행2장)

  그렇다면 "인간의 타락 때부터 현재까지 어떻게 인류가 구원받을 수 있을까?"하는 문제다. 오직 인류가 죄에서 구원받기 위해서는 믿음밖에 없다. 그 믿음은 오직 예수님을 믿는 것이다. 다른 방법은 없다. "다른 이로써는 구원을 받을 수 없나니 천하 사람 중에 구원을 받을만한 다른 이름을 우리에게 주신 일이 없음이라"(행4:12) 그렇다면 예수님이 오시기 전, 예수님 당시 그리고 승천하신 후 현재와 세상 끝까지 어떻게 구원받을 수 있을까 하는 말이다.

첫째, 아담의 범죄에서부터 예수님이 오시기 전까지는 '앞으로 오실 메시야'를 믿음으로 말미암아 구원을 받았다. 아브라함도, 다윗도 '이 땅에 오시기 전의 예수님'을 만난 적이 있다고 증언하고 있다. 예수님이 직접 아브라함을 만났다고 요한복음에 기록되어 있고(요8:56, 57, 58), 아브라함이 성자 예수님이 이 땅에 오셔서 십자가 지심으로 인류의 죗값을 치루어 주실 것을 보고 기뻐하였다고 성경은 말하고 있다.(롬4:19-25) 그리고 아브라함은 믿음으로 말미암아 의롭다 하심을 받았다. (창15:6) 다윗도 "허물의 사함을 받고 자신의 죄가 가려진 자는 복이 있도다 마음에 간사함이 없고 여호와께 정죄를 당하지 않는 자는 복이 있도다"(시32:1-2)라고 고백하고 있다. "내가 이르기를 내 허물을 여호와께 자복하리라 하고 주께 내 죄를 아뢰고 숨기지 아니하였더니 곧 주께서 내 죄악을 사하셨나이다. 셀라"(시32:5) 다윗의 이 고백은 분명히 내 죄와 허물을 자복하면 이후에 십자가를 지실 예수 그리스도를 믿음으로 내다보며 사함을 받고 구원을 받았다는 것이다.

필자는 첫 번째 시대에 살고 있었던 사람들의 구원을 "외상 구원"이라고 말하고 싶다. 외상은 지금은 돈을 내지 않았지만, 가게에서 어떤 물건을 가져가서 실제로 쓰는 것을 말한다. 구약시대 사람들을 위해 아직 예수의 보혈이 이루어지지 않았지만, 후일에 예수님이 십자가를 지심으로 "다 이루었다, 다 치루었다, 다 갚았다"라는 예수님의 외침으로 4,000여 년 동안 믿음으로 산 사람들은 실제로 구원받게 된다는 말이다.

둘째, 이 땅에 메시야(예수님)가 오셨을 때 사람들은 직접 예수 그리스도를 믿음으로 말미암아 바라보며 직접 구원을 받았다. 필자는 두 번째 시대에 살고 있었던 사람들의 구원을 "현찰 구원"이라고 명명하고 싶다.

셋째, 예수님이 하늘로 가시고 성령이 오심으로부터 세상 종말까지, 예수님을 믿음으로 구원받는 이 지구의 사람들이 아마도 제일 많다고 보아야 할 것이다. 구약에는 4,000년의 시대, 신약으로 33년의 예수님 그리고 교회시대가 개막되면서 종말에까지 2,000여 년, 그렇지만 2,000여 년 시대에는 인구수가 급격히 늘어나면서 구원받은 수가 기하급수적으로 많았다고 볼 수 있는데, 이때의 구원은 "가불 구원"이라고 역시 명명하고 싶다.

"외상 구원"은 지금 죄값으로 보혈을 지급할 수 없기에 마치 외상거래를 하듯 후에 예수님께서 죗값을 치루어 주시는 것이라고 볼 수 있다. "현찰 구원"은 마치 현금을 가지고 물건을 사듯 예수님을 직접 만나고 십자가에서 죗값을 다 치루는 사실을 목격하고 믿었던 시대였다. "가불 구원"은 이미 지금으로부터 2,000년 전에 값을 지불 하셨기에 이것은 아직 직장에서 일하지 않고도 한 달 월급을 미리 받는 것을 가불이라고 한다. 예수님이 이미 값을 지불해 놓으셨기에 당당하게 2,000년 전에 흘리셨던 예수님의 보혈을 가불해서 구원을 얻는 것이다. 독자들은 이해가 되었으면 한다. 현재 구원은 뒤를 돌아서서 2,000년 전에 예수님을 바라보면서 믿음으로 구원을 얻게 되는 것이다.

결국 인간이 신을 만들어 놓고 신의 경지에 이르면 신을 찾았다고 생각한다. 그러나 분명한 것은 인간은 신을 만들 수 없다. 신은 영원한 존재이실 뿐만 아니라 지금도 끊임없이 인간을 위해 일하고 계신 분이 진짜 신이시다. 절대로 인간의 힘이나 노력으로 신의 경지에 이를 수 없다. 그것은 가짜종교이다. 오늘날 대학에서 배우는 철학이 여기에 속한다. 진정한 종교는 인간이 신의 경지에 이를 수 없기에, 하나님께서 인간을 찾아서 이 지구에 오시는 것이 진정한 종교이다. 그것이 바로 신학이라 볼 수 있다. 진정한 종교는 인간이 신을 찾는 것이 아니라 신이 인간을 찾아오시는 것이다.

3. 종교의 필수성

앞에서 논한 바와 같이 종교는 하나다. 종교의 탈을 쓴 많은 사이비들은 참종교라고 할 수 없다. 오랜 세월이 흘렀다고 해서 참종교라고 할 수 없으며, 수많은 사람들이 어떤 종교에 속해 있다고 해서 참종교라고도 단정할 수 없다.

한때 공산주의라는 사상종교가 러시아를 비롯 많은 나라들이 귀속되어서 그 숫자가 엄청난 적이 있었다. 그것은 권력의 힘에 의해서였다. 그렇다고 공산주의(사회주의)가 참종교는 역시 될 수 없다. 지금은 공산주의가 기세를 떨치고 있다. 러시아, 중국, 베트남, 라오스, 캄보디아, 쿠바 그리고 남미 국가들 가운데 그쪽으로 흐르고 있는 나라들이 많이 있다. 그래도 공산주의를 종교라고 말하지는 않는다. 사실 북한은 김일성, 김정일, 김정은을 신격화시키고 있지만, 역사에서 북한을 참종교라고 말하는 사람은 하나도 없다. 종교는커녕 하나의 지옥일 뿐이다. 세상에서 아무리 4대 종교라고 말해도 진리는 하나이다. 절대로 둘이 될 수 없기 때문이다.

세상에 살고 있는 사람들에게 "종교는 필수입니까? 선택입니까?"라고 물어보면, 100% 자신의 선택이라고 말한다. 정말 맞는 말일까? 그러나 필자는 절대로 그렇게 생각하지 않는다. 종교는 필수이지 결코 선택이 아니다. 종교가 선택이라고 하는 순간 하나님의 예정에서 벗어나게 되기 때문이다. 종교는 인간의 선택이 아니라 100% 하나님의 선택이다. 하나님께서 선택하지 않으시면 인간은 아무리 종교에 귀의하려고 해도 불가능한 일이다.

"믿음의 조상, 믿음의 아버지"로 부름을 받은 아브람은 원래 우상 장사의 아들이다. 아브람의 아버지 데라는 갈대아 우르에서 우상을 만들어 팔아서 끼니를 이어갔던 사람이었다. 그러던 그가 다시 하란 땅(본적지)으로 올라가서 살다가 죽었다. 하란 땅에서 살던 아브람을 하나님이 찾아가셔서 불러내심으로, 그가 가나안땅으로 내려오게 되어 종교에 귀의하게 된다. 하나님이 불러내지 않았다면 아브람은 하란 땅에서 양 떼나 치고 농사짓고 살다가 이름도 없이 빛도 없이 사라져 갔을 것이다.

아브람에게 "종교는 선택이었을까? 필수이었을까?"라고 묻는다면 선택이 아니라 필수였다. 이삭은 리브가에게서 쌍둥이를 낳았는데 에서와 야곱이었다. 그들은 리브가의 모태 속에서 서로 싸움을 했다고 성경은 말하고 있다. 결국 에서가 이기고 야곱이 지고 말았다. 그래서 에서가 먼저 나오고 야곱은 에서의 발꿈치를 붙잡고 나왔다. 그런데 하나님께서는 야곱을 선택하셨고 에서는 미워하셨다.(말1:2-3,롬9:13) 믿음의 가정에서 같이 낳고 자랐지만, 야곱은 하나님의 선택이 있었기에 종교가 필수가 되어버렸고, 에서는 하나님의 선택이 없었기에 제멋대로 살다가 오늘날 아랍 족속이 되어 지금도 야곱의 후예인 이스라엘과 앙숙으로 싸우고 있다.

엄밀히 말하면 인간은 모두 불문에 부치고 하나님의 창조물이다. 당연히 종교는 필수가 되어야 마땅한 일이지만, 인간들은 종교를 선택이라 여기고 이 종교, 저 종교로 선회하며 종교 생활을 이어가고 있다. 참으로 안타까운 일이 아닐 수 없다. 이 세상을 떠나서 "아! 종교가 필수였구나"하는 사실을 깨닫게 되지만 이미 때는 지나가고 말 것이다. 다시 기회는 오지 않는다.

예수님은 눅15장에서 부자와 거지 나사로의 비유를 말씀하셨다. 거지 나사로는 구걸해서 끼니를 이어가고 있지만, 종교는 필수임을 알고 종교 생활하고 있는 반면 부자는 선택인 줄 알고 살다가 죽었다. 물론 그의 장례식은 대단했을 것이다. 부자의 문전 앞에 있던 거지 나사라도 죽었다. 아마도 부잣집에서 종들이 가마때기로 둘둘 말아서 산중턱 어딘가에 버려졌든지 묻어졌든지 했을 것이다. 그런데 문제는 죽음 이후의 문제가 바로 종교가 선택이 아니라 필수라는 것을 잘 알려주는 말씀이다. 부자는 죽음의 강 건너편에 가서야 나 있는 곳에 누구도 오지 말아야 한다는 심정으로 자신의 다섯 형제에게 알리고 싶다고 말하지만 모두 기각되고 말았다.

이 비유는 죽음의 강 건너편에 가서야 종교가 필수이고 반드시 인간으로서는 가지지 않으면 안 된다는 사실을 보여주고 있다. 요한계시록은 더욱 명명백백하게 이런 사실을 밝혀주고 있다. 그 이유를 찾아보고자 한다.

4. 종교에 대한 인간의 의무

1) 인간은 하나님의 창조물 중에 최고의 걸작품이기에

어떤 사람이 어떤 물건을 만들었다면 어딘가에 쓰기 위해 만들었을 것이다. 쓰임 받지 못하면 그 물건은 한낱 쓰레기에 불과하다. 하나님께서 인간을 지으실 때 흙으로 인간 모양을 빚으셨다. 그러나 부동체였다. 움직일 수 없는 모양이었다. 그때 하나님께서 코에 생기를 불어 넣으심으로 생령이 되었다.

"생기"는 히브리어로 (네샤마)인데, "생명의 호흡"을 말한다. 생령은 히브리어로 (네페쉬)인데, "마음, 영혼"이라는 뜻이다. 하나님께서 모든 짐승은 육과 혼밖에 주시지 않았지만, 오직 인간만이 육, 혼, 영을 주심으로 영원한 존재가 되게 하신 것이다. 육은 흙으로 재료를 삼으셨기에 다시 흙으로 돌아가고, 영은 하나님이 주셨기에 다시 하나님께로 가게 마련이다. 혼은 흙(육)과 영의 연결 고리이다.

초대교회에 이상한 죽음이 기록되어 있다. 그것은 자기 재산을 다 바쳤다고 하던 아나니아와 삽비라이다. 그들 부부는 땅을 판 값의 얼마를 감추고 베드로 앞에 땅을 판 것을 다 하나님께 바쳤다고 고백했지만, 이미 하나님께서 성령을 통해 베드로에게 감동하셨으므로 베드로는 땅값 일부를 감춘 것을 알고 있었다. 이 일로 말미암아 아나니아와 삽비라는 죽음을 당하는데, 하나님께서 그들에게서 혼을 빼내시었다. 그러니까 이 부부의 육과 영이 떨어지게 되므로 죽음을 맞고 말았다.

솔로몬은 "인생들의 혼은 위로 올라가고 짐승의 혼은 아래, 곧 땅으로 내려가는 줄을 누가 알랴"(전3:21)라고 말한다. 이 말씀은 인생들의 혼은 영과 함께 하나님에게로 올라가고(천국), 짐승의 혼은 육과 함께 아래 땅 곧 흙으로 돌아가면 끝이라는 말씀이다. 왜냐하면 인생에만 영(코에 생기로 불어넣으심)이 있고 짐승은 혼까지만 허락하셨기 때문이다. 사실 얼핏 보면 인생이나 짐승이나 죽는 것은 같은 것으로 보기 쉽다. 솔로몬은 인생과 짐승의 죽음이 일반이라고 고백한다.(전3:19-20) 그런데 하나님께서는 노아 홍수 후에 인생들에게 짐승들의 고기를 허락하심으로 각종 짐승을 잡아먹도록 하셨고, 모든 물고기도 그리하셨고, 날짐승들도 그리하심은 그들에게는 영혼이 없기 때문이다. 만일 짐승들에게도 영혼이 있다면 어찌 잡아먹으라고 명령하셨을까? 오직 인간만이 하나님의 형상과 모양을 따라 지음을 받았다고 창세기는 말하고 있다.(창1:26-28) 하나님께서 인간을 하나님의 형상과 모습을 따라 만드신 것은 어딘가에 쓰시기 위함이라. 오직 하나님께서 인간을 만드신 것은 하나님께서 영광을 받으시기 위함이다.

"영광의 왕이 누구시냐 강하고 능한 여호와시요 전쟁에 능한 여호와시로다 문들아 너희 머리를 들지어다 영원한 문들아 들릴지어다 영광의 왕이 들어가시리로다 영광의 왕이 누구시냐 만군의 여호와께서 곧 영광의 왕이시로다 (셀라)"(시24:8-10)

"너희 권능 있는 자들아 영광과 능력을 여호와께 돌리고 돌릴지어다

여호와께 그의 이름에 합당한 영광을 돌리며 거룩한 옷을 입고 여호와께 예배할지어다"(시29:1-2)

"찬송하리로다 하나님 곧 우리 주 예수 그리스도의 아버지께서 그리스도 안에서 하늘에 속한 모든 신령한 복을 우리에게 주시되"(엡1:3)

"이는 그가 사랑하시는 자 안에서 우리에게 거저 주시는 바 그의 은혜의 영광을 찬송하게 하려는 것이라"(엡1:6)

"이는 우리가 그리스도 안에서 전부터 바라던 그의 영광의 찬송이 되게 하려 하심이라"(엡1:12)

"이는 우리 기업의 보증이 되사 그 얻으신 것을 속량하시고 그의 영광을 찬송하게 하려 하심이라"(엡1:14)

이처럼 하나님께서는 모든 인생들로부터 영광과 찬송을 받으시기를 원하신다. 사도요한은 천국에서의 모습을 말하고 있는데 24장로, 천군천사, 구원받은 성도들, 인침받은 14만 4천명(유대인 중에서 구원받을 자들) 등이 보좌에 계신 하나님과 인류의 죗값을 치르시기 위해 이 세상에 오셔서 십자가에서 죽으시고 부활하시고 승천하여 하나님 보좌 우편에 앉아계신 어린 양 되신 예수님께 영광과 찬송과 존귀를 세세 무궁토록 돌리고 있다고 증언한다.

2) 인간의 마음속에는 종교성이 있기 때문에 종교는 필수이다.
우리 한국 민족은 참으로 종교성이 많은 민족이다. 하다못해 귀신에게 빌던지, 고목에다 빌던지, 큰 바위에다 빌던지, 장독대에서 정안수를 떠 놓고 빌든지, 나는 무종교라고 말하는 사람도 자기 자신은 믿는다. 자기 자신이 바로 종교이다.

 바울이 복음을 전하다가 이름도 알지 못하는 신을 섬기는 아덴(지금의 아테네) 사람들에게 이름을 알려주겠다고 하여 창조주 하나님을 알려주었다.(행17:22-27) 전도서 기자 솔로몬은 "하나님이 모든 것을 지으시되 때를 따라 아름답게 하셨고 또 사람들에게는 영원을 사모하는 마음을 주셨느니라"(전3:11)라고 전한다.

 영원을 사모하는 마음은 곧 종교성이다. 한국 민족은 깜짝 놀랄 일이 생기면 나도 모르게 "아이쿠 하나님!"이라고 고백하는 것이 사실이다. 미국 사람들은 원래 기독교 신앙의 자유를 찾다가 미국 땅을 개척했다. 그런 그들은 무슨 일을 당하면 "Oh! my God!"이라고 표현한다는 것은 역시 인간은 모두가 다 종교성을 가졌다는 것을 보여주고 있다. 아프리카 소수민족들도 그들 나름대로 자신들의 신을 섬기고 살아가고 있다. 지구의 어느 곳을 가든지 인간이 모여 사는 곳에는 반드시 신의 이름이 있고 종교 생활을 그 나름대로 하고 있다. 그것이 참 신이든지 가짜 신이든지를 막론하고 나름대로 종교를 가지고 있다.

 엘리야 시절에 갈멜산에서 "바알과 아세라 신이 참 신이냐? 여호와 하나님이 참 신이냐?"의 대결이 벌어졌다. 엘리야는 필수의 종교를 소유하고 있었고, 바알과 아세라의 선지자 850명도 필수의 종교라고 소유하고 있었다. 인원수의 대결로 보면 해보나 마나였지만, 엘리야는 한 발도 뒤로 물러서지 않았다. 왜냐하면 자신이 섬기고 있는, 자신을 먼저 선택해 주신 여호와 하나님이 참 신인 것을 믿기 때문이고, 바알과 아세라는 거짓 신임을 잘 알고 있었기에 대결을 펼치지만 싱겁게 끝나고 만다. 바알신과 아세라신은 아무것도 할 수 없는 우상이었고 사람이 만든 종교였기 때문이다.

 일찍이 하박국 예언자는 "오직 의인은 믿음으로 말미암아 살리라"(합2:4)고 외쳤다. 사도바울은 로마서에서 하박국 예언자가 외친 말씀을 받아 "오직 의인은 믿음으로 말미암아 살리라 함과 같도다"(롬1:17)

라고 말씀하고 있고, 주후 1,500년에 마틴루터라는 카톨릭 신부가 고행을 위해서 무릎으로 계단을 올라가다가 하나님의 음성을 듣고 결국 회심하게 되는데 그 말씀이 "오직 의인은 믿음으로 말미암아 살리라"는 말씀에 A.D.1517년에 드디어 타락해 가던 종교를 개혁하는 일에 도전하게 되어 드디어 개신교(프로테스탄트-도망자)가 탄생하는 엄청난 일을 이루어 내었다. 사람이 사람답게 사는 것은 종교가 필수이며, 그리고 믿음으로 사는 것은 사람답게 살아가는 방법을 터득하는 것이다.

솔로몬은 "하나님이 모든 것을 지으시되 때를 따라 아름답게 하셨고 또 사람들에게는 영원을 사모하는 마음을 주셨느니라"(전3:11)고 기록하였고, 히브리서 기자는 "그들이 이제는 더 나은 본향을 사모하니 곧 하늘에 있는 것이라 이러므로 하나님이 그들의 하나님이라 일컬음 받으심을 부끄러워하지 아니하시고 그들을 위하여 한 성을 예비하셨느니라"(히11:16)라고 기록하고 있다.

엄밀히 말하면 공자도 석가도 하나의 인간이었기에 종교성이 있었다. 가짜종교는 첫째로 사실 죄의 문제를 해결하기 위해 인간들의 손에 의해 만들어졌다. 특별히 석가는 더더욱 그런 것으로 여겨진다. 그 길을 찾기 위해 무던히 애를 썼던 인물이다. 인간이 만든 최초의 종교는 니므롯의 아내 세미라미스가 만든 바벨론 종교였다. 다시 니므롯이 와서 세상을 구원하는 메시야가 될 것을 믿었다. 그래도 구원할 대상자를 알았다는 것은 종교성이 있기 때문이다. 그러나 유교는 신 자체가 없으므로, 여기에도 이르지 못 하였던 것이다. (주전 500년경)

그 후 500년이 지나고 메시야 예수님이 베들레헴의 마굿간에서 탄생하기 전 이미 동방의 박사들은 인류의 죄의 문제는 죄인이 된 인간이 해결할 수 없는 문제인 것을 알고 있었고 이 일은 신이 아니고서는 불가능한 일임을 알고 있었기에 천문학에 몸담고 있던 그들이 별안간 큰 별이 나타나 움직이기 시작하자 예물을 급히 준비해서 별을 따라 여행을 떠났던 것이었다. 결국 그들은 아기 예수(메시야)를 만나 경배하고 황금, 유황, 몰약을 드리고 고국으로 돌아가 아마도 메시야가 유대 나라 베들레헴에 오셨다는 증언을 했을 것이다. 그들은 메시야를 믿었다. 그러므로 자신들의 죗값을 예수님이 치루어 주심으로 자신들의 죄의 문제로부터 해방 받는 것을 깨달았을 것이다.

그들이 본 것은 정확했다. 예수는 33세에 십자가상에서 7마디 말씀 중 6마디 말씀에 "다 이루었다 (다 갚았다, 인류의 죗값을 다 치루었다)"고 선포하신 것이다. 그런데 가만히 타 종교에도 그 속을 들여다보면 메시야의 이야기가 등장하고 있다는 것을 알 수 있다.

공자(논어1, 99면)
後生何畏知來者之今也(후생하외지래자지금야)
풀이 : 후에 나실 이를 두려워서 할지니 오실 그이가 금세에 우리와 같으리오.

석가(라마다경8-8)
何時 爺蘇來 吾道無油之燈也(하시 야소래 오도무유지등야)
풀이 : 언젠가 예수 오시면 내가 깨달은 도는 기름 없는 등과 같다.

화엄경
基名曰 天主也 汝爾歸依(기명왈 천주야 여이귀의)
풀이 : 그 이름 하나님이시니 너희는 그에게로 돌아가리라.

無緣衆生 諸道不能(무연중생 제도불능)
풀이 : 석가가 50년간 중생을 제도했으나 자기와 인연이 없는 사람은 아무리 노력해도 자기 뜻대로 할 수 없다는 말이다.

業報衆生 諸道不能(업보중생 제도불능)

풀이 : 사람이 죄를 지었으면 반드시 보응을 받아야지 용서를 받을 길이 없다는 말이다.

三世衆生 諸道不能(삼세중생 제도불능)
풀이 : 석가가 자신이 깨달은 지혜를 가지고 과거, 현재, 미래의 삼세를 구원해보려고 했으나 불가능했다는 말이다.

공자는 B.C.500년경 사람인데 그 전에 역사를 보니 죄의 문제를 해결해 줄 수 있는 구세주(메시야)가 없으니 후일에 분명히 인류가 두려워할 자인데 오실 그이(예수)는 오늘날 인간과 같지 않다는 말이다.
석가도 B.C.500년 사람인데 아직까지 구원자가 오시질 않았는데 언젠가 야소(예수)가 오시면 자신이 깨달은 도는 캄캄함 뿐이요 결국 예수는 빛으로 오신다는 내용이다. 그리고 모든 인간은 하나님께로부터 왔으니 모두 하나님(천주)께로 돌아가야 한다는 고백이다. 결국 석가도 모든 것이 자기 뜻대로 되지 않는다는 말이다. 자신과 인연이 없으면 불가능하다는 것이다. 결국 불교도들은 석가와 인연이 있어서 불교인이 되었다고 봐야 한다. 문제는 석가가 깨달은 도는 사람의 죄의 문제는 반드시 보응을 받아야 하고 죄용서 받을 길이 없는 것은 속죄의 힘이 석가에게는 없다는 말이다. 자신이 깨달은 도를 가지고 3세대(과거, 현재, 미래)를 구원해 보려고 했으나 불가능했다는 것은 그만큼 여느 인간보다 깨달은 도가 높다고 보아야 하지 않을까? 그러나 석가는 회개하지 않았고 예수님을 받아들이지도 않았다. 공자나 석가는 일부 진리는 깨달았는데 예수님을 믿음으로 받아들이지는 않아서 지금 음부에서 고통 중에 있을 것이 자명하다.
여기에서 이슬람교를 소개하자면 창시자인 무함마드에 대해 역사 속에서 보여준 것들이 다 드러나고 있다. 구약성경을 개조해서 교리를 풀어나가고 있지만 기독교에서 보면 사이비 종교라고밖에 볼 수 없기 때문이다. 무함마드는 예언자, 새로운 종교운동가, 정치인 그리고 군대의 지도자라고 알려져 있다. 그러나 성경이 없었다면 이슬람교도 있을 수가 없다고 볼 수 있다. 꾸란을 정경으로 삼고 있고, 야훼 하나님을 알라로 바꾸었고, 그의 부족은 메카라는 도시를 움직이는 부족인데 쿠라이시 부족이었다. 이들은 아랍인들 중에도 명문이고 부자이고 뛰어난 장사꾼들이었다. 전설에 의하면 무함마드는 3살 때 알라 하나님으로부터 예언자로 선택을 받았다고 한다. 하얀 옷을 입은 두 사람이 무함마드를 눕힌 다음 배를 가르고 무함마드가 모르는 것을 꺼냈다고 3살짜리가 이야기했다는 것이다. 그리고 몰몬교, 말일성도 예수그리스도의 교회, 신천지, 통일교, 천부교 등의 대부분 사이비 종교들도 그들 나름대로 신의 계시를 받았다고는 하지만, 그것은 신(하나님)의 계시가 아니라 타락한 천사의 계시라고 볼 수 있다. 그래서 참종교라고 볼 수 없는 것이다.

　물론 이슬람교는 아랍인들로 시작하여 많은 신도를 가지고 있지만, 그 꾸란(코란)이 진리이냐 하는 문제이다. 결코 진리일 수 없다. 다시 말하면 비진리라고 말할 수 있다. 천지를 창조하신 하나님께서는 무함마드를 예언자로 보내신 적이 없으셨다. 이때가 비잔틴 시대여서 콘스탄틴 대제가 기독교를 제국의 공식 종교로 선언하고 주피터 신전이 되어버린 예루살렘을 탈환하여 흩어졌던 유대인들이 예루살렘으로 돌아오는 때였다. 사실 성경에는 예언자의 시대가 있었다. B.C.931년 남 왕국 유다에는 스마야 예언자, 북 왕국 이스라엘에는 아히야 예언자가 세워졌고, B.C.415년 말라기까지 하나님께서는 많은 예언자를 세워주셨다. A.D 시대에 예수님이 오셨고 그 후로는 하나님께서 예언자를 보내신 적이 전혀 없다. 그런데 A.D.570년에 태어난 무함마드가 예언자라고 꾸란에는 기록되어 있는데 그들이 구약을 받아들인다고 쳐도 그때 하나님께서는 무함마드를 보내신 적이 없고 또한 예언자의 시대는 막을 내렸기 때문에 더욱 의심할 수밖에 없다. 사실 예수님께서 오신 이후로는 예언자가 필요치 않았다. 실제로 메시야가 세상에 오셔서 속죄 제물이 되셨기에 이슬람교 꾸란의 예언자 무함마드는 하나님과는 아무 관계가 없는 인물이었음을 성도들은 반드시 알아야 한다.

  참 메시야는 예수님 밖에 있을 수가 없다. 성경은 이미 여인의 후손으로 오시는 분이 인류의 죗값을 치르시고 믿음으로만 구원을 받는다는 사실을 명확하게 전달하고 있음에도 구약을 기초로 하고 있는 이슬람교는 성경을 왜곡하고 있고 사단은 하나의 가짜종교를 만들어 하나님의 구원으로부터 떼어놓기 위해 만들어진 사단의 작품일 뿐이다. 그리고 더욱 성도들이 조심해야 할 부분은 한국에 많이 퍼진 사이비들을 조심해야 한다. 예수님도 마지막 시대는 자신이 하나님이라고, 자신이 재림예수라고 떠드는 자들이 수없이 쏟아져 나올 것에 대비해 분별하여 살라고 지시하신 바 있다. 마지막 때일수록 영적 분별력을 발휘하여 이단에 빠지는 일이 없도록 조심해야 한다.

제2장
종교를 제정하신 하나님

 역사적으로 볼 때, 최초로 인간에 의해 생긴 종교가 있는데, 바로 바벨론 종교와 애굽의 많은 종교들과 이스라엘 민족이 가나안땅에 들어왔을 때 가나안 7 족속이 섬기는 많은 종교들이 있었다. 결국 이스라엘 민족은 가나안 족속을 다 쫓아내지 못한 것 때문에 미혹을 받아 바알을 비롯하여 아세라, 아스다롯, 림몬 등을 섬기게 되므로 하나님의 준엄한 심판을 받고 말았다. 그 후 헬라교, 로마교, 황제숭배, 인도교, 지니교, 일본교, 아프리카교 등 모두 그렇지 않은 것이 없다. 그런데 여기 이상(以上)과 전혀 다른 길을 취하는 한 종교가 있다. 그것은 바로 기독교이다. 기독교는 사람이 만든 종교가 아니라 신이 직접 만드신 유일한 종교이다. 오직 기독교만이 신이 사람을 찾아온 종교이다. 사람이 신을 찾기 전에 신이 직접 사람을 찾아온 종교임을 말하고 있다.(롬5:8, 요일4:10) 세계 역사의 분기점에 하나님께서 이 세상에 찾아오셨고, 그 오심으로 말미암아 B.C와 A.D가 생기게 된 것이 실제 역사이다. BC는 "Before Christ-그리스도 이전 시대"를 말하고 A.D는 "Anno Domini-그리스도 이후의 시대"를 말한다. 이 말의 뜻은 예수님께서 이 세상에 오셨음을 말하고 있다.
 이 세상에는 또한 종교와 철학이 존재한다. 여기서 말하는 종교는 기독교만을 말하는 것이다. 위에서 언급한 바와 같이 실상은 기독교만이 종교이며, 기독교만이 하나님께서 인간을 찾으시는 종교이다. 왜일까? 하나님은 인간을 창조하셨고 그 인간이 하나님을 버리고 사단에게로 갔기 때문이다.

누가복음 15장에 3가지 비유가 나오는데 '잃은 양의 비유, 잃은 드라크마의 비유, 탕자의 비유'이다. '잃은 양의 비유'와 '탕자의 비유'는 이 사건을 적나라하게 보여주고 있는 사건이다. 그러나 철학은 인간의 지성과 논리를 가지고 신께 접근해 보려는 시도이다. 이것은 몇천 년, 몇만 년을 흘려보내도 절대로 신에게 도달하지 못한다. 왜냐하면 시편 기자가 "의인은 없나니 하나도 없다"(시14:53, 롬3:10)라고 말하고 있기 때문이다. 왜 하나님이 찾으시지 않으면 안 되었을까? 그 답은 시편 기자가 밝혀주고 있다. 시편 기자는 "여호와께서 하늘에서 인생을 굽어살피사 지각이 있어 하나님을 찾는 자가 있는가 보려 하신즉 다 치우쳐 함께 더러운 자가 되고 선을 행하는 자가 없나니 하나도 없도다"(시14:2-3)라고 말한다. 그러기에 하나님께서 인간을 찾으실 수밖에 없었다. 자식이 뛰쳐나가면 그 부모는 자식을 찾아 나서는 원리는 인간이 하나님으로부터 배운 것이다.

결국 하나님께서는 인간이 하나님을 찾지 않기에 하나님께서 직접 찾아오신 것이 바로 예수님의 초림의 사건이다. 더 깊이 말하면 종교(기독교)는 철학자의 하나님을 단순한 추상이라 거부하며, 철학은 종교적(기독교)인 신(하나님)의 형상들이 아무리 위대한 것이라 하여도 유혹적 우상론에 불과한 것이라고 보아 신뢰하지 않는다. 철학이 이 세상 학문 중에 최고의 학문이라 할지라도, 인간을 찾아오시는 하나님을 만나지 못한 이유는 자신들의 지성과 철학을 통해 하나님을 만나려고 하기에 하나님을 만날 수 없고, 유혹적 우상에 불과하다고 논평할 수밖에 없는 것이다. 이것은 마치 뱃속의 아기가 태어나지 못하면 이 세상이 있다는 것을 알지 못하는 것과 같다. 그러나 어머니의 출산으로 말미암아 나이를 먹어가면서 자연적으로 '이 세상이 이렇게 있었구나'를 보게 되는 것과 같이, 철학을 가지고는 그 어떤 인간도 영생에 들어갈 수가 없지만, 종교(기독교)를 소유했으면 결국 영생에 들어간다는 것을 알게 될 것이다. 철학이 품격을 갖춘 것 같고 높임을 받을지는 모르나, 예수님 시대에 대제사장, 서기관, 바리새인들처럼 "기름 없는 등불"과 같은 것을 감지하게 될 뿐이다.

1. 참종교는 하나이다

언제나 '참'은 하나이다. 그러나 거짓은 수없이 많다. 진리는 하나다. 그러나 비진리는 역시 수없이 많이 존재한다. 이 세상 창조자는 하나이시다. 그러나 창조론을 부정하는 과학은 수없이 존재할 뿐 아니라 과학은 오히려 진화론을 강력하게 주장한다. 창조론에서는 아담이 첫 사람이라 하고, 진화론을 들고나오는 과학은 아담보다 호모사피엔스가 더 먼저 사람이라고 주장한다. 예수 믿는 사람도 성경을 읽다 보면 "이거 판타지 아니야?"라는 생각이 들 때도 있을 수 있다. 신앙생활 하는 사람도 한두 번은 이런 의문이 생기게 된다. 21세기에 들어와 해리포터, 반지의 제왕, 스타워즈 등 우리가 알고 있는 판타지의 세계가 있다. 그러나 이것을 진짜 이야기라고 믿는 사람은 아무도 없다. 그런데 성경은 해리포터와 무엇이 다르기에 6,000여 년에 걸쳐 수많은 사람이 보고 믿는 것일까? 진화론을 강조하는 과학에서는 인간은 30만 년 전에 처음 등장했다고 인류의 조상 격이라고 하는 오스트랄로피테쿠스는 200~300만 년 전에 살았다고 주장하고 있다.

중요한 것은 예술도, 과학도, 언어도 그밖에 이 세상 모든 학문이 다 성경에 기록되고 있다는 사실이다. 예를 들면 구약에 "네가 독수리처럼 높이 오르며 별 사이에 깃들일지라도 내가 거기에서 너를 끌어내리리라"(옵1:4)라고 인간이 별 사이에 거하는 날이 올 것을 예언하고 있다. 그것도 주전 840년경에 오바댜가 예언한 것이다. 지금으로부터 2863년경에 일어날 과학의 세계를 말해 주고 있는 것이다. 참으로 놀라운 사실이 아닐 수 없다. 욥기에 "음식은 땅으로부터 나오나 그 밑은 불처럼 변하였도다"(욥28:5)라고 전한다. 욥은 주전 2,000여 년 전의 사람인데, 그 당시의 과학으로 어찌 땅 밑이 불로 들끓고 있다는 사실을 알 수 있었을까? 생각해 보면 당시의 과학으로서는 불가능한 일이다.

더 중요한 것은 이 세상이 성경에 예언한 대로 하나도 빠짐없이 이루어져 가고 있다는 것이다. 사실 과학이 증명할 수 없고, 앞으로도 과학은 세상이 어떻게 되어갈지 하나도 맞힐 수가 없다. 과학으로 현재는 알수 있을지는 모르나, 미래를 예측할 수가 없다. 오늘날에 와서 기근, 지진, 해일, 전쟁 등 이런 것들이 일어나는 것을 어느 과학도 맞힐 수는 없다. 그것은 하나님이 하시는 일이기 때문이다.

모세가 스불론 지파에게 축복하는 말씀 중에 "바다의 풍부한 것과 모래에 감추어진 보배를 흡수하리로다"(신33:19)라고 축복을 빌었다. 모세는 어떻게 이 모래에 감추인 보배(석유)를 그 당시에 알았을까? 모세는 이 말씀을 주전 1,406년에 말하고 있는데, 지금부터 3,430년 전에 모래에 감추인 보배(석유)를 과학으로 알 수 있었을까? 불가능한 일이다. 결국 과학은 성경의 역사를 보면서 그 시대마다 과학을 말하고 있지만, 모두 성경이 예언한 말씀들이 이루어지는 것임을 과학자들은 알아야 한다.

참종교는 하나일 수밖에 없다. 앞에서 말한 것과 같이 종교(Religion)라는 단어는 나로부터 윗 조상에게로 끝까지 올라가서 그분과 함께 묶는 것을 말하고 있다. 누가복음은 인류의 족보 가운데 "그 이상은 아담이요, 그 이상은 하나님이시라"고 전한다. 참종교는 하나님과 나를 함께 묶는 것이다. 그럼 하나님이 나를 닮아야 할까? 내가 하나님을 닮아야 할까? 어디로 귀속되는 것이 옳은 것일지는 생각해 볼 필요도 없다. 인간은 한 치 앞도 알 수가 없고, 1초 후의 일도 알 수가 없다. "사람이 마음으로 자기의 길을 계획할지라도 그의 걸음을 인도하시는 이는 여호와 시니라"(잠16:9)라고 솔로몬은 말하고 있다. 인생에 있어서 결과물을 나게 하시는 것은 오직 여호와 하나님이시다. "너는 내일 일을 자랑하지 말라 하루 동안에 무슨 일이 일어날는지 네가 알 수 없음이니라"(잠 27:1)

　하나님이 세우신 종교가 참이라 할지라도, 인간들이 모인 교회는 타락에 타락을 가져올 수밖에 없다. 그 이유는 전도서 기자가 밝히고 있다. "내가 깨달은 것은 오직 이것이라 곧 하나님은 사람을 정직하게 지으셨으나 사람이 많은 꾀들을 낸 것이니라"(전7:29) 그때마다 하나님께서는 또다시 종교를 바로 세우시기 위해 사람들을 택하여 일해오셨기에 오늘에까지 이르게 된 것이다. 우리가 알고 있듯이 아브라함의 자손임에도 이스라엘의 타락, 유대교의 타락이 있었다. 정상적으로 성령 받은 제자들이 교회(종교)를 세워나갔지만, 결국 유대교의 획책으로 위축되고 로마 카톨릭의 권위주의 이단사상들이 교회를 타락시켰다. 하지만 마틴 루터(1517년)를 통해서 프로테스탄트(도망자라는 뜻) 개신교가 일어나고 카톨릭으로부터 뛰쳐나와 오늘의 교회가 존재하게 되었다. 교회도 오랜 기간 속에선 타락할 수밖에 없지만, 참종교는 하나이기에, 하나님께서는 문제가 있을 때마다 일으키시고 또다시 세우시고 또다시 구원의 길을 가게 하신다.

　'참'은 절대로 둘일 수가 없다. 종교도 절대적으로 둘일 수는 없다. 나는 '나'다. 나와 똑같이 닮은 자가 있어도 그것은 '나'가 아니다. 나를 닮았을 뿐이다. 쌍둥이가 똑같아도 서로 다른 개체일 뿐인 것처럼 말이다. 사이비 종교들이 기독교와 비슷하게 만들었을 뿐, 그것은 기독교가 아니다. 사이비일 뿐이다. 종교는 절대로 하나이다. 하나님의 종교가 독재라고 볼 수 있으나, 실상은 '참'은 독재이다. 절대로 같을 수가 없기 때문이다. 하나님께서는 조금 다르게 표현하자면, 독재자이시다. 그래서 그 앞에 다른 것들의 존재를 거부하신다. 그러나 하나님은 정의와 공의의 절대자이시고, 최고의 선이시며, 사랑의 절대자이시다.

2. 참종교를 소유하라

　사람에게 있어서 만큼은 종교는 선택이 아니라 필수이다. 한 치 앞도 모르고 사는 사람이 무엇을 선택할 수 있을까? 참종교는 하나님의 부르심에서부터 시작된다. 필자는 학창 시절에 교과서를 사지 못할 정도로 가난해서 수업 때마다 다른 반 친구들에게 빌려다 보고 또 끝나기가 무섭게 책을 돌려주곤 했다. 내 것이 아니기 때문에, 함부로 낙서할 수도 없었고 선생님 말씀의 중요한 부분을 기록해 놓을 수도 없었다. 불편한 것이야 말할 것도 없었다. 그러나 이것은 정상이 아니었다. 그래도 공부할 수 있다는 사실만을 위안으로 삼고 지낸 적이 있었다. 많은 그리스도인이 구렁이 담 넘어가듯 신앙생활을 하고 있다. 이것은 마치 필자의 학창 시절에 남의 책으로 공부하는 것과 같다고 볼 수 있다. 참신앙을 소유하여 내 것으로 삼지 못하고, 마치 남의 것을 가지고 하는 것 같은 신앙생활은 가짜 신앙이다.

　목회 사역자들 가운데서도 종북 사상에 물들어 있든지 아니면 땜질이나 하려는 듯, 목회에 대한 열정이 없이 대충 시간을 보내는 사역자들도 상당히 많다. 그러니 그러한 목회자들의 교회가 부흥될 리가 없고 목회 현장이 축소되고 있더라도 개의치 않는다. 이런 태도는 세상에서도 환영받지 못하고 칭찬을 받을 수도 없다.

　예수님의 달란트 비유와 므나 비유에서 자신의 책임을 땅속에 묻어 두는 종들이 등장한다. 땀 흘려 일하는 종들보다 편하게 자고 싶으면 자고, 쉬고 싶으면 쉬었을 것이다. 그러나 5달란트, 2달란트 받은 종들은 그렇지 않았다. 어떻게 하든지 이문을 더 남기기 위해 이리 뛰고 저리 뛰었기에 갑절을 남기게 된 것이다. 5달란트, 2달란트 받은 종은 참종교를 소유한 자들이다. 1달란트 받은 종은 오히려 주인의 품격을 공격하기에 이른다. 1달란트 받은 종은 참종교를 소유하지 못한 사람이다. 참종교를 가진 사람은 2가지를 꼭 기억해야 한다.

1) 신을 공경하는 것이다.

참종교를 가진 자는 창조주 하나님을 공경하는 것이 최우선이다. 공경이라는 말은 히브리말로 "(카바드, 카베드)"이며, "무겁다, 존귀케하다"라는 뜻이다. "무겁다"라는 뜻은 "하나님을 섬기는 일은 절대로 가볍게 여겨서는 안 된다"라는 뜻이다. "존귀케하다"라는 뜻은 "지위가 높고 귀한 것"을 말한다. 하나님보다 높은 자가 없고 하나님보다 귀한 분이 없기에 최고의 존엄으로 경배해야 함을 뜻하는 것이다.

잠언에는 하나님을 경외하는 것이 곧 생활의 지침으로서 특별 계시의 성격을 드러내 놓고 있는데 모두 14번이 나온다. (잠1:7) 여기에는 9가지만 소개한다. "여호와를 경외하는 것이 지식의 근본이라(잠1:7), 지혜의 근본(잠9:10), 생명의 샘(잠14:26), 지혜의 훈계(잠15:33), 장수하고(잠10:27), 견고한 신뢰(잠14:26), 악에서 떠남(잠16:6), 생명에 이름(잠19:23), 겸손과 여호와를 경외함의 보응은 재물과 영광과 생명이니라(잠22:4)"라고 말씀하고 있다.

믿음의 조상 아브라함은 하나님을 공경하기 위해 100세에 간신히 얻은 아들 이삭을 과감하게 하나님께 드리는 과정을 보여주었다. 또한 바울은 그리스도인이 하나님을 경외하여야 할 것을 고린도후서에 "그런즉 사랑하는 자들아 이 약속을 가진 우리는 하나님을 두려워하는 가운데서 거룩함을 온전히 이루어 육과 영의 온갖 더러운 것에서 자신을 깨끗하게 하자"(고후7:1)라고 말했다. 욥기에서 욥 역시도 친구들에게 "너희가 사람을 속임 같이 그를 속이려느냐"(욥13:9)라고 말하며 사람이 하나님을 속여서도 안 되고 속일 수도 없는 것을 언급했다.

오늘날 성도들이 구원은 받았으나 감격이 없다. 물질, 건강, 자유의 축복을 받았으나 감사가 없다. 봉사도 충성도 헌신도 코로나19 이후에 더욱 극심할 정도로 추락하였다. 오히려 겸손보다는 교만에 가깝게 도달하고 있다. 하나님의 귀한 직분을 맡고 있지만, 도무지 헌신과 충성이 없고 교회 직분을 명예직같이 등한시 여기며 요즘 말로 인기 있는 직분에만 관심을 갖고 있다. 이것은 자기 스스로가 자신에게 속아 넘어가고 있는 것이다. 바울은 "스스로 속이지 말라 하나님은 업신여김을 받지 아니 하시나니 사람이 무엇으로 심든지 그대로 거두리라"(갈6:7)고 말했다.

 필자가 어떤 교회를 섬겼는데 직분자(장로)들의 횡포가 말이 아니었다. 필자가 그 교회를 떠나고 난 뒤, 그 직분 자들 가운데 2명이나 큰 질병으로 세상을 떠났고 2명은 육체적, 정신적인 건강을 잃어버리고 말았다. 필자는 그 일들을 나중에야 듣고, '여전히 하나님은 살아계시고 지금도 일하고 계시는구나'라고 느끼게 되었다. 또한 장로들의 횡포에 동조하였던 지방회 일을 보는 사역자도 젊은 나이에 큰 질병으로 하나님의 부르심을 받았다. 이런 일들은 올바로 하나님을 공경하지 못한 결과가 아닐까, 생각해 보게 된다.

 필자가 빈손으로 교회를 개척해서 30년을 목회하고 남은 10년은 목회하기 힘든 교회로 보내시면 힘써서 바로 잡고, 부흥시켜 보겠다고 기도하였다. 기도한 대로 만 30년 만에 임지를 옮기게 되어 그간의 퇴직금을 직분 자들과 얘기하고 결정했다. 그런데 새로 온 사역자와 지방회 사역자 2명이 퇴직금 문제를 백지화시키려고 했었고, 필자는 '하나님께서 다른 방법으로 주시겠지'하며 기다렸다. 결국 처음 정해진 금액의 절반도 안 되는 금액을 퇴직금으로 받고 다른 교회로 옮기게 되었다. 그 후 몇 년 사이에 필자의 후임자는 3교회로 옮겨 목회하다 임지 없이 미국으로 건너가서 목회를 그만두고 말았다. 필자의 퇴직금을 주지 않으려는 지방회 사역자 중 한 사역자는 20여 년을 섬겨 100여 평을 새로 건축한 교회를 담임하다가 교회가 은행에 넘어가 버렸으며, 또 다른 한 사역자는 인천에서 150여 명 모이는 교회에 담임하다가 강원도 어촌의 작은 교회로 임지가 옮겨지게 되었다. 필자와 같은 지방의 동료 사역자가 전해준 소식이며, 필자를 어렵게 했던 3명의 사역자가 모두 하나님으로부터 징계를 받은 것 같다고 하면서 3명의 사역자의 이야기를 들려주었을 때, 너무너무 마음이 아팠다. 돈이 뭐길래 돈에 매여서 살까? 하나님께서는 나는 새도 먹이시고 들의 백합화도 돌보시는데 모두 하나님을 올바로 공경하지 않는 것에 문제가 있지는 않을까? 평신도이든 사역자이든 하나님 앞에 바로 서야 하고 언제나 이런 일을 내 맘대로 세상 법대로 하는 것이 아니라 언제나 하나님께 질문경영을 해야 하지 않을까?

　다윗은 하나님을 섬기면서 무슨 일이든지 하나님께 묻고 응답해 주시는 대로 생활했기에 "다윗의 신앙은 질문경영의 신앙"이라고 명명하고 싶다. 세 분의 사역자를 볼 때, 단 한 사역자라도 이것은 잘못된 일인 것을 기도 가운데 응답받고 깨달았다면, 사역이 그렇게 비참해지지는 않았을 것으로 짐작된다. 이 사건을 보면서 욥의 세 친구를 연상케 하였다. 필자는 감사했다. 내가 욥의 친구들 무리에 속하지 않았음을!

　하나님을 공경하는 것은 하나님의 말씀대로 행하는 것이다. 모세는 성막을 만들 때 "하나님께서 명령하신 대로 행하였더라"를 출애굽기 39장에 8번 기록하였고, "하나님이 명령하신 대로 되니라"를 8번을 기록하였다. 여기에서 우리는 모세가 하나님을 얼마나 공경하였나를 엿볼 수 있다.

2) 하나님의 명령에 복종하면서 살아가는 것이다.

　솔로몬은 이것이 사람의 본분이라고 말했다. 그런데 사람과 그리스도인과는 하늘과 땅 차이이다. 사람은 아담의 후손이고, 그리스도인은 하나님의 자녀이며 예수의 후손이라고 할 수 있기 때문이다. 사람에게도 하나님의 명령을 지키는 것이 본분이라면, 그리스도인 곧 거룩한 백성을 상징하는 성도는 100% 하나님의 명령에 따라서 살아야 한다.

　모세는 성막을 건축하는 일에 1mm의 오차도 없이 "하나님께서 명령하신 대로 하였더라"(출39:40)라고 기록되어 있다. 아브라함은 그 외아들 이삭을 드릴 때, 아내와 의논도 없이 거침없이 아들을 하나님께 바치러 길을 떠났다. 믿음이란 바로 이런 것이다. 예레미야 예언자는 이렇게 외치고 있다. "야곱의 집과 이스라엘의 집 모든 족속들아 여호와의 말씀을 들으라"(렘2:4), "그러므로 내가 다시 싸우고 너희 자손들과도 싸우리라 여호와의 말씀이니라"(렘2:9) 이 말씀은 하나님의 택한 백성들에게는 청천벽력과도 같은 말씀이다. 그런데 이 말씀의 예언은 실제적이었다는 데에 오늘에 사는 우리에게 큰 울림이 아닐 수가 없다. 그 이유는 무엇일까?

예레미야 예언자는 "어느 나라가 그들의 신들을 신 아닌 것과 바꾼 일이 있느냐 그러나 나의 백성은 나의 영광을 무익한 것과 바꾸었도다"(렘2:11)라고 외쳤고, "내 백성이 두 가지 악을 행하였나니 곧 그들이 생수의 근원 되는 나를 버린 것과 스스로 웅덩이를 판 것인데 그것은 그 물을 가두지 못할 터진 웅덩이들이니라"(렘2:13)라고 말씀으로 경고를 서슴치 않았다. 그런데 사사기서는 구원받은 이스라엘 백성들이 "자기의 소견에 옳은 대로 행하였더라"(삿21:25)라고 잘못된 삶을 질타하고 있다.

이스라엘은 하나님께로 돌이키지 않았다. 그 결과는 비참했다. 나라 없는 설움을 2,534년(B.C.586년-A.D.1948년에 독립) 동안 겪게 되었고, 20세기에 들어와서야 겨우 나라를 찾았는데 아직 예루살렘 성전을 건축하지 못하고 있다. 그런데 중요한 것은 절대로 타락한 아담의 품성을 가지고서는 하나님의 말씀을 지킬 수 없다는 것이다. 예수의 제자들은 예수와 3년 동안 생사고락을 같이했는데도 지키지 않았다. '그럼 누가 지킬 수 있을까?'라는 의문이 들 수밖에 없다. 그 방법은 오직 하나님이 보내신 성령을 받는 것뿐이다. 예수님은 분명히 인간의 몸을 입으셨다. 그런데 한 번도 하나님의 명령에, 하나님의 말씀에 순종하지 않으신 적이 없으시다. 예수는 우리의 표적이시고, 본이시고, 우리의 표상이시다.

어떻게 우리와 똑같이 육신을 입으셨는데, 그렇게 하나님의 명령에 실수가 없으셨을까? 답은 여기에 있다. 눅3장~4장을 보면, 예수는 요단강에서 세례를 받으시고 성령 달라고 기도하심으로 성령을 받으셨고, 더 기도하여 성령의 충만함을 받으셨다. 그리고 광야에서 40일 동안 금식기도를 하시고 사단과의 싸움에서 승리하시고, 갈릴리에 오셔서 하나님 나라를 선포하실 때 성령의 능력을 소유하시게 되었다고 증거하고 있다. 그리스도인들은 자기 생각을 가지고 하나님의 명령에 절대로 순종할 수 없다. 나를 죽이고 육을 죽이면, 영의 사람이 될 수 있다. 다시 말해서 기도해서 성령 받고, 충만 받고, 능력까지 소유한다면 금상첨화의 신앙이 된다. 어떤 일에도 무슨 말씀에도 순종하며 살 수 있다는 진리가 바로 사도행전의 역사이다.

시편에 "할렐루야, 여호와를 경외하며 그의 계명을 크게 즐거워하는 자는 복이 있도다"(시112:1)라고 말씀하셨다. 성령을 못 받으면 하나님의 말씀이 부담되고 힘들지만, 성령을 받으면 오히려 하나님의 명령에 크게 기뻐하게 될 뿐만 아니라 더욱 하나님의 뜻에 가까이 가게 된다. 예레미야 예언자는 "내가 그들(이스라엘 백성)에게 복을 주기 위하여 그들을 떠나지 아니하리라"(렘32:40)라는 말씀을 기록해 놓았다.

에스겔 예언자는 마지막 때 이스라엘이 회복될 것임을 예언하고 있다. 가깝게는 바벨론 포로에서 돌아오게 되는 것이고, 멀리 보면 이스라엘이 계속 하나님을 반역하다가 돌아서서 하나님께로 돌아와 마지막으로 이스라엘 민족이 구원받을 것을 말하고 있다. '이제까지 반역만 하면서 살던 이스라엘이 어떻게 하나님의 구원에 참여할 수 있을까?'라는 의문이 든다. 그런데 에스겔 예언자는 "이는 내가 내 영을 이스라엘 족속에게 쏟았음이라 주 여호와의 말씀이니라"(겔39:29)라고 예언하고 있다 이 말씀을 분석해 보면 성령을 못 받으면 하나님이 얼굴을 가리시고 보시지 않으신다는 증거이다. 이스라엘 민족은 하나님께서 어찌하여 하나님의 영을 쏟아부어 주셨을까? 에스겔 이후 스가랴 예언자는 "다윗의 집과 예루살렘 주민에게 은총과 간구하는 심령을 부어 주리니"(슥12:10)라고 예언하였다. 그러니까 하나님께서 기도하도록 감동을 주시므로 이스라엘 백성들이 하나님의 영(성령)을 부어달라고 회개하며 부르짖기에 응답해 주신 것이라고 스가랴 예언자와 에스겔 예언자는 외치고 있다.

　5 달란트, 2 달란트 받은 자는 정말 순종해서 복을 받은 자들이다. 5 달란트 받은 자는 자신이 스스로 주인의 명령에 순종하기로 결단했고, 2 달란트 받은 자는 5달란트 받은 자가 순종하는 모습을 보고 따라서 했지만, 그것만으로도 주인은 잘했다고 칭찬하시며 맡겨놓았던 2 달란트에 남긴 2 달란트까지 모두 그 종에게 주었다. 1 달란트의 무게는 34kg이므로, 금 1 달란트의 값은 오늘날로 치면 9억 이상이다. 은 1 달란트의 값은 5,000만 원에 달한다.

　아마도 누가복음의 므나의 비유는 세상 사람들에게 해당되는 것이라면, 마태복음의 달란트 비유는 모든 평신도에게 해당되는 비유라고 생각된다. 1므나는 100데나리온이다. 그 당시 므나(종교의 단어-듀나미스(능력)와 같다)의 값은 힘, 권력, 삶을 움직이게 했다. 1데나리온은 노동자 하루의 품값임을 감안하면 1 므나는 1,000만 원 정도의 값이 계산된다. 금 1달란트에 비하면 너무 적은 금액이지만, 사실 세상 모든 사람은 똑같이 1 므나를 하나님께 받은 것이다. 이것도 얼마나 큰 축복일까? 어떤 사람은 모태에서 죽기도 하고, 또 태어나서 얼마 못 살고 가는 인생들도 너무나 많은 것을 생각한다면, 지금 세상에서 살고 있는 사람들은 모두 복 받은 사람들이다. 문제는 그런 사실을 모르고 살아가고 있기 때문에, 우울증에 걸리기도 하고, 자살도 하게 되고, 살인을 저지르고도 양심의 가책을 느끼지 못하는 것이다.

　그런데 이 2 가지 비유를 영적으로 깊이 보면, 누가복음에 므나의 비유는 믿음으로 구원받는 성도들을 가리키고 있다. 구약의 아브라함, 모세, 엘리야와 신약의 베드로, 바울, 요한, 현대에 와서 많은 선교사들이나 오늘에 사는 평신도들 모두가 똑같이 1 므나를 받은 것이다. 누가 큰 구원을 받은 것도 아니고, 누가 작은 구원을 받은 것도 아니다. 모두가

다 예수를 믿음으로 하나님의 자녀가 되었고 구원을 받았고 천국에 갈 수 있는 티켓을 받은 것이라는 데에 차별이 없다는 것이다.

그러나 마태복음의 달란트 비유는 그렇지 않다. 구원받은 것은 다 똑같지만, 받은 은사는 각기 다르다. 모든 구원도 성령의 감동이 있어야 구원을 받지만(고전12:3), 성령이 내 육체에 주인으로 오시는 일은 얼마만큼 기도하느냐에 달려있기 때문이다. 어떤 성도는 예수님처럼 성령 받고, 충만 받고, 능력까지 받아서 수많은 기사와 이적을 강력하게 행사하여 많은 영혼을 구원하지만, 어떤 성도는 아무 능력이 없어서 전도도 못하고, 기사와 이적도 행하지 못한다. 결국 천국에 가서 받을 상이 아무것도 없는 부끄러운 구원을 받을 것이지만, 많은 영혼을 구원한 성도는 영광의 구원을 받을 것이라고 확실하게 말할 수 있다.

3. 참종교의 능력

한문의 뜻을 빌리면, 종교라는 말은 宗(마루 종)자와 敎(가르침 교)자를 사용하고 있다. "마루"라는 말은 "제일 높다"라는 말이며, "신(神)을 모시는 집"이라는 뜻의 회의 문자이기도 하다. 그리고 "마루"라는 말은 "으뜸, 근본"이란 뜻을 함축하고 있다. 사람이 사람답게 살려면 자신을 세상에 보내준 신을 섬기며 사는 것이 근본이고 으뜸이 된다는 말이다. 마루는 그런 의미에서 재물이나 명예나 권력같이 수시로 변하는 것과 비교될 수가 없다.

부자와 거지 나사로의 이야기에서 누가 더 으뜸이고, 누가 더 근본이며, 누가 더 높을까? 세상눈으로 보면 다 부자라고 대답하겠지만, 그렇지 않다. 창조주이신 하나님은 거지 나사로가 신을 섬기는 사람으로 더 위대하고, 더 높고, 더 으뜸이며 바로 근본이라고 말씀하고 있다는 것이다. 그리고 "敎(가르칠 교)"자는 "주의를 준다"는 뜻과 "본 받는다"는 뜻으로 이루어진 회의 문자이다. 사람이 사람답게 살기 위해 주의를 기울여 신(神)을 본받게 함으로 최고의 사람이 되는 길이다.

전도서 기자는 마지막 12장에서 "사람이 사람답게 사는 길은 무엇이냐?"의 문제에 대해 "일의 결국을 다 들었으니 하나님을 경외하고 그의 명령들을 지킬지어다 이것이 모든 사람의 본분이니라"(전12:13)라고 고백하고 있다. 솔로몬은 세상에서 좋다고 생각하는 일을 다 해본 사람이다. 그런 그가 생애 마지막에서 고백한 얘기는 사람이 사람답게 살기 위해서는 "하나님을 경외하고 그 명령을 지키라"는 것이다. 이것이 사람의 최고 행복이고, 사람의 본분이고, 사람의 최고 축복이라는 것을 토로하고 있다. 바울은 이렇게 고백하고 있다. "믿음으로 하지 않는 모든 것은 죄니라"(롬14:23)

어떤 사람이 돈이 많아 선하게 살려고 가난한 자들에게 재산을 다 나눠주어도 그 사람이 믿음을 가지고 하지 않았다면 하나님 앞에서만큼은 "죄"라는 것이다. 어느 날 예수님이 헌금 궤 앞에 앉으셨다. 부자가 큰돈을 넣는 것을 보셨고, 조금 있다가 과부가 엽전 두 푼을 넣는 것을 보셨다. 예수님은 말씀하시기를 과부가 더 많은 것을 넣었다고 하시었다. 왜일까? 부자의 헌금은 많은 것 중에 일부를 헌금 궤에 넣었지만, 과부는 주머니에 있는 전 재산을 넣었기 때문이다. 예수님의 생각은 전 재산이 생명이라면 과부는 생명 전체를 하나님께 바친 것이고, 부자는 재산 일부이기에 자기 생명의 일부 그것도 아주 조금의 생명을 하나님께 바친 것이 된다. 이 사실은 그 당시 사람들을 깜짝 놀라게 하지 않았을까 생각해 본다.

1) 사람이 사람답게 살려면 반드시 예수님을 믿어야 한다.

제자들이 예수님께 하나님의 일이 무엇이냐고 물었을 때, "하나님께서 보내신 이를 믿는 것이 하나님의 일이니라 하시니"(요6:29)라고 하셨다. 이것이 사람이 하나님의 일을 하는 첫 단계이다. 다시 말하면 사람이 사람답게 사는 것이다. 그렇다면 예수님을 믿지 않는 자는 사람이 사람답게 살지 못하고 있다는 증거이다. 이런 사실을 믿지 않는 사람들은 전혀 알 리가 없다.

필자는 전도할 때, 하는 말 가운데 하나는 사람으로서 예수 믿지 않으면 짐승과 다를 바가 없다고 강조한다. 짐승은 어떤 사명을 가지고 태어나는 것이 아니라 결국 먹고 살기 위해 태어나는 줄로 알고 살아간다. 하나님께서는 노아 홍수 후에 짐승의 고기를 사람의 식용으로 주신 것을 생각해 보면 짐승과 같은 삶은 불쌍하고 처절한 삶일 수밖에 없다. 사람으로 태어난 것은 하나님의 형상과 모양을 따라서 이 세상에 보내진 것이다. 그런데 짐승과 다를 바 없이 산다는 것은 비극 중에 최고의 비극이 아닐 수 없다.

2) 사람답게 살려면 반드시 성령을 받아야 한다.

아무리 교회 나와서 신앙생활을 한다고 해도 성령 받지 않으면 4 복음서의 예수님의 열두 제자의 모습과 다를 바 없다. 어떤 사역자는 이미 성령이 지구에 와 계시기에 예수 믿으면 이미 성령 받은 것이라고 착각하고 있다. 그렇다고 치면 사도행전 2장에 성령이 오셨으니 그 다음부터는 "예수 믿으라"는 말만 하면 된다. 그러나 성경은 "성령을 받으라, 기도해야 한다"를 수없이 강조하고 있다. 아마도 그 사역자는 자신이 성령을 못 받았기에 구차한 변명을 털어 놓고 있다. 성령이 오시면 우리에게 내적 변화가 일어난다.

이것을 사도바울은 "성령의 열매"라고 말하고 있다.(갈5:22-23) "성령의 열매"는 절대로 9가지가 아니다. "성령의 열매"는 오직 하나다. 바로 "사랑"이다. 문구를 보면 성령의 열매가 9가지라면, "성령의 열매들"이라고 복수단어를 써야 하는데 원문에도 한글 성경에도 "성령의 열매는"이라고 단수를 사용하고 있다. 고린도전서 13장은 보통 사랑장이라 부른다. 여기 사랑 속에 8가지(희락, 화평, 오래 참음, 자비, 양선, 충성, 온유, 절제)는 사랑의 속성들로 기록되어 있다. 하나님은 사랑이시다. 그러기에 우리에게 "첫째는 하나님을 사랑하라, 둘째는 이웃을 사랑하라"고 계명을 끝내신 것이다.

바울이 말하기를 "소망이 우리를 부끄럽게 하지 아니함은 우리에게 주신 성령으로 말미암아 하나님의 사랑이 우리 마음에 부은 바 됨이니"(롬5:5)라고 하였다. 성령이 우리 마음에 오시면 우리 마음은 내적인 변화가 일어난다. 모든 것이 사랑으로 바뀐다. 미움도, 고집도, 악한 마음도, 추한 마음도 다 바뀌어 새롭게 태어난다. 그러면 세상을 보는 시각이 달라지고 삶이 달라진다. 원수도 사랑할 수 있게 되고, 모든 죄를 덮는 힘이 생긴다. 내적 변화가 와야 외적 변화의 삶이 시작된다. 외적 변화의 삶은 많은 영혼들이 불쌍해 보이기 시작하면서 드디어 복음을 전하지 않을 수 없게 된다. 하나님의 말씀대로 사는 것은 기본이고, 많은 영혼을 교회로 인도해서 교회 부흥의 불쏘시개 역할을 감당하게 될 뿐만 아니라 하나님의 뜻을 잘 분별하여 지혜롭게 살아가게 된다. 무엇보다 말씀과 기도의 생활이 풍성해짐으로 하나님의 거룩에 참여하게 된다. (딤전4:5)

이것이 사람답게 사는 것이다. 이스라엘 백성들은 하나님의 특별한 선택을 받은 나라이다. 신약으로 보면 구원받은 것인데 그들은 끝내 멸망하고 만다. 왜일까? 영의 사람인 선지자들이 끊임없이 하나님께로 돌아서라고 해도 끝까지 우상숭배로 막을 내린다. 신약의 성도도 성령을 못 받으면 이렇게 될 것이 분명하다. 그래서 예수님이 "성령을 받으라"(요 20:22)고 외치셨던 것이다.

4. 참종교 역사 흐름

기독교는 성경 66권을 정경으로 인정하고 있다. 그러나 타락한 가톨릭은 구약과 신약 중간에 정경이 아닌 가경들로 채워져 있다. 성경 66권은 먼저 하나님의 창조부터 시작한다. "태초에 하나님이 천지를 창조하시니라"(창1:1) 그런데 그 창조는 인간을 창조하기 전에 영적 세계의 창조가 있었다. 하나님은 아들을 낳으셨고(시2:7), 천사들도 창조하셨다. 아들은 이 땅에 오신 메시야 예수님이시고, 천사장 중에는 좋은 소식을 전달해 주는 가브리엘 천사장, 우리와 함께 싸워주는 미가엘 천사장, 그리고 하나님의 보좌를 지키는 루시퍼 천사장 등 많은 천사였다. 그런데 반란이 일어났다. 하나님 보좌를 지키는 루시퍼가 하나님이 되고자 하였고, 그것을 이미 아시는 하나님은 루시퍼와 그의 천사들을 하늘에서 쫓아내시므로 공중에서 권세를 잡게 되므로 영적 싸움은 일단락되었다. 그러나 루시퍼는 뱀으로 둔갑하여 최초의 아담과 하와의 가정을 유혹하였다. 기어코 인간에게 자유의지를 주신 하나님께서는 아담의 가정이 루시퍼의 유혹에 넘어가지 않기를 바라셨지만 아담의 가정은 유혹에 넘어가 선악과를 따먹고 결국 에덴동산에서 쫓겨나고 말았다. 그러나 사랑의 하나님께서는 짐승을 잡으시고 거룩한 옷을 지어 입히셔서 내보내신 것이다. (창3:21) 이 일은 곧 어린양 되시는 예수님이 인류의 죗값을 치루게 되는 하나의 예표가 된 것이다. 루시퍼와 그의 일당들은 창조 때부터 지금 아니 종말 때까지 끊임없이 하나님의 일을 방해하고자 하고, 예수 믿지 못하게 하려고 타 종교, 사이비 등 수많은 거짓 종교들을 생산해 냈다. 그러나 하나님께서는 그냥 놔두고만 있으시지 않으셨다. 하나님은 한 가지 방법을 알고 계셨다. 인류의 죄값을 다 지불하고 인류를 구원하겠다는 의지를 소유하고 계셨다. 그래서 하나밖에 없는 외아들 예수 그리스도를 이 세상에 보내사 십자가에서 죽임을 당하게 하신 것이다.

 인간의 족보를 살펴보면 아담은 죽은 아벨 대신에 130세에 셋을 낳고, 셋은 105세에 에노스를 낳았는데 이때가 아담 후 235년이고, 에노스는 90세부터 815세까지 자녀를 낳았다. (창5:3-11) 그리고 905세에 죽었다. 그런데 벌써 역사의 시간은 1,000년을 지나가고 있을 때, 처음으로 하나님의 이름인 여호와를 불렀다. 처음 창조 받은 아담도, 셋도 여호와의 이름을 부르지 못하고 살았다는 증거이고, 에노스 때(B.C.235-

1,050사이) 비로소 사람들이 여호와의 이름을 불렀다고 기록하고 있다. (창4:26) 그러니까 1,000년의 시간은 기독교의 신앙을 찾아보기 힘든 것이 아니었을까 의문이 든다. 아담부터 노아까지 10대에 걸쳐 약 1,000년, 노아부터 아브라함까지 10대에 걸쳐 약 1,000년, 결국 2,000년 동안 인간들은 하나님을 거의 알지 못하고 하나님을 떠나서 살았다고 해도 될 것 같다.

우리는 아브라함을 믿음의 조상이라고 말한다. 하나님께서는 이 세상 사람들이 하나님을 잃어버리고 아니 계신 것조차도 잊어버렸기에, 하나님이 살아계시고 역사하심을 보여주시고 이 세상 사람들을 죄에서 구원하시고 사단으로부터 빼앗아 오시기 위해 외아들 예수님을 이 세상에 보내실 나라와 족속을 찾으셨는데, 그 사람이 바로 밧단 아람(튀르기예 중남부지방)에 살고 있는 아브람이었다. 후에 아브라함으로 하나님께서 개명해 주시었다.

아브라함 때에 와서 기독교 신앙의 면모를 갖추게 된다. 아브라함은 본향 하란에서 그의 아버지 데라와 함께 그 당시 최고 문명의 도시 갈대아 우르에서 한동안 살았다. 타락한 문명을 뒤로한 채 다시 본향을 찾아와서 데라는 하란에서 죽고 난 뒤, 하나님께서는 아브람에게 "네 본향 친척, 아비집을 떠나 내가 지시해 주는 땅으로 가라"는 명령을 받았다. 이때 아브람은 하나님이 지시하는 곳으로 갈 때, 친척 아비 집의 재산을 가지고 떠나므로 신앙 삼분의 일밖에 순종하지 않았다. 이것은 하나님이 원하시는 기독교 신앙이 아니었다.

아브람은 75세 때에 가나안 땅에 머물면서 믿음의 조상이 되어야 하는 과정을 빨리 끝내지 못하여 10여 년이 지난 후에 하나님께로부터 의롭다 하심을 얻게 되는데, 하나님께서 죄인인 아브람을 의인으로 인 쳐주신 것이다. "의"는 원어로 (체다카)인데, "옳고 정의로운 일을 해야 하는 종교적 의무"라는 뜻이고, "믿음"은 원어로 (아만)인데, "아멘"이라는 말이다.

그 후, 아브라함의 후손을 큰 민족으로, 한 나라로 만들기 위해서, 하나님께서는 당시에 가장 문명이 발달하고 규모가 큰 나라였던 애굽으로 밀어 넣으시게 된다. 결국 그들은 400년 동안 애굽이라는 세상(사단)의 노예(종)가 되고 말았다. 이것은 사단이 이 세상을 지배하고 있지만, 하나님께서는 예수님(메시야)을 보내실 민족으로 나라를 이스라엘로 정하셨기에, 그 백성들을 연단시키신 것이었지만, 사실 인간들이 죄에서 어떻게 해야 구원받는지를 예표로 보여주신 것이다. 애굽에서 430년 만에 모세를 통해 출애굽 하게 하시고, 시나이반도에서 40년 동안 하나님이 주시는 양식(이슬과 함께 내리는 만나, 바위에서 터져 나오는 물, 메추라기 떼)으로 배불리 살다가 드디어 젖과 꿀이 흐르는 가나안땅에 들어가게 된다. 광야 40년의 삶은 하나님이 직접 먹을 것, 마실 것을 제공해 주신 기간이었다. 그것은 하나님을 잃어버리지 말라는 뜻이고, 일용할 양식과 더 나아가 신령한 양식은 모두 하나님께서 주신다는 의미를 담고 있다.

그 당시 가나안땅에서는 7 족속이 바알 신, 아세라 신, 림몬 신 등 다양한 신들을 섬기고 있었다. 그래서 하나님께서는 그 땅에 사는 사람들을 다 쫓아내라고 명령하셨다. 그런데 그들은 순종하지 못했다. 못 쫓아낸 민족도 있었고, 이스라엘 백성을 속인 민족도 있었다. 이것이 올무가 되어 이스라엘 백성들은 우상숭배에 빠지기 시작했다. 사단은 메시야가 이 세상에 오시지 못하게 하려고 이스라엘 민족을 말살하려는 수없는 시도가 있었지만, 번번이 실패하고 말았다. 이스라엘 민족은 가나안땅에 들어간 지 819년 만에 결국 나라를 통째로 잃게 되고 바벨론의 포로가 되고 말았다. 왕국이 세워진 이후(사울-다윗-솔로몬 등) 454년 만의 일이다. 바벨론 포로 이후 582년 만에 사단의 수없는 방해에도 불구하고, B.C.4년에 메시아(예수님)가 유대땅 베들레헴에 탄생하시게 되었다. 그동안 수많은 예언자를 통해 예언되어 있었고, 태어날 때와 장소뿐만 아니라 누구의 후손으로 오실 것까지도 예언되어 있었다.

이때부터 기독교 참신앙이 꽃을 피우기 시작하고(4 복음서), 사도행전에서는 드디어 예수님이 부활하신 후 40일 동안 말씀을 선포하시고, 부활의 몸체를 11번이나 보여주시고, 승천하신 후 10일 만에 마가의 다락방에 모인 120명에게 성령을 부어주셨다. 성령 받은 제자들과 많은 평신도가 예루살렘과 온 유대와 사마리아와 땅끝까지 복음을 들고 나가게 되었다.

이 과정에서 율법이 중요한지, 복음이 중요한지의 논쟁도 많았다. 유대교에서는 율법을, 기독교에서는 복음을 강조하였고, 율법 종교는 유대인들에게만 머물렀기에 복음을 강조한 기독교는 전 세계를 향해 퍼져 나갔다. 그러나 그동안에 하나님이 원치 않으시는 종교전쟁은 수없이 벌어졌다. 그 대표적인 예가 십자군 전쟁이었다. 이 일은 하나님이 인정하시지 않는, 인간들의 잘못된 신앙의 열정 때문에 일어난 일이었다. 그 뒷면에는 자신들의 이익을 추구하는 모습들이 있었다. 우리 그리스도인들은 이웃을 내 몸같이 사랑해야 하는데, 전쟁을 일으키는 것 자체가 사단의 꾀임에 빠져든 것이었다. 그뿐만 아니라 신학적인 논쟁도 많이 있었다. 그 뒷면에는 정치적인 음모도 역시 있었다. 금세기에 와서 가톨릭의 타락은 하늘을 찌르는 듯하였다. 이때 바벨론 종교와의 합세는 종교적인 타락을 더욱 부추기게 되었다. 이때부터 마리아 사상이 요동치게 되었다.

하나님께서는 1517년 마틴 루터를 통하여 종교개혁을 단행하셨고, 많은 개혁자를 통해 종교개혁은 계속되었다. 사실 하나님의 정상적인 종교라 할지라도, 역사의 흐름 속에서 하나님의 말씀이 왜곡되게 해석되거나 잊어버리는 경우가 생기기 마련이다. 계속해서 흐르는 물은 썩지 않지만, 고인 물은 썩을 수밖에 없는 이치처럼, 계속 개혁이 필요할 때 개혁되지 않으면 교계가 썩게 마련이다. 구약에서 이스라엘 역사가 그 면모를 자세히 보여주고 있는 거울이라고 볼 수 있다.

원래 초대교회는 성령 운동으로 말미암아 이 땅에 첫 교회가 세워졌다. 그 교회가 예루살렘 교회이고 두 번째 교회가 수리아 땅의 안디옥 교회였다. 사도들과 성령 받은 평신도들에 의해 아시아에서 유럽으로, 유럽에서 아메리카(남미, 북미)로, 대양주(오세아니아)로, 북미에서 한국 등 아시아권으로, 아프리카로, 그리고 다시 한국(아시아)이 아프리카와 이스라엘에 복음을 전파하고 있다. 다시 말하면 기독교 복음이 지구를 한 바퀴 돈 것이다. 물론 아직도 복음을 받지 못한 작은 나라와 많은 부족이 있지만, 한국교회는 이들을 찾아 계속해서 복음을 전하는 사명을 감당하고 있다.

기독교 복음이 이렇게 전파되기까지는 큰 돌 두 개가 가로막고 있었다. 그 하나는 바로 하나님께서 유일하게 선택하신 이스라엘 나라의 종교 유대교이다. 일찍이 이사야 예언자는 "그가 성소가 되시리라 그러나 이스라엘의 두 집에는 걸림돌과 걸려 넘어지는 반석이 되실 것이며 예루살렘 주민에게는 함정과 올무가 되시리니 많은 사람들이 그로 말미암아 걸려 넘어질 것이며 부러질 것이며 덫에 걸려 잡힐 것이니라"(사 8:14-15)라고 예언한 바 있다. 이 말씀을 사도 베드로가 또 증거하고 있다.(벧전2:15) 시편 기자도 "건축자가 버린 돌이 집 모퉁이의 머릿돌이 되었나니"(시118:22) 라고 증거 한다. 이 예언은 이스라엘 종교 유대교가 예수님이 반석(돌)이 되시기에 마치 덫에 걸린 짐승처럼 될 것이라는 말씀이다. 미래까지 보면 유대교는 오히려 걸림돌에 걸려 넘어지고 마는 비극이 되고 말았다. 유대교는 예수를 십자가에 못 박은 장본인들이다. 예수님은 "내가 장로들과 대제사장들과 서기관들에게 고난을 당하고 십자가에 죽임을 당하고 삼일만에 부활하실 것"(마16:21, 막8:31, 눅9:21)이라고 말씀하셨고, 예수님의 죽음과 부활의 말씀들(마20:17-19, 막10:33-34, 눅18:32-33)을 예고하셨다. 그뿐만 아니라 복음을 전파하는 데마다 유대인들은 수 없는 방해를 쉬지 않았다. 제일 많이 고난 당한 사도는 바로 바울이었다. 이 유대교인들은 율법을 내세우면서 아직도 하나님께서 메시야(예수님)를 보내시지 않았다고 주장하고 있다. 그래서 그들은 아직도 세계에서 유일한 성탄절이 없는 나라로 알려져 있다. 그들이 2,534년 동안 나라없이 전 세계를 방황하면서 살게 하신 것은 메시야로 오신 예수님을 인정하지 않고, 예수님을 십자가에 죽인 하나님의 징계이다.

또 다른 돌은 바로 카톨릭이다. 카톨릭의 다른 이름은 천주교이다. "카톨릭" 단어의 뜻은 "보편적인"이라는 말이다. 누구나 진리를 보편적으로 대하라고 카톨릭이라는 말을 쓴 것 같다. 카톨릭은 교황을 정점으로 하는 그리스도교를 말하고 있다. 사실 서양 문명사에 결정적인 정신적 힘이 되어왔다. 5세기경까지 카톨릭은 단일 교단으로 유지하고 있다가 동방교회와 서방교회로 나누어졌다. A.D.431년에 에페소스 공의회에서 네스토리우스파를, A.D.451년 칼케돈 공의회에서 그리스도교 단성론(單性論)을 배척하자 동방교회 일부가 분리되었다. 또 교황 레오 1세가 전 카톨릭 교회에 대해 로마의 주교가 수위권(首位權)이 있다고 말하여 카톨릭 교회의 설립 강령을 천명하였다. 그 뒤 성상 파괴 논쟁, 콘스탄티노플의 총대주교 포티오스의 임면 논쟁 등이 겹쳐 A.D.1,054년 동방교회와 서방교회가 분열되었다. 동방교회는 정교회로 러시아와 그리스가, 서방교회는 유럽 국가에서 카톨릭으로 내려왔다. 1차 문제는 바로 바벨론 종교와 결합이 되어 마리아 사상이 들어와 우상 작업이 시작되었다는 점이다.

"우상"이라는 말은 원어로 (엘릴)인데, "공허한 가치가 전혀요는 오물, 똥"이라는 뜻이다. 가톨릭은 예수님의 정신과는 정반대로 추락하고 있다. 예수님은 자신을 왕으로 삼으려고 할 때 그 자리를 피하시었다. 종교는 정치와 연합하면 반드시 타락하기 때문이고, 만일 왕이 되면 피비린내 나는 전쟁을 치러야 할 뿐만 아니라 자신에게 주어진 사명의 길을 가지 못하기 때문이다. 그러나 중세기에 정치와 연합한 카톨릭은 결국 오늘날에 와서 카톨릭 왕국을 건설하고 세계사에 한 나라로 대사까지 파견하는 꼴사나운 모습을 보이고 있다.

그런데 더 큰 문제는 여기에 있다. 일찍이 바벨론 왕 느브갓네살은 B.C.604년경에 한 큰 신상에 대한 꿈을 꾸는데, 이 꿈은 앞으로 세계 역사가 이렇게 펼쳐지리라는 것과 결국 하나님의 심판 끝을 보여주고 있다. 느브갓네살이 꾼 꿈은 "우상의 머리는 순금이요, 가슴과 두 팔은 은이요, 배와 넓적한 다리는 놋이요, 종아리는 쇠요, 발의 얼마는 쇠고 얼마는 진흙으로 된 우상이었다"(단2:32-33) 이 말씀은 금은 바벨론이요, 은은 페르시아요, 놋은 헬라요, 쇠와 흙은 로마제국이었다. 로마제국은 앞으로 유럽에서 10 발가락이 있듯이 이들이 한 나라가 되는데 지금 EC 공동체인 카톨릭의 나라들이다. 이 나라들이 신성로마제국으로 거듭나게 될 것으로 본다.

영국은 카톨릭의 나라가 아니라 성공회의 나라이기에 과감하게 탈퇴하였다. 이 카톨릭 공동체가 마지막 시대에 적그리스도의 모습을 서서히 드러낼 것으로 생각된다. 엄밀히 말하면 그들은 예수님의 공동체가 아니다. 유대인들이 예수님을 버린 것처럼, 카톨릭도 예수님의 반대편, 사단의 편에 서서 일하고 적그리스도가 될 것이 자명하다. 유대인들이 율법을 우상화하듯, 카톨릭도 마리아 우상화 작업이 끝난 상태라는 면에서 일치한다. 유대인은 예수님을 십자가에 못 박게 했고, 카톨릭은 정치적인 왕이며 예수 공동체의 수장(베드로)이기를 상징한 교황을 내세운다. 오늘날 교황청은 각 나라에 대사까지 파견하고 있는 정치집단으로 변하여졌다. 교황은 라틴어로 Papa(파파), 그리스어로 πάπας(파파스), 영어로는 Pope(포웊)이다. 실제로 교황은 사도 베드로의 정통성을 이어받는 로마의 주교인데, 베드로는 원래 이름이 시몬이었고 신앙고백을 함으로 이름이 베드로 바꾸어 주셨다. 베드로의 뜻은 "반석"이다. 이름만 반석일 뿐 여기에 반석은 예수님이시다. 그 예수님 위에 교회를 세우셨다는 말씀이다. 절대로 사람인 베드로 위에 세우신 것이 아님에도 불구하고 카톨릭은 말도 안 되는 것을 붙잡고 정치 집단화되어 세속적으로 되고 말았다. 그 집단은 반드시 하나님의 심판대 앞에 서야 한다. 이것

이 유대교와 카톨릭의 운명 아닌 운명이다.(렘, 겔, 단, 계시록 참조)

오늘날 평신도들은 이러한 때에 참신앙이 얼마나 귀중한가를 인식하지 않으면 안 되는 때이다. 지금 세상은 급하게 변하고 있다. 그래도 하나님의 말씀은 일 점, 일 획도 변하지 않는다는 사실을 붙잡고 살지 않으면 안 된다. 유대교나 카톨릭이나 모두 사단의 꾐에 빠졌기 때문에 현재 사단의 도구로 쓰임을 받고 있고 결국 사단을 위해 몸을 던지는 무지몽매한 일들이 벌어질 것이다. 필자가 연구한 바에 의하면, 마지막 전쟁은 이스라엘을 중심으로 서방왕국 (카톨릭), 남방왕국(이슬람교), 북방왕국(유물론 공산주의), 동북방 왕국(유교, 불교권, 중국)과의 전쟁으로 예상된다. 마지막 때가 되어갈수록 사단은 자기 때가 얼마 남지 않은 것을 알고 최후의 발악을 하고 있기에, 평신도들은 더더욱 정신을 차리고 사단의 음모에 넘어가지 않도록 말씀과 기도의 줄을 놓지 말고 하나님의 진정한 종교, 즉 기독교의 복음을 전 세계에 전하는 일에 매진할 뿐만 아니라 이웃에게도 복음을 전해서 복음의 나라가 되도록 힘써야 할 것이다.

마지막으로 사도 요한을 통해 계시록을 기록할 때 소아시아 7 교회에 편지를 보내었다. 여기에 기독교의 역사가 그 속에 담겨 있다.

① 에베소 ("될 대로 되라"는 뜻, 주후 29~100년) - 사랑은 식고 의식과 형식만 남은 시대(유대교의 의식과 같음) - 이 시대는 성령 받은 성도들이 뜨겁게 복음을 전했지만, 사실 유대교의 공격과 훼방에 결국 율법주의에 동화되고 말았다.

② 서머나 ("방부제", 주후 100년~313년) - 교회 핍박 시대, 로마 황제 10명의 박해 - 끝까지 신앙 사수 (땅을 파고 들어가 신앙생활-카타콤)

③ 버가모 (결혼, 주후 313년~590년) - 로마 국교가 된 기독교, 정치와 바벨론종교 마리아 사상과 결혼하여 신앙의 자유를 얻었지만, 결국 정치화와 우상화에 빠지고 만다.

④ 두아디라 (미사 : 카톨릭, 주후 590년~1,517년) - 교회 암흑시대 교황제도가 주후 440년 레오 1세가 등극함으로 교황 시대가 열림 - 교황의 말 한마디가 곧 하나님 말씀이라고 주장(교황 무오설)

⑤ 사데 (도망자 : 개신교, 주후 1,517년~1,750년) - 마틴 루터가 카톨릭으로부터 도망 나와 개신교 운동이 일어남(프로테스탄트) - 마틴 루터 외 존 칼빈 등 종교개혁운동이 일어남

⑥ 빌라델비아 (형제 사랑, 주후1,750년~1,900여 년) - 전도 운동, 부흥 운동, 성령 운동, 기도 운동 등 일어남 - 존 웨슬리, 스펄죤, 무디 등 성령의 역사로 교회들이 큰 부흥이 일어남

⑦ 라오디게아 (평신도 운동, 주후 1,900여 년~예수 재림) - 엄밀히 보면 목사도 교인도 다 평신도이며, 교황, 추기경, 대주교, 주교, 신부, 수녀 모두 평신도이다. 오직 성직은 예수님과 성령 하나님뿐이다. 이 시대는 교회뿐만이 아니라 나라, 학교, 기업, 모든 것이 다 평신도이다. 시장도, 교장도, 대통령도 함부로 할 수 있는 시대가 만들어졌다. 교회는 다만 사역이 다를 뿐 평신도 운동 때문에 장점도 있지만 사실 단점이 더욱 많아진 것도 사실이다.

연도는 정확할 수 없겠지만, 시대를 상징하는 7 교회의 모습은 하나님의 종교가 어떻게 흘러가게 될 것을 충분히 예고하고도 남음이 있을 것 같다. 평신도들이여! 지금은 라오디게아 시대이다. 지금 한국 교계는 혼탁하다. 사역자와 장로와의 문제뿐만 아니라 큰 교회는 부목사들의 노조가 설립된 교회들도 많다. 장로들의 사조직도 노조 못지않다. 그러다 보니 교회 안에서 서로 미워하고 갈등하는 문제가 수없이 발생하고 있는 것은 참으로 가슴 아픈 일이다. 그러니 정신을 차리고 성령을 받아 하나님의 뜻을 잘 분별하여 하나님의 사역에 크게 쓰임 받는 평신도들이 되기를 바랄 뿐이다.

제 3 장
참종교의 신앙생활

오늘날 수많은 신앙인이 존재한다. 그중에 사역자와 평신도가 있다. 외람되지만 그중에 참신앙을 소유한 사람은 몇 %나 될까? 그것은 사람은 알 수가 없고, 하나님만이 아실 것이란 생각이 든다. 교회를 부흥시키기 위해 제일 먼저 참 신앙이 되지 않으면 안 된다는 것이다. 왜일까? 그렇게 많은 신앙인이 있지만 교회 부흥은 전체 교회의 10% 정도의 신앙인들에 의해 이루어지고 있다는 것이다. 그런데 이상하게도 참신앙만 소유하고 있으면 그 참신앙을 소유한 한 사람으로 말미암아 교회가 부흥된다는 사실이다.

참신앙은 사실 100% 사역자들이 되어야 하지만, 말로는 참신앙이라고 보이는 것 같은데 교회사역에는 큰 부흥이 일어나지 않는다. 무엇이라 말해야 할까? 평가하기는 어렵지만, 예수님의 방법대로 신앙의 길을 걷지 않아서 교회 부흥과 성장이 일어나지 않는 것이라 말할 수 있다. 어떤 교회는 사역자들이 수없이 바뀌어도 교회가 부흥되지 않는, 아니 무엇엔가 발목이 붙잡혀 있는 듯한 교회들이 수없이 많은 이유는 무엇일까? 사역자라고 해서 모두 참신앙의 길에 들어섰다고는 볼 수 없다. 그러던 교회가 어느 사역자가 부임하면서 교회가 서서히 또는 급격히 성장하는 경우도 있다. 그것은 그 사역자의 참 신앙의 척도 문제라고 볼 수 있다. 사실 교회는 사역자만이 교회를 성장시키는 것은 절대로 아니다.

교회 부흥과 성장은 어느 평신도 한 사람에 의해서도 이루어지는 경우도 많이 있다. 교회 부흥과 성장이 반드시 사역자들의 몫은 아니며, 평신도도 참신앙의 길에 서 있다면 얼마든지 사역자 못지않게 교회를 부흥시키고 성장시킬 수 있다는 주장을 필자는 계속 해 왔고, 실제로 그 주장은 성경의 사실이고 사건이다. 교회 부흥과 성장은 똑같이 사역자와 평신도들의 몫이다. 무엇의 차이일까? 참신앙과 참신앙 비슷한 과정에는 엄청난 차이가 있다. 진짜 다이아몬드와 다이아몬드를 닮은 가짜 다이아몬드도 있다는 사실은 우리는 너무도 잘 알고 있다. 그러면 신앙점검에 돌입해 보고자 한다.

참종교의 신앙생활은 하나님의 부르심에서부터 출발한다. 하나님의 부르심에 인간의 응답이 될 때, 참종교의 신앙생활의 문에 들어선다. 하나님은 철저하게 인간들에게 참 회개를 촉구하고 계시다. 예수님도, 세례요한도 "회개하라 천국이 가까웠느니라"(마3:2,17)라고 말씀하신 것을 마태복음 기자는 기록하였다. 회개는 절대적으로 필요하다. 진정한 회개 없이는 참종교의 신앙생활에 귀의할 수가 없다. 회개는 내 죄를 하나님께 다 내어놓고 용서를 비는 것이다. 대체로 모태신앙의 성도들, 누군가에 의해 전도되어 예수님을 믿기 시작한 성도들, 그냥 교회만 다니면 된다고 생각하는 성도들 모두 사실은 위험한 신앙생활이다. 시편 기자 다윗은 "허물의 사함을 받고 자신의 죄가 가려진 자는 복이 있도다. 마음에 간사함이 없고 여호와께 정죄를 당하지 아니하는 자는 복이 있도다."(시32:1-2)라고 고백하고 있다. 이 말씀 속에는 "회개"라는 단어가 들어가야만 가능한 것이다. 죄가 회개를 통해 고백 되고, 하나님의 용서를 받으면 드디어 신앙생활의 참모습이 된다. 죄는 결국 내 자신이 범한 결과물이다. 죄가 하나님께 용서받으면, 죄로 말미암아 더럽혀진 마음이 흰 눈보다 양털보다 더 희게 씻어진다. 그 사람 다음은 죄가 자리 잡고 있던 자리에 예수님을 영접하여 예수님이 중심이 되는 삶이 된다. 사도 베드로는 "너희가 회개하여 각각 예수 그리스도의 이름으로 세례를 받고 죄 사함을 받으라 그리하면 성령의 선물을 받으리니"(행2:38)라고 외쳤다. 회개하여 죄 사함받은 성도는 반드시 성령을 부어달라고 하나님께 구하면 하나님께서는 100% 성령을 부어주신다. 이 일은 하나님께서 인간과 맺은 귀한 약속이다. 성령을 받은 때부터 참종교의 신앙생활이 시작된다.

1. 참신앙과 비슷한 가짜 신앙들

참신앙과 비슷한 가짜 신앙 가운데 인본주의 신앙이 있다. 그 인본주의 신앙을 살펴보자.

1) 인본주의 신앙 가운데 신념적 거짓 신앙

이 신앙은 강한 정신력을 신념으로 삼고 자기 생각과 지혜를 가지고 인간 성취 목적으로 삼고 있다. 누가 보면 저 사람은 굉장히 강한 신앙을 소유한 것처럼 보인다. 그러나 결코 자기 생각은 꺾지 않는다. 그러면서 내 생각과 마음이 예수님의 마음과 같을 것이라고 굳게 믿고 있다. 아마도 베드로가 바다 위로 뛰어내린 사건이 바로 신념적 신앙이라 말할 수 있다.

2) 인본주의 신앙 가운데 신뢰적 거짓 신앙

정확하게 말하면 탕자의 비유에서 등장하는 첫째 아들의 모습이다. 결국 신뢰적 거짓 믿음은 하나님을 믿어드리고, 하나님을 도와드리고, 협력하고, 대접했다는 신앙이지만, 이것이야말로 거짓 믿음이다. 둘째 아들을 맞아들인 아버지의 마음을 이해하지 못하고 오히려 짐승 새끼 한 마리도 잡아준 적이 없다고 머리를 치켜들고 눈을 동그랗게 뜨고 소리치고 있다. 요즘 시대에 자녀들이 부모에게 대들며 내게 해준 것이 뭐가 있냐고 대드는 것과 다를 바가 없다. 이런 신뢰적 거짓 믿음은 자신의 만족에 취해지지 않을 때, 그만 하나님을 떠나거나 교회 안에서 불평불만의 목소리를 한껏 높이거나 어깨를 으쓱으쓱하며 높은 척하게 된다.

3) 인본주의 신앙 가운데 신의적 거짓 신앙

신의적 신앙은 진짜 신앙 같으나 사실 정상적인 신앙이 아니다. 하나님께로 이만큼 은혜를 받았으니, 이만큼은 갚아 드려야지 하면서 신의를 지킨다는 신앙이다. 세상에서는 당연하고 멋진 말 같지만, 하나님과 인간의 관계 속에서는 통하지 않는 신의이다. 신앙은 절대 신의를 말하지 않는다. 아니 말할 수도 없다. 모든 것이 하나님의 은혜이고 축복이며, 모든 것이 하나님의 긍휼과 자비이다. 그 어떤 것도 우리는 갚을 수는 없다. 갚으려고 해서도 안 된다.

세상에서는 당연히 그래야 한다. 그러나 신앙은 절대 그렇지 않다. 예를 들면, 물질의 축복을 주셨으니 십일조에 십일조를 더해서 십의 이조를 드린다면 신의적 신앙이다. 참신앙은 물질의 축복을 받지 못하더라도, 하나님을 사랑하는 마음으로 십의 이조를 드리는 것이다. 하나님은 인간의 신의로 받으시기 위해 존재하시는 하나님은 아니시다. 모세에게 "나는 스스로 있는 자"라고 말씀하신 의도가 바 "나한테 신의를 지키려고 신앙생활을 하지 말라"는 말씀의 의도이기도 하다.

4) 인본주의 신앙 가운데 여론적 거짓 신앙

교회에서 다수결의 원칙을 갖기도 한다. 자유 민주주의 사상을 따르는 것이다. 많은 교회에서는 사역자를 새로 채용할 때, 다수결의 원칙을 사용하는데 이것은 너무나 잘못된 신앙이다. 여론이 많다고 해서 옳은 것은 아니고, 여론이 적다고 해서 절대로 그른 것도 아니다. 사실 교회의 주인은 예수 그리스도이시다. 그런데 무슨 문제든지 문제를 놓고 기도하면 하나님의 성령이 감동을 주신다. 성령이 감동하시는 것을 잘 분별하면 여론에 의지하지 않고 하나님의 일을 결정할 수 있다.

욥기를 보면 욥과 친구들의 대화가 3장에서 37장까지 계속된다. 욥은 하나요, 욥의 친구들은 4명이나 등장한다. 데만 사람 엘리바스, 수아 사람 빌닷, 나아마 사람 소발 그리고 람 족속 부스 사람 바라겔의 아들 엘리후이다. 여론적으로 하면 당연히 욥의 친구들이 옳고, 욥은 하나이기에 욥의 말은 그를 수밖에 없다. 그런데 하나님께서 내리신 결정은 정반대였다. 욥의 말이 옳고, 4명 친구의 말은 옳지 못하였다고 강하게 말씀하시고 있다. 결국 오늘날 교회 안에서 일어나는 여론적 거짓 믿음은 모든 교회 안에 편만해 있다.

모세가 이스라엘 백성을 이끌고 출애굽 하여 광야 생활할 때 60만 명들이 다시 애굽으로 돌아가자고 수없이 여론전을 펼쳤다. 그러나 모세는 굽히지 않았다. 그 후 모세는 가나안 땅을 탐지하기 위해서 정탐꾼 12명을 뽑았다. 탐지한 정탐꾼들은 두 패로 나뉘었다. 2대 10이라는 여론전을 펼쳤다. 2명은 "가나안 땅에 들어가야 한다. 그들은 우리의 밥이다"라고 했지만, 10명의 정탐꾼은 "우리가 만일 가나안 땅에 들어간다면 아마도 다 몰살할 수도 있다."고 아우성을 쳤다. 그들은 여론적 거짓 믿음의 소유자들이다. 결국 그들은 땅 깊은 곳에 아니 음부에 떨어지고 말았다. 여호수아와 갈렙 이 두 명은 가나안 땅에 들어가는 놀라운 축복을 받게 된다.

오늘날 교회 안에는 여론적 거짓 믿음이 판을 치고 있다고 봐도 과언이 아니다. 필자는 40여 년 목회하면서 하나님께 기도하면 응답 주시며, 응답 주시면 선포하고 사역을 해 왔다. 때로는 장로들이 들고 일어났지만, 결국에 가서는 누가 옳은 것인지 판가름이 났다.

5) 인본주의 신앙 가운데 주관적 거짓 신앙

참신앙은 예수님 제일주의, 교회 제일주의, 하나님 제일주의로 살아가는 것이다. 주관적 거짓 신앙은 예수님보다 나를 먼저 생각하는 신앙이다. 누가 물어보면 "다 주님 먼저 생각하지요"라고 대답하지만, 그의 삶을 들여다보면 주님보다는 자신이 먼저이다. 한국의 어떤 정부는 "사람이 먼저이다"라는 기치를 들고 정치를 했지만, 실패하고 말았다. 알고 보니 자신의 패거리들이 먼저라는 말이었다. 그 맘속에 예수가 없으니까, 사람이 먼저라 했을 것이다. 필자는 이런 교회를 보았다. 사역자를 3~4년이면 거의 내보내고 있다. 속을 들여다보니 교회의 주인은 우리 예수님이신데 장로가 주인 행세를 하는 교회였다. 사역자가 오래 있으면 주인 행세를 하므로 내보낸다는 것이다. 스스로 나가지 않으면 별의별 트집을 씌어 내보내려 한다. 이것은 명백히 주관적 거짓 믿음이다.

　구약의 선지자 중에도 주관적 거짓 믿음을 소유한 사람이 있었다. 솔로몬 이후 여로보암이 북왕국 왕이 되었다. 여로보암은 마치 자신이 왕이므로 제사장만이 분향할 수 있는 일을 벧엘에서 분향하려다가 하나님의 사람이 경고하자, 여로보암이 하나님의 사람 선지자를 잡으라고 손을 뻗쳤을 때 두 손이 다 말라버리고 말았다. 말랐다는 말은 신경이 통하지 않고 힘줄에 피가 통하지 않았다는 것이다. 결국 하나님의 사람을 잡으려고 하다가 두 손을 잃어버리는 결과를 맞게 되었다. 그때 여로보암의 입은 살아있기에 하나님의 사람에게 내 손을 다시 성하게 하나님께 기도해달라고 부탁했고, 하나님의 사람(선지자)이 하나님께 구해서 다시 손이 회복되었다. 그때 여로보암 왕이 "우리 집에서 쉬었으면 좋겠다. 내가 네게 예물을 주리라"라고 선언을 한다. 하나님의 사람은 "왕의 집을 절반을 준다 해도 내가 들어가지 않고 떡도, 물도, 술도 마시지 않겠으니, 이 일은 하나님께서 나에게 말씀하신 것이고 내가 갈 때는 오던 길로 가지 말고 다른 길로 가라고 말씀하셨다"고 고백하고 있다.

　벧엘에 늙은 선지자(주관적 거짓 신앙의 소유자) 한 사람이 살았는데, 그의 아들들이 한 선지자와 여로보암의 일을 다 고할 때에 나귀에 안장을 지우고 여로보암에게 예언하고 떠나는 선지자의 뒤를 따라가서 선지자가 상수리나무 밑에서 쉬고 있을 때, 나도 선지자인데 천사가 와서 여호와의 말씀을 전하였는데, "네 집으로 데리고 돌아가서 그에게 떡을 먹이고 물을 마시게 하라"하였다고 얘기했는데 이는 거짓 선지자가 참 선지자를 속인 것이었다. 그래서 참 선지자는 거짓 선지자의 말을 듣고 늙은 선지자의 집에 돌아가서 떡도 먹고 물도 마시고 있을 때 정말 하나님께서 그 늙은 선지자에게 "유다에서 온 선지자가 내가 말한 것을 지키지 아니하였기에 네 조상들의 묘실에 들어가지 못하리라"라고 경고하시었다. 그런데도 늙은 선지자는 안 그런척하고 유다에서 온 선지자로 나귀에 안장을 얹고 태워 보냈는데 얼마 안 가서 사자가 나와서 유다 선지자를 물어 죽였다. 나귀는 물지 않고 사자도 도망가지 않고 그 자리에 머물러 서 있었다. 결국 그 늙은 선지자(주관적 거짓 믿음)는 사자에게 물려 죽은 선지자를 집으로 데려와 장례를 치러주었다. 그리고 비통해하며 슬퍼하며 괴로워하였다. 자신의 거짓말로 한 선지자를 죽게 하고 굉장히 인심이 좋은 사람처럼 비통해하는 모습은 오늘날 속과 겉이 전혀 다른 사람들의 모습이라 아니 할 수가 없다. (왕상13장)

참신앙에서 벗어난 신앙은 대단히 위험하다. 어떤 일을 벌일지 알 수 없기 때문이다. 하나님께서 슬퍼하시든지 마음 아파하시든지 후회하시든지 아무 상관 없이 오직 자기 생각과 의지와 주관적 생각으로 말미암아 신앙생활을 하고 있기 때문이다. 교회 안에서 이런 사람들 때문에 많은 사람이 실족하여 교회를 떠나고 있다. 절대로 교회 부흥의 촉진자는 참신앙을 소유하는 데 있음을 명심해야 한다.

2. 구약시대 : 신앙 실패의 길

성경 66권을 4시대로 분류할 수 있다. 구약에 2 시대, 신약에 2 시대이다.

구약은 아담부터 모세 전까지(약 2550년)는 양심 시대이다. 이때는 아직 구체적으로 인간이 살아가는 데 있어서 하나님께서 법을 주신 것도 아니고, 하나님의 형상과 모양으로 지음 받을 때 하나님께서 양심이라는 저울을 인간 누구에게나 주셨다. 이것은 무엇이 악한 일이고, 무엇이 선한 일인 것을 알게 해주고 깨닫게 해주는 우리 몸의 기능이다.

양심이라는 단어는 구약에서는 등장하지 않는다. 그러나 신약에는 28회나 사용된 단어이다. 한문으로는 良心이라고 쓴다. 良 자는 사실 "양"자가 아니라 "어질 량"자이다. "좋을 양"으로도 쓰인다. "온순하다"는 뜻이다. 그러나 心자는 사람으로서 마땅히 가져야 할 태도를 뜻한다. "마음 심"자이다. 양심은 영어로는 Conscience인데, 도의심이라고 표현할 수 있다. 헬라어 원어로는 συνείδησις(쉰에이데시스)인데, "지각, 의식, 현재의 생각, 지속되는 관념, 사실의 인상(印象)"을 뜻한다. 간단하게 말하면 양심은 "선과 악을 분별하는 기준"이라고 할 수 있다.

율법이 오기 전의 시대에는 자신의 나름대로 선과 악을 분별하며 살았다. 그러나 아담과 하와의 타락으로 에덴동산에서 쫓겨난 그 후로부터 양심이 제대로 역할을 하지 못해, 선보다 악을 선택하는 인간의 속성이 더욱 커져만 갔다. 결국 선을 선택한 사람은 손에 꼽을 정도로 그 수가 미비하였다. 더욱 안타까운 것은 아담의 후손 중 에녹은 65세가 되어 아들을 낳기까지 양심이 제대로 역할을 못 하고 있다가, 아들 므두셀라를 낳고 보니 자신과 똑같이 닮아 있었던 것으로 추정된다. 그 모습을 보고 그는 여호와 하나님을 찾게 되었고 300년 동안이나 하나님과 동행하다가 365세에 죽음을 보지 않고 하늘로 이끌려 올라갔다. 장례도 없고, 죽음도 없고, 무덤도 없다는 것은 참으로 놀랄 일이 아닐 수 없다. 그런데 그의 아들 므두셀라는 300세에 아버지의 그런 모습을 목격하고도 악을 행하며 살아갔다. 그는 이 지구상에 태어난 인간 중에 가장 오랜 세월을 살았지만(969세), 아무것도 남긴 것이 없다. 그에게는 아들 라멕과 손자 노아가 있었다. 라멕은 노아 홍수 5년 전에 노아가 595세 때에 세상을 떠났고(777세), 노아의 할아버지인 므두셀라는 손자 노아가 600세인 홍수가 시작되던 그해에 세상을 떠났다. 필자가 보건대 므두셀라는 노아 홍수로 말미암아 세상을 떠났다.

우리는 악을 선택한 모습을 보게 되는데, 바로 아담의 범죄로 말미암아 죄가 세상에 들어오면서, 아담의 아들 가인이 아담 이후 최초로 악을 선택하는 잘못을 범하였다. 그 동생 아벨을 들에서 돌로 쳐 죽이는 끔찍한 악을 세상에 최초로 남겨놓았다. 그 후 악의 세력은 홍수 심판에 이어서 바벨탑 사건을 세상에 몰고 왔다.

반대로 가장 위대한 선의 사건은 아브라함이었다. 아브라함은 하나님의 명령을 받고 순종하기 시작하였다. 이삭, 야곱, 유다, 요셉, 다윗, 솔로몬 등 선을 선택한 사람의 수는 그리 많지 않다. 지나간 세월이지만 너무나 안타까운 일이 아닐 수가 없다. 이 기간이 약 2,550년 정도이다. 결론으로 양심 시대는 실패의 시대였다.

구약의 두 번째 시대는 율법 시대이다. 율법 시대는 애굽에서 종살이하던 이스라엘 백성들이 출애굽 하면서, 시나이반도 끝부분의 시내산에서 하나님께서 율법(토라)을 주셨는데 그 중심에 십계명이 있다. 율법(토라)은 "가르침"을 의미한다.

율법 시대를 말하면 "이것은 해! 그리고 이것은 하지 마!"이다. 사실은 이스라엘 민족에게 율법이 주어질 때, 율법대로 살라고 모세는 명령하였다.(출32:46-47) 여호수아는 하나님의 율법이 "너희들의 생명이니 지키라 했고, 이스라엘 민족은 우리가 다 지키겠다"라고 선언하기도 하였다. 율법 중심의 십계명 속에 보면, "하라!"는 명령어 2계명, "하지 말라!"는 명령어가 8계명이다. "하라!"의 2계명은 인간과 하나님과의 관계의 율법인 "안식일을 거룩히 지키라"는 것과 인간과 인간과의 관계의 율법인 "네 부모를 공경하라"이다. 인간이 얼마나 타락하였기에 해야 될 것임에도 하지 않고 있기에, "하라!"는 가르침을 주셨을까? 반면에 정말 하지 말아야 할 일인데, 인간들은 스스로 아니면 충동으로 자행되는 일들이 많기에 "하지 말라!"는 경고의 가르침이다. 우리나라에도 헌법이 있듯이 율법은 구속받은 이스라엘과 그리스도인들이 지켜야 할 헌법이다.

율법 시대의 기간은 약 1,450년인데, 모세의 시내 산에서부터 세례요한까지라고 볼 수 있다. 이 율법은 이스라엘에만 본보기로 주셨는데 그 중심에 있는 십계명은 하나님이 친히 히브리어로 두 돌판에 기록해 주셔서 큰 의미가 있고 시사하는 바가 크다. 그런데 이스라엘은 하나님이 주신 율법을 제대로 지키지 않아 결국 나라를 잃어버리는 끔찍한 사건이 벌어진다. 북 왕국은 B.C.722년에 앗수르에게, 남 왕국은 B.C.586년에 바벨론의 정복으로 나라를 잃고 그 백성들은 바벨론의 포로가 되었다. 그 후 바사국에게, 헬라국에게, 로마국에게 지배를 받아야만 했다.

　율법 시대에 이스라엘은 하나님을 잊어버리고 바알, 아세라, 니스록, 림몬, 아스다롯 등 이방의 신들을 섬김으로 하나님께 버림을 받았을 뿐만 아니라 왕 제도가 들어선 후 안식년을 한 번도 지키지 않았는데 그것이 490년 동안이었다. 그러니까 70년 동안 안식년을 지키지 않아 하나님께서 바벨론 포로로 70년간 보내셨던 것이었다. 그리고 이스라엘 땅을 70년 동안 쉬게 하셨다. 결국 율법 시대에도 사실 실패의 시대라고 볼 수 있다.

　십계명에 대해 좀 더 관찰해 보자. 십계명은 원어로 (아세레트 하데바림)인데, 그 뜻은 "열 개의 말씀들"이라는 말이고 그 특징이 매우 중요하다.
　① 십계명은 번호를 달지 않았다.
　② 이인칭 단순형이다. "너(you)"이다.
　③ 절대적 도덕 기준들이다.
　④ 인간과 하나님과의 관계, 인간과 인간과의 관계이다.
　⑤ 8계명은 부정적 진술, 2계명은 긍정적 진술이다.
　⑥ 신약에서 사랑이 합할 때 완성된다.(롬3:8-10)
　⑦ 열 가지 말씀들, 언약의 말씀, 증거판, 돌판. 신약에서는 계명들로 쓰였다.

⑧ 인간이 살아가는데 기본법이다.
⑨ 열매 있고 생산적인 삶을 살 수 있도록 돕는 기본법이다.
⑩ 인간이 기쁨과 평화 속에서 살 수 있도록 돕는 기본법이다.

십계명은 하나님의 존재, 말씀, 이름, 관계(하나님과 인간), 구원을 토대로 삼고 있다.(출20:1-2)

구약의 참 신앙의 모습은 반드시 하나님을 만나야 한다는 것이다. 왜일까? 구약은 성삼위 가운데 제1의 위 격인 성부 하나님의 시대이기 때문이다. 최초의 인간 아담을 하나님이 흙으로 손수 빚으시고 생기를 그 코에 불어 넣으심으로 생령이 된 인간이 되었지만, 직접 하나님을 만나지는 못하였다. 말씀만 들었을 뿐이다. 만일 아담이 직접 하나님을 만났다면, 절대로 선악과는 따먹지 않았을 것이다. 하와도 뱀으로 위장해서 접근한 사탄에게 속아 넘어가지 않았던가. 중요한 것은 하나님께서도 인격체이시고 인간 아담도 인격체이다. 다시 말하면 인격체끼리의 만남이 없다는 것이다. 그러나 믿음의 조상 아브라함은 인격적이신 하나님을 만났다. 그래서 아브라함은 믿음의 조상이 되었다. 모세도 인격적이신 하나님을 호렙산에서 만났다. 그의 삶은 그때서부터 하나님께 순종하는 신앙으로 바뀌었다.

구약의 많은 예언자들이 인격적이신 하나님을 만났기에 그들은 모든 것을 다 버리고 그 시대의 하나님의 말씀을 강력하게 선포하였다. 그러니까 구약사 내에서는 성부 하나님을 만난다는 확신 속에서 참신앙을 소유하게 되고, 예수님 시대도 반드시 예수님을 만나야 참신앙을 소유할 수 있다. 성령 시대에는 반드시 성령을 받아야 참신앙을 소유할 수 있게 된다. 이것이 성경의 진리이고, 사실 이것이 답이다.

3. 신약시대 : 참 신앙의 길

신약으로 넘어와서 첫째로 예수님 시대이다. 예수님 시대는 4 복음의 시대를 말한다. 기간으로 말하면 예수님이 태어나신 해가 B.C.4년으로 추정하고 있다. 헤롯 대왕이 B.C.37부터 B.C.4년까지 통치하다가 죽었으니, 그의 통치 때에 예수님이 태어나셨다. 예수님 시대는 33년이라 할 수 있지만, 실제로는 3년이라고도 말할 수 있다. 왜냐하면 예수님의 사역은 30세가 되었을 때 시작되었고, 33세에 십자가에 죽임을 당하셨기 때문이다.

그럼 "예수님 시대에는 무엇을 말해주고 있을까?"하는 문제다. 첫째로 나를 따라와야 양심시대나 율법시대처럼 실패하지 않고 성공하는 승리의 삶을 산다. 둘째로 나의 길을 따라와야 하나님의 뜻을 이룬다. 셋째로 "이렇게 사는 거야!"이다.

구약의 양심시대도 실패이고 율법시대도 실패이다. 그렇다면 인류 전체는 다 실패자이고, 인류는 희망이 없는 것일까? 하나님은 사랑의 하나님이 아니신가? 결국 예수님 시대에 와서야 인간이 어떻게 살아야 하나님 앞에 올바로 살아가야 하는지를 보여주셨고 마지막으로 십자가를 지셨다. 사흘 후에 부활, 승천하시면서 다시 오실 것을 약속하고 아버지께로 가셨다. 그런데 아주 중요한 것은 예수님은 3년의 사역에서 1차 세례 요한의 세례를 받으시고(물속에 잠김-자신의 죽음을 뜻함), 2차는 기도하셨다. 그 기도의 제목은 성경에 나와 있지는 않지만, 바로 하나님께서 응답 주신 것을 보면 기도의 제목을 확실히 알 수 있다. 그것은 하나님의 성령을 보내 달라는 기도였다. 3차는 하나님께서 성령을 비둘기의 형체로 내려 예수님께 임하게 하셨다. 이 요단강의 사건이 바로 성령 세례였다.(눅3:21) 성령 받은 예수는 요단강 그 자리에서 다시 기도하심으로(물론 기도했다는 말씀의 기록은 없다) 성령 충만으로 광야에 오셨고(눅4:1), 광야에서 40일 금식기도와 사단과의 격투를 벌이셨는데, 세 번에 걸친 사단의 시험을 모두 말씀으로 물리치셨다.

예수님은 하나님의 제2의 위격이시다. 그런데 하나님의 아들 예수님의 이름으로 "사단아, 물러가라"하시면 되는데, 제2의 위격이신 예수님의 권세를 사용하지 않으시고, 성령이 주시는 말씀으로 세 번 모두 쏟아내시므로 사단이 떠나고 천사가 수종 드는 역사가 일어났다. 그 후 예수님은 갈릴리에 가셔서 사역을 시작하실 때 성령의 능력으로 하나님의 사역을 시작하셨다고 복음서는 증거하고 있다.(눅4:14) 예수는 이 땅에 오셔서 하나님을 잘 섬길 뿐만 아니라 한 번도 죄를 범한 사실이 없다. 그리고 인간의 삶의 성공 그리고 "이렇게 살아야 해!"라는 무언의 삶을 남기셨다. 하나님께서도 기뻐하셨고 만족해하셨다. 예수님 시대의 기간은 33년이었고, 대성공의 시대였다.

신약의 두 번째 시대는 성령의 시대이다. 예수님은 말씀하시기를 "내가 가는 것이 너희에게 유익하다"(요16:7)고 말씀하셨다. 그 이유는 보혜사가 오시기 때문이다. 보혜사는 "성도 옆에 부름을 받은 자"라는 의미이다. 보혜사 즉 성령은 예수 그리스도의 영이시다. 결국 보혜사의 의미는 예수님이 그 영으로 내 속에 오셔서 주인이 되시는 것이다. 예수님 시대에는 예수 믿고 구원만 받으면 되었다. 믿기만 하면 귀신도 물러가고, 불치의 병이던 모든 병이 치료를 받았다. 예수님은 제자들과 3년 동안 지내시면서 믿음 없는 것은 질타하셨어도, 전도를 못하는 것이나 병자를 치료하지 못하는 것이나 귀신을 쫓아내지 못하는 것에 대해서는 너그럽게 이해하셨다. 예수님은 그 이유를 알고 계셨기 때문이다. 그것은 아직 성령 시대가 도래하지 않았기 때문이었다.

마가복음 기자는 예수님이 부활하셔서 하신 말씀 중에 성령 시대가 도래되면 "너희는 온 천하에 다니며 만민에게 복음을 전파하라."(막16:15) 이 말씀은 이렇게 될 것이라는 사실을 말씀하신 것이었다. 그리고 "믿는 자들에게는 이런 표적이 따르리니 곧 그들이 내 이름으로 귀신을 쫓아내며 새 방언을 말하며 뱀을 집어올리며 무슨 독을 마실지라도 해를 받지 아니하며 병든 사람에게 손을 얹은즉 나으리라"(막16:17-18)고 하셨다. 다시 말해서 성령 시대가 도래된 후에 일어날 역사를 말하고 있는 것이다.

이 지구에 사는 하나님의 형상과 모양을 따라 지음받은 인간들이 메시야(구원자)를 갈망하였는데, 제일 갈망한 사람들이 이스라엘 사람들이었다. 하나님의 성전에 시므온과 안나가 대표적인 사람들이었고, 들에서 양을 치던 목자들도 갈망하고 있었다. 실상 종교 지도자들(대제사장, 제사장들, 장로들, 서기관들)은 종교의 단맛을 빨아먹고 사는 존재들이어서 전혀 갈망이 없었다. 사실은 본디오 빌라도가 예수를 십자가에 죽인 것이 아니었다. 대제사장, 제사장, 장로, 서기관들이 예수를 십자가에 죽인 것이었다. 그런데 동방에 우주 전체를 연구하던 동방박사 세 사람은 구원자를 만나기 위해 먼 나라에서 찾아와 경배하고 돌아갔다. 실상 예수님은 30세부터 역사의 무대에 등장하시고 있다. 물론 이스라엘 나라에서만 가능한 일이지만, 누구든지 예수님을 만나고자 하는 믿음만 가졌으면 언제든지 만날 수가 있었다. 왜냐하면 예수님이 실제로 이 지구에 오셨고 이스라엘 나라에 오셨기 때문에 가능한 일이었다.

구약의 많은 사람들은 하나님이 아들을 두고 있었다는 사실조차도 알지 못하고 있었다. 그런 의미에서 다시 생각해 보자. 성령 시대에는 예수님이 십자가에 죽으시고 부활, 승천하신 후 10일 만에(오순절) 성령께서 이 지구에 내려오셨다. 예수님은 육신을 입고 오셨지만, 성령은 영으로 120 문도가 기도하고 있는 마가의 다락방에 오신 것이었다. 그렇다면 누구든지 교회에 나와 예수 믿고, 성령을 달라고 부르짖으면, 성령은 언제나 부르짖는 자에게 임하신다는 것이다. 사도행전 1장에 120 문도가 모두 일심으로 하나님께 10일 동안 부르짖었다. 기도의 제목은 교회 부흥도 아니고, 교회 개척도 아니고, 육신의 축복이나 명예나 권력을 요구한 것이 아니라 "오직 성령을 부어달라"는 기도였다.

120 문도는 "오로지 기도에 힘쓰니라."(행1:14) "오로지"라는 말은 원어로 ἀλλὰ(알라)인데, "이 길밖에 없다, 일방통행"을 뜻한다. 초대교회는 "교회가 교회 되려면 성령 받는 일밖에는 다른 길이 없다."는 뜻이고, "일방통행"이라는 의미는 "성령 받는 길만이 참신앙이 될 수 있

다"는 말이다.

　예수님이 승천하시기 전에 하신 말씀이 "성령을 받아라."(요(20:22)였고, "요한은 물로 세례를 베풀었으나 너희는 몇 날이 못 되어 성령으로 세례를 받으리라"(행1:5)라고 기록하였다. "오직 성령이 너희에게 임하시면"(행1:6)이라고 누가도 기록하였는데 "이 길로만 가야 한다"는 말이다. 그 자체가 바로 참신앙의 지름길이 되었다. 성령 시대는 사도행전에서 요한계시록까지이며, 시기적으로 A.D.29년부터 예수님 재림 시까지라고 볼 수 있다. 이 시대는 성령 하나님이 인간의 주인이 되는 시대이다.

　믿음보다 행함에 더 강조점을 두고 쓴 야고보서에 "너희는 하나님이 우리 속에 거하게 하신 성령이 시기하기까지 사모한다고 하신 말씀을 헛된 줄로 생각하느냐"(약4:5)라고 책망하시는 말씀이 기록되고 있다. 이 말씀의 내용은 성령을 달라고 기도하기에 성령을 부어 주셨는데, 성령의 자리는 우리 맘속의 중심에 계셔야 하는데 아직도 자아를 버리지 못하였다는 모습이다. 그러니까 아직도 자기 자신이 주인의 자리에 있으면서 자기 마음대로 한다면 반드시 심판받게 된다는 말씀이다.

　성령의 시대는 성령이 주인이 되는 시대이고, 그런 삶은 모든 행위가 하나님이 보시기에 올바른 것이다. 참신앙은 예수님을 영접해서 구원받은 후, 성도는 반드시 나에게 성령을 부어달라고 하나님께 부르짖어야 한다. 많은 성도들이 사과나무 밑에 앉아서 사과가 떨어지기를 기다리기만 한다면, 사과는 썩지 않는 이상 떨어지지 않는다. 사과나무를 흔들면 반드시 사과는 떨어지는 이치와 같다. 중요한 것은 믿는 자에게 제일 먼저 할 일은 성령을 구하여 성령을 받는 일이다. 성령을 받았다고 하더라도 끊임없이 성령을 더 부어달라고 기도하면, 성령 충만에 더 나아가 성령의 능력까지 받아 기사와 이적이 나타나게 되고 이것으로 많은 사람을 구원하게 된다.

　사실 신앙생활은 절대로 어려운 것이 아니다. 내 힘으로 하려고 하면 반드시 함정에 빠지게 된다. 그러나 성령 받으면 성령이 나를 이끌어가신다. 그 길은 하나님이 기뻐하시는 길이다. 하나님께 영광을 드러내는 길이기도 하다. 오늘날 사역자들조차도 성령 받지 못하고 사역하는 사역자들이 너무 많다. 그들은 성도들에게 성령 받아야 한다는 설교를 하지 않는다. 어쩌면 좋을까? 문제는 신학대학에서 교수들이 성령을 받아야 한다고 가르치지 않는 것이다. 오히려 성령 받은 교수들은 학교에서 쫓겨나는 시대이다. 이들을 이단같이 여기고 있으니, 말세에 접어든 것이 사실인 것 같다. 우리는 속지 말아야 한다. 예수 믿고 구원받았으면, 성령 받은 것이라고 설교한다면 정말 무지한 사역자이다.

신약시대가 두 시대라고 필자는 외치고 있다. 예수님 시대는 예수님을 믿음으로 말미암아 구원을 받는 시대이다. 중요한 것은 물론 예수를 믿음으로 병 고침을 받을 수 있지만 성령을 받은 것은 아니다. 성령으로 충만한 예수님의 능력으로 고쳐졌을 뿐, 자신이 다른 사람의 병이나 귀신을 절대로 쫓아낼 수 없다. 그다음이 성령시대이다. 왜 성령시대가 필요할까? 성령(보혜사)이 내 맘속에 오셔야 나의 자아는 죽고, 성령(예수님의 영)이 나의 주인이 되시면 나를 하나님의 뜻의 길로 이끌어 주시고, 능력도 주시고, 은사도 주시고, 나의 앞길도 승리의 길, 성공의 길, 하나님의 뜻의 길, 축복의 길로 인도해 주신다. 성령은 진리의 영이시기에 나를 진리(하나님 말씀)의 길로 인도해 주시므로 '십일조 해라, 기도해라, 예배 시간에 빠지지 말라 등' 하지 않아도 저절로 말씀대로 시행하게 된다. 성령 없이 우리는 아무것도 할 수 없다. 성령으로 하지 않는 것은 하나님께서 모두 받지 않으신다. 왜냐하면 내 힘으로 한 것이기 때문이다. 엄밀히 말하면 성령 받지 않은 것은 영적인 큰 죄이다. 예수 믿지 않으면 믿지 않은 죄를 범하는 것처럼, 성령 받지 않으면 성령 받으라는 하나님의 명령에 복종하지 않음으로 큰 죄를 범하는 것이다.

바울은 "만일 너희 속에 하나님의 영이 거하시면 너희가 육신에 있지 아니하고 영에 있나니 누구든지 그리스도의 영이 없으면 그리스도의 사람이 아니라"(롬8:9)라고 전한다. 성령이 없는 성도는 그리스도의 사람(성도)이라고 부를 수 있을까? "소망이 우리를 부끄럽게 하지 아니함은 우리에게 주신 성령으로 말미암아 하나님의 사랑이 우리 마음에 부은 바 됨이니"(롬5:5) 성령이 없다면 우리의 마음에도 하나님의 사랑이 없다고 단언하고 있다. 그러면 우리 맘속에는 인간의 사랑만이 존재한다는 말이다. 성령이 오심으로만이 우리 맘속에 하나님의 사랑이 부어짐으로, 위로는 하나님을 사랑하고 아래로는 인간을 사랑하게 되는 것이다. 그러기에 원수까지도 사랑할 수 있는 힘은 오직 성령 충만한 성도들의 몫이다.

결국 참종교의 신앙생활은 성령의 감동으로 예수를 나의 구주로 영접하고, 성령 받으라는 명령에 순종하여 성령을 받고, 더 기도하여 성령의 능력까지 겸비하면 예수님같이 각종 병을 고치고 귀신을 쫓아내는 많은 기적과 이적을 행하므로 많은 영혼을 그리스도에게 인도하는 것이다. 이것이 참 신앙생활의 가장 귀한 일이다. 그러므로 하나님께 자랑의 면류관을 받게 된다. 그 뿐만 아니라 하나님을 기쁘시게 하는 일들을 성령의 역사로 말미암아 이루어 가는 것이 바로 참 신앙생활의 모습이다.

참 신앙생활을 특별한 사람만이 혹은 사역자만이 해야 하는 것은 절대로 아니다. 누구든지 예수님의 길을 걸어가면 하나님의 역사를 이루어 나가는 것임을 명심하여야 한다. 아직도 오랜 신앙생활 속에 성령 받지 못했다면, 반드시 성령 받아야 한다. 감람산에 500여 형제가 예수님 승천을 지켜보았는데, 120명만이 성령 받기 위해 기도하였다. 그러나 380명은 성령 받지 못한 신앙인들이었다.

평신도들이여! 당신들은 120명에 속할 것인지, 아니면 380명에 속할 것인지 분명하게 결단해야 할 때이다. 이제 예수님 재림의 시간이 임박해 오고 있다. 만일 당신들이 살아있는 동안에 예수님이 재림하시면 어찌 될까? 휴거될 수 있을까? 만일 휴거 되어서 신랑을 맞이할 때, 반드시 불빛이 빛나는 등불을 들고 있어야 한다. 꺼져가는 등불은 신랑과 함께 자리를 같이할 수 없다. 마태복음 25장에 열 처녀의 비유는 바로 휴거의 사건에 대한 말씀이다. 여기에 등불은 믿음이라고 볼 수 있고, 기름은 성령이라고 볼 수 있다. 미련한 5명의 처녀는 뒤늦게 기름을 채워 왔지만 이미 문은 닫히고 말았다. 영적으로 보면 전도 받고 교회 나와 예수님을 믿었다면, 이것은 성령의 감동이 있었기 때문이다. 그런데 성령 받으라는 하나님의 명령을 무시하고 살았다면, 벌을 받을 수밖에 없다. 더 중요한 것은 신앙생활은 인간의 힘이 아닌 성령 받아 성령으로 살아야 하는 것이 성경의 엄위한 명령이다. 분명한 것은 성령 받지 못했다면 하늘의 상급은 아무것도 없다는 사실을 알아야 한다. 왜냐하면 상급은 하나님의 성령의 힘으로 할 때만 상급이 주어지기 때문이다. 무엇보다 성령을 받지 못하면 하늘의 비밀도, 평안도 얻지 못할 뿐만 아니라(요16:33), 사도바울은 행15:26절에 전도 여행을 하면서 "성령과 우리는"라고 말을 하고 있는데, 이 말은 하나님의 일을 하는 성도는 누구든 성령을 떠나서 아무것도 할 수 없다는 뜻을 말하고 있는 것이다. 부활도, 휴거도 하나님의 영(성령)이 없으면 생명의 부활도 있을 수 없다는 것이다. (롬8:11) 사도바울은 말하기를 "하나님의 영으로 인도함을 받는 사람은 곧 하나님의 아들이라"(롬8:14) 이 말은 성령 받지 못하면 성령의 인도를 받지 못하므로 실제로 그리스도인이 아니라는 것이다. 그러면 하나님의 아들도 될 수 없다는 명백한 증거이다. 그러기에 지금이라도 성령 달라고 목숨 걸고 기도해야 한다. 그리하면 하나님은 성령을 물 붓듯이 부어주시기로 약속하셨기에 반드시 역사해 주신다. 예수님 초림의 사건도 성령의 역사이고, 예수님 재림의 사건도 성령의 역사이다.

지남철을 생각해 보자. 지남철에는 아무리 비싼 것, 좋은 것, 명품, 세계에 하나밖에 없는 물건이라고 해도 절대 달라붙지 않는다. 그런데 녹슨 못이라 해도 아니 철 성분만 지녔으면, 지남철에 다 붙게 되어있는 것처럼, 성령 받지 못하면 성령의 사건에 달라붙을 수가 없다. 만일 예수님을 영접한 지 1달밖에 안 되어도 성령을 받았다면 반드시 휴거의 반열에 서게 되지만, 50년을 예수님을 믿었다고 해도 성령이 없으면 휴거에 참여할 수는 없다는 말씀이다.

　예수님께서 마태복음에 "그때에 두 사람이 밭에 있으매 한 사람은 데려가고 한 사람은 버려둠을 당할 것이요"(마24:40)라고 말씀하신 것을 살펴보자. 여기의 밭은 일하는 곳, 영적으로 보면 사명이라고 볼 수 있다. 그렇다면 두 명 모두 교회에 다니는 평신도였다. 그런데 왜 한 명은 데려감을 당하고, 다른 한 명은 버려둠을 당하였을까? 휴거의 사건이 성령의 사건임을 안다면, 쉽게 풀어지는 문제이다. 데려감을 당한 사람은 성령의 힘으로 일하는 성도였고, 버려둠을 당한 사람은 자기 힘으로 하나님의 일을 한 사람이다. 지금은 차이가 없는 것 같지만, 휴거 때는 명백하게 가려진다.

　우리나라를 보자. 어떤 사람이 북한의 도움을 받아 공부하고 있다면 그는 나중에 북한을 위해 살 것이 자명하다. 그러나 평범한 사람들은 모두 대한민국의 도움을 받아 공부한다. 그러면 "어느 나라를 위해 살아야 할까?"라고 물어볼 필요도 없이 대한민국을 위해 살아야 한다. 북한을 위해 사는 자는 대한민국에 살 자격이 없다. 그리고 살아서도 안 된다. 이것은 이율배반이다. 북한을 동경하며 북한에 유리한 일을 하면서 대한민국의 백성이라고 당당하게 살아가고 있다. 이런 문제는 세상에서는 통해도 하나님 앞에서는 통하지 않는다. 또 예수님께서는 "두 여자가 맷돌질하고 있으매 한 사람은 데려가고 한 사람은 버려둠을 당할 것이니라"(마24:41)라고 말씀하셨다. 한 여자는 성령 못 받고 교회 일을 한 여인이라면, 휴거되는 한 여인은 성령세례 받고 충만하고 능력 받아 영의 사람으로 살아가는 평신도였다고 판단해 볼 수 있다.

　우리의 신앙의 성공은 그 마지막에 가서야 많은 사람이 볼 수 있다. 중요한 것은 그가 바로 성령의 이끌림에 살았느냐는 것이다. 하나님의 말씀을 지켜가며, 사역자의 사역을 돕고, 병든 자를 치유하고, 귀신을 쫓아내면서 하나님 나라의 복음을 열심히 전한다면 100% 휴거의 반열에 설 수 있지 않을까? 물론 판단은 하나님이 정확하게 하실 것이다. 문제는 성령으로 살았느냐에 달려있다. 그렇다면 성령의 지남철이 반드시 끌어가지 않으실까? 모든 평신도가 성령 받고 100% 휴거의 반열에 서기를 기대해 본다.

  마지막으로 성령으로 하지 않은 것은 절대로 하나님이 응답해 주시지도 않고 하늘의 상급도 어떤 면류관도 결코 얻을 수 없다는 사실을 인지하고 남은 신앙생활을 하시기를 소망해 본다.

제 4 장
참신앙의 3대 요소

　우리는 예수님이 십자가 상에서 Τετέλεσται(테텔레스타이)라고 외치셨는데 이 말씀은 "다 이루었다, 다 완성했다"라는 뜻이다. 예수님이 이루신 구원의 사업뿐만 아니라 우리가 참신앙을 얻는 방법과 어떻게 하나님의 일을 하여야 하는지를 본보기로 다 보여주셨다는 의미가 포함되어 있다. 그 이유는 예수님은 제자들에게 "나를 따라오너라"라고 하셨다. 사도바울도 모든 성도들이 나와 같았으면 좋겠다고 고백하고 있는데 신앙의 승리를 거둔 예수님을 100% 본받은 사람이 바로 사도바울이며 초대교회 120 문도들이었다.
　참신앙의 원리에서 우리는 성경에 4 시대가 있었는데, 구약의 양심시대, 그리고 율법시대, 신약의 예수님시대, 그리고 성령시대이다. 그런데 구약의 양심시대에 양심을 가지고 산 사람들이 타락하는 모습 속에서 하나님의 엄한 심판들이 있었던 것은 양심시대에 모든 인간이 실패자였음을 여실히 보여주고 있다. 율법시대에는 물론 이스라엘 민족에게만 대표로 주어졌지만 결국 율법을 지키지 못해 나라는 바벨론 포로에서 시작하여 자그마치 2,534년 동안 나라 잃은 슬픔을 안고 살았다. 1,948년 5월 15일 드디어 나라를 찾고 독립하게 되었다. 사실은 율법시대는 모든 인간이 실패자였음을 대표로 증명해 주고 있다. 두 시대가 인간 창조 이후 4,000여 년 동안 하나님의 마음을 아프게 하고 슬프게 하고 때로는 하나님께서 후회하시기까지 하시는 결과를 가져오고 말았다.

그러면 참신앙은 어떻게 얻을 수 있을까? 그것은 예수님의 행적에서만 답을 얻을 수 있다. 구약의 종교 지도자들은 실제로 눈이 어두워 보지 못했다고 예언자들이 선포하고 있다. "여호와께서 이르시되 가서 이 백성에게 이르기를 너희가 듣기는 들어도 깨닫지 못할 것이요 보기는 보아도 알지 못하리라"(사6:9) B.C. 700 년경 이사야는 또 "소는 그 임자를 알고 나귀는 그 주인의 구유를 알건 마는 이스라엘은 알지 못하고 나의 백성은 깨닫지 못하는도다. 하셨도다"(사1:3)라고 한탄하고 있다. 호세아 예언자는 "내 백성이 지식이 없으므로 망하는도다. 네가 지식을 버렸으니 나도 너를 버려 내 제사장이 되지 못하게 할 것이요 네가 네 하나님의 율법을 잊었으니 나도 네 자녀들을 잊어버리리라"(호4:6)라고 외치고 있다.

참신앙의 답은 누가복음에 있다. 여기에 보면 참신앙의 발걸음을 어떻게 띄어야 하는지를 명백하게 밝혀주고 있다. 우리가 알듯이 마태복음은 유대인을 위한 복음이라고 한다. 누가복음은 이방인을 위한 복음이라고 말한다. 마가복음은 그 내용을 보면, 제일 많은 것은 기적이었다. 다시 말하면 육신의 질고를 많이 고쳐주심에 육적 복음이라고 정의할 수 있고, 요한복음은 영적으로 이해해야 하는 복음이기에 영적 복음이라고 한다.

마태복음, 마가복음, 요한복음이 유대인들이 이해할 수 있고 받아들일 수 있는 복음이라면, 누가복음만이 이방인을 위한 복음서라고 말할 수 있다. 참신앙의 핵심은 예수님이 세상에 오셔서 보여주신 것인데, 물론 30년 동안의 예수님의 삶은 우리 인간 그대로의 삶을 사셨다. 유령으로 오신 것이 아니라 한 인간이 세상에 보내질 때, 어머니의 모태로부터 탄생하셨고, 예수님도 그 시대에 특별한 사람으로서가 아니라 평생 한 인간으로 살아오셨다는 것은 분명히 육신을 그대로 입고 오셨다는 명백한 증거이다. 그리고 마지막 3년 동안의 삶이 바로 우리에게 참신앙을 보여주신 확실한 증거이다. 4 복음서는 예수의 30년 생활을 5% 정도만 기록했고, 3년 동안의 삶을 95% 정도로 지면을 사용했다. 이것은 3년 동안의 삶이 그의 실제적 삶이라고 정의할 수 있다. 예수의 3년 동안의 삶을 요약해 본다면,

1. 첫 번째 요소 : 세례

"백성이 다 세례를 받을새 예수도 세례를 받으시고"(눅3:21)

1) 세례의 의미와 뜻

세례는 원어로 Βαπτιζω(밥티조)인데, 그 뜻은 "물속에 잠그다, 씻어 깨끗하게 하다, 죄를 씻는다"라는 뜻을 의미한다. 필자가 볼 때는 "물속에 잠그다"라는 표현이 더욱 중요한 뜻이라 생각된다. "물속에 잠그다."라는 말은 결국 세례는 내 자아를 죽인다는 의미이다. 인간의 실패는 내 자아 때문에 죄를 짓고 불순종하고 타인에게 해를 끼치고 구약의 이스라엘 민족처럼 타락해 갈 수밖에 없다.

사도바울은 "내가 원하는 바 선은 행하지 아니하고 도리어 원하지 아니하는 바 악을 행하는도다"(롬7:19)라고 고백하였다. 그러면서 깨달은 사도바울은 "오호라 나는 곤고한 사람이로다. 이 사망의 몸에서 누가 나를 건져내랴."(롬7:24)하며 한탄하였다. 인간이 이렇게까지 타락하고 하나님을 떠나서 하나님의 준엄한 심판을 받을 수밖에 없는 것은 인간의 자아가 죽지 않아서이다.

구약에서 노아의 홍수를 몰고 온 사건, 바벨탑을 쌓는 사건, 특별히 하나님의 선택을 받은 이스라엘 민족이 타락하여 나라를 잃어버리게 되는 사건은 모두 내 자아가 죽지 못해서이다. 하나님의 말씀을 제대로 해석하지 못하여 예수를 핍박하고 박해할 뿐만 아니라 아직도 메시야(예수님)가 오지 않았다고 믿고 살아가고 있는 이유도 자신들의 자아가 깨어

지지 못해서 온 결과다.

　인간은 내 자아를 죽이지 아니하면 절대로 예수님을 구세주로 받아들일 수 없다. 그래서 세례요한은 요단강에서 회개의 세례를 베풀었다. 세례요한은 첫 번째 설교의 외침에 "회개하라 천국이 가까웠느니라"(마3:2)라고 요단강에서 외쳤다. 이 말은 회개하지 않으면 천국은 멀리 보아도 뜬구름 같은 것이 된다는 의미인데, 천국은 예수를 영접할 때만이 유일하게 얻어지는 것이다. 예수님은 말씀하시기를 "누구든지 나를 따라오려거든 자기를 부인하고 자기 십자가를 지고 나를 따를 것이니라"(마16:24)라고 하셨다.

　"자기를 부인한다"는 말은 원어로 ἀπαρνέομαι(아파르네오마이)인데, 그 뜻은 "제 것이 아니라고 말하다, 관계없다고 말하다, 포기하다, 자신을 무시하다"라는 의미이다. 결국 "나는 없다"라는 말이며 "나는 죽었다"라는 말이기도 하다. 즉 예수를 따르기 위해 제일 먼저 할 일이 자신을 부인하는 일이다. 자신을 부인하지 않으면 결국 가룟 유다와 같은 길을 갈 수밖에 없고 제자들이 3년 동안에 예수님을 따르던 모습으로 남게 될 것이다.

2) 세례는 회개를 의미한다.

　마태는 "이때 예루살렘과 온 유대와 요단강 사방에서 다 그에게 나아와 자기들의 죄를 자복하고 요단강에서 그에게 세례를 받더니"(마3:5-6)라고 기록하였고, 또다시 세례요한의 말을 "나는 너희로 회개하게 하려고 물로 세례를 베풀거니와"(마3:11)라고 기록하였고, 마가는 "세례요한이 광야에 이르러 죄 사함을 받게 하는 회개의 세례를 전파하니 온 유대 지방과 예루살렘 사람이 다 나아가 자기 죄를 자복하고 요단강에서 그에게 세례를 받더라"(막1:4-5)라고 기록하였으며, 누가는 "요한이 요단강 부근 각처에 와서 죄 사함을 받게 하는 회개의 세례를 전파하니"(눅3:3)라고 하였고, 요한은 세례요한이 "나는 물로 세례를 베풀거니와"(요1:26)라고 기록하였다.

4 복음서에 분명히 나타난 세례의 의미는 회개하여 죄 사함을 받게 하는 것이라고 정확하게 밝히고 있다. 회개는 원어로 μετανοέω(메타노에오)인데, 그 뜻은 "마음과 느낌의 변화를 받다, 회개하다, 원리와 실제의 변화를 만든다, 개혁하다"라는 말이다. 회개는 한문으로 뉘우칠 회(悔)와 고칠 개(改)라고 쓴다. 그 의미는 잘못을 뉘우치고 고친다는 말이다. 한문에 改過遷善(개과천선)이라는 말이 있는데, 이 말의 의미는 "자신의 허물을 고치고 착하게 됨"을 말한다. 세상 이치로는 참으로 귀한 말이고 좋은 말이다. 그러나 이것을 회개라고 할 수는 없다. 회개하는 대상이 누구냐가 제일 중요하다. 우리의 회개할 대상은 우리를 지으신 하나님이시다. 참 회개는 하나님께 지은 죄를 다 토설하고 하나님을 등지고 살던 삶을 180도 돌아서서 하나님 앞으로 나아가는 것이 참 회개이다. 마치 탕자가 자기의 잘못을 깨닫고 아버지께로 완전히 아니 100% 돌아가듯이 말이다. 1%는 돌아서지 않고, 99%만 돌아신다고 하더라도 그것은 참 회개라고 할 수 없다.

세례요한에게 나아와 세례를 받고자 하는 사람들은 자신들의 죄를 고백하며 요단강으로 나아왔지만, 인간이 지은 그 많은 죄를 어찌 다 기억할 수가 있겠는가. 여기에 세례요한에게 나아온 사람들은 진심으로 자신들의 잘못과 죄를 자복하고 나왔다는 것이다. 분명한 것은 우리가 알고 있는 죄를 자복하고, 알지 못하는 죄 혹 잃어버린 죄는 예수님의 십자가의 피로 사함을 받을 수 있다. 그러나 성령을 받으면 알지 못했던 죄, 잃어버려서 토설하지 못했던 죄들을 다시 자백하게 하신다.

회개를 빼놓고서는 세례를 생각할 수가 없다. 우리는 교회에서 절기 때마다 세례식을 베풀고 있다. 그러나 의심할 수밖에 없는 것은 정말 자신들의 죄를 다 자복하고 새로운 삶을 살고자 하는 마음으로 세례를 받는 것일까? 생각해 보게 된다. 그래서 필자는 세례받는 성도들에게 세례에 대한 특강을 하면서 세례를 베풀었지만, 세례를 받은 후에 주일도 잘 안 지키고, 십일조도 드리지 않고, 기도 생활도 하지 않는, 많은 사람을 보아왔다. 엄밀히 보면 절대로 인간의 의지와 결단으로 회개할 수는 없다는 것이다. 그래서 앞에서 말한 결과가 보이는 것이다. 어떤 성도는 집사 직분을 받을 때부터 예배를 중요시하고 십일조도 드리고 새벽기도도 나오고 새로운 삶을 살고자 애쓰는 모습을 보게 된다.

 바울은 고린도 교회에 이렇게 말하고 있다. "성령으로 아니 하고는 누구든지 예수를 주시라 할 수 없느니라"(고전12:3) 성령 받지 않으면 참 신앙고백도 참 회개도 이루어질 수 없다는 사실이다. 성령 받지 아니하면 예수가 나의 구주가 되는 것을 고백할 수 없다는 것이다. 성령 없이 회개한 자의 모습은 어떨까? 사도 베드로는 이렇게 말씀하고 있다. "참된 속담에 이르기를 개가 그 토하였던 것에 돌아가고 돼지가 씻었다가 더러운 구덩이에 도로 누웠다 하는 말이 그들에게 응하였도다."(벧후2:22) 잠언서 기자도 "개가 그 토한 것을 도로 먹는 것 같이 미련한 자는 그 미련한 것을 거듭 행하느니라"(잠26:11)고 말하고 있다.

 참된 세례를 못 받은 성도들이 마치 개와 돼지같이 행하였다는 것이 잠언서와 베드로를 통한 하나님의 말씀이다. 참 회개하려면, 회개할 수 있도록 도와달라고 하나님께 부르짖으면 하나님은 반드시 성령을 보내주어서 참된 회개를 할 수 있도록 도와주신다. 왜냐하면 하나님께서도 인간 스스로가 절대로 참된 회개를 할 수 없다는 것을 알고 계시기에 누구보다도 기도에 응답해 주시는 것이다. 참된 회개를 하면, 기꺼이 하나님의 뜻에 순응하고, 누가 기도하라고 말하지 않아도 기도하고, 헌금하라고 말하지 않아도 알아서 헌금하고, 전도하라고 말하지 아니해도 스스로 전도하는 성도가 된다. 이것이 참된 회개이고 참된 신앙에 들어가는 단계이다. 세례는 참 신앙에 들어서는 첫 단추라고 감히 말할 수 있다.

3) 세례는 그리스도와 함께 죽고 그리스도와 함께 사는 것이다.

 바울은 로마서에서 "무릇 그리스도 예수와 합하여 세례를 받은 우리는 그의 죽으심과 합하여 세례를 받은 줄을 알지 못하느냐 그러므로 우리가 그의 죽으심과 합하여 세례를 받음으로 그와 함께 장사되었나니"(롬6:3-4), "만일 우리가 그리스도와 함께 죽었으면 또한 그와 함께 살 줄을 믿노니"(롬6:8)라고 말하고 있다.

실제 세례는 약식세례가 아니라, 물속에 100% 잠겼다가 다시 물 밖으로 나오는 것이 세례이다. 물속에 100% 잠긴다는 것은 내 자아가 죽는 것을 의미하고 다시 물 밖으로 나오는 것은 무덤 문을 박차고 부활하신 예수와 함께 우리도 부활해서 구원의 몸이 되어 이제는 죽은 자가 아니요, 산 자로 살아가는 것이다. 예수님은 말씀하시기를 "나는 아브라함의 하나님이요 이삭의 하나님이요 야곱의 하나님이로라 하신 것을 읽어보지 못하였느냐 하나님은 죽은 자의 하나님이 아니요 살아있는 자의 하나님이시니라 하시니"(마22:32)라고 하셨다.

우리 하나님은 산 자의 하나님이시다. 세례는 우리가 죽었다가 다시 살아나는 것이다. 그래서 산사의 하나님과 함께 거하는 축복을 받게 된다. 세례는 성례전에 불과하다고 절대로 소홀히 여길 것이 아니라 그 안에 어마어마한 하나님의 영적인 요소들이 꿈틀거리고 있다는 것이다. 분명한 것은 바울이 말하듯이 세례는 예수와 함께 죽고 예수와 함께 사는 것이다. 고로 옛사람은 죽었기에 이제 새사람이 되는 통로가 바로 세례이다.

4) 세례는 하나님을 향한 선한 양심의 신앙고백이다.

사도 베드로는 "물은 예수 그리스도께서 부활하심으로 말미암아 이제 너희를 구원하는 표니 곧 세례라 이는 육체의 더러운 것을 제하여 버림이 아니요, 하나님을 향한 선한 양심의 간구니라"(벧전3:21)라고 말한다. 개혁 성경에는 세례는 선한 양심이 하나님을 찾아가는 것이라고 기록되어 있다. 풀핏 주석은 세례의 중요성을 잘 진술해 주고 있다. 외적이고 가시적인 표는 내적이고 영적인 은혜와 분리된다면 사람을 구원하지 못한다. 세례는 필요하다. 왜냐하면 그리스도께서 지정하신 외적인 표이기 때문이다. 그러나 그것은 후자 없이는 사람을 구원하지 못한다. "우리가 마음에 뿌림을 받아 악한 양심으로부터 벗어나고 몸은 맑은 물로 씻음을 받았으니 참 마음과 온전한 믿음으로 하나님께 나아가자"(히10:22) 영혼의 내적인 씻음으로 선한 양심, 선한 의도와 열망을 낳는데 이것들은 본능적으로 하나님을 찾게 되어있다.

세례는 인간이 구원받는 첫 관문이다. 구원은 반드시 십자가에 피 흘려 죽으신 예수 그리스도를 영접하지 않으면 불가능하다. 요한복음 저자는 "영접하는 자 곧 그 이름을 믿는 자들에게는 하나님의 자녀가 되는 권세를 주셨으니 이는 혈통으로나 육정으로나 사람의 뜻으로 나지 아니하고 오직 하나님께로부터 난 자들이니라"(요1:12-13)고 기록하고 있다. 결론적으로 세례는 우리 마음속에 선과 악이 존재하지만, 악을 딛고 일어선 선이 하나님을 향해 나아가는 것이요, 천국을 향해 달려가는 첫걸음이다. 그러므로 예수님이 세례를 받으신 것은 당연한 것이고 이것이 바로 진리이다.

사도 베드로는 노아 홍수에서 여덟 명이 구원을 받은 것을 이야기하면서 "물은 예수 그리스도께서 부활하심으로 말미암아 이제 너희를 구원하는 표니 곧 세례라"고 증거하고 있다. "표"라는 말은 원어로 ἀντίτυπος(안티튀포스)인데, 그 뜻은 "일치하다, 상응하다"라는 말이다. 세례의 표는 노아와 그의 가족을 구원했던 물과 같다는 것이다. 노아 시대의 홍수의 물은 죄에 대한 하나님의 심판을 묘사하고 있다. 그 홍수의 물은 어떻게 인간이 썩어질 세상에서 구원받아 새 세상으로 옮겨지는지를 묘사하고 있다. 세례의 물은 그리스도에 대한 하나님의 심판, 즉 죄인들이 응징받아야 했던 사망의 심판을 묘사한다. 그것은 어떻게 그리스도의 부활로 말미암아 인간이 썩어질 생명과 세상에서 구원받아 새 생명과 새 세상으로 옮기게 되었는지를 묘사하고 있다. 원어를 통해서 보면 세례는 예수 그리스도의 부활을 통하여 하나님을 향한 선한 양심의 신앙고백이다. 개혁 개정 성경에서는 "양심의 간구니라"라고 기록되었는데, 간구는 원어로 ἐπερώτημα(에페로테마)이며, 그 뜻은 "고백, 서약, 보증, 공언"이고 선한 양심의 고백이라고 볼 수 있다.

5) 세례는 하나님의 최대의 선물인 믿음과 견줄 수 있는 요소이다.

바울은 에베소 교회에게 "주도 한 분이시요 믿음도 하나요 세례도 하나요 하나님도 한 분이시니 곧 만유의 아버지시라"(엡4:5-6)라고 전한다. 모든 믿는 자는 물세례의 명령에 순종함으로써 자신의 믿음을 사람 앞에서 공적으로 증거하게 된다. 믿는 자는 각각 동일한 의식을 통해서 교회에 들어와 동일한 몸의 지체로 확인된 사람들이다. 교회 안에 분열은 세례의 의미를 부인하고 세례의 수치를 입히는 행위이다. 사도바울은 분명하게 예수님이나 하나님의 단어를 믿음과 세례가 교회 안에서 서로 다르지만, 믿음이 절대로 필요한 것처럼 세례도 절대적으로 필요하다는 것이다.

실제로 세례나 성만찬은 기독교회의 두 가지 의식이지만, 의식이기 이전에 믿음만큼 중요하다는 것이다. 만일 세례가 없다면 믿음도 있을 수 없다. 세례는 말씀을 이끌어 오는 통로이며 과정이다. 피로 사신 교회 성도들(평신도)이 세례의 의미와 중요성을 바로 인식한다면 교회 안의 분열은 없을 뿐만 아니라 믿음을 잃어버리는 결과도 만들어 내지는 않을 것이다. 세례를 올바로 인식하지 않으면 절대로 참신앙에 들어갈 수가 없을 뿐만 아니라 세례라고 하는 하나의 의식으로만 그칠 수밖에 없다. 교회 안에는 실제로 하나님의 영의 평안과 하나됨을 지키기 위해 성도들(평신도) 모두가 합당하게 행하는 끊임없는 노력 없이는 결코 교회를 서지 못하게 할 뿐만 아니라 사단이 틈타는 교회로 전락할 수도 있기 때문이다.

교회에 출석하여 1년 정도 되면 세례를 받게 된다. 세례에 있어서 중요한 것은 반드시 성령의 감동과 감화가 있어야 세례의 그 의미와 중요성을 알게 된다. 세례를 통하여 옛사람은 그리스도와 함께 장사 되고 새 사람으로 거듭남으로 구원의 문을 향하여 달려가게 된다. 실제로 성령의 감동과 감화가 없이 세례를 받으면 절대로 세례받는 성도가 변화하지 못한다. 옛 생각, 옛 모습, 옛 생활의 끈을 끊어버려야 하는데, 옛 사람의 모습을 그대로 가지고 교회 안에서 세례받은 자로 남게 되는 것이 마음을 씁쓸하게 한다. 이런 모습으로 집사가 되고, 권사가 되고, 장로가 된다면, 교회는 마치 어린아이가 우물가에서 놀고 있는 모습이지 않을까 생각된다.

결론적으로 말하면, 예수님의 본보기의 삶의 참 신앙의 첫째 관문이 바로 세례이기에, 우리도 반드시 참된 세례를 통하여 참신앙에 들어서야 함을 명심해야 한다.

2. 두 번째 요소 : 기도

"모든 사람을 위하여 간구와 기도와 도고와 감사를 하되"(딤전2:1)
"백성이 다 세례를 받을새 예수도 세례를 받으시고 기도하실 때에 하늘이 열리며"(눅3:21)

마태나 마가나 요한은 예수님이 세례를 받으심에 대해 말하면서 기도에 대한 언급은 하지 않았는데, 오직 누가만이 "백성이 다 세례를 받을새 예수도 세례를 받으시고 기도하실 때에 하늘이 열리며"(눅3:21)라고 기록한다. 이것은 예수님이 참신앙을 보여주시기 위한 표적으로서 기도하신 것이었다. 요단강에서 기도하신 예수님을 보면서 참신앙에 올라서려면 기도가 얼마나 중요한지를 알게 된다. 바울은 디모데에게 목회에 대한 편지를 전하면서 4가지 기도에 대해 피력하고 있다. "그러므로 내가 첫째로 권하노니 모든 사람을 위하여 간구와 기도와 도고와 감사를 하되"(딤전2:1)라고 기록하였다. 간구는 원어로 δέησις(데에시스)인데,

이 간구는 인간의 결핍과 필요 때문에 하나님께 구하는 것을 말한다. 기도는 원어로 προσευχή(프로쉬케)인데, 이 기도는 하나님만이 주실 수 있는 것을 말한다. 예를 들면 죽을 병, 죄의 용서, 성령, 은혜 등이다. 도고는 원어로 ἔντευξις(엔튜식스)인데, 중보기도 중재에 대한 기도이다. 감사는 원어로 εὐχαριστία(유카리스티아)인데, 응답에 대한 감사, 주실 것에 대한 감사기도를 말한다.

그런데 예수님이 요단강에서 하나님께 드린 기도는 원어로 προσευχή(프로쉬케)이다. 오직 하나님만이 주실 수 있는 것을 기도하신 것이다. 죽을병을 위한 것도 아니다. 예수님은 병들어 있지 않았기 때문이다. 은혜를 놓고 기도하신 것도 아니다. 죄를 지어서 죄의 용서를 받기 위한 기도도 아니었다. 예수님은 죄가 없기 때문이다(히4:15) 그렇다면 예수님은 무엇을 위해 세례를 받자마자 기도하셨을까? 이제 예수님은 세례요한처럼 만 30세가 되셔서 하나님의 역사와 하나님의 일을 하셔야 할 때, 분명히 필요한 것은 바로 성령이었다. 역시 예수님은 우리의 본이시며 표적이고 모범이시다. 우리가 기도해서 받아야 할 성령을 실제 행동으로 보여주신 것이다.

세례요한은 "나는 물로 세례를 주거니와 내 뒤에 오시는 예수님은 성령으로 세례를 주신다"고 고백 하였다. 우리는 이것을 성령세례라고 말한다. 성령세례 받지 않으면 성경을 읽어도, 사역자의 설교를 들어도 내게 영적 양식이 되지 않는다. 또 아무리 기도해도 절대로 응답되지 않고, 아무리 봉사하고 대접한다고 해도 하늘나라에 상급으로 쌓이지 않는다. 성령이 계시지 않으면 그것은 인간 스스로가 한 일이다. 다시 말하면 내 자아가 살아있어서 내 자아가 한 일이다. 그렇게 되면 내 자랑이 되고, 내가 높임을 받고 싶어지고, 더 나아가, 많은 성도에게 칭찬을 받는 것을 원하게 될 것이다. 이미 세상에서 상을 다 받았기에, 하늘에서 받을 상이 하나도 없을 것이다.

그러나 성령세례를 받으면 그때부터 내가 삶의 주인이 아니라 예수님

(성령)이 주인이시다. 그러기에 내가 한 것이 아니라 예수가 한 것이고 성령이 하신 것이기에, 상급은 하늘에 쌓여지는 것이다. 그렇다면 성도들은 꼭 기도를 통해서만 성령을 받을 수 있는 것일까? 100% 맞는 말이다. 그래서 예수님은 성령을 달라고 기도하신 것이다. 예수님이 하신 그 기도의 내용은 성경 어디에도 기록되지 않았다. 예수님의 기도에 하나님께서는 어떻게 응답하셨나를 보면, 예수님이 무엇을 목적으로 기도하셨는지를 가늠할 수 있다. 예수님이 기도를 얼마나 하셨는지 우리는 알지 못한다. 그런데 "하늘이 열리며 성령이 비둘기 같은 형체로 그의 위에 강림하시더니"(눅3:21-22) 예수님도 성령세례를 받으신 것이다.

성삼위 일체 하나님께서는 제1위 격인 성부 하나님, 제2위 격인 성자 예수님, 제3위 격인 성령 하나님이시다. 사실 예수님은 제2의 위격이시다. 그런데 문제는 인간처럼 육을 입으셨기에 반드시 성령세례를 받아야 한다는 것을 예수님도 잘 알고 계셨고, 세례요한에게 요청해서 세례를 받으시고 기도해서 성령세례를 받으신 것이다. 결국 제2의 위 격이 제3의 위 격의 지배와 이끌림을 받아야 한다는 뜻이다. 역사학적으로 보면 성령세례를 받기 전 예수님의 삶은 30년이었다. 그런데 이렇다 할 사역이 나타나지도 않았고, 역사의 무대에 서지도 못하셨다. 성령세례를 받지 못하였을 때, 베드로를 비롯하여 제자들 그리고 120 문도들은 이렇다 할 사역을 그려내지 못하였다. 부끄럽고 책망받고 꾸중 들어야 하는 그런 모습이었다. 그러나 기도하며 성령세례를 받은 후, 그 120 문도들의 삶은 역사의 중심에 서게 되었고, 그 크신 하나님의 역사를 이루어 나가지 않았던가!

일찍이 이스라엘 민족이 바벨론의 침입으로 3차에 걸쳐 포로로 잡혀갈 때, 다니엘은 1차 침략 때 바벨론으로 옮겨졌다. 바벨론의 1차 침입은 B.C.605년, 2차는 B.C.597년, 3차는 B.C.586년이었다. 다니엘은 하나님의 사람(성령이 함께하는)으로서 바벨론에서 시작하여 페르시아 나라에까지 명성을 떨치며 하나님의 역사를 그려냈다. 초대교회의 성령세례 받은 120 문도들도 교회 개척과 성장 면에서 엄청난 하나님의 성과를 만들어 낸 장본인들이었다. 그만큼 성령 세례의 파워는 엄청난 것이었다. 역사를 바꿔놓고 사람을 바꿔놓고 하나님의 시간을 돌려놓는 사건임이 틀림없다. 우리는 이렇게 물을 수 있다. "성령세례는 반드시 기도를 통해서 받는 것이냐고?" 성경에서 하나님은 "맞다!"라고 말씀하시고 계시다.

　세상 사람에게 제일 필요한 것은 구원이다. 그러나 구원받은 성도에게 제일 필요한 것은 성령세례이다. 이보다 더 소중한 것은 결코 있을 수 없다. 일찍이 예수는 "너희가 악할지라도 좋은 것을 자식에게 줄 줄 알거든 하물며 너희 하늘 아버지께서 구하는 자에게 성령을 주시지 않겠느냐"(눅11:13)고 말씀하셨고, 부활하신 후에도 "이 말씀을 하시고 그들을 향하사 숨을 내쉬며 이르시되 성령을 받으라"(요20:22)고 말씀하셨다. 여기서 "숨을 내쉬며"는 원어로 ἐμφυσάω(엠퓌사오)인데, 그 뜻은 "입김을 내뿜다, 입김을 불어넣다"이다. 기도하는 자에게 예수님이 그의 입김을 불어 넣을 때, 기도하는 자는 성령세례를 받을 수 있다는 말씀이다. 다시 말하면 기도하여 성령을 받으라는 말씀이며, 단지 "기도하여"라는 말이 빠져 있을 뿐이다.

　예수님은 승천 전에도 "예루살렘을 떠나지 말고 내게서 들은바 아버지의 약속하신 것을 기다리라"고 말씀하셨다. 여기에 "예루살렘을 떠나지 말고"라는 말씀은 바로 "오로지 기도에 힘쓰라"는 명령이 깃들어 있는 말씀이다. 이 말씀을 새겨들은 120 문도들은 "오로지 기도에 힘쓰니라"(행1:4)라고 답하고 있다.

　요한복음을 보면 14장, 15장, 16장은 보혜사(παράκλητος, 파라크레토스)에 대한 말씀의 주제이다. 그런데 이상한 것은 14장에 두 번(13절, 14절), 15장에 두 번(7절, 16절), 16장에 두 번(23절, 24절) 모두 여섯 번을 "구하면 주시겠다"는 약속이 나온다. 결국 요한복음 14장-16장은 보혜사 성령이 주제이기에 "기도하면 성령을 주시겠다"는 약속인 셈이다. 일찍이 스가랴 예언자(B.C.520년경)는 "내가 다윗의 집과 예루살렘 거민에게 은총과 간구하는 심령을 부어주리라"(슥12:10)라고 예언하고 있다.

물론 성경에 "회개하면 성령 받는다(행2:28), 순종하면 성령 받는다(행6:32), 안수받을 때 성령 받는다(행10:44)"라고 나와 있다. 그러나 회개, 순종, 안수, 말씀 사모함 속에 만일 기도가 없다면 절대로 성령세례를 받지 못한다. 예수님이 감람산에서 승천하실 때, 500여 명이 참석하여 실제로 구름을 타고 승천하시는 것을 보았다. 그 가운데 120여 명은 다락방에 모여 10일 동안 전혀 기도에 힘썼다. 그러나 나머지 380명은 전혀 기도의 자리에 있지 않았고 그들이 무엇을 했는지 우리는 알 수가 없다. 기도한 120여 명은 한 사람도 빼놓지 아니하고 모두 성령세례를 받았다.

결국 성령세례는 "기도함"없이 절대로 성령을 받을 수 없다는 것을 보여주고 있고, 예수님은 "이르시되 기도 외에 다른 것으로는 이런 종류가 나갈 수 없느니라 하시니라"(막9:29)라고 말씀하셨다. 이 말씀의 요지는 예수님이 변화산에 올라가 계실 때, 어떤 아버지가 아들이 귀신이 들려 불만 보면 들어가고, 물만 보면 들어가는 통에 부모가 절대로 아들을 혼자 놔둘 수가 없어서 고치기 위해 제자들에게 데리고 왔으나 제자들이 해결하지 못하자 예수님이 변화산에서 내려오셔서 귀신을 쫓아내어 주셨더니 제자들이 예수님께 묻기를 "선생님! 우리는 어찌하여 귀신을 쫓아내지 못하였나이까?"하는 질문에 예수님의 말씀은 "기도 없이는 절대로 이런 일을 이룰 수 없다"고 단정지어 말씀하셨다.

예수님은 성령세례 받으셨기에 병도 고쳐주고, 귀신도 쫓아내신 것이다. 그러니까 예수님이 성령세례 받은 것은 바로 기도가 있었기에 가능했다. 성령세례의 입구는 오직 기도밖에 없다. "기도 외에는 이런 유가 나갈 수 없다"(막9:29)는 예수님의 말씀이 여기에도 해당되는 말씀이다. 어떤 기도보다도 "오직 성령을 부어달라"고 하나님께 부르짖는 성도들이 되어 성령세례를 받아 예수님처럼 성령의 사람으로 하나님께 쓰임 받아야 하지 않을까? 아무 능력도 없이 무기력하게 산다는 것은 시간만 무참히 허비하는 나쁜 모습이다.

3. 세 번째 요소 : 성령세례

참신앙의 길에 있어서 성령세례는 신앙의 극치이다. 아무리 세례받고 기도했다 하더라도, 성령세례 받지 못하면 신앙은 무력감에 빠지고 만다. 오늘날 성령세례 못 받은 성도들의 모습은 신앙인이라 할 수도 없고 아니라고 할 수도 없는 상황이다. 왜일까? 누가는 예수님께서 이 세상에 오셔서 보여주신 참신앙의 원리를 정확하게 보고 기록해 주었다. 참신앙의 길은 단지 한 길밖에 없다. 일방통행이라는 말이다. 절대로 다른 길이 있지 않다는 말이다. 오늘날 잘못된 신앙인들을 보라. 지금도 이단을 따르면서 그 길이 마치 천국 안방에 앉은 것처럼 열을 올리고 있다. 정상이 아니다. 그들은 예수님을 말하면서 예수님을 따르지 않는다. 정의를 말하면서 정의를 따르지 않는다. 성경은 가르치면서 성경에 어긋나는 일만 골라서 한다.

우리는 예수님 시대에 수많은 사람이 병 고침 받고 귀신 쫓김을 받는 등 예수님의 기적을 체험한 것을 알고 있다. 그 후 그 사람들은 어떻게 살아갔을까 하는 의문을 갖는다. 만일 그들 중에 어떤 사람이 120 문도에 속해있다면 그들은 참신앙의 길을 걸어갔을 것이다. 그러나 120문도 반열에 들지 않았다면 그들은 그 당시 유대교에 젖어 있었을 때니 대단히 안타까운 일이 아닐 수가 없다. 그런데 성경을 보면 120문도 중에 유월절을 지키기 위해 먼 나라에서 온 디아스포라 유대인이 많았다는 것이다. 사실 사도들에게 예수님과 관계했던 사람들의 이름을 밝혀주고는 있지만, 그 숫자는 미비했을 것으로 추정된다.

초대교회 120 문도들은 정말 신앙에 있어서 행운아였다. 신앙은 무엇일까? 인간은 타락한 존재이기에 한 명도 빼놓지 않고 전 인류가 구원받아야 하는 것이 진리이다. 그 누구도 예외가 있을 수 없다. 그런데도 시편 기자는 "어찌하여 이방 나라들이 분노하며 민족들이 헛된 일을 꾸미는가 세상의 군왕들이 나서며 관원들이 서로 꾀하여 여호와와 그의 기름 부음 받은 자를 대적하며 우리가 그들의 맨 것을 끊고 그의 결박을 벗어 버리자 하는도다."(시2:1-3)라고 말한다. 이것이 역사 속에서 내려온 인간 세상의 모습이다. 다시 시편 기자는 "어리석은 자는 그의 마음에 이르기를 하나님이 없다 하는도다 그들은 부패하고 그 행실이 가증하니 선을 행하는 자가 없도다 여호와께서 하늘에서 인생을 굽어살피사 지각이 있어 하나님을 찾는 자가 있는가 보려 하신즉 다 치우쳐 함께 더러운 자가 되고 선을 행하는 자가 없으니 하나도 없도다"(시14:1-3)라고 전하고 있다.

하나님께서 무엇을 말씀하시는 것일까? 문제는 인간이 변화되어야 한다는 것이다. 어느 인간도 여기에서 예외는 될 수가 없다. 오늘날 대대로 예수 믿는 사람들이 헤아릴 수없이 많다. 그렇다면 예수를 믿는다고 해서 사람이 변화될까? 그것도 100% 잘못된 말이다. 몇 대에 걸쳐 예수를 믿는다고 해서 변화된 사람일까? 절대 그렇지 않다. 그럼, 사역자가 되고, 장로가 되고, 권사가 되고, 집사가 되었다고 변화된 사람일까?

예수님의 사도들을 보자. 3년 동안 예수님과 함께 먹고, 자고, 쉬고, 일도 했다. 심부름도 했다. 그들은 사도이다. 사도는 생명의 주와 함께 생사고락을 함께한 사람들을 말한다. 그런데 예수님이 십자가에 죽임을 당하고 부활한 상태까지를 직접 보고 겪은 사도들 중에 변화된 사도들은 하나도 없었다. 다시 말해서 오합지졸이었다. 모래알 같았다. 그들이 어떻게 세상을 변화시킬 수가 있을까? 가망이 없는 일이다. 자신도 변화하지 못했는데 누구를 변화시킬 수 있을까? 실제로 허망한 사도들이었다.

그러나 그러한 사도들을 남겨 놓으시고 예수님은 하늘로 떠나셨다. 예수님은 그들이 참신앙에 들어서면, 자신들이 변화할 뿐 아니라 이 세상을 변화시킬 수 있고, 교회를 세우고, 하나님의 역사를 다 같이 해 나갈 것을 아셨기 때문이다.

드디어 오순절 날이 왔다. 그날은 120 문도가 성령을 달라고 하나님께 매달려 기도한 지 10일째 되는 날이었다. 구약의 절기로 보면, 유월절 날 예수님이 유월절 양의 모습으로 십자가에 죽으시고 부활하신 몸으로 40일 동안 계셨고, 다락방에 모인 120 문도들이 10일간 기도하니 50일이 되는 날이다. 다시 말하면 오순절 날이 되었다. 오순절 날은 다른 이름으로 초실절, 칠칠절, 맥추절이라고 부르기도 한다. 농사법으로 첫 수확을 하여 하나님께 감사하는 날이기에 오늘날 교회가 이 말씀을 바탕으로 맥추감사 예배를 드리고 있다. 영적으로 보면 오순절 날은 성령강림을 뜻한다. 더 구약으로 들어가 보면, 이스라엘 민족이 유월절 날 출애굽이 시작되었고, 50일째 되는 날 시내산에서 모세를 통해 하나님의 율법을 받게 되었다. 이때부터 이스라엘은 자기 방식대로 사는 삶이 아니라 하나님의 율법의 말씀대로 살아야 하는 운명을 가지게 되었다.

마찬가지로 오순절 날, 성령세례(강림)는 이제 인간이 주인이 아니라, 하나님이신 성령이 인간의 주인이 되는 운명을 갖게 된 것이다. 그러기 위해서 중요한 것은 세례이다. 세례는 "나를 물속에 잠근다"는 의미인데, 이것은 의식이지만 실제로 내가 죽는 사건이 되어야 한다. 다시 말해 예수님과 함께 나를 십자가에 못 박아 죽이는 것이다. 내가 주인이 되어있으면, 수십 년 예수님을 믿어도 절대로 성령이 역사하지는 않는다. 성령은 인간의 종이 되기 위해 이 땅에 오신 것이 아니라, 인간을 변화시켜 새사람으로 만드는 하나님의 역사를 일으키기 위해 오신 하나님이시다.

사도바울이 에베소에 와서 "너희가 예수를 믿을 때에 성령을 받았느냐?"(행19:2)라고 물었다. 이 말은 무슨 의미일까? 에베소 교회는 바울이 제2차 전도여행 중에 복음을 전하였고(행18:19), 제3차 전도여행 때 에베소에 와서 보니, 에베소 교회는 인간중심의 교회여서 부흥도 못 되고 영적인 힘도 없는 교회였다. 바울이 그렇게 물은 것은 바울은 영적인 사람이라서 에베소 교회의 영적인 면을 이미 알고 있었기에, 깨닫게 하려고 물었던 것이다. 에베소 교회의 이 모습은 성령세례를 받지 못한 결과물이었다. 성령세례 못 받으면 에베소 교회는 결국 세속적인 교회로 남을 수밖에 없다. 성도 하나하나가 성령세례를 받지 않으면, 인간중심의 신앙으로 전락하고 만다는 것을 우리에게 깨우쳐 주는 말씀이다. 그런데 에베소 교회는 성령세례 받은 자가 12명이었지만, 여자까지 합치면 적어도 50여 명에 달했을 것이다. 그 후 에베소 교회는 급성장하는 교회가 되었다. 기도의 함성이 끊이지 않는 교회, 전도가 쉬지 않는 교회, 교회 봉사에 열정이 있는 교회, 서로 사랑하고 보듬어 주는 교회, 새롭게 변화된 공동체가 되었기에, 에베소 교회는 많은 감동을 주는 교회가 되었다.

4. 참 신앙의 변화된 모습

1) 성령을 받아야 새사람이 된다.

다시 말해 새사람이란 말은 그리스도의 사람, 영의 사람, 신령한 사람을 뜻한다. 원어로 보면 καινὸν ἄνθρωπον(카이논 안드로폰)인데, καινὸν(카이논)은 καινός(카이노스)라는 말이고, 그 뜻은 "새로운, 들어보지 못한 색다른, 혁신된, 더 탁월한"을 뜻하며, ἄνθρωπον(안드로폰)은 사람을 말한다.

새사람이란 말은 세상에서 한 번도 들어보지 못한 혁신된 사람을 말하고 있다. 바울은 "그리스도의 피로 말미암아 하나님과 인간 사이에 막

헌 담을 허셨고, 자기 안에서 새사람을 지어 하나님과 화평하게 하셨다."(엡2:13-16)고 증언하고 있고, 골로새 교회에도 "너희가 서로 거짓말을 하지 말라 옛사람과 그 행위를 벗어 버리고 새 사람을 입었으니 이는 자기를 창조하신 이의 형상을 따라 지식에까지 새롭게 하심을 입은 자니라."(골3:9-10) 라고 증언하고 있다.

  무슨 말일까? 새사람은 옛사람의 행위를 벗은 사람을 말한다. 성령세례가 아니면 인간은 절대로 옛사람을 벗어날 수 없다. 구약을 보면 새사람이라는 말이 단 한 번 나온다. "네게는 여호와의 영이 크게 임하리니 너도 그들과 함께 예언하고 변하여 새사람이 되리라."(삼상10:6)이 말씀은 이스라엘의 제1대 왕 사울에게 하신 말씀이다. 하나님께서는 사울을 이스라엘 첫 번째 왕으로 세우시기 위해 여호와의 영을 크게 부어주심으로 새사람을 만들어 주셨다는 말씀이다. 이스라엘 민족은 세계에서 유일하게 영적인 나라이기에 왕의 제도를 원하는 백성들의 뜻을 받들어 첫 번째 왕에게 성령세례를 수심으로 새사람을 만들어 왕을 세우신 것이었다.

  구약에는 성령시대가 아니지만 하나님이 쓰실 사람들에게 성령을 부어주심으로 하나님의 사역을 담당하게 하셨다. 다윗도 똑같은 과정을 밟았다. "사무엘이 기름 뿔 병을 가져다가 그의 형제 중에서 그에게 부었더니 이날 이후로 다윗이 여호와의 영에게 크게 감동되니라."(삼상16:13) 다윗은 앞으로 왕으로 세워져야 하기에 미리 성령을 부어주셨는데 사실 하나님께서는 이미 다윗을 왕으로 생각하시고 성령세례를 부어주셨다.

  교회 평신도들이여! 기도해서 성령세례 받고 참신앙의 삶을 살아가야 하지 않을까? 성령세례 받지 못하면 교회 부흥의 지장이 될 뿐만 아니라 사역자의 비전을 짓밟는 평신도가 되기 쉽다. 신앙의 정도(正道)는 성령세례 받는 길이다. 오늘날 교회들 가운데 성령세례 받은 자가 성도들의 몇 %나 될까? 필자 생각으로는 10%도 채 되지 않는다고 생각된다. 어떤 교회는 0%인 교회들도 있다. 성령세례 받은 교인이 5%만 되어도, 교회는 반드시 부흥될 것이다.

2) 성령세례는 구원의 완성을 이룬다.

성도가 예수 믿고 구원을 받은 것은 필자는 일반적 신령으로 보았다.(고전12:1-3) 필자는 신령을 일반적 신령과 특수적 신령으로 나누어 해석하였다. 일반적 신령은 예수를 믿고 구원을 이루는 것이고, 특수적 신령은 은사, 직임(직분), 사역을 통해 하나님의 역사를 이루어 나가는 것을 말한다.

▶ 일반적 신령은 3가지로 나눌 수 있다. (고전12:1-11)
① 우상을 버리는 것이다. (2절)
② 예수님이 십자가에 죽임을 당한 것은 내 죄 때문인 것을 받아들이는 것이다. (3절)
③ 십자가에 죽임당한 예수님은 나의 구세주라고 고백하는 것이다. (3절)

아주 중요한 것은 이 모든 일은 하나님의 '성령의 감동과 감화'를 통해서 이루어진다는 것이다. 절대로 인간의 생각으로 이루어지는 것이 아니라는 것이 성경의 증언이다. (고전12:1-3)

※ 우리의 구원은 3단계로 나누어져 있다.

① 제1단계 : 과거로부터의 구원이다.
"우리를 구원하시되 우리가 행한 바 의로운 행위로 말미암지 아니하고 오직 그의 긍휼하심을 따라 중생의 씻음과 성령의 새롭게 하심으로 하셨나니"(딛3:5) - 바울이 디도에게 보낸 편지이다.
"네 믿음이 너를 구원하였다 하시니"(마9:22) - 예수님의 말씀
"네 믿음이 너를 구원하였으니 평안히 가라"(눅7:50) - 예수님의 말씀

지금 구원받은 평신도는 과거에 하나님으로부터 죄 사함을 받았기에 구원받은 것이다.

② 제2단계 : 현재로부터의 구원이다.

만일 성도가 과거로부터 구원받았다고 하더라도, 참신앙의 길로 들어서지 아니하고 살아간다면 심각한 문제가 아닐 수 없다. 바울은 빌립보 교회에 "그러므로 나의 사랑하는 자들아, 너희가 나 있을 때뿐 아니라 더욱 지금 나 없을 때에도 항상 복종하여 두렵고 떨림으로 너희 구원을 이루라"(빌2:12)고 말했다. 구원받았다는 우리의 신앙은 다 된 것이 아니라 우리의 구원의 신앙은 현재진행형이어야 한다.

이스라엘의 첫 번째 왕인 사울 왕을 보면 그는 하나님의 택함을 사무엘에게 듣고 겸손하고 잠잠하며 정말 멋진 신앙의 모습을 보였다. 그러나 시간이 지나자, 그는 하나님을 배신하기 시작했다. "아말렉을 하나도 남기지 말고 진멸하라"는 하나님의 준엄한 명령을 그는 욕심에 이끌려 불순종하고 말았다. 후에는 하나님께서 두 번째 왕으로 예정해 놓은 다윗을 수차례 죽이려고 행동했다. 그는 현 상황에서 구원의 신앙을 이어 나가지 못했다. 그래서 하나님은 사울을 버리시기로 작정하셨다. 참으로 불쌍한 사람이 되었다. 자기 무덤을 자기가 판 격이 되고 말았다. 그에 반해 다윗은 항상 현재의 구원을 이어 나갔다. 회개할 때 회개하고, 하나님을 찾아야 할 때 하나님을 찾았다. 결국, 사울 왕가의 가문은 멸절되고 비참했다. 반면 다윗의 왕가는 B.C.1011년 ~ B.C.586년 바벨론 포로 전까지 계속되었다. 거기서 끝난 것이 아니었다. 만왕의 왕이신 예수님이 바로 다윗의 자손에게서 오셨기 때문에 감추어진 것일 뿐, 사실 다윗의 왕가는 계속된 것이나 다름없었다.

아무리 과거에 신앙생활을 잘했다고 하더라도, 현재에 구원을 이루어 나가지 않는다면 반드시 구원을 잃게 될 것이 자명하다. 중요한 것은 과거보다 현재가 더 구원의 신앙이 꽃을 피워야 하지 않을까? 필자는 40

년 사역을 마치고 은퇴 후에 하나님께서는 "교회 개척과 교회 성장을 3년에 성공하는 길"이라는 책을 쓰게 하셨다. 이것은 "사역자의 필수 지침서"라는 감동을 주셨고, '네가 쓴 것은 100% 예수님의 방법이다.'라는 감동도 주셔서 책자 겉장에 기록하였다. 이 책을 다 쓰고 출판사에 넘기고 기도하는 가운데, 이번에는 '평신도가 3년에 교회를 부흥시키는 길'에 대해 글을 쓰라고 감동하셔서 쓰게 되었다. 바로 제목과 과정을 설정하고, 이 책을 써서 모든 평신도(장로, 권사, 집사, 성도)가 읽고 사역자와 함께 교회 부흥을 이루어 나갔으면 하는 바람이다.

③ 제3단계 : 미래에서도 구원을 이루어야 한다.
인생은 하나님께로부터 왔다가 언젠가는 하나님께로 돌아가게 마련이다. 다시 말하면 예수님이 오시기까지 살아있다면, 구원을 이루며 살아가다가 구원을 완성한 성도들은 "아멘! 주 예수여 어서 오시옵소서"라고 외칠 것이다. 아니면 우리의 생명이 다하는 그날까지 우리의 구원을 계속해서 이루어 나가서 하나님께서 부르실 때, 마치 스데반 집사처럼 평안하게 잠들어 하나님 앞에 갈 수 있다면 그만한 축복과 행복이 어디 있을까?
우리 미래의 삶은 어떻게 펼쳐갈지 아무도 모른다. 가롯 유다는 예수님의 제자로 뽑혔지만 그의 미래의 삶은 스가랴 예언자의 예언처럼 은 30냥에 예수님을 팔았고 (당시, 은 30냥의 가치-종의 생명 값), 미래의 구원을 이루지 못하고, 받은 은 30냥을 성전에 던져버리고 목매달아 죽고 말았다. 또한 베드로도 역시 현재의 구원을 잃을 뻔하였는데, 그것은 대제사장 가야바의 법정에서 예수님이 재판을 받고 있을 때 바깥뜰에서 불을 쬐고 있는 베드로에게 한 여종과 사람들이 "너는 예수와 함께 있었고 너도 그 당이라"라고 할 때 "나는 예수란 사람을 알지 못하노라"하고 3번이나 강하게 부인하고 말았다. (마26:69-75) 바로 그때 닭 울음소리가 났다. 베드로는 예수님이 감람산으로 마지막 기도하러 가실 때,

"오늘 밤 닭 울기 전에 네가 세 번 나를 부인하리라"라는 말씀이 바로 생각나서 밖에 나가서 철저하게 눈물로 회개하고 계속 구원을 이루어 나갈 뿐만 아니라 로마에서 십자가에 거꾸로 못 박혀 순교하는 순간까지 구원을 완성하는 아름다운 신앙의 모습을 남기었다.

성도는 사실 사역자, 평신도 모두를 일컫는 말이다. 시편 기자는 "땅에 있는 성도들은 존귀한 자들이니"(시16:3)라고 말씀하고 있다. 우리 모두 경건한 자로서, 여호와의 보시기에 귀중한 죽음을 맞이하는 날까지 구원의 완성을 이어 나가야 한다. 마지막까지 구원의 완성을 이루기 위해서 반드시 거룩함을 이루어야 하는데, 거룩함에 이르는 길에 대하여 바울은 디모데에게 전하는 편지에서 "하나님의 말씀과 기도로 거룩하여짐이라"(딤전4:5)라고 기록하고 있다. 말씀은 위로부터 내려오는 하나님의 감동이다. 기도는 평신도에게서 하나님께로 올라가는 향기이다. 사람이 살려면 들숨과 날숨을 쉬어야 한다. 영적인 삶도 들숨은 말씀이며, 날숨은 기도라고 볼 수 있고 이것을 영적 호흡이라고 주장해도 무방할 것 같다. 인간은 하루에도 들숨과 날숨을 각각 23,040번을 해야 정상이고 이것을 못 하면 죽음을 맞이하게 되는 것처럼, 들숨인 말씀과 날숨인 기도의 영적 호흡이 없으면 성도의 신앙은 죽을 수밖에 없다. 마지막으로 하나님께서 부르시는 그날까지 구원을 이루어 나가 참신앙의 모습으로 하나님 앞에 서는 평신도들이 되기를 소망한다.

3) 성령세례는 은사와 직분을 통해 하나님의 역사를 이루게 한다.

▶ 특수적 신령도 3가지로 나누고 있다.

① 은사
"은사는 여러 가지나 성령은 같고"(고전12:4)
은사는 원어로 χάρισμα(카리스마)이고, 성령세례 받고 구원받은 자에게 하나님의 일을 하기 위해 값없이 주시는 은혜의 선물이다. 예수님은 이 은사를 통해 많은 병자뿐만 아니라 솔로몬과는 비교도 될 수 없는 지혜로 세상의 삶을 실패자가 아닌 성공자로 마치시었다. 그래서 그의 마지막 고백은 십자가상에서 "다 이루었다 (다 완성했다, 다 갚았다)"-Τε τέλεσται(테텔레스타이)였다.

  은사란 말이 단수로 쓰일 때는 하나님의 은혜의 선물인 구원을 의미한다.(롬4:10,6:23) 늘 바울이 즐겨 쓰던 단어이다. 그러나 은사가 복수로 쓰일 때는 하나님과 내주하시는 성령의 임재로 인한 내적 활동의 표시라고 볼 수 있다. 성령세례 받지 못하면 절대로 은사를 받을 수 없다. 그러기에 은사는 여러 가지나 성령은 같으며(고전12:4), 고린도 교회에서는 9가지 은사가 있었던 것으로 보인다. 은사는 보통 지적(知的)인 성도에게는 지혜, 지식, 영 분별의 은사를, 정적(情的)인 성도에게는 방언, 예언, 통역의 은사를, 의지(意志)가 강한 성도에게는 믿음, 신유, 능력의 은사를 내려주신다. 로마 교회에 은사들을 사용할 때의 방법론을 강조하고 있다. 예언이면 믿음의 분수대로, 섬기는 일이면 섬기는 일로, 가르치는 자는 가르치는 일로, 위로하는 자면 위로하는 일로, 구제하는 자는 성실함으로, 다스리는 자는 부지런함으로, 긍휼을 베푸는 자면 즐거움으로 하라 말씀하고 있다.(롬12:6-8)

  중요한 것은 예수님이 특별히 축귀, 신유 그리고 능력의 은사들을 많이 사용하시었고, 사도 중에는 베드로와 바울이 대표적이며, 특별히 집사 중에는 스데반 집사와 빌립 집사가 대표적이다. 마가의 다락방에 모인 120명 모두가 많은 은사를 받은 것으로 볼 수 있다. 다만 그들의 행적을 다 기록하지 않았기에 구체적으로 논할 수는 없다. 복음을 전함에 있어 은사들은 매우 중요한 역할을 담당해 왔다.

  ② 직분
  "직분은 여러 가지나 주(主)는 같으며"(고전12:5)

직분은 원어로 διακόνια(디아코니아) 인데, 이 말은 "접대, 봉사, 직무, 직임, 사역"을 말한다. 다시 말하면 교회를 원활하게 이끌어 가기 위해 예수님이 주시는 사역이다. 고린도 교회에서는 사도, 선지자, 교사 등이 있고 나머지는 은사에 속하는 것이다.(고전12:27-28) 에베소교회에서는 사도, 선지자, 전도자, 목사, 교사로 삼았다고 말하고 있다.(엡4:11-12) 디모데전서에는 감독(딤전3:1), 집사(딤전3:12), 장로(딤전5:17)의 직분을 밝혀주고 있다. 직분의 의무는 바울이 에베소 교회에 보낸 편지에서 잘 드러나고 있다.

"이는 성도를 온전하게 하여 봉사의 일을 하게 하며 그리스도의 몸(교회)을 세우려 하심이라."(엡4:12)

③ 역사

"역사는 여러 가지나 모든 것을 모든 사람 가운데서 역사하시는 하나님은 같으며"(고전12:6).

역사는 원어로 ἐνέργημα(에네르게마)인데, 이 말은 "실행된 일, 작용, 활동, 결과"를 말한다. 결국 은사와 직임을 통해 이루어지는 모든 일들은 모두 아버지 하나님의 역사하심에 있다는 것이다. 우리 아버지 하나님은 작용하시는 하나님이시다. 지금도 끊임없이 일하고 계시는 하나님이시다. 그러기에 지구에 살고있는 우리가 아무 걱정 없이 살아갈 수가 있는 것이다.

예수님이 갈릴리 바다를 향하여 "고요하고 잠잠 하라."고 하셨다. 그랬더니 광풍이 그치고 잔잔해진 것을 보고 제자들이 "그가 누구이기에 바람과 바다도 순종하는가 하였더라"(막4:41) 이것 역시 하나님의 역사였다. 베드로가 욥바에 살고있는 다비다(도르가)라는 여제자가 병들어 죽었을 때, 다락에다 뉘었는데 베드로가 가서 무릎 꿇고 기도한 다음 "다비다야 일어나라"라고 할 때 살아났다. 이것 역시 하나님의 역사하심이었기에 가능한 일이었다. 솔로몬이 하나님의 성전을 7년 6개월 만에 완공하여 봉헌하였다. 이 일도 하나님의 역사하심이 있었기에 가능한 일이었다. 그런데 하나님이 버리시면 그 하나님의 성전도 산산조각이 나고 말았다.

　오늘의 시대에 사는 우리 평신도들이 하나님의 역사가 일어나게 하는 곳의 중심에 서 있다면, 하나님이 얼마나 기뻐하실까, 생각해 보게 된다.

제 5 장
참신앙의 질적성장과 양적부흥의 배경

흔히 말하기를 교회 부흥은 절대적으로 사역자의 몫이다. 맞는 말이기도 하지만 틀린 대답도 된다. 물론 사역자가 양들을 잘 훈련시켜서 세상에 보내는 책임이 사역자에게 있는 것은 사실이다. 그런데 지금의 시대는 평신도의 시대이다. 사역자에게만 맡기는 것은 잘못된 인식이다. 평신도 시대는 우리 모두 공동의 책임이다. 사역자가 성령을 못 받은 것 같으면 하나님께 매달려 "우리 사역자에게도 하나님의 성령을 부어주소서"하며 철야 기도를 하든지, 혹은 시간을 정해놓고 기도하면 하나님이 들어주신다. 이것도 평신도들의 몫이다.

교회 부흥이 안 된다고 불평불만 할 것이 아니라 평신도들로서 우리가 사역자를 위해 얼마나 기도했는가를 뒤돌아보고 더욱 기도에 매진하면 하나님께서 반드시 들어주시지 않을까? 하나님께서는 자신이 보낸 사역자를 위해서 기도하는 것을 참으로 좋아하신다. 그리고 그 기도의 응답이 빠를 수밖에 없다. 그래서 바울은 각 교회에 편지를 보낼 때마다 사역자를 위해 기도하라고 권면하는 것은 분명히 하나님께서 좋아하시는 일이고 응답해 주신다고 확신하고 있기 때문이다. 이것은 또한 사역자를 위한 평신도들의 몫이기 때문이다. 그러나 평신도들도 성령 받지 못하면 그 일을 할 수 없고 할 능력도 없다. "세상에 독불장군은 없다"라는 말이 있지 않은가. 사실 "사역자는 평신도들의 기도로 먹고산다."는 말이 맞는 말이다.

　큰 교회 사역자들이 쓰러지고 넘어지는 일은 바로 평신도들의 기도가 그만큼 적어졌다는 증거이다. 물론 사역자 본인의 문제가 큰 것만은 누구도 부인할 수가 없다. 그런데 사단의 공격 대상은 바로 사역자라는 사실을 잊어서는 안 된다. 사역자 하나가 쓰러지면 교회는 힘을 잃고 만다. 사단은 그것을 너무 잘 알고 있다.

　아브라함의 조카 롯은 양 떼를 잘 쳐서 거부가 되었다. 그리하여 아브라함과 떨어져 살게 됨에 따라 기도의 후원자를 잃게 되었다. 그 후 롯은 실패한 목자의 모습을 보여주고 있다. 양 떼를 다 잃어버리고 아내조차도 잃어버리고 간신히 두 딸과 함께 도망 나와 부끄러운 자손을 남겨 놓는 상황이 벌어지고 말았다. 그러나 아브라함은 목자 겸 군사들이 378명이었다. 한 목자에게 100마리 양을 치게 했다면 37,800마리의 양을 갖고 있는 거부였다. 역시 아브라함은 믿음의 사람이요 기도의 사람이었기에 하나님으로부터 엄청난 축복을 받았던 것이었다.

　야곱도 외톨이로 외삼촌 집 밧단아람으로 가서 20여 년 만에 거부가 되어 가나안 땅으로 돌아오게 된다. 그는 양을 어떻게 쳤을까? 그는 외삼촌의 양을 대충 치지 아니했다. 눈코 뜰 사이 없이 때로는 뜬눈으로 밤을 새우기도 하고 밤에는 추위와 낮에는 더위와 싸워야 했다. 하나님의 뜻에 의해 야곱은 아내들을 얻는데 14년이라는 시간을 허송세월하게 보냈다. 그때까지 재산이라고는 한 푼도 가진 것이 없었다. 야곱은 형 에서의 눈을 속여 아버지 이삭으로부터 영적 및 육적인 축복을 받은 인물이다. 그런데 야곱이 이 일로 인해 밧단아람으로 도망갈 때, 나이가 77세였다. 야곱은 아버지 이삭의 유산을 한 푼도 받지 못하였다. 그는 77세에 밧단아람에서의 14년을 합치면 91세가 되도록 가족만 있었지 실제로 재산은 아무것도 없다. 결국 야곱은 아버지 이삭과 형 에서를 속인 댓가로 외삼촌 라반에게 속임을 당하고 말았다. 심은 대로 거둔 것이었다.

하나님은 인간 모두에게 공의와 정의의 하나님이시다. 그러나 야곱은 외삼촌의 양 떼를 엄청나게 번성시킨 것은 틀림없는 사실이다. 이제 남은 시간 6년이 노동의 댓가를 받을 기회였다. 아롱지고 점 있는 것은 모두 야곱의 몫이 되고 흰 양은 모두 외삼촌의 것이 된다는 약속을 받고, 그 후로부터는 야곱이 외삼촌의 양 떼를 빼내기 시작한다. 튼튼한 양들이 새끼를 밸 때는 목자들 그 누구도 쓰지 않는 비법을 쓰기 시작했다. 그 비법은 가나안 땅에서도 밧단아람에서도 전혀 사용한 적이 없고 그런 비법 자체가 존재하지 않았다. 아마도 야곱은 하나님께 기도하므로 비법을 얻었을 것으로 여겨진다. "야곱은 버드나무, 신풍나무, 살구나무의 푸른 가지를 가져다가 그것들의 껍질을 벗겨 흰 무늬를 내고 그 껍질 벗긴 가지를 양 떼가 와서 먹는 개천의 물 구유에 세워 양 떼를 향하게 하매 그 떼가 물을 먹으러 올 때 새끼를 배니 가지 앞에서 새끼를 배므로 얼룩얼룩한 것과 점이 있고 아롱진 것을 낳은지라"(창30:37-39)라고 성경은 말씀하고 있다. 여기 부분에서 성장이나 부흥을 일으킬 수 있는 요소가 있다.

1. 영적비전

"묵시가 없으면 백성은 방자히 행하거니와 율법을 지키는 자는 복이 있느니라"(잠29:18)

야곱은 큰 목장의 꿈(비젼)을 꾸고 있는 사람이었다. 우선 야곱이 한 일부터 생각해 보기로 한다. 야곱은 어떻게 자신의 몫인 양 떼를 번성시켰을까? 세상 이치로 보면 아롱지고 점 있는 것들이 새끼를 배면 아롱지고 점 있는 것이 나오기 마련이다. 흰 양이 나올 수도 있지만 그것은 굉장히 희박한 일이다. 나온다면 돌연변이일 것이다. 그런데 야곱은 튼튼한 흰 양을 가지고도 아롱지고 점 있는 양 새끼를 낳게 하였다. 이 일을 성공시키기 위해 야곱은 아마도 실패의 실패를 거듭했을 것으로 짐작이 간다.

 야곱은 첫째로 세 종류의 나무를 선택하고 나무껍질을 벗겨서 마치 얼룩말 모양으로 벗겼다는 것이다. 양이 새끼를 밸 때는 얼룩말 모양의 나뭇가지를 바라보면서 새끼를 배게 했다. 이것은 양들에게도 바라봄의 법칙을 사용하지 않았을까. 둘째로 물통에 아롱지게 벗긴 3종류의 나무 곧 버드나무, 살구나무, 신풍나무의 가지를 넣었는데 여기에서 나오는 화학물질들이 영향을 미쳤을 것이다. 만일 어떤 화학물질들이 난자에 이르게 되거나 임신하기 전에 생식세포 안에서 DNA에 이르게 되면 임신 전에 심각한 영향력을 끼칠 수 있고 또 끼친다는 것은 사실이라고 볼 수 있다. 그래서 나무도 아무 나무나 선택한 것이 아니라 버드나무, 살구나무, 신풍 나뭇가지를 사용하였다.

 주석가 중에 헨리 모리스(Henry Morris)가 이렇게 주장하고 있다. 역사가 중에도 고대에서는 실제로 이런 방법이 사용됐다고 하기도 하지만 사실인지는 알 수가 없다. 결국 야곱의 비법은 통하였다. 흰 양이든지 점 있는 양이든지 튼튼한 암양에게 이 비법을 써서 야곱의 양은 튼튼하고 신실한 양 떼를 이루게 되었고 외삼촌의 양 떼는 약하고 비실대는 양 떼를 소유할 수밖에 없었다. 결과적으로 6년 만에 야곱의 양 떼는 두 떼를 이루었다. 그가 비전(꿈)이 없었다면 되는대로 살았을 것이다.

 필자는 17세 때에 우울증에 시달리면서 살아오다 18세 되던 해(1966년) 1월에 처음 교회 문을 두드렸다. 교회 나가기 전 우울증 문제를 해결해 보려고 안산시에 있는 유교 학자를 만나러 부친과 간 적도 있고 모친이 다니시는 관악산 절에 가서 중과 몇 시간을 대화도 해보았다. 이 방법들로 해결 못하고 우울증 증세가 더욱 심화되고 있을 때, 필자가 사는 동네 방앗간 벽에 교회에서 "심령대부흥회"를 연다는 포스터를 보게 되었다. 유교, 불교 다 들어봤지만, 기독교에 대해 들어보지 못해, 월요일 저녁부터 토요일 새벽까지 열리는 간촌 교회에 몰래 참석했었다. 처음으로 교회에 간 것이어서 서먹서먹하기도 하고 뭐가 뭔지 잘 몰랐다. 찬송을 불러본 적도 없고 아니 예배를 드려본 적이 없기에 어떻게 해야 하는지를 몰라 어리둥절할 수밖에 없었다. 누구 하나 찬송 책이나 성경 책을 가져다주는 이도 없었다. 그런데 강단에 선 강사의 첫마디가 "이번 성회에 하나님을 만나면 인생의 모든 문제가 해결됩니다"하는 말이 내 귓전을 때렸다.

그 시간부터 하나님이 계신다면 꼭 만나서 우울증의 문제를 풀어보겠다는 생각에 사로잡혔다. 그 당시 1월은 영하 20°C 이하로 내려가는 시기였다. 월요일 저녁 집회 후 모두 집으로 가고 톱밥 난로도 끄고 간 상태였다. 18평짜리 조그만 교회 안에서 하나님을 만나기 위해 강한 추위와 싸우면서 뜬눈으로 밤을 새웠다. 하나님이 어두운 데에 오시면 누구인지 알 수 없으니 계속해서 불을 켜 놓았다. 다행히 전기는 들어오는 지역이었다. 하나님이 오시면 아마도 강대상 쪽으로 오시지 않을까 생각하면서 강대상 쪽에서 눈을 떼지 않았다.

월요일 저녁부터 토요일 새벽까지 자는 것과 먹는 것을 포기하고, 혹시 몰라서 화장실 갔다올 때도 얼른 다녀왔다. 그러나 하나님은 나타나지 않으셨다. 마지막 시간 토요일 새벽예배가 4시 반에 시작되고 5시 반에 마쳤다. 강사도 온 교인(20여 명)도 다 돌아가고 필자 혼자 남게 되었다. 그런데 이상한 것은 '은혜받았다, 은사 받았다'라고들 하는데 그것이 도대체 무엇인지 몰랐다. 분명한 것은 하나님을 만난 것은 아니었다고 생각하였다. 왜냐하면 한 주 동안 교회를 떠나지 않고 하나님을 기다린 필자가 하나님을 만나지 못했는데, '그들은 어찌 하나님을 만났을까?' 하는 의심에서였다. 필자는 한편으로 '하나님이 사람을 차별하시는 것은 아닐까?' 하는 생각도 가졌었다. 그때 필자 자신이 비참해짐을 느꼈다. 그래서 하나님께 푸념하듯 "정말 하나님이 계신 것인가요? 혹시 안 계신 건가요? 저를 만나주시면 내 일생을 하나님을 위해 생명 바쳐 살겠는데 안 만나주시니 저는 이제 제 생명을 끊을 수밖에 없습니다. 저는 우울증으로 인해 몇 번을 죽으려고 했던 사람이기에 죽는 것은 두렵지 않습니다. 그럼 저는 이만 가겠습니다."하고 일어나려고 하는데, 강대상 위쪽에 해 같은, 아니 달 모양의 불덩어리가 보이더니 쏜살같이 필자를 덮치고 말았다. 그때서부터 눈물, 콧물, 입물이 쏟아지고 입에서는 알지 못하는 소리가 나는데, 곧 바로 우리말로 번역이 되는데 모두 나의 죄를 고백하고 있었다. 글로 적을 수 없는 일들이 일어났다. 새벽 6시부터 오후 4시까지 18평짜리 교회에 강대상 쪽 자리만 빼놓고 교회 전체가 3가지 쏟은 물로 걸레질을 친 듯하였다. 그 시간은 한마디로 희열의 시간이었다. 더 이상 우울증에 시달리지 않았다. 맘속에 하나님의 평안이 가득 찼고 기쁨과 즐거움이 넘쳤다.

"아! 이런 것이 은혜받았다고 하는 것이구나"라는 것을 알게 되었다. 이때부터 필자의 신앙생활은 시작되었고 새벽기도 생활, 공동예배 생활, 십일조 할 것 없이 하루도 빠질 수가 없었다. 때로는 기도하다가 성전에서 잠들고 때로는 철야 하면서 기도를 쉬지 않았고, 방해받지 않기 위해 동네 산속에 들어가 홀로 기도하곤 하였다. 그런데 성경을 읽으면 암송이 되고 말씀이 영적인 해석이 되어 성경을 읽다가 울기도 하고 기쁨에 넘치기도 했다. 성경을 읽다가 "예수님이 3년에 다 이루었다"라는 말씀에 은혜를 받아서 이때부터 필자는 영적인 비전(꿈)을 갖게 된 것이다.

그해 크리스마스에 학습을 받으라고 사역자가 얘기해 주었는데 필자는 "그냥 세례 주시면 안 되나요? 성경에 세례받기 전에 학습 받으라는 말씀이 없더라구요."했더니, "맞다"하며 1월에 교회에 나와 12월에 세례를 받게 되었다. 그리고 이듬해 1월에 당회에서 속장(4가정 맡김)과 교사(초등 6년과 중등부)로 임명을 받고 "예수님, 저도 3년에 교회 부흥의 성취를 주세요"라고 기도하면서 1년 동안 열심히 힘썼다. 속회 예배는 금요일 저녁, 초등 6년은 주일 아침 9시, 중등부는 토요일 저녁에 모여서 겹치는 것은 없었다. 필자는 속회나 교사를 인도할 때 공과가 없어서, 은혜받은 말씀을 함께 나누었다. 일 년 결산하니 속회 4가정이 36가정으로, 초등 6년 2명이 50명으로, 중등부 5명이 70명으로 부흥되었다.

하나님께서 필자에게 3 부서를 맡겨 주셔서, 3년 안에 정말 예수님처럼 "다 이루었다"라는 결실을 보게 해달라고 기도했는데, 교회는 1년 만에 20여 명에서 150명이 모이는 교회로 성장하게 되었다. 사실 다 이룬 것이라고 할 수는 없지만 그래도 웬만한 성장은 가져오지 않았나 하면서 하나님께 감사하며 영광을 돌렸다. 그 후로 필자의 비전(꿈)은 계속되어 사역자로 부름을 받아 야곱처럼 큰 목장의 꿈을 꾸며 사역하였고 사역을 마친 후에도 이렇게 글로써 비전을 이루어 가고 있다.

1) 비전의 사람은 세월을 아끼며 살아간다.

야곱은 어떻게 하면 양 떼가 번성할 수 있을까, 어떻게 하면 양이 병들지 않고 건강하게 살 수 있을까, 새끼가 태어났을 때 어떻게 잘 돌보아야 잘 자랄 수 있을까 등 오로지 양 떼의 번식을 위해 골몰하고 묵상하고 방법이 실패하더라도 또 보완하고 도전하여 방법을 알아내는 비전의 사람이었다. 비전을 갖지 못하고 사는 사람은 옛날 방식 그대로 전통에서 벗어나지 못하고 항상 제자리걸음이고, 그 자리에서 맴돌다가 끝마친다.

필자는 하나님을 만난 후에 무엇을 하든지 문제가 있으면 어떤 방법으로든지 해결하려 한다. 그러는 이유는 시간을 헛되이 보내지 않으려 하기 때문이다. 사도바울은 에베소교회에 "세월을 아끼라, 때가 악하니라"(엡5:16)라고 말씀을 전했다. 이 말씀은 원어로 ἐξαγοραζόμενοι τὸν καιρόν (엑사고라조메노이 톤 카이론)인데, 이 말의 뜻은 '너희는 자신을 위해서 확보하라' 는 뜻인데, 그것은 곧 "기회"라는 것이다. καιρόν(카이론)은 카이로스(시간)이다. 이 말은 시간을 말하고 있는데, 그 시간은 "운명으로 정해진 때, 시간의 한 정점"을 뜻한다. 다시 말하면 인생은 흘러가는 시간을 그냥 흘려보내지 말고 흘러가는 시간을 건져내는 것이다. 아니 붙잡는 것이다. 어떤 일에서든지 흘러가는 시간을 건져내는 자가 성공하는 자라는 말이다. 야곱이 바로 그런 사람이었다.

바울은 에베소교회에 세월을 아끼지 않은 사람은 지혜롭지도 못할 뿐만 아니라 어리석은 자이며 그 이유는 성령의 충만을 받지 못한 사실임을 말하고 있다. (엡5:17,18) 하루라도 아니 한 시간이라도 빨리 성령 충만 받은 자가 기회를 붙잡는 자이며 시간을 건져내어 하나님께 찬송을 올리고 감사를 드리며 그리스도를 경외함으로 서로 복종하는 삶을 만들어 내게 된다고 강하게 말씀을 전하고 있다.(엡5:19-21)

예를 들면 야곱은 6년 만에 양 떼를 두 떼로 이루었다.(창32:8) "이에 그 사람이 매우 번창하여 양 떼와 노비와 낙타와 나귀가 많았더라."(창30:43) 이런 번영과 번창은 야곱이 세월을 아끼며 산 증거이다. 잇사갈 자손은 레아의 5번째 아들이다. 잇사갈은 4명의 아들을 두었다. 돌라, 부아, 야숩, 시므론인데, 4명의 아들에게서 나온 자손이 우리를 깜짝 놀라게 하고 있다. 돌라의 후손만 다윗왕 때에 용사만 22,600명이고, 4명의 아들들의 자손들이 용감한 장사들이 8,700명이나 되었다. 여자들과 아이들 숫자를 더하면 거의 30만 명에 육박하였을 것으로 판단된다. 아내들도 한 명 이상씩이고 20대 미만 아들과 딸을 합치면 그 이상이 될 수도 있다. 잇사갈은 "값을 주심"이란 뜻이다. 이 지파는 다른 지파에 비해 굉장히 번성한 지파라고 에스라는 기록해 주고 있다.(대상7:1-5) 이들은 세월을 아끼면서 번성하고자 하는 지혜로움 때문에 크게 번성하여 다윗 왕국에 크게 이바지하게 되었다.

2) 비전의 사람은 포기를 모르는 사람이다.

야곱은 외삼촌 라반과 품값을 결정하게 되는데 흰 양은 무조건 외삼촌 소유이고 아롱지고 점 있는 양은 야곱의 소유로 하기로 합의를 보았다. 그런 후로 밤잠을 설치면서 어떻게 하면 아롱지고 점이 있는 양 새끼를 낮게 할 수 있을까 고민하고, 버드나무, 살구나무, 신풍나무를 선택하여 문제의 답을 얻는 데에도 상당한 시간이 걸렸을 것임은 자명한 사실이다. 이 나무도 해보고 저 나무도 해보고 안 해본 나무가 어디 있으랴. 그러나 야곱은 절대로 포기할 수 없는 문제였다. 이제 그의 나이도 91세다. 아내도 4명이고 4명의 아내에게서 자식들이 줄줄이 태어날 수밖에 없다. 지금 가진 재산이라고는 가족뿐 한 마리의 양도 없었다. 그러니 희망의 끈을 놓을 수가 없었다. 끊임없이 연구하고 또 실패하고 또 연구하고 또 실패하기를 아마도 수백 번을 했을 것이다. 그러나 야곱은 절대 포기하지 않았다. 이 방법, 저 방법 닥치는 대로 성공을 이룰 때까지 멈출 수가 없었다. 생사의 문제이기 때문이다. 거지로 살아가느냐, 부유하게 살아가느냐 고뇌할 때, 이 모습을 지켜보시는 분이 하나님이셨다.

유튜브에 올라온 글을 소개하고자 한다. 지하철에서 한 사람이 올라오더니 손님들을 향해 "플라스틱 머리에 솔이 달려 있습니다. 이것은 무엇일까요? 맞습니다. 칫솔입니다. 이걸 무얼 하려고 가지고 나왔을까요? 맞습니다. 팔려고 나왔습니다. 이건 얼마일까요? 네, 천 원입니다. 뒷면을 돌려보겠습니다. 영어가 써 있습니다. Made in Korea! 이게 무슨 뜻이게요? 네, 수출했다는 겁니다. 수출이 잘 되었을까요? 안되었을까요? 망했습니다. 자 그럼 하나씩 여러분께 돌려보겠습니다." 황당해진 사람들은 웃지도 못했다. 그리고서 "제가 지금 몇 개나 팔 수 있을까요? 여러분도 궁금하시죠? 저도 궁금합니다." 잠시 동안 모두가 궁금해했다. "4개가 팔렸습니다. 네 저는 얼마를 벌었을까요? 칫솔 4개를 팔아서 4천 원을 벌었습니다. 제가 실망했을까요? 안 했을까요? 네 실망했습니다. 그럼 제가 여기서 포기할까요? 안 할까요? 절대 안 합니다. 왜냐구요? 저에겐 바로 다음 칸이 있기 때문입니다." 그 사람은 유유히 다음 칸으로 건너갔다. 그때에 지하철에 있던 사람들은 모두 뒤집어지게 웃었다. 그런데 그 사람이 웃음만 준 것은 아니었다. 더 중요한 것은 희망 바로 희망이었다. 다시 말해 생의 포기란 없다는 것을 깨우쳐 준 것이다.

그렇다. 더욱이 비전의 사람은 절대로 포기해서는 안 된다. "안 하면 안 된다."는 믿음을 가지고 나가면 하나님 안에서 모든 것을 할 수 있다.(롬8:28). 칫솔 파는 사람에게는 "다음 칸"이 언제나 기다리고 있다. 그 지하철 칸이 다 되면 다른 노선 지하철 다음 칸은 셀 수 없이 많기 때문이다.

솔로몬은 "묵시가 없으면 백성이 방자히 행하거니와 율법을 지키는 자는 복이 있느니라"(잠29:18)라고 말했다. KJV 성경에는 "비전이 없으면 백성은 멸망한다."라고, RSV 성경은 "예언이 없으면 백성이 자제력이 없어진다."라고 나와 있다. 히브리어 원문을 그대로 해석하면 "예언이 없으면 백성이 구속함을 던져버린다."라는 뜻이다. 비전은 "그 어떤 문제든지 포기란 없다"는 것이다. 왜 교회가 부흥되지 않느냐는 문제에서도 포기란 없다. 왜 나는 전도를 못 할까, 하는 문제에서도 비전의 사람은 포기란 없다.

3) 비전의 사람은 "질문경영" 곧 기도의 사람이다.

야곱은 많은 실패를 거듭함에 따라 실망도 찾아왔을 것은 명백하다. 그도 역시 한 인간이기에 말이다. 그때마다 야곱은 하나님께 무릎을 꿇었을 것이다. "하나님 어떻게 하면 내 양 떼가 떼를 이룰 수 있습니까? 제가 수 없는 방법을 시도해 보았지만, 실패의 실패를 거듭했습니다. 방법을 가르쳐 주세요. 일찍이 14년 전에 벧엘에서 저에게 '제 자손으로 말미암아 땅의 모든 족속이 복을 받으리라'라고 하시지 않았습니까? 제가 가난하면 땅의 모든 족속들이 너나 야훼 하나님을 섬겨라 하지 않겠습니까? 그러니 제발 양 떼를 부흥시킬 수 있는 비결 혹은 방법을 가르쳐주세요"라고 부르짖었을 것이다. 성경은 기도했다는 사건과 하나님이 응답해 주셨다는 말씀은 없지만 결과를 놓고 보았을 때, 야곱의 질문경영이 빛을 발한 것이라고 볼 수밖에 없다. 하나님과의 교통, 이것이 바로 야곱을 있게 만든 일임이 틀림없다.

2. 큰 믿음

"믿음의 주요 또 온전하게 하시는 이인 예수를 바라보자 그는 그 앞에 있는 기쁨을 위하여 십자가를 참으사 부끄러움을 개의치 아니하시더니 하나님 보좌 우편에 앉으셨느니라"(히12:2)

　아브라함, 야곱, 다윗의 양 떼의 놀라운 부흥은 믿음에 대한 하나님의 보상이다. 사람이 비전만 가졌다고 목표한 바를 다 성취하는 것은 아니다. 더 중요한 것은 비전을 이루려고 하는 큰 믿음이 있어야 함은 필연적이다. 우리는 이 세상을 살아갈 동안 하나님께서 무슨 일을 맡겨 주시든지 최선을 다해 일해야 한다. 하나님의 일 뿐만 아니라 어느 곳에서 무슨 일을 하든지 그것이 정치이든지, 기업이든지, 교육이든지 정직하게 그리고 공의와 정의의 바탕 위에서 일하면 하나님께서 반드시 보상해 주신다. 더 중요한 것은 하나님을 믿는 믿음 안에서 해야 한다는 사실이다. 믿음이 아니면 훔치기도 하고, 사기도 치고, 등쳐먹기도 하게 마련이다. 왜냐하면 이 세상은 악하기 때문이다.(엡5:16) 인간이 이 세상에서 사는 가운데 믿음으로 하지 않는 것은 '모두가 다 죄'라고 바울은 말씀하고 있다.(롬14:23)

　바울은 에베소교회에 "눈가림만 하여 사람을 기쁘게 하는 자처럼 하지 말고 그리스도의 종들처럼 마음으로 하나님의 뜻을 행하고 기쁜 마음으로 섬기기를 주께 하듯 하고 사람들에게 하듯 하지 말라. 이는 각 사람이 무슨 선을 행하든지 종이나 자유인이나 주께로부터 그대로 받을 줄을 앎이니라"(엡6:6-8)라고 말하고 있다. 하나님께서는 아브라함이 자신의 아내 사라가 경수가 끊어지고 임신을 할 수 없는 상황에서 하나님의 말씀을 믿고 받아들였기에 하나님은 의로 여기시고 믿음의 조상으로 삼으셨다. 아브라함이 받은 의는 무엇일까? 의는 원어로 (체다카)인데, 이 말의 뜻은 "의인, 의로움"이다. 이 안에 어마어마한 뜻이 담겨 있다. 인간은 단 한 명도 하나님 앞에서 의롭다고 인정받을 수가 없다. 의는 오직 믿음으로서만이 하나님께서 의롭다고 인정해 주시는 징표이다. 의를 받지 못하면 어느 인간도 하나님과 더불어 살아갈 수가 없는 것이다.(롬3:10, 3:23, 사64:6) 다윗도 양을 칠 때 어린 양 하나라도 잃지 아니하려고 맹수들에게 빼앗기면 반드시 쫓아가 그 입에서 양 새끼를 빼앗아 올 뿐만 아니라 때론 맹수와 싸우면서 맡겨진 양을 치는 것을 보신 하나님께서 이스라엘 나라의 왕으로 세워주실 것을 사무엘에게 통보하시었다. 다윗이 믿음이 없으면 어찌 맹수들과 맞짱을 뜰 수가 있었을까. 모든 것은 그의 믿음에서 용기가 나오고 지혜가 나왔기 때문이었다. 야곱도 외삼촌의 양 무리를 치는 것을 보시고 자기 것이 아님에도 불구하고 하나님을 신뢰하면서, 보상해 주시는 하나님의 얼굴을 바라보면서 양을 쳤기에 하나님께서는 그 믿음대로 보상해 주신 것이었다.

필자도 신앙생활 1년 만에 3가지 직임을 받고 예수님이 십자가에서 외치신 말씀 한마디 "다 이루었다!"하신 말씀이 무슨 뜻인지 사역자에게 물었다. "무얼 다 이루셨기에 다 이루었다고 외치신 것이지요?" 사역자는 "인류의 구원 사업을 다 이루셨다는 말씀인데 인류의 죗값을 다 치루었다"는 뜻이라고 대답을 해 주셨다. 더 구체적인 것은 몰라도 "하나님! 제게 3가지 직임을 맡기셨는데 저도 3년에 '다 이루었다' 라고 말할 수 있게 하옵소서"라고 기도를 드린 것이 지금도 기억에 생생하다. 자신이 예수님도 아닌데 뭘 3년에 이루겠다고 기도했는지 지금에 와서 보면 어리석기 짝이 없었다. 그런데 실제로 필자를 통해 모 교회가 부흥하게 된 것 자체가 너무도 감사한 일이긴 하다.

그 당시 필자는 사실 눈코 뜰 사이도 없었다. 밤이면 기도하랴, 낮에는 농사일하랴, 가축 기르랴, 주일날은 아침부터 아동부예배와 장년 예배에 온종일 교회에 머물렀고, 수요예배와 금요 속회예배와 토요일 중등부 예배와 매일 밤 저녁을 먹고 30분을 걸어 교회에 가서 기도하다가 잠들기도 하고, 어떤 때는 온밤을 꼬박 새우며 기도하다가 새벽기도 마치고 집으로 오곤 하였다. 그런데 이 모든 일들이 믿음으로 다 이루어졌다. 믿음이 아니고서는 절대 불가능한 일이었다. 거의 내 개인 시간은 가져볼 틈이 전혀 없었다. 무엇엔가 홀린 사람처럼 살았는데 그것이 바로 성령의 이끌림이었고 그것이 곧 참신앙의 길임을 알게 되었다.

단 1년 신앙생활하고 3가지 직임을 감당하였는데, 교회가 이제는 숫자상으로 부흥한 것뿐만 아니라 영적으로도 저녁이면 기도하는 성도들이 많이 생기고 새벽기도가 70~80명에 이르게 되었다. 1968년도 지방회 연회 총회에서 최고 모범 속장상과 최고 모범 교사상을 받았고, 사역자도 교회를 크게 부흥시켰다고 상을 받았다. 너무 가난해서 상 받으러 입고 갈 옷이 없었으나, 모친이 부친에게 옷을 만들어 드리려고 아껴두었던 양복 기지를 꺼내주어 양장점을 운영하는 이모의 도움으로 양복을 만들어 입고 갔던 기억이 지금도 생생하다.

사역자나 평신도들은 모두가 다 교회가 질적으로 양적으로 부흥되기를 원하지만, 실제로 원하는 만큼의 부흥은 거두기 어려운 것이 사실이다. 만일 교인이 100명이라면 정말 교회 부흥을 시킬 수 있는 믿음을 가지고 있는 평신도들은 얼마나 될까? 여기에서 5%만 교회 부흥의 믿음을 가지고 있다면, 교회는 부흥을 가져올 수밖에 없다. 한번은 필자가 개척한 교회의 개척 멤버였던 7명의 평신도가 선교를 위해 따로 교회를 개척하기 위해 나갔지만, 필자는 붙잡지 않았다. 이것이 바로 하나님의 부흥이기 때문이었다. 개척 10년이 되었을 때 여집사 한 가정이 이사를 와서 교회등록을 하였다. 이 여집사는 주일마다 1명에서 3명 정도를 전도하여 등록시켰고, 1년에 60여 가정을 전도해 놓고 다른 곳으로 이사를 하여서 아쉬움을 가진 적도 있었다. 그 여집사는 교회 부흥의 믿음을 가지고 있었기에 어디를 가든지 가는 곳마다 교회 부흥을 일으키는 멋진 평신도의 상을 보여줄 것으로 여겨진다.

"바야싯"이라는 사람은 청년 때에 하나님께 이런 기도를 드렸다. "주여! 저에게 이 세상을 개혁할 힘을 주소서!" 그런데 한 사람의 영혼도 구하지 못했다. 그는 중년이 되어 자책하면서 다시 기도했다. "주여! 내 가족, 내 친척만이라도 개혁하게 하옵소서!" 역시 가족이나 친척 중 단 한 명도 구원해 내지 못했다. 그의 실망은 이만저만이 아니었다. 드디어 그는 노년이 되어 다시 목표를 바꿔 하나님께 기도하였다. "주여! 저 자신만이라도 꼭 개혁하게 하옵소서" 그는 끝내 기도는 거창했지만 개혁할 믿음이 없이 결국 자신도 개혁하지 못하고 세상을 떠났다. 어쩌면 부끄러운 구원을 받지 않았나 생각해 보게 된다. 평신도들에게 무엇보다 소중한 것은 믿음이 있느냐, 없느냐의 문제라고 본다.

우리에게는 두 가지의 믿음이 있다. 하나는 성령의 감동이나 감화로 예수를 주라고 고백하는 믿음이다. 이 믿음은 자신의 병을 낫게 하고 때로는 기적이 일어난다. 그런데 나를 통해 일어나는 것이 아니라 다른 이를 통해 역사가 일어난다. 물론 구원을 받을 수 있는 믿음이다. 이 믿음은 누구에게나 동일하게 주어지는 믿음이다. 다른 하나의 믿음은 성령세례를 통해 은사로 주시는 믿음이다. 이 믿음에 대해 예수님은 "믿는 자들에게는 이런 표적이 따르리니"(막16:17) 다시 말하면 기사와 이적이 일어나 많은 사람을 놀라게 하고 이 일로 말미암아 쉽게 복음을 전하게 됨으로 교회 부흥과 성장에 이바지하게 된다. 이 은사적인 믿음이 없으면 오히려 자신이 질병으로 시달림을 받거나 고통을 당하게 될 수밖에 없다.

"엘마엘톤"이라는 사람은 교통사고로 하반신이 마비되어 늘 휠체어를 타고다녔다. 그는 C.C.C에서 활동하면서 비가 오나, 눈이 오나, 바람이 부나 늘 정류장에 나가서 복음을 전하였다. 믿음으로 기도하기를 "하나님! 나 같은 것에 의해 어찌 사람들이 구원받을 수 있겠습니까? 제 평생에 100명의 영혼만 주시옵소서" 그런데 그가 20여 년 동안 복음을 전하다가 하나님의 부르심을 받고 말았다. 그가 정류장에서 보이지 않자, 사람들이 서로 묻고 이야기하는 중에 그가 세상을 떠났다는 소식을 접한 사람들이 그의 장례식에 400여 명이 참석하게 되었는데 모두 그에게서 복음을 듣고 예수를 영접한 사람들이었고 이미 그 사람들 말고 천여 명이 하나님교회의 일꾼이 되어 충성하고 있었다. 엘마엘톤은 비록 장애인이었지만 큰 믿음의 소유자였다.

중요한 것은 교회 부흥이 안 되면, 교회 대부분은 그 책임을 사역자에게 돌리고 있다. 지금까지는 그렇게 생각하고 말했다면 그것은 큰 잘못이다. 평신도들 모두가 책임을 져야 할 문제이다. 만일 평신도들이 하나님의 은혜와 능력을 받으면 평신도 자신이 교회 부흥의 밑판이 된다. 자신은 그 일을 감당하지 못하면서 사역자에게만 책임을 묻는 것은 하나님 앞에 합당치 못하다.

필자가 30년 만에 임지를 옮겨 제자 훈련을 시작했다. 필자가 집필한 "열매 풍성한 삶에 이르는 길"이라는 성경 공부 교재의 책이다. 이 훈련을 받던 부 사역자 아내가 한 주에 2~3 가정씩 전도를 쉬지 않았다. 6개월 동안에 60여 가정을 넘게 전도하여 등록시켰다. 필자를 만나기 전에는 사역자의 아내일 뿐, 그렇지 않았다. 그는 제자 훈련을 통해 교회 부흥을 일으키는 믿음을 가지게 된 것이다. 교회 부흥을 가져올 수 있고, 믿음을 달라고 하나님께 부르짖으면 하나님께서 밑지는 장사가 아니라 남는 장사이기에 어떤 방법으로든지 하게끔 하신다. 이것이 성경의 진리이다. 기도해서 안 되는 것은 하나도 없다. 중요한 것은 성령(눅10:13), 지혜(약1:5), 믿음(막9:24)은 반드시 구해야 하나님께서 주신다는 사실을 알고 실제로 하나님께 구하라.

3. 성령의 위로

"성령의 위로로 진행하여 수가 더 많아지니라"(행9:31)

성령의 위로에 '위로'라는 말의 원어로는 παράκλησις(파라클레시스)인데, 이 단어는 두 단어의 합성이다. 'παρά(파라)'는 '옆에 두다'라는 뜻이고 'κλησις(클레시스)'는 '북돋우고 지지하는 영향력'이다. 그러므로 παράκλησις(파라클레시스)는 '우리를 지지하고 밀어주고 북돋아 주시는 성령이 함께하신다'라는 의미이다.

요한복음 기자는 성령을 '보혜사'라고 표현하고 있다.(요14:16, 15:26, 16:7) 원어로는 παράκλητος(파라크레토스)인데, 역시 이 단어도 두 단어의 합성어이다. 'παρά(파라)'는 '옆에 두다'라는 뜻이고 'κλητος(크레토스)'는 '부름을 받다'라는 뜻이다. 보혜사는 성령이신데 "모든 성도들을 인도해 주시기 위해 하나님의 부름을 받아 성도 옆에 두셨다"는 말이다. 더 자세히 말하면 이 땅에 구속의 역사를 이루시고 아버지께로 가신 예수님의 영이시다. 보혜사를 공동번역은 협조자로, NRS성경은 옹호자로, KJV성경은 능력을 가지고 오는 자로, LB성경은 돕는 자로, NIV성경은 상담자로 번역되어 있다. '성령의 위로'라는 말씀은 '하나님의 부름을 받은 모든 자들에게 지원해 주고 인도해 주고 지지해 주는 하나님의 성령이 계시다'는 의미이다. 그래서 사도행전 기자는 "성령의 위로로 진행하여 수가 더 많아지니라."(행9:31)라고 전한다.

교회 부흥은 아무리 사역자가 훌륭하고 평신도 및 대표(장로)들이 훌륭하다고 해도 성령의 위로(후원)가 없이는 절대로 불가능한 부분이다. 사도행전에서부터 성경은 성령 시대임을 증명하고 있다. 구약에서는 결국 인류의 주인은 아버지 하나님이셨고, 예수님 시대에 주인은 예수님이셨다. 성령시대에는 인류의 주인이 성령하나님이시다. 성령은 특별히 하나님의 선택을 받은 성도들의 주인이 되시며 인도자가 되시고 지원자가 되신다. 그러기에 예수님이 승천하시기 전 "숨을 내쉬며 이르시되 성령을 받으라"(요20:22)고 명령하셨다.

사도바울도 에베소교회에 "너희가 믿을 때에 성령을 받았느냐?" 물었다. 왜 이렇게 명령하고 왜 이렇게 물었을까? 그 이유는 성도들이 성령 받지 못하면 절대로 하나님의 사역에 참여할 수도 없고, 참여해서도 안 되기 때문이다. 그런데 수많은 사역자, 신학대학의 교수들, 교회의 장로들, 그리고 많은 평신도가 성령 받아야 하는 것도 모르고 있기도 하고, 지금의 시대에는 교회 안에서도 성령을 꼭 받아야 한다고 설교하지도 않으며, 신학대학에서도 사역자가 될 학생들에게 성령의 중요성에 대해 강조하지 않고 있다고 볼 수 있다. 그러기에 오늘날 교회가 곤두박질하고 있다. 이런 일은 이미 유럽에서, 그다음 북미에서, 그다음 한국이 되었다.

바울은 에베소교회에 성령 충만 받으면 찬송의 삶, 감사의 삶, 복종의 삶을 살 수 있다고 외치었다. 에베소교회는 바울이 먼저 들렀을 때 12명이 예언과 방언을 받았다고 기록했는데(행19:6-7), 이때 에베소교회는 처음으로 성령을 받은 교회였지만 거기에 머물러 있는 교회가 되었기에 '더 기도하여 성령 충만함을 받으라'는 권고이자 명령이었다. 교회는 여기에 머물러 있으면 안 된다. 더 기도해서 성령의 능력까지 받아야 한다. 이 일은 사역자나 평신도나 똑같다. 사역자는 성령 받고, 충만 받고, 능력까지 받아야 하지만 평신도는 받지 않아도 된다는 생각으로 살아서는 절대로 안 된다. 교회 부흥은 사람의 힘으로는 절대로 불가능하다. 지식으로도 불가능하다. 경험으로도 불가능하다. 교회 부흥은 오직 성령의 위로가 없이는 절대로 불가능한 것이다. 사이비 종교도 사실 사단의 위로가 있기에, 그 나름대로 부흥하는 것이다.

▶ 성령의 능력은 어떠할까?

  1) 영향력 - 행4:13 베드로와 요한이 담대하게 말하는 것을 보고 깜짝 놀람

  2) 부흥력 - 행9:31 초대교회는 120명에서 3000명 나아가 5000명, 셀 수 없을 정도로 부흥됨

  3) 폭팔력 - 행2:1-4 세계 선교, 구제, 재산 바침, 공동생활

  4) 방비력 - 눅3:21-22 예수님이 성령 받고 눅4장에서 사단과의 싸움에서 대승리

  5) 해부력 - 히4:12 성령의 감동으로 쓰여진 말씀이 인간의 영, 혼, 육 해부함

  6) 중생력 - 요3:5 성령으로 나지 않으면 중생할 수 없다.

  7) 성결력 - 롬1:4 성결의 영으로서 성령만이 인간을 성결케 하신다.

  8) 증인력 - 행1:8,요15:26-27 오직 성령이 오시면 증인이 저절로 됨

  9) 예언력 - 요16:13 진리의 성령이 오시면 장래 일을 알리시고, 또한 예언의 은사도 주심

  10) 기억력 - 요16:4 보혜사가 오시면 말씀이 기억나게 하심

  11) 축복력 - 민6:22-27 성령 충만했던 모세는 제사장과 그 자손들에게 축복함

  12) 구원력 - 롬1:16-17 증인은 성령 충만한 자의 몫인데 복음을 전함으로 구원함

  13) 해방력 - 요8:32,36 진리의 성령이 오시면 인간은 죄에서 자유함을 얻음

  14) 예술력 - 출31:1-12 브살렐에게 성령을 주셔서 성막과 각종 보석을 깎아 만듦

  15) 치료력 - 행3:1-10 성령 받은 제자들이 앉은뱅이, 소경, 문둥병 등 각종 병자를 치료

16) 출귀력 – 막9:25 오직 성령 받은 이들에게 각종 귀신을 쫓아내는 능력을 주심

   17) 저주력 – 막11:12-14 성령의 예수님이 열매 없는 무화과나무를 저주하자 죽임당함

   18) 교육력 – 딤후3:16 설교, 가르침은 성령의 충만함의 몫이다.

   사실 성령의 위로(후원) 없이는 이런 일들은 결코 일어날 수가 없다. 이런 일이 일어나지 않는다는 것은 성령 받지 못한 에베소교회와 같다고 볼 수 있다. (행19장) 위에 18가지의 일들이 일어나지 못하면 절대로 교회 부흥과 교회 성장은 있을 수 없다는 말이다. 교회는 성령 안에서 모든 것이 이루어져야 정상적인 교회이고 하나님이 기뻐하시는 교회가 되는 것이며 이 일로 인해 하나님께 영광을 돌리는 것이 교회의 사명이고 목적임을 평신도들은 꼭 알아야 한다.
   오늘의 평신도들은 어쩌면 참 편하게 신앙생활을 하려고 한다. 그 마음 중심에는 기쁨과 평안이 없다. 그러다 보면 교회의 문제를 일으키고 사역자가 정상적인 사역을 할 수 없게 만들 수도 있다. 그러나 성령에 이끌려 신앙생활을 하는 평신도들은 그 마음에 기쁨과 즐거움 그리고 평안이 넘치므로 사역자의 사역에 큰 도움을 줄 수 있는 평신도가 될 수 있다. 평신도 한 사람 한 사람이 성령세례를 받고 더 기도하여 충만함을 받아 우리 주님의 성품을 소유하고 더 강한 기도로 성령의 능력을 받아 많은 사람의 병 고침과 더불어 전도에 힘쓰면, 포도나무의 가지처럼 열매가 풍성함을 이루어 교회는 크게 성장하게 되고 그리되면 "내 아버지께서 영광을 받으실 것이요 너희는 내 제자가 되리라"(요15:8)라고 하신 예수님의 말씀대로 이루어지게 될 것이다. 무엇보다 이렇게 되기 위해서는 많은 기도가 필요하다.

   필자는 "예수님처럼 3년의 부흥의 성취를 나도 이루게 하옵소서"라는

기도를 제일 많이 한 것 같다. 이런 기도를 드리면 어떨까? "하나님, 나로 인하여 교회가 부흥되게 하옵소서. 그러나 교만치 말게 하소서"라고 기도하면 하나님께서 주저하지 않으시고 응답해 주실 것을 확신한다. 만일 사역자가 능력이 없어 병 고침과 귀신을 쫓아낼 수 없다면, 스스로 교만하지 말고 우리 사역자에게도 성령의 능력을 부어달라고 철야하며 금식하면서 기도하면, 반드시 하나님께서 들어주실 것이다. 성령의 능력은 오로지 교회 부흥과 영혼 구원에 목표를 두고 행하여야 한다.

제 6 장
예수님의 신앙성장 방법

 예수님은 공생애 3년 동안에 사역자들의 사역뿐만 아니라 모든 평신도의 신앙과 생활 방법, 사역자들과 평신도들이 어떻게 교회 성장과 부흥을 이루어 나가야 하는지 본을 보이셨고, 실제로 그 방법에 대해 말씀해 주셨다. 더 나아가서는 몸소 체험해 나가시면서 이루어 내셨다.
 앞장에서는 교회 성장과 부흥에 대해 성서적 맥락에서 다루었지만, 제6장에서는 100% 예수님의 방법을 찾아 나서고자 한다.

 예수님은 두 종류의 족보를 통해 이 땅에 오셨다고 성경은 정확하게 말하고 있다. 그 하나는 아브라함부터 시작되는 족보이다. 이 족보를 세리 마태가 1장에서 소개하고 있다. 이 족보는 오직 믿음에 의한 족보이다. 예수님이 이 세상에 오실 때에 "야곱은 마리아의 남편 요셉을 낳았으니, 마리아에게서 그리스도라 칭하는 예수가 나시니라."(마1:16)라고 기록하고 있다. 그러므로 이 족보는 믿음의 조상으로부터 내려오는 족보이다. 이 족보에는 "낳고"라는 동사가 계속되고 있다. "낳고"라는 말의 원어는 γεννάω(겐나오)인데 이 말은 "출산하다, 생산하다, 일으키다"의 뜻이 있다. 일반적으로 이 말은 생명의 고리 역할이다. 믿음으로 보면 이 말은 "하나님의 대표로 임명되다, 하나님의 대표가 선정되고 인정되다."라는 뜻이다. 맞다. 족보에 등장하는 인물들과 예수님까지 41

명은 하나님의 대표로 임명되고 선정되고 인정된 사람들이었다.

첫 번째 14대는 아브라함부터 다윗까지인데 여기에는 이스라엘 나라의 탄생을 알리고 다윗을 통한 통치권을 상징한다. 두 번째 14대는 다윗부터 바벨론 포로 전까지인데 여기에는 이스라엘이 범죄함으로 다윗의 통치권을 상실하고 종노릇 하게 되었음을 말하고, 세 번째 14대는 바벨론 포로 이후부터 예수님까지인데 여기에는 이스라엘의 메시아이신 예수님이 오심으로 영적으로 죄의 노예 상태에서 해방되고 궁극적인 승리를 얻게 되는 것을 상징하고 있다. (여기에서 유심히 보아야 할 것은 '여고냐'를 한 번 더 넣어야 14대가 된다)

또 하나의 족보는 세계 역사의 족보다.(눅3:23-38) 이 족보는 예수님에서부터 하나님까지의 족보이다. 모두 77대의 모습이 4000년간에 이어져 있다. 마리아의 족보는 42대의 족보이지만, 요셉의 족보는 77세대임을 말하고 있다. 이 족보는 "그 위는"이라는 말로 이어져 있다. 개혁성경에는 "그 이상"이라고 기록되었다. "그 위는"라는 말의 원어는 ὁ υἱὸς(호 휘오스)인데, ὁ(호)라는 말은 "그"를 말하고 υἱὸς(휘오스)라는 말은 "아들"이란 말이다. 그런데 성경에는 υἱὸς(휘오스)라는 말이 생략되어 있다. 그래서 ὁ(호)라는 말만 기록되어 있는데, 결국 원어의 뜻은 "그 아들"이라는 말이다. 사실 세계 역사의 족보는 요셉의 족보이면서 거꾸로 올라가는 족보이기도 하다.

성경에서 마리아의 족보와 요셉의 족보가 어디서부터 나누어졌을까 궁금하다. 그 대답은 다윗 때부터이다. 세계 역사로 보면 53대가 되고, 믿음의 족보로 보면 14대가 된다. 세계 역사적으로 보면 다윗의 아들은 나단으로 표시되었다. 믿음의 족보로 보면 다윗의 아들은 솔로몬으로 기록되었다. 결국 마리아는 믿음의 족보 후예이고 요셉은 세계 역사의 후예임을 말하고 있다. 예수님이 세상에 오실 때, 세계 역사의 후손이라기보다는 믿음의 족보의 후손이라는 데에 성경은 더 무게를 두고 있다. 왜 족보 이야기를 꺼내느냐 묻는다면, 예수님의 삶의 방법을 알려면 반드시 세계 역사의 후손인지 믿음의 후손인지가 중요하기 때문이다. 예수님은 30년 동안 마리아와 요셉 가문의 장자로서 책임과 본분을 잊지 않고 육신의 부모에게 절대적으로 순종하며 받드셨다고 기록하고 있다.(눅2:51) 이 일은 육신을 입으신 예수님으로서는 벗어날 수 없는 중대한 일이었다.

이 30년의 삶의 준비가 마지막 공생애 3년을 마치는 데 있어서 터전이 되었고 기본이 되었다. 필자가 개척한 교회에서 장로 한 사람이 사역자가 되겠다고 하였다. 그래서 새벽기도도 못 하는 사람이 어찌 사역자가 되려고 하냐고 물었더니 "사역자가 되면 하면 되지요"라고 답하였다. 참으로 답답한 사람이었다. 만일 예수님이 가정을 돌보지 않고 부모에게 불효하였다면 누가 메시아라고 할 수 있을까. 그것은 바탕이 잘못된 일이다. 결국 가족끼리 하는 교회가 되고 말았다. 그리고 문을 닫고 말았다. 결국 준비가 안 된 사람이었던 것이다.

예수님은 30년의 준비된 삶으로 3년에 "다 이루었다(Τετέλεσται, 테텔레스타이)"하시며 하나님의 뜻하신 사역을 완성시키신 최고의 사역자이셨다. 그런데 '다 이루었다'라는 말은 하나님이 개혁하신 구속의 사업을 이루신 것은 말할 것도 없고, 그의 삶 속에 사역자들의 교회 개척의 방법 그리고 교회 성장의 방법을 그 어느 것 한가지라도 빼놓지 않으시고 다 보여주신 것이었다. 그러므로 그런 일이 3년이면 충분하고 넉넉하다는 것을 또한 포함하고 암시하고 있다.

예수님은 "내가 진실로 진실로 너희에게 이르노니 나를 믿는 자는 내가 하는 일을 그도 할 것이요. 또한 그보다 더 큰 일도 하리니 이는 내가 아버지께로 감이라"(요14:12)라고 선포하시었다. 이 말씀은 전 인류를 구속함에 대한 말씀이 아니라 교회를 세워나가는 일에 예수님보다 더 큰 일을 할 수 있다는 것이다. 또한 예수님이 각종 병든 자를 고치시고 각종 기적을 만드신 것처럼 사람도 얼마든지 할 수 있다는 말씀이다.

사실 사역자나 평신도나 이렇게 예수님처럼 안되는 것이 이상한 일이고, 못하는 것은 사실 수치 중의 수치일 수밖에 없다. 왜냐하면 예수님은 "이는 내가 아버지께로 감이라"라고 하신 말씀은 아버지께로 예수님 자신이 가시면 이런 일이 일어난다는 의미이다. 그 속에 감추어진 말씀은 "보혜사 성령이 오시기 때문이다"라는 뜻이 숨겨져 있다. 능력도 없이 말씀으로만 한다는 것이 점잖은 것 같지만, 절대로 점잖은 사역이 아니다. 어쩌면 예수님의 능력을 저하시키고 있는 것은 아닌지 되돌아보아야 한다. 특히 평신도들은 그것에 대한 부담감을 거의 갖지 않는다. "그런 일들은 사역자들이 할 일이다"하며 무관심으로 지나치고 만다. 절대 아니다. 사역자든 평신도든 예수님이 갈라놓고 말씀하신 것이 절대 아니다. 누구든지 할 수 있다고 말씀하고 계신 것이다.

오늘날 왜 교회 개척이 힘들다고 하며 교회 성장이 힘들다고 할까? 그것은 100% 예수님의 방법을 따르지 않기 때문이다. 사실 사역자는 성경에 전문가다. 성경의 전문가는 곧 예수님의 삶의 모습이다. 그런데 오늘날 사역자든 평신도든 실상은 전문가가 아니다. 프로가 아니라 아마추어이기에 힘들다고 하는 것이다. 많은 사역자가 신학대학에서 배운 것을 가지고 사역하기 때문에, 아니면 전통이나 세상적인 방법들을 따르기 때문에 오늘날 교회는 곤두박질 하고 있는 것이다. 그럴 뿐만 아니라 사실 평신도들도 이 문제에 대해 깊이 생각하며 공동의 책임을 져야 한다고 본다. 평신도들이라고 해서 결코 하나님은 예외를 두시지 않으신다.

교회들이 코로나를 겪으면서 3분의 1의 교인들이 없어졌네, 혹은 절반의 교인들이 교회를 떠났다, 하고 많은 개척교회가 문을 닫았다는 이야기를 수없이 듣는다. 이유는 뭘까? 필자는 코로나 기간에 교회가 예배를 중단한 데에 따른 결과라고 보지 않을 수 없다. 이 문제는 한국교회들의 큰 실수이고 하나님께 대한 일종의 반역이기 때문이다. 우리는 하나님의 법이 대한민국의 법보다 상위인 것은 모두 인지하고 있다. 그런데 실제 행동에는 대한민국의 법이 하나님의 법 위에 있었다고 볼 수 있다.

필자는 국가보훈자이다. 쉬운 말로 하면 상이용사이다. 50사단 공병대대에서 군 복무를 하였는데, 50사단 공병대대는 평일 뿐 아니라 주일날에도 일해야 할 만큼 많은 건물을 지어야 했기 때문에 매일 필요로 하는 벽돌과 블록을 찍어야 했다. 그런데 내 안에 계신 성령은 이런 상황을 뛰어넘어야 한다고 감동을 주시기에 몰래 철조망을 뚫고 외부에 있는 교회에 가서 예배를 드리고 왔었고, 점심은 저절로 금식해야 했고, 그 대가로 고참들에게 화장실 뒤로 불려 가기 일쑤였다. 주일날과 수요일은 언제나 화장실 뒤로 불려 가서 엄청난 구타를 당하는 것이 일상이었다. 그래도 마음만은 기쁨이요 평안이었다. 그런데 구타에 견딜 장사는 없기에, 필자는 월남전 지원서를 냈다. 필자는 중장비 주특기이기에 금방 소식이 왔다. 이제 내일이면 월남에 가기 위해 모이는 부대로 이동하기에 더 이상 구타는 당하지 않으리라 생각했다. 마지막 밤은 10시에 취침인데 유난히 잠이 오질 않았다. 자정(밤12시)이 되자, 내무반 문이 열리면서, "문 일병 팬티 바람으로 복도에 무릎 꿇는다. 실시!"라고 명령이 떨어져서 깜짝 놀라 "실시!"하며 복도에 무릎을 꿇었다. 그때부터 새벽 4시까지 군홧발로 걷어차임을 당하여, 그만 실신하였다. 눈을 떠보니 50사단 의무 중대에 후송되었고 거기서 피를 다 쏟고 시체가 되어 곧바로 대구통합병원 시체실로 후송되었다. 사실 교회에 가지 않았더라면 그렇게 구타를 당할 일도 없었을 것이다. 죽음의 사선을 넘지 않았을 것이다.

그런데 하나님의 법을 지키려고 하니까, 세상 법이 그냥 놔두지를 않는 것이다. 필자는 오히려 전화위복이 되어 하나님의 사역자가 되었다. 마지막 10년은 다른 사역자들이 사역할 수 없는 교회를 찾아가서 하나님의 법을 무시하는 평신도들과 대치도 해보았지만, 언제나 하나님은 필자의 편이셨기에 모든 것을 할 수 있었다.

그리고 밖으로는 고난도 있었지만, 안으로는 행복했고 언제나 감사와 찬송, 기쁨이 넘치는 사역을 마치게 되었다. 대치했던 평신도들은 어찌 되었느냐고 묻는 성도들이 많다. 그러면 필자는 모르고 위에 계신 분이 아실 것이라고 답변을 해왔다. 사실 이스라엘 백성이 광야 40년 동안에 행하신 일들이 있기에 필자는 그들을 위해서 기도할 뿐이다.

  필자가 미국 집회에 갔을 때 들은 이야기를 적어본다. 미국 백인 사역자가 60세가 되었을 때, 사모가 죽을병이 들어 하나님 앞에 죽기 살기로 작정하고 매달려 금식하면서 기도하다가 성령을 받게 되었다. 그 사역자는 자신도 모르게 사모 머리에 손을 얹고 안수기도했는데, 드디어 사모가 병을 훌훌 털어버리고 일어났다. 이 문제에 대해 사역자가 설교한 후에, 성도 중에 딸이 죽어가고 있다고 하여 심방을 가서 성도의 딸을 고쳐주었다. 이 사실이 퍼지면서 교인들이 몰려들기 시작하였다. 그래서 10년 만에 큰 교회가 되었다. 그 사역자는 교인들 앞에서 울며 말하기를, 나는 30년 동안 사역을 허탕을 쳤다고 회개하면서 고백하였다는 이야기이다.

  모든 평신도는, 우리 교회 사역자는 왜 바울 같지 못할까? 미국에 60세에 성령 받은 사역자처럼 왜 못할까? 비난할 것이 아니라 평신도인 내가 하면 된다. 오늘날 평신도들은 이런 일에 관여하지 않아도 된다고 생각하는 것이 큰 문제이다. 그런데 직분에 대한 욕심은 한없이 크다고 볼 수 있다. 영적으로 자격이 되면 정당한 것이지만, 성령세례도 못 받은 평신도는 절대로 직분을 맡아서는 안 된다. 그래서 초대교회는 성령세례 못 받으면 절대로 집사 직분도 주지 않았다.

  필자는 미국 워싱턴의 한 교회에서 초청받아 부흥회를 인도하는 중에 얼굴이 낯이 익은 사람이 눈에 들어왔다. 그 사람은 필자를 알아보지 못할지 모르겠지만, 필자는 그 사람이 모 신학대학의 교수인 것을 알고 있었다. 낮 집회가 끝나고 점심을 함께하게 되었다. 반갑게 인사를 서로하고 난 뒤, 사역자들만 모인 자리에 모 신학대학 교수가 "오늘 말씀 중에 좀 잘못된 부분이 있었다"고 지적하는 것이었다. 필자는 태연하게 "그러시냐" 대답하고 식사를 마친 뒤에 구체적으로 어떤 말씀이 잘못되었는지 알려주시면 고치도록 하겠다고 하자 그 교수는 "문제는 예수님이 성삼위 가운데 제2의 위격으로만 사셨다."는 논리였다.

필자의 답변은 "그렇다면 제2의 위격으로만 사셨다면 '나를 따라오너라' 하시는 예수님을 죄인인 인간이 어찌 따라갈 수 있단 말입니까? 예수님의 행하시는 기적과 능력 모두 우리는 도저히 따라서 할 수 없습니다. 예수님이 공생애를 시작하실 때 요단강에서 성령 받으시고 또 충만 받으시고, 광야를 거쳐 길릴리에서 사역을 시작하실 때 성령의 능력까지 겸비하셨는데 그러면 왜 그리 성령에 대해 예수님이 집착을 하셨을까요? 그럼 예수님에 대한 성경 구절들을 찾아봅시다"라고 했다.

예수님은 성령으로 잉태(마1:20,눅1:35), 성령으로 세례주는 자(요1:33), 성령으로 기뻐하심(눅10:21), 성령으로 출귀(마12:28), 성령으로 냉하심(행1:2), 성령으로 십자가 지심(히9:14), 성령으로 부활(롬1:4,8:11), 성령으로 선을 행하심(행10:38), 성령에게 이끌리심(눅4:1), 성령이 광야로 몰아내심(막1:12), 이사야의 예언(사61:1-3), 성령으로 칭의(딤전3:16) 등 또한 성경이 명하는 성도들의 삶에 대해서 구약에 하나님이 쓰신 인물들 모두가 하나님의 영으로 일하였고 강조하였다. 다윗은 세 번에 걸쳐 기름 부음을 받았는데 기름 부음은 하나님의 영의 상징(삼상16:13, 삼하2:4, 5:3)이며 다윗은 소년 때 받고 골리앗을 이기었고 두 번째 받았을 때 유다의 왕이 되었고 세 번째 받았을 때 이스라엘 전체의 왕이 되었다. 봉사도 성령으로(빌3:3), 기도도 성령으로(유1:20), 성결도 성령으로(벧전1:2), 말씀 들을 때도 성령으로(잠1:23), 전도도 성령으로(벧전1:12), 사랑도 성령으로(롬5:5), 예언도 성령으로(행11:28), 세례도 성령으로(고전12:13), 은사도 성령으로(고전12:8-11), 능력과 정의와 용기도 성령으로(미3:8), 성전 건축도 성령으로(슥4:6), 영적 분별도 성령으로(고전2:13), 마음에도 성령으로(고

전3:16), 직분도 성령으로(행6:3), 찬송과 감사와 복종도 성령으로(엡 5:18-21) 등등 성경 구절들을 찾게 하였다.

계속 말씀을 내놓으니까, 교수는 알았다고 그만하라고 해서 대화는 끝나고 말았다. 그 후에 필자는 교수에게 예수님은 100% 성령으로만 사셨고 그래서 우리에게 "너희들도 나처럼 성령 받으면 나를 따라올 수 있다" 예수님은 오히려 "나보다 너희가 더 큰 일을 하리라"고까지 하셨다고 증언하였다. 그 교수는 큰 깨달음을 주어서 감사하다고 표하였다. 신학대학에서 사역자들을 키우면서 성경의 윤곽도 모르고 가르치고 있다는 사실이 믿기지 않았다. 어떤 신학대학에서는 교수가 성령을 받고, 방언을 하고, 병을 고치고, 귀신을 쫓아내면, 교수직을 박탈하는 학교도 있다.

예수님의 사역 방법들을 찾아보고자 한다.

1. 요단강의 삶(사역 준비 단계)

(마3:13-17, 막1:9-11, 눅3:21-22, 요1:31)

(※ 앞에 제4장에서 다루기는 했으나, 제6장에서 이해를 돕기위해 세례, 기도, 성령세례를 다시한번 다루고저 합니다.)

예수님은 30년을 가정(구약은 가정시대)에서 보내셨고, 3년을 아버지의 사역(신약은 교회시대)을 감당하시었다. 예수님은 3년의 사역에 들어가기에 앞서 제일 먼저 찾으신 곳이 바로 요단강이었다. 예수님이 태어나신 곳은 베들레헴이었지만 성령의 지시로 애굽으로 피신하셨다가 다시 이스라엘로 돌아온 이후 갈릴리 나사렛에서 보내셨다. 그곳에서 아버지인 요셉으로부터 목수 일을 배우셨고 줄곧 목수 일을 통하여 장자의 사명을 다하셨다. 예수님은 누가 집을 지어달라고 하면 정확하게 날짜와 예산을 세우셨는데 한 치의 오차도 없이 지으셨고 하루하루 일한 품값만 받으셨다. 절대 바가지를 씌우지 않으셨다. 그리고 날짜와 시간 내에 그리고 예산도 결산도 정확하게 맞추시었다. 절대로 틀릴 리가 없으신 분이셨다. 모든 재목의 치수도 한 치의 오차 없이 지어내셨다. 이 이야기는 예수님이 하신 말씀 속에 이미 드러난 바 있다.(눅14:28-30)

예수님은 사역할 30세가 되자 성령의 감동을 받으심으로 갈릴리 나사렛에서 광야가 있는 요단강까지는 꽤 먼 거리였음에도 불구하고 세례요한이 회개의 세례를 베풀고 있는 요단강을 찾으셨다. 우리의 의문을 갖게 하는 것은 왜 세례요한도 광야의 요단강을 선택하였으며 예수님도 왜 그곳으로 가셨을까?

요단강은 히브리어로 (하야르덴)이고 헬라어로는 Ιορδάνη ποταμός (요리다네)라고 부른다. 그 뜻은 "급한 여울"이라는 뜻이다. 요단강은 천연적으로 팔레스틴 동부에 국경선이 되어있는 중요한 강인데, 발원지는 세 갈래이다. 중지는 수리아 십스산이고 좌우 양지는 헐몬산인데 메론호 북 6마일 지점에서 합류하여 메론호와 갈릴리 호수를 통과하여 사해로 들어가기에, 유정(流程)은 깊은 산곡의 급류이고 급탄이 27개소이고 굴곡이 많으며, 갈릴리 호수에서 사해까지의 직선거리는 78마일이지만 모든 총길이는 240마일이다.

요단의 첫 기록은 창13:10에 나오는데 아브라함의 조카 롯이 소돔 들을 택할 때, "눈을 들어 요단 지역을 바라본즉 온 땅에 물이 넉넉하니 여호와의 동산 같고 애굽 땅과 같았더라"라고 기록되었다. "급한 여울"이라는 말은 "빠르게 흐르는 물"이라는 뜻이다. 이곳에는 이종사촌 형이 되는 세례요한이 사역하고 있는 곳이었으며, 세례요한은 이곳에서 "회개하라 천국이 가까웠느니라"라고 외치며 그의 말을 듣고 회개하며 나오는 자들에게 세례를 베풀고 있었다. 사실 세례요한은 예수님보다 6개월 먼저 태어났기에 이곳에 6개월 전부터 사역하고 있는 사역의 선배였다. 세례요한은 주전 700년경에 예언자인 이사야가 이미 세례요한의 사역에 대해 예언한 바 있었다. "외치는 자의 소리여 이르되 너희는 광야에서 여호와의 길을 예비하라 사막에서 우리 하나님의 대로를 평탄하게 하라 골짜기마다 돋우어지며 산마다, 언덕마다 낮아지며 고르지 아니한 곳이 평탄하게 되며 험한 곳이 평지가 될 것이요 여호와의 영광이 나타나고 모든 육체가 그것을 함께 보리라 이는 여호와의 입이 말씀하셨느니라"(사40:3-5)라고 예언하였다.

700여 년이 지나자, 세례요한은 광야의 외치는 자가 되어 유대 광야가 있는 요단강을 선택하였다. 요단강의 이름에서 보듯이 세례요한의 회개의 세례와 예수님을 통한 하나님의 구원의 복음이 빠르게 흘러 전 세계에 퍼지게 하는 데에 그 의미가 있지 않을까?

창세기 2장에는 에덴에서 발원하여 에덴동산을 적셨다고 말씀하고 있다.(창2:10-14) 거기서부터 네 개의 강이 흘렀는데, 첫째 강은 비손인데 그 뜻은 "풍부하게 흐른다"는 의미이고, 둘째 강은 기혼인데 그 뜻은 "흘러넘친다"라는 의미이고, 셋째 강은 힛데겔인데 그 뜻은 "급히 흐른다"는 의미이고, 넷째 강은 유브라데인데 그 뜻은 "단맛"이란 의미를 나타내고 있다.

물이 빠르게 흐르면 거기에서 동력이 생겨 에너지가 발생하게 마련이다. 힛데겔강 이름의 뜻과 요단강 이름의 뜻이 똑같다. 우리나라는 처음으로 압록강에 수풍수력발전소가 생겼다. 미국의 네바다주에 가면 콜로라도강이 흐르는데 거기에 유명한 그리고 엄청난 후버댐이 있는데 이곳에 수력발전소가 있다.

1929년 미국에 대공황이 일어났을 때, 후버 대통령이 이를 극복하기 위해 1936년 후버댐을 완공하고 저장된 물은 90° 각도로 떨어지게 함으로 엄청난 에너지를 얻게 되었다. 이 수력발전소는 2,074MW(메가와트) 전력 생산량을 갖고 있고, 연간 450,000가구의 전력을 공급하고 있다. 90° 각도에서 물이 떨어지면 물은 가장 빠르게 흐르게 하는 것이다.

미국 콜로라도 후버댐과는 비교할 수는 없지만, 세례요한과 예수님이 광야와 사막을 지나는 요단강의 물은 엄청난 동력, 영적으로 보면 엄청난 능력을 발산하는 곳이라는 점이다. 바로 이 요단강이 세계 역사의 분기점이 되었고 세계 역사를 바꾸어 놓았다는 점에서 왜 요단강을 세례요한과 예수님이 선택했을까의 의문을 풀 수 있지 않을까.

1) 예수님의 요단강 삶의 첫 요소는 세례이다.

예수님이 요단강에서 신앙의 입문이라 할 수 있는 세례를 받으시는데 이 세례는 예수님이 하나님의 사역을 해 나가는 데 있어서 빼놓을 수 없는 의식이다. 구약에서는 난지 8일 만에 할례를 받게 함으로 이스라엘 백성의 표징이 되었고, 신약에 와서는 세례를 받게 함으로 그리스도인의 증표로 삼고 있다. 그래서 한 사람이 세례를 받으면, 마귀는 또 한 사람을 빼앗겼다고 할 정도로 중요한 의식이다. 물론 세례는 예수님이 먼저 시작한 것이 아니다. 세례요한이 먼저 시작한 것이다.

그 많은 사람이 회개하고 와서 세례요한에게 세례를 받을 때, 예수님이 찾아오셔서 세례를 내게도 베풀라고 요청했을 때 세례요한은 "아닙니다. 제가 당신에게 세례를 받아야 합니다"라고 극구 반대했으나 예수님은 "허락하라 의를 이루기 위해 베풀어야 한다"라고 하자 세례요한은 죄인 된 인간으로서 하나님이신 하나님의 아들 예수님에게 세례를 베푸는 영광을 얻게 되었다. 세례는 전적으로 예수님의 요청에 따라서 이루어진 성례전이었다.

왜 예수님은 세례를 선택하셨을까?

세례는 원어로 βαπτι´ζω(밭티조)인데, 그 뜻은 "물속에 잠기다, 씻어 깨끗하게 하다, 죄를 씻는다"라는 말이다. 죄를 씻는다는 의미도 크지만, "물속에 잠기다"라는 의미가 더 크다고 볼 수 있다. 세례요한이 베푸는 세례를 마가복음 기자는 "죄사함을 받게 하는 회개의 세례"라고 말하고 있다. (막1:4) 그러나 사도바울은 로마서에서 세례를 더 깊게 그리고 더 높게 다루고 있다. "무릇 그리스도 예수와 합하여 세례를 받은 우리는 그의 죽으심과 합하여 세례를 받은 줄을 알지 못하느냐 그러므로 우리가 그의 죽으심과 합하여 세례를 받음으로 그와 함께 장사 되었나니 이는 아버지의 영광으로 말미암아 그리스도를 죽은 자 가운데서 살리심과 같이 우리로 또한 새 생명 가운데서 행하게 하려 함이라"(롬6:3-4)고 하였다. 바울이 말하는 세례의 특징은

첫째로 "너희는 모르느냐(로마서6:3)라는 말로 먼저 무언가 묻고 있다. 이 말은 그리스도인이 세례에 대해 반드시 알아야 한다는 것이다. 세례에 대해 알지 못하면 신앙의 첫 관문이 세례이기에 마치 옷을 입을 때, 첫 단추를 잘못 끼면 다른 단추들도 모두 잘못 끼워지는 것처럼 신앙이 엉망이 되거나 잘못될 수밖에 없다는 것이다.

둘째로 세례는 예수와 합하여 받아야 한다는 것이다. 예수와 연합하지 아니한 세례는 무의미할 수밖에 없다. 신앙의 첫 관문인 예수와 연합하지 않는다는 것을 생각해 볼 수가 없는 문제이다. 예수가 세례를 받으신 것은 의식뿐만 아니라 마음의 태도도 예수를 따라야 한다는 것이다.

셋째로 반드시 세례는 예수 십자가에 죽으심과 함께 받아야 한다는 것이다. 예수가 십자가에 죽으심이 인류의 죄에 대한 문제일 것은 모든 그리스도인이라면 다 아는 사실이다. 결국 세례는 자신을 십자가에 못 박은 것이라는 것이다. 그래서 나 자신을 무덤 속에 다 집어넣어 버리는 것과 같은 것이다. 죄는 나 자신이 죽지 않아 일어나는 일이다. 내 자아가 죽어야 한다. 내 자아가 죽고 예수님에게 나의 자리를 내어주는 것이다. 그러면 하나님 말씀에 절대 순종하게 되므로, 새벽기도, 십일조, 모든 예배 시간을 지키며, 사역자에게 순종 그리고 전도를 쉬지 않게 된다. 내 자아가 죽지 아니하면 어떤 결과가 나올까? 야고보서는 "너희는 하나님이 우리 속에 거하게 하신 성령이 시기하기까지 사모한다고 하신 말씀을 헛된 줄로 생각하느냐"(약4:5)라고 말씀하고 있다. 이 말씀의 여

지는 많은 성도가 성령을 달라고 기도하기에 하나님께서 그 마음속에 성령을 부어주셨다. 성령 받기 전에는 내 자아가 주인의 자리를 차지하고 있었는데, 성령이 오시므로 이제부터 성령이 주인이 되어 나를 이끌어 갈 때 비로소 신앙이 신앙다운 모습으로 탈바꿈되는 것이다. 우리는 실상 하나님의 뜻도 모르고 아니 1초 후에 될 일도 전혀 모르는 것이 인간이다. 그러나 성령이 주인이 되시면 하나님의 뜻도 알게 되고 앞으로의 삶이 풍성케 될 뿐만 아니라 자신의 신앙 성장은 물론 교회 부흥도 일으키게 된다.

그런데 문제는 성령이 오셨는데, 아직도 자신이 주인의 자리를 차지하고 있으면서 말로는 나도 성령을 받았다고 나팔을 불고 다닌다는 것이다. 하나님의 성령의 자리는 우리 마음 밖이 아니고 마음 한쪽 구석이 아니라 우리 마음 중심의 자리라는 것이다. 하나님이 보내신 성령은 강제로 우리 자아를 밀어내고 쳐들어가 자리를 잡는 하나님이 아니시다. 우리 스스로가 내 자아를 내려놓고 성령을 내 중심에 모시고 성령이 이끄시는 대로 살아가는 것이 바로 참 신앙이다. 그래서 성령은 성도로서 마음 중심의 자리를 내놓으라고 감동도 하시고 감화도 하시지만 많은 성도가 끄떡도 하지 않기에 "시기하기까지 사모한다"라고 말씀하는 것이다. "헛된 줄로 생각하느냐"라는 말씀은 반드시 그것에 대한 심판이 있다는 사실을 증거하고 있는 말씀이다. 중요한 것은 의식의 세례도 중요하지만, 마음의 세례 곧 예수와 합하여 세례를 받는 사역자와 평신도들이 되어야 한다는 점이다.

넷째로 세례는 반드시 부활과 함께 연결된다는 것이다. 예수님과 함께 죽으므로 세례를 받으면 예수님이 십자가에 죽으시고 3일 만에 부활하심과 같이 예수님과 함께 죽는 세례를 받았기에 예수님과 함께 부활에도 참여한다는 진리이다. 사실 세례는 "물속에 잠긴다"는 것으로 내 자아가 예수님이 십자가에 죽으심과 같이 죽는 것이고 물속에서 다시 나온다는 것은 예수님이 다시 사신 것과 같이 세례받는 자는 다시 살아서 새 생명 가운데서 예수님과 같이 행하게 하려 함이라는 것이다. 이렇게 세례는 교회 일 년간만 나오면 받을 수 있는 것이 아니라는 것이다. 이러한 세례의 참뜻을 알아야 하고, 세례받기 위한 엄청난 준비가 필요하다는 것을 성도들(모든 평신도)은 반드시 알아야 한다.

 예수님은 성삼위 일체 가운데 제2의 위격의 소유자이시다. 예수님은 요단강에서 세례받으심으로 자신(제2의 위격의 소유)을 내려놓으셨다. 다시 말해 예수님이 세례받으심은 자신을 물속에 잠그므로 예수님 자신의 자아를 100% 내려놓으신 것이었다. 성삼위 일체 가운데 제2의 위격의 소유자이신 예수님은 자신을 죽이셨기에 자신을 이끌고 하나님의 사역을 이루기 위해 또 다른 위격을 구하실 수밖에 없게 되었다. 그 위격이 바로 삼위일체 하나님의 제3의 위격이신 성령이었다. 사실 예수님은 제2의 위격을 가지고 하나님의 사역을 하고자 하지 않으셨다. 그 일은 하나님의 의도하신 일이 아니었기 때문이다. 예수님은 인류 구원의 하나님의 사업을 자신의 능력이 아닌 제3의 위격이신 성령을 통해서 이루시는 것이 하나님의 의도이자 계획하심을 이미 알고 계셨다. 그 일에 순종하기 위해 예수님은 하찮은 사람 세례요한에게 세례를 받으신 것이다. 다시 말하면 하나님이신 예수님이 인간 세례요한에게 세례를 받으셨다는 것은 그것 자체가 자신을 내려놓고 자신을 비우신 것의 예증이라고 말할 수 있다.

2) 예수님의 요단강 삶의 두 번째 요소는 기도이다.
 사도바울은 디모데에게 전하는 서신에서 4종류의 기도가 있다고 증언하고 있다. "그러므로 내가 첫째로 권하노니 모든 사람을 위하여 간구와 기도와 도고와 감사를 하되"(딤전2:1)

첫째는 간구이다. 간구는 원어로 δέησις(데에시스)인데 사람이 살아가는 가운데 필요한 모든 것을 말한다. 다시 말해서 결핍감이 생겼을 때, 하나님께 드리는 기도이다.

엘리사 시대에 사르밧에 한 과부가 있었다. 얼마나 기근이 심한지 양식을 아끼고 또 아끼며 아들과 함께 살아가고 있을 때, 성경 기록에는 그 과부가 기도했다는 말은 없지만, 그녀는 사실 하나님께 우리 아들과 함께 살아갈 수 있도록 양식을 달라고 기도하였기에 하나님께서 엘리야를 그 집에 보내어 3년 6개월 동안 기근 속에서 밀가루 통에 밀가루와 기름병에 기름이 떨어지지 않게 해주실 뿐만 아니라 하나님의 사람을 대접하는 축복을 받게 하셨다. 그 기도가 바로 간구이다. 교회 시대에 와서 십자군 시대에 그녀의 집 위에 교회를 세우기도 하였다.

역대기에서는 유다 자손 중에 "야베스"라는 평범한 인물에 대해 소개하고 있다. 유독 야베스라는 사람은 하나님께 간구의 사람이었다. 개혁성경에 의하면 "주께서 내게 복에 복을 더하시고 나의 지경을 넓혀주시고 주의 손으로 나를 도우사 나로 환란을 벗어나 근심이 없게 하옵소서"(대상4:10)라고 하였더니 하나님이 그가 구하는 것을 허락하셨는데 이 기도는 간구였다. 다윗이 3년 동안 기근이 왔을 때, 드린 기도 역시 간구였다. (삼하21:1)

둘째는 기도이다. 기도는 원어로 προσευχή(프로쉬케)인데, 기도는 특별히 하나님께서만 주실 수 있는 것을 뜻한다. 물론 모든 기도의 응답은 하나님이 주시는 것이지만, 사람을 통해서 응답해 주시기도 하시고 환경을 통해서 주시기도 하시며 다른 것으로 바꿔서 주시기도 하신다. "기도"는 죄를 용서하시는 일, 성령을 주시는 일, 메시아를 보내주시는 일, 죽을병에서 고쳐주시는 일 등을 말한다. 예수님이 세례요한에게 세례받으시고 하나님께 드린 기도는 바로 "프로쉬케"였다.

다윗이 지은 시편 51편 기도는 προσευχή(프로쉬케)라고 볼 수 있다.

범죄에 대한 회개와 하나님께 죄 용서받는 기도이기 때문이다. 또한 다윗이 인구조사를 하고 난 후에 "그의 마음에 자책하고 다윗이 여호와께 아뢰되 내가 이 일을 행함으로 큰 죄를 범하였나이다 여호와여 이제 간구하옵나니 종의 죄를 사하여 주옵소서 내가 심히 미련하게 행하였나이다 하니라"(삼하24:10) 이 기도도 역시 προσευχή(프로쉬케)이다. 죄의 용서는 하나님께서만 하실 수 있는 것이기 때문이다.

초대교회 120 문도가 10일 동안 "전혀 기도에 힘썼다"는 누가의 기록도 역시 προσευχή(프로쉬케)이다. 성령을 보내주시는 분은 오직 하나님밖에 없기 때문이다. 요한복음서 기자는 παράκλητος(파라크레토스) 곧 보혜사를 말하고 있다. "보혜사 곧 아버지께서 내 이름으로 보내실 성령 그가 너희에게 모든 것을 가르치고 내가 너희에게 말한 모든 것을 생각나게 하리라"(요14:26)라고 말씀하셨다.

셋째는 도고이다. 도고는 원어로 ἔντευξις(엔튜시스)인데 중재 혹은 중보기도를 말한다. 국가를 위한 기도, 나 외에 다른 사람을 위한 기도를 말한다. 예수님은 십자가상에서 "이에 예수께서 이르시되 아버지 저들을 사하여 주옵소서 자기들이 하는 것을 알지 못함이니이다"(눅23:34)라고 기도하셨는데 제일 귀중한 중보기도이다.

초대교회 스데반 집사는 성경에서 보면 최초의 순교자로 알려져 있다. 스데반 집사는 돌에 맞아 죽어가는 가운데서도 "주여 이 죄를 그들에게 돌리지 마옵소서"(행7:60)라고 말한 뒤, "자니라"라고 누가는 기록하였다. 중요한 것은 성령 받은 자는 "다른 사람의 죄를 사하여 달라고 하면 사하여 주시고 그대로 두라고 하면 그대로 있으리라"(요20:23)라고 예수님이 직접 말씀하시었다. 이 말의 의미는 만일 우리가 누구의 죄든지 용서하면 용서하여 주시고, 누구의 죄든지 용서하지 않으면 그것들이 용서되지 않는다는 말씀이다. 절대로 성령 충만한 자라고 해서 죄를 스스로 사할 수는 없는 것이다. 죄를 사하시는 권세는 오직 하나님께만 있는 것이기 때문이다.

  그런데 성령 받지 못한 자가 다른 사람의 죄를 용서해 달라고 하면 하나님은 절대로 응답해 주시지 않는다. 왜냐하면 하나님이신 성령이 마음속에 없기 때문이다. 그러므로 우리는 원수의 죄까지도 하나님께 용서해 달라고 기도하면, 하나님은 반드시 원수의 죄라도 용서해 주시기에 늘 용서하며 살아가야 한다. 가족도 이웃이고, 이웃 사람도 이웃이고, 심지어 원수도 이웃이기 때문이다. 이웃을 사랑하라는 것은 하나님의 준엄한 두 계명 중의 두 번째 계명이고 하나님의 명령이다.

  넷째는 감사기도이다. 감사란 원어로 εὐχαριστία(유카리스티아)이다. 간구의 기도든지, 기도의 기도든지, 도고의 기도든지 하나님께서 응답해 주심에 혹은 응답해 주실 것을 믿고 감사기도를 드리는 것을 말한다.
  사무엘하 22장은 다윗이 승전과 구원을 주신 하나님께 드리는 감사이자 기도이다. 시편 51편도 다윗이 범죄로 회개와 용서받음으로 하나님께 드리는 감사의 기도문이라고 볼 수 있다. 사실 시편 전체가 찬송이고 기도인데 모두 하나님의 은혜와 구원과 긍휼하심과 인자하심과 선하심에 대한 실제적인 감사의 찬송이고 감사의 기도이다. 특별히 시 136편은 "여호와께 감사하라"라는 문장으로 가득 차 있다. 26절까지 있는데 한 절마다 실제로 "여호와(하나님)께 감사하라"는 말씀이 들어있다. 138편도 여호와께 감사하는 기도이며 찬송이다.

  이렇게 4종류의 기도가 있는데 예수는 요단강에서 무슨 기도가 필요하셨을까? 예수는 간구의 기도를 택하지 않으셨고, 도고의 기도도, 감사의 기도도 택하지 않으셨다. 사역자들이나 평신도들이 꼭 선택하여야 할 기도가 예수님의 선택에 의해서 확증되고 있다.
  오늘날 많은 성도가 예수님이 보여준 길을 가지 않고, 자신의 의지대로 가고 있다는 것이다. 실제로 사역자들이 모범을 보여야 하고, 예수님이 가신 길을 평신도들이 따라가게 하여야 하지만, 그렇게 하지 못하는 사역자들이 대부분이다. 그래서 오늘날 사역자들이 능력이 없고 귀신도 못 쫓아내고 병도 고치지 못하고 있다는 점이다. 그러나 이 책을 읽는 평신도들은 복을 받은 성도들이라 생각된다. 왜냐하면 예수님이 가신 길, 예수님이 하신 일, 예수님이 선택한 그것을 알려드리고 있기에, 이 책을 읽는 독자들은 그대로 따라가기만 하면 신앙은 성공할 수 있을 뿐만 아니라 교회를 얼마든지 부흥시킬 수 있는 능력을 소유하게 되기 때문이다. 사역자를 교육시키는 신학대학 교수들의 영적인 능력이나 성령세례의 부재가 더 문제가 아닐 수 없다.

필자는 1995년부터 미국 버지니아 비치에 있는 Regent Univ.(리전트 신학대학원)에서 석사학위로 공부하고 있을 당시, 교수가 심한 고열로 인해 수업을 진행할 수 없는 상황에서 필자가 "우리 다 함께 교수님을 위해 기도합시다"라고 했더니, 그 교수는 무릎을 꿇었고 필자와 몇몇 목사들이 교수님 머리 위에 손을 얹고 함께 기도를 드렸다. 물론 마지막 기도는 필자가 하나님께 드렸다. 그 후, 교수님은 이제 괜찮다며 강의를 이어 나갈 수 있었다. 제자들 앞에서 무릎 꿇는 교수가 더 훌륭해 보였고 이 소문이 Regent Univ.에 퍼지게 되었다. 이 일을 계기로 필자는 Regent Univ. 안에 있는 미국 기독교 방송에서 "원수도 용서하고 사랑하며 예수 믿게 한 간증"을 하기도 하였다.

요단강에서 예수가 드린 기도(눅3:21)는 προσευχή(프로쉬케)였다. 마태, 마가, 요한은 복음서를 기록할 때 "예수님이 세례받으신 후 기도하였다"는 말씀을 기록하지 않았는데, 오직 누가만이 기록해 주고 있다. 누가는 직업이 의사이기에 다른 기자들보다는 보는 눈이 다르고 듣는 귀가 다르다고 볼 수 있다. 예수님의 기도의 제목은 도대체 무엇일까? 왜냐하면 기도의 내용을 공개해 주고 있지 않기 때문이다. 그러나 분명한 추측은 예수님이 기도하신 후에 일어난 일을 보면 그 답을 추리해 볼 수 있다. 또한 세례를 받으신 것을 보고서도 분명한 추측을 할 수 있다. 세례는 사실 내 자아를 버리는 것이다. 아니 나를 죽이는 것이라고 해도 무방하다. 그러면 예수님은 자신을 이끌고 하나님의 사역을 할 무엇인가가 필요했다. 그 무엇인가는 바로 성령이었다. 예수님의 기도에 대한 응답을 하나님께서는 하늘 문을 여시고 비둘기의 모형으로 성령을 부어주신 것이다. 이미 예수님은 자신을 버리고 포기하고 하나님께로부터 성령을 받아 성령의 이끄심에 의해 3년의 공생애로 사실 것을 알고 계셨다.

예수님이 보여주신 사건은 성령은 절대로 기도 없이는 받을 수 없다는 것이다. 그런데 오늘날 사역자들은 하나님께로부터 성령을 받기 위해서 기도해야 한다는 중대한 사실을 평신도들에게 가르쳐주지 않고 있다. 그 기도는 간구나 도고, 감사의 기도가 아니다. προσευχή(프로쉬케) 곧 기도이다. 바로 예수님이 드린 기도가 προσευχή(프로쉬케)였다. 여기에서 우리는 성령 받는 일이 얼마나 시급한 일임을 알아야 한다. 우리 예수님은 세례를 받으시자마자 곧바로 하나님께 성령을 부어달라고 기도하신 것을 보면 알 수 있지 않은가?

많은 사람이 전도되어 교회에 나왔다가 자신의 힘으로 신앙생활을 하다 보면, 힘들기도 하고 평안과 기쁨도 없고 결국 교회를 떠나게 되고 만다. 전도하다 보면 "나도 예전에는 교회 다녔었어요. 그런데 재미없어요"라고 하는 이야기를 너무 많이 듣는다. 이럴 때마다 필자는 참으로 마음이 아프다. 사역자들이 빨리 성령 받도록 기도로 이끌어 갔더라면 교회를 떠나지 않고 성령 충만한 자로서 서 있었을 사람들도 많을 것이다. 이것은 오늘날 사역자들의 큰 오산이자 실수가 아닐 수 없다.

필자의 생각으로 오늘날 순복음 교회가 크게 발전한 것에는 이런 취지에 예수님의 방법을 받아들인 사건으로 많은 사람이 성령을 받고 성령과 함께 살아가고 있기 때문이라고 믿고 있다. 사실 구약성경에는 성부 하나님이 주체이셨고, 신약 4복음 시대에서는 성자 예수님이 주체이셨고, 사도행전부터 계시록까지는 성령 하나님이 주체가 되신다는 것이 성경의 진리이다.

만일 자동차 시대에 자전거를 타고 서울에서 부산을 간다면 바보 아니면 멍청이라고 볼 수 있다. 자동차 시대에 자전거는 구약 신앙과 같고, 4복음 시대의 신앙과 같다. 마이카 시대에는 차를 타고 신나게 달려도 보고 먼 거리의 여행도 갈 수 있다. 이것이 바로 성령 시대라고 감히 말할 수 있다. 구약시대도 신앙 실패자의 모습이고, 4복음 시대에도 신앙 실패자의 처절한 모습이었다. 구약시대에 성공한 신앙인들은 모두 하나님의 영(성령)을 받고 하나님의 사역을 한 신앙인들이었다. 4복음 시대의 시므온과 안나는 하나님의 성전에서 메시야를 기다렸다가 만나게 되는데, 그들은 하나님의 영의 사람들이었다는 것이다. 그런데 예수님의 제자 12명은 제자이면서도 성령을 받지 못한 자들이었다. 그래서 예수님을 팔기도 하고 배반하기도 하고 예수님을 등지기도 하고 모든 제자들이 예수님을 저버리는 실패자들이었다. 왜인지는 예수님이 잘 알고 계셨다.

3) 예수님의 요단강 삶의 세 번째 요소는 성령세례이다.

성령세례는 원어로 πνεῦμα βαπτίζω(프뉴마 밥티조)인데, 세례요한은 "나는 너희로 회개하게 하려고 물로 세례를 베풀거니와 내 뒤에 오시는 이는 나보다 능력이 많으시니 나는 그의 신을 들기도 감당하지 못하겠노라 그는 성령과 불로 너희에게 세례를 베푸실 것이요"(마3:11,눅3:16)라고 요단강에서 회중들에게 외쳤다.

마가복음과 요한복음은 성령으로 세례를 베푸시는 예수님으로 묘사하고 있다.(막1:8, 요1:33) πνεῦμα(프뉴마)는 성령을 말하고 βαπτίζω(밥티조)는 세례를 뜻한다. 분명히 세례요한은 신앙 안에는 2종류의 세례가 있다고 4 복음서가 모두 강조하고 있다. 하나는 물세례요, 다른 하나는 성령세례라고 기록해 주고 있다. 물세례는 세례요한(즉 사역자), 다시 말하면 죄인인 인간이 사역자가 되어 베푸는 성례이고 다른 하나는 인간이 아닌 메시야(곧 예수님)가 베푸시는 세례인데 이 세례가 바로 성령세례이다. 많은 신앙인이 인간(사역자)이 주는 세례는 거의 100% 받는데, 예수님이 직접 주시는 세례는 받지 않았다면 이것이야말로 큰 문제가 아닐 수 없다.

우리 기독교에는 성례를 두 가지로 말한다. 하나는 세례요 하나는 성만찬 예식이다. 영적으로 엄밀히 보면, 성례전은 3가지인데, 세례와 성만찬 예식과 성령세례이다. 물세례와 성령세례의 차이는 하늘과 땅의 차이다. 성령세례는 물세례 속에 포함될 수가 없다. 다 같은 세례라고 착각할 수도 있다. 엄연히 다르다. 물세례는 사람으로부터 받고 성령세례는 분명히 예수님으로부터 받는 것이기 때문이다. 다만 성령세례는 눈에 드러나지 않기 때문에 분별하기는 쉽지 않다. 그러나 성령 받은 이들은 다 알 수 있는 문제다.(고전2:13,14)

필자는 전 세계를 다니며 부흥회를 인도할 때마다 제일 먼저 "신앙생활이 얼마나 힘드냐?"고 질문한다. 거의 90% 이상이 힘들다고 답한다. 그다음 질문은 "우리 아버지 하나님은 좋은 분입니까? 나쁜 아버지입니까?"라고 물으면 100% 다 좋은 아버지 하나님이시라고 답변한다. "여기에 큰 모순이 있네요. 분명히 좋은 아버지인데 왜 그리 어렵고 힘든 신앙생활을 하라고 하실까요?"라고 물으면 그때에는 답변이 거의 없다. 참으로 신기한 일이다. 둘 다 신나게 답변했는데 왜 묵묵부답일까. 문제는 신앙생활은 분명히 쉽고 신바람 나야 하는 것이다. 우리가 마지못해 한다면 차라리 그만두는 편이 더 낫지 않을까? 사실 그것도 안 될 말이다. 그러면 천국 가기는 다 틀린 것이 되기 때문이다. 우리 하나님 아버지는 힘든 일(구속사업)은 인간에게 시키지 않으셨다. 하나님이 직접 하셨다. 우리에게 요구하시는 신앙생활이 힘들고 어려운 것은 단지 성령세례를 받지 못해서이다. 사역자가 교회를 부흥시키지 못하는 것도 역시 성령세례를 받지 못했기 때문임이 틀림없다. 성령세례를 받으면 모든 것이 새로워지고 모든 일들이 쉬워진다. 아니 불가능한 일에도 도전하게 되고 하나님의 능력을 힘입어 기사와 이적도 일어나게 된다.

우리가 아는 바와 같이 예수님의 제자들이 직접 예수님을 따랐던 3년 동안 신앙생활을 하였지만, 사실 어린아이 신앙만큼도 못 하였다. 그러나 제자들 외 120여 명이 성령세례를 부어달라고 10일 동안 다락방에서 부르짖을 때 하나님께서는 그들 모두에게 성령세례를 부어주셨다. 이때부터 교회 안에서 수많은 기사와 이적이 일어나고 각 지역으로 복음이 전파되어 전 세계로 퍼져 나갔던 것이다. 이것이 성경의 기록이다.

예수님은 성령세례 받으신 후에 제2의 위격의 능력을 한 번도 사용하신 적이 없으시다는 점을 유의해서 보지 않으면 신앙은 실패자로 전락하고 만다. 예수님은 오직 성령에 의해 사역하시고 하나님의 뜻을 이루시고 아버지 보좌 우편으로 가신 것이다. 예수님은 자신이 요단강에서 기도하며 받은 성령세례를 우리에게 100% 똑같은 성령세례로 보내주시겠다고 약속하셨다.(요16:7) 이미 초대교회 120 문도들이 성령세례를 받지 않았던가.(행2:1-4)

예수님은 요단강에서 성령세례 받으시고 또 충만 받으셨다. 예수님이 광야에 나가셨을 때 이미 성령 충만하셨다고 누가복음 기자는 증거하고 있다.(눅4:1) 광야에서 40일 금식기도 하신 후에 하나님께서 성령의 능력을 부어 주시므로 사단(마귀)과의 싸움에서 제2의 위격을 사용하지 않으시고 사단을 말씀으로 물리치셨다. 예수님이 갈릴리 첫 사역을 하시려는 시점에 성령의 능력으로 광야에서 갈릴리로 오셨다고 증언하고 있다.(눅4:14) 성령세례는 그것으로 끝나는 것이 아니라 더 기도하면 성령 충만을 주시는데 충만은 온 맘이 성령으로 가득 찼다는 말이다. 또한 그것으로 다 된 것이 아니다. 금식기도를 통해서 성령의 능력까지 소유하시게 되었다고 확실하게 증언해 주고 있다.

예수님은 "그날에 너희가 내 이름으로 구할 것이요 내가 너희를 위하여 아버지께 구하겠다 하는 말이 아니니"(요16:26)라고 말씀하셨다. 그러니까 성령세례든지 성령 충만이든지 성령의 능력이든지 다 우리가 아버지께 예수님의 이름으로 구하라는 명령이다. 구하면 받지만 구하지 않으면 못 받는 것이다. 누가는 "구하는 자에게 성령을 주시지 않겠느냐"(눅11:13)고 반문하고 있다.

사실 강단에서나 교회에서 기도하는 것을 보면 성령 받은 성도인지 성령 못 받은 성도인지 금방 드러나게 된다. 성령세례 받으면 기도가 절로 나오고 기도에 무게감이 있으며 하나님을 기쁘시게 하는 기도가 된다. 이것은 사람이 인위적으로 할 수 없는 문제다. 많은 평신도가 대표로 주일 낮 예배 때마다 기도하는데 늘 하던 기도이다. 한 달 전에 기도나 지금의 기도가 거의 하나도 바뀌지 않는다. 대부분의 평신도 대표가 그렇지 않을까 생각된다. 참으로 안타까운 일이다. 성령 받지 못하고 드리는 기도는 사실 하나님께서 받으실 수 없다는 것을 인식하지 못하고 있는 것이다. 그 기도는 허공만 울리는 기도이지 하나님께 상달되는 기도가 아니라는 것이다. 예수님의 삶을 들여다보면 모든 일들을 성령으로 시작하셔서 성령으로 마치시었다. 기도로, 말씀으로, 귀신을 쫓아내심도, 병든 자를 고쳐주심도, 안수기도도, 바다를 땅처럼 걸어가시는 것도, 5병 2어와 7병 2어의 기적도 모두 성령으로 하셨다는 것이 성경의 진리이다.

정말 교회 안에 성령의 능력을 소유한 평신도와 사역자가 한 사람만 있어도 교회는 급성장하게 된다. 성령세례 받은 빌립 집사는 사마리아 성을 복음으로 초토화시키었다. 스데반 집사는 성령세례 받고 회중에게 설교를 시작하는데 사도들보다 더 긴 설교로 많은 회중이 찔림을 받았고, 기독교 역사에 사도가 아닌 집사가 첫 순교자가 되었다는 사실은 우리 모두 잊어서는 안 되는 사건이었다. 하나님의 사역은 사역자나 평신도나 다 똑같다. 꼭 사역자만이 하나님의 사역을 하는 것은 아니다. 성령세례 받으면 평신도라도 사역자보다 교회를 더 많이 부흥시킬 수 있다.

예수님의 요단강에서 삶의 요소는 첫째는 세례요 둘째는 성령 부어달라는 기도요 셋째는 성령세례 받고 충만 받고 광야 곧 세상으로 나가시는 것이었다. 여기에서 또 하나 중요한 것은 예수님이 성령세례 받으셨을 때 하나님 아버지께서 말씀하시기를 "이는 내 사랑하는 아들이라 내가 너를 기뻐하노라"하는 음성을 듣게 되었다는 것이다. 이 말씀은 예수님에게만 해당되는 것이 아니라 우리 모두에게도 해당되는 말씀이다. 우리가 성령세례 받기 전에는 하나님께서 "이는 내 사랑하는 아들이라 내가 너를 기뻐하노라"라는 말씀을 절대 하지 않으신다. 수십 년 교회를 다녔든지 수십 년 사역했더라도 하나님께서는 성령세례를 못 받았으면 절대로 이런 음성을 우리에게 말씀하지 않으신다는 뜻이다. 이것은 사실 어마어마한 사건이 아닐 수 없다. 왜일까? "누구든지 그리스도의 영(성령)이 없으면 그리스도의 사람이 아니라(롬8:9), 무릇 하나님의 영(성령)으로 인도함을 받는 사람은 곧 하나님의 아들이라 너희는 다시 무서워하는 종의 영(귀신의 영)을 받지 아니하고 양자의 영(성령)을 받았으므로 우리가 아빠 아버지라 부르짖느니라 성령이 우리 영과 더불어 우리가 하나님의 자녀인 것을 증언하시나니 자녀이면 또한 상속자 곧 하나님의 상속자요 그리스도와 함께 한 상속자니 우리가 그와 함께 영광을 받기 위하여 고난도 함께 받아야 할 것이니라"(롬8:14-17) 앞에 있는 말씀을 보면 이해가 되고 오해가 풀릴 것으로 본다.

사역자들과 평신도들이여!
하나님의 이런 음성을 들어본 적이 있는가를 묻고 싶다. 지금이라도 예수님의 요단강의 삶을 살펴보고 뒤따르면 반드시 교회의 양적 부흥, 질적 성장과 나 자신의 신앙 성장뿐만 아니라 예수님처럼 하나님께로부터 음성을 듣고 확신 속에서 신앙생활의 첫발을 다시 딛고 일어서게 되기를 바란다.

2. 광야의 삶(예수님의 사역 검증단계)
(마4:1-11, 막1:12-13, 눅4:1-13)

예수의 공생애에 두 번째 삶은 광야의 삶이다. 광야의 삶은 정말 성령을 받았는지의 검증의 삶이요, 확증의 삶을 말한다. 요단강에서 세례받고 기도함으로 성령을 받은 후 하나님께로부터 "이는 내 사랑하는 아들이요 내가 너를 기뻐하노라"하실 때 예수는 얼마나 기뻐하셨을까?
 이 세상에 오셔서 30년 동안 살면서 처음으로 아버지에게서 듣는 말씀이다. 눅10:21에 예수는 성령으로 기뻐할 때의 모습보다 더 큰 기쁨을 체험한 것이다.

필자가 미국 플로리다 템파에서 집회를 인도하는 도중 성령이 충만히 임하였을 때 웃음이 끊이지를 않았는데 밤이 맞도록 계속되었다. 그런데 더 놀라운 것은 집회에 참석한 이들에게 모든 질병이 깨끗함을 받았다고 서로 간증하는 것을 보고 필자도 처음 보는 광경이라 놀라지 않을 수 없었다. 세상에서도 웃으면 건강해진다는 말이 있듯이 하나님께서 처음 웃음의 은사를 보여주시므로 웃음의 은사가 있는 것을 알았다.

마4:1 "그 때에 예수께서 성령에게 이끌리어 마귀에게 시험을 받으러 광야로 가사"
막1:12,13 "성령이 곧 예수를 광야로 몰아내신지라 광야에서 사십일을 계시면서 사단에게 시험을 받으시며 들짐승과 함께 계시니 천사들이 수종들더라"

눅4:1 "예수께서 성령의 충만함을 입어 요단강에서 돌아오사 광야에서 사십 일 동안 성령에게 이끌리시며 마귀에게 시험을 받으시더라 이 모든 날에 아무것도 잡수시지 아니하시니 날 수가 다하매 주리신지라"

성령은 예수가 요단강에서 광야로 가실 때 이런 표현을 쓰고 있다. 마가복음의 저자는 "예수를 광야로 몰아내었다"라고 표현하고 있다. "몰아내었다"라는 말은 원어에 ἐκβάλλω(엑발로)인데, "내던지다, 추방하다, 강제로 몰아내다"라는 말이다.

누가복음 기자는 예수가 성령에 이끌려 광야로 갔다고 증언한다. "이끌려"라는 말의 어원의 뜻은 ἄγω(아고)인데, "데리고 가다, 쫓아버리다"라는 말이다. 그리고 광야라고 하는 말은 원어로 ἔρημός(에레모스)인데, "혼자의, 외톨의, 무인지경, 불모의 땅"이란 뜻을 포함하고 있다. 광야는 낮에는 뜨겁고 밤에는 춥고 물도 없고 독사들 혹은 맹수들이 출몰하는 곳이다. 그런 것을 안 예수가 갈려고 할 리가 없다. 그것도 일주일도 아니고 40일 동안 말할 수 없이 고통의 시간이 될 것이 분명하기 때문이다. 이때부터 예수는 성령에 이끌리는 삶이 시작된 것이다.

1) 광야의 삶의 첫째는 금식기도였다.

예수의 40일 동안의 금식은 마귀를 대적하기 위한 기도였다. 마귀를 이길 수 있는 준비는 기도밖에 없다. 마귀를 맞상대할 때는 말씀이지만 말씀의 능력도 기도가 병행되지 않으면 절대로 마귀를 이길 수 없다.

예수님은 "성령께서 너희가 할 말을 가르쳐 주리라"라고 말씀하셨다. 그러니까 말씀도 성령이 내 안에 계시므로 상대할 마귀에게 이길 수 있는 말씀을 우리에게 준다는 것이다.

이사야 예언자는 58:6절에 "내가 기뻐하는 금식은 흉악의 결박을 풀어주며 멍에의 줄을 끌러주며 압제당하는 자를 자유하게 하며 모든 멍에를

꺾는 것이 아니겠느냐"라고 예언했다.
　예수님도 기사와 이적은 "기도와 금식 외에는 이런 류가 나갈 수 없다"고 하셨다.

2) 광야의 삶의 두 번째는 사단의 시험이었다.
　40일 금식하신 후 마귀로부터 세 가지 시험을 받게 되었다.

(1) 첫째로 마귀에게 받으신 시험은 의식주 문제이다.
　인간에게 있어서 또한 의식주만큼 중요한 건 없을 것이다. 우리 삶의 생존경쟁에 첫째가 의식주가 되기에 마귀가 시험한 것이다. 하나님이 중요하냐 의식주가 중요하냐, 예수님이 우선이냐 의식주가 우선이냐, 성령의 감동이 우선이냐, 의식주가 우선이냐, 라는 물음이다. 예수는 단호하게 물리친다. 그러나 성령 받지 못한 사역자는 의식주를 우선으로 한다. 그런 사역자는 사례금 문제 가지고 재정부와 다투기도 한다. 이러한 사례 때문에 우리 사역자는 돈만 밝힌다는 소리를 듣게 되기 쉽다.
　이스라엘 백성들이 광야 40년 동안에 하나님의 말씀보다는 의식주 문제를 우선으로 하고 가나안 땅보다는 의식주를 우선으로 했기에 불평불만 속에서 40년을 지내며 그들은 가나안 땅이 우선이 아니기에 광야에서 의식주만 붙잡고 살다가 다 죽어갔다. 하나님의 입에서 나오는 말씀을 붙잡으면 의식주 문제는 저절로 해결되고 오히려 넘친다. 이것이 바로 하나님의 원리이다.

　러시아가 1907년 똑같이 잘 살자고 볼셰비키 혁명으로 사회주의 공산주의로 시작했다. 현재 중국이 그렇고 북한이 그렇다. 그들은 교회를 파괴하고 하나님을 대신하여 빵을 선택했지만, 하나님을 잃고 빵도 잃어버려서 불쌍하게 살아가고 있는 것이 우리가 보고 느끼는 오늘의 현실이다. 한 때 유럽에서 남아메리카로 금을 캐러 많은 사람들이 몰려갔다.

결국 그들은 하나님도 잃어버리고 황금도 손에 쥐지 못했다. 그래서 못 사는 나라들이 되었다. 현재는 좌파의 나라들로 물들어 가고 있다. 그러나 북아메리카로 간 이들은 오로지 신앙의 자유를 찾아갔다. 결과는 신앙도 얻고 황금도 손에 쥐게 되었다. 지금 현재는 세계의 강국이 되었고 자유의 나라, 보수의 나라로 세계가 부러워하는 나라가 되었다.

시편 기자 다윗은 "여호와여 이 세상에 살아있는 동안 그들의 분깃을 받은 사람들에게서 주의 손으로 나를 구하소서. 그들은 주의 재물로 배를 채우고 자녀로 만족하고 그들의 남은 산업을 그들의 어린아이들에게 물려주는 자니이다. 나는 의로운 중에 주의 얼굴을 뵈오리니 깰 때에 주의 형상으로 만족하리이다"(시17:14-15)라고 말한다.

교회 안에서도 사역자뿐 아니라 성도들도 성령 받은 자들은 말씀을 붙잡고 살고 성령을 못 받은 자들은 의식주를 붙잡고 산다. 헌금하는 것이 아깝고 봉사하는 시간이 아깝고 교회 가는 시간을 아깝게 여긴다. 그런데 예수님이 재림하시면 어떨까? 롯의 처와 같이 소금기둥이 되고 롯의 사위들처럼 유황불에 세례를 받는 것은 아닌지! 안타까운 것은 많은 사역자들이 사례금을 가지고 교회와 씨름을 하고 있기도 하다. 교회에서 주는 사례금이 적으면 하나님께 기도하면 되는데 성령 받지 못한 사역자들은 그렇지 않다. 교회가 시끄러워지고 이런 사역자들은 돈만 안다는 소리가 나기도 한다. 그러나 의식주를 버리면 더 큰 것을 얻게 마련이다.

(2) 두 번째로 마귀에게 받으신 시험은 명예 문제이다.

인간사회에서 두 번째로 중요시하는 것이 명예이다. 어떤 사역자는 나는 어디 출신이며, 부부가 받은 박사학위가 5개나 되어 그것을 교회에 들어오는 입구에다 걸어놓고 교회를 개척하였는데 한 명도 오지 않았다고 한다. 기도하면서 성령을 받았고 성령 받은 후에 박사학위를 다 불에 태워버리고 나서 그때부터 사람들이 몰려들기 시작했다는 어느 목사의 간증도 들었다.

　시91:11-12의 말씀을 가지고 마귀는 성령 충만하신 예수님을 시험하고 있다. 성령 받으신 예수님은 마귀에게 넘어 가실리가 없다. 당장에 "주 너희 하나님을 시험하지 말라"고 외치었다. 성전 꼭대기에서 뛰어내릴 때 천사가 와서 발이 바닥에 닿기 전에 안전하게 예수님이 내려오면 그것을 보는 많은 사람이 놀라운 일이라고 예수님을 다시 보지 않을까 굉장히 명예스러운 일일 것이다.

　교단마다 총회장(감독)을 한번 해보려고 돈을 쓰고 교회에서 성도들이 헌금한 돈을 선거자금으로 쓰면서 명예에 매달리는 모습을 너무 많이 보아왔다. 가슴 아픈 일이 아닐 수 없다. 예수님은 3년 공생애 중에 왕으로 모시려고 한 무리가 있었다. 그러나 성령 충만한 예수님은 하나님이 주신 본연의 사역에만 치중하고 절대로 다른데 눈을 돌리지 않으셨다.

　(3) 세 번째로 마귀에게 받으신 시험은 권세(권력) 문제이다.
　인간세계에서 세 번째로 중요시하는 것이 권력이다. 마귀는 예수님을 높은 산으로 데리고 가서 천하만국을 보여주면서 "내게 엎드려 경배하면 이 모든 것을 네게 주리라 이것은 내게 넘겨준 것이므로 내가 원하는 자에게 주노라"고 예수께 요청하지만, 예수님은 "주 너의 하나님께 경배하고 다만 그를 섬기라"고 명령하였다.

　사단은 자신이 가지고 있는 권력으로 인간을 죄악의 구렁텅이로 밀쳐버리고 말았다. 권력과 권세는 성령 받은 사람이 사용하면 지구를 유익하게 하고 사회와 국가와 전 인류를 유익하게 한다. 세계 역사 속에 유명한 이름을 선하게 남긴 사람들은 거의 90%가 기독교인들이란 얘기가 있다. 그러나 권력과 권세가 사단같이 독재자들과 공산주의자들 같은 자들에게 주어지면 정말 지구는 망할 수밖에 없다.

　구약성경에 히스기야의 아들 므낫세가 55년간 남 왕국 유다를 다스렸다. 사실 12세의 나이로 아버지 히스기야 왕과 함께 섭정을 8년간 하기도 했다. 므낫세는 "잊어버리다"라는 뜻이다. 요셉은 애굽에서 첫째 아들을 낳고, 이름을 므낫세라 지었는데 그동안 고난과 역경의 삶을 "잊어버린다"는 뜻으로 지었는데 히스기야 왕은 병들어 죽게 되었을 때 하나님께 기도하고 15년 동안 연장의 삶을 살다가 3년째에 아들을 낳고 므낫세라고 이름을 지었다. 므낫세가 왕으로 다스릴 때 바알과 아세라 신당을 하나님의 성전에 차리고 신접한 자와 박수를 신뢰하고 그것도 모자라 하나님의 성전 마당에 해와 달과 별을 위하여 제단들을 쌓고 경배하여 남 왕국 유다의 왕 중 끝판왕이 되었다. 이전에도 없었고 이후에도 없었을 정도의 왕이었다. 그런데 그 누구도 말릴 수가 없었다. 수많은 사람이 피를 흘렸다. 더 위험한 일은 하나님의 선지자들도 죽였다는 것이다. 전승에 의하면, 이사야를 통나무 속에 넣고 톱으로 잘라서 죽였다고 한다. 하나님께서 므낫세의 통치를 보시면서 남 왕국 유다를 바벨론 포로에 보내시기로 결심하시게 된다. 이것은 사단의 권력에 빠진 자의 모습이었다.

그러나 예수님은 성령 충만 받으셔서 권력과 권세에 대한 욕망은 가져본 적이 없다. 이것이 성령 충만 받은 성도와 사역자의 모습이다. 반드시 사역자는 기도하여 성령 받고 더 기도하여 성령 충만 받아야 사단을 물리칠 수 있다. 권력으로 유혹하는 마귀를 이길 힘은 성령의 능력으로 쫓아내는 길이 최선의 길이다.

3) 광야의 삶의 승리

세 번째 시험이 끝나고 마태는 "마귀는 예수를 떠나고 천사들이 나아와 수종들더라"고 기록했다. 마가는 "광야로 갔는데 들짐승과 함께 계시니 천사들이 수종들더라"고 기록했고, 누가는 "마귀가 모든 시험을 다 한 후에 얼마 동안 떠나니라"고 기록했다.

예수님은 100% 마귀와의 대전에서 승리하였고 또한 40일 금식기도가 성령의 능력으로 무장하게 되었다. 마귀에게 시험받기 전에 예수님은 성령의 권능을 소유하게 되었다. 예수님의 요단강의 삶은 성령이 비둘기 형체로 내려왔고 또 기도하면서 성령으로 충만케 되었고 40일 금식기도와 사단과의 싸움에서 승리한 후 광야의 삶에서 성령의 권능(눅4:14)으로 무장하게 되었다. 이제는 하나님의 사역을 하기에 모든 자격을 갖추게 되었고 곧바로 예수님은 갈릴리로 가서 사역을 시작하게 되었다. 하나님의 아들 예수님도 사역하시기 전 이렇게 무장하였는데 우리는 연약한 인간이기에 이보다 더더욱 사역을 위한 준비가 얼마나 필요할까?

3. 갈릴리의 삶(예수님의 영적사역단계)
 (마4:12-17, 막1:14-15, 눅4:14-15, 요1:35-51)

요세푸스는 갈릴리에 대해 "갈릴리 사람들에게는 결코 용기, 결핍이란 없다. 비겁이란 결코 갈릴리 사람들의 특성이 아니다. 그들은 이 일에 대해서보다 명예에 대한 열망이 더 강하다"라고 말했다.

예수는 갈릴리에서 자신의 사랑과 봉사로 사역을 시작한 것이 이유가 있었다. 북쪽은 라타니아 강에서 남쪽은 에스트라 엘로 평원에 이르는 지역이다. 갈릴리 지방은 북쪽에서 남쪽까지 80km 정도이고 동서로 40km 정도이다. 그러나 갈릴리는 면적은 작아도 예수 당시에도 인구밀도가 조밀하였던 편이다. 요세푸스는 그 갈릴리 지역에 "204개 마을이 있었고 인구가 15,000명 정도가 살았다"고 증언하고 있다.

예수님은 자기 말을 잘 알아들을 수 있고 자신을 따르는 자들이 많은 것으로 생각하고 선교사업을 갈릴리에서 시작하였다. 갈릴리는 두드러지게 부유하지는 않았지만 비옥하고 번창한 땅이 있었다. 예수님이 선교의 장소로 갈릴리로 택한 이유 중의 하나는 하늘나라가 가까이 왔다는 선포를 받아들이기에 갈릴리인들의 대단한 준비성이 철저해서였을 것이다.

구약에는 이스라엘이 솔로몬 이후 르호보암 초기에 두 나라로 갈라지게 되었고 갈라진 이후 두 나라는 현저하게 서로 다른 양상을 띠었다. 이렇게 쉽게 변할 수 있고 기질이 같은 땅에서 정확하게 같은 혈통은 아닐지라도 이스라엘 나라를 계승해 온 것이다.

요세푸스는 "그들은 혁신을 좋아하고 실천적으로 변화하기를 즐기며 폭동을 좋아하는 자들"이라고 묘사하고 있다. 또한 이방인들과 가까이 살고 있어서 그들은 열광적으로 그들의 신앙에 집착하였다는 것을 예수는 알고 있었다. 이들을 정확하게 분석하면 종교적이 아니라 민족주의였다는 것이다. 그들이 종교를 단단히 붙들고 있는 것은 그 속에 민족의 독립을 호소하는 마음이 들어있다는 것이다.

갈릴리인들은 부분적으로 예루살렘과 거리가 멀기 때문에 그들 나름대로 자신들의 전통을 가지고 있었다. 갈릴리 회당들은 남쪽에 출입문을 두면서도 북쪽 지향적인 것으로 악명이 높았다. 예수님은 갈릴리가 수도로부터 멀리 떨어졌다는 것은 자신이 예루살렘이 있는 권위로 찌들어 있는 종교가들의 인식 밖에 있었을 것을 알기에 갈릴리를 선택하였다고 볼 수 있다.

또 하나 중요한 것은 갈릴리 호수였다. 갈릴리 호수는 폭풍으로 유명하다. 하늘에는 전혀 구름 한 점 없는 가운데 아주 잔잔하던 수면이 무서운 바람이 돌진함으로 폭풍이 일어나게 되는데, 더 깊이 보면 헐몬산의 산정에서 바람이 잡혀서 압축되어 좁은 공간을 비상한 세력으로 돌진해 오다가 갑자기 작은 산을 넘어 넓은 장소가 나오기 때문에 그 여세로 갈릴리 호수를 무서운 세력으로 미친 듯이 불어대면 폭풍이 일어난다.

대체로 호수 주변의 공기가 종일 뜨거운 햇빛에 의해 증발함으로 호수면의 공기가 희박하여진 때에 그때가 거의 저녁때쯤 산 위의 공기가 갑자기 냉각됨으로써 호수를 뒤집을 듯한 폭풍이 해면을 향하여 불게 되는데 이렇게 맹렬히 부는 바람은 지극히 위험한 것이었다. 마태복음 8:24에 기록된 바람도 바로 저녁때 부는 폭풍이었다.

예수님은 바다, 이 갈릴리 호수를 바라보면서 선교를 펴 나가신 것은 당연하였다. 이 갈릴리 호수가 시각적인 면에서 사역의 큰 지렛대가 될 수 있다는 사실을 예수는 너무나 잘 알고 있었다.

예수님이 요단강에서 세례를 받고 기도함으로 성령을 받았고, 성령의 역사로 기도하게 하심으로 광야에 왔을 때는 성령 충만하였고, 광야에서 40일 금식기도 한 후 곧바로 사단에게 세 번 시험을 이기고, 사단은 떠나고 성령이 갈릴리로 인도하여서 사역의 중심지로 삼으실 때 예수님은 성령의 능력을 소유하게 되었다. 그곳에서 예수님은 함께 있으면서 함께 하나님의 사역을 감당할 제자들을 선택하시기 전, 자라나신 곳 나사렛에서 안식일에 회당에 들어가서서 성경책을 받아서 읽는데 700여 년 전 이사야가 예언한 말씀을 찾아 읽어 내려갔다. 그런데 그 말씀이 바로 예수님이 갈릴리 삶을 기점으로 3년의 성취를 위해 나아가시는 출발점이 되었다. 그리고 갈릴리 삶의 바탕이 무엇인가를 일찍이 이사야 예언자는 간파하고 있었다.

"주 여호와의 영이 내게 내리셨으니 이는 여호와께서 내게 기름을 부으사 가난한 자에게 아름다운 소식을 전하게 하려 하심이라 나를 보내사 마음이 상한 자를 고치며 포로된 자에게 자유를 갇힌 자에게 놓임을 선포하며 여호와의 은혜의 해와 우리 하나님의 보복의 날을 선포하여 모든 슬픈 자를 위로하되"(사61:1-2)

갈릴리 삶의 결론은 "은혜의 해"를 알려주시는 것이었다. "주의 은혜의 해"는 원어로 ἐνιαυτὸν κυρίου δεκτόν(에니아우톤 퀴리우 덱톤)인데, "에니아우톤 퀴리우"는 "주의 해"이고 "덱톤"은 "받아들여진, 시인된, 호의를 가진"이란 뜻이다. 결국 이 말의 뜻은 이미 하나님께서 "받아들여진, 하나님께서 시인하신, 하나님께서 호의를 가지시고 이루시는 해"라는 것이다. 예수님이 말씀하신 해는 희년의 의미와 같다. 이스라엘은 50년마다 희년을 맞는데 이 희년에는 모든 것이 제자리로 돌아간다. 땅을 팔았어도 다시 찾게 되고 자식을 종으로 내놓았어도 다시 부모의 품으로 돌아오게 된다. 다시 말하면 하나님께 죄인 된 인간이 하나님을 뵈올 수 없지만 주의 은혜의 해가 오면 인간에게 죄의 벽이 무너져 버리고 다시 하나님을 뵈올 수 있는 축복을 받게 된다는 것이다.

바로 이 희년. 곧 은혜의 해를 계획하신 이가 바로 우리의 아버지 하나님이시고 이것을 실천한 이가 바로 예수님이고 실천에 옮기도록 한 이가 또한 성령이라는 점이다.

이제 예수의 갈릴리 삶의 사역을 살펴보려고 한다. 갈릴리 삶의 사역은 교회 개척과 교회 성장이 이 안에 다 들어있을 뿐만 아니라 모든 사역자가 따라야 할 표본의 삶과 모든 평신도 신앙생활의 모습을 실천한 이가 바로 예수님이다.

갈릴리 삶의 중요한 것은 성령의 능력을 갖추고 시작하였다는 것이다. 이사야는 "내게 기름을 부으셨다"라고 했는데 이것은 예수가 성령의 능력을 받은 것을 말하고 있다. 성령의 능력 없이 어떻게 하나님의 사역을 감당할 수 있겠는가. 이는 절대로 불가능한 것이다.

오늘날 신학교를 졸업하고 교회 개척에 나서야 하는데 졸업식에 참여해 보면 큰일이 아닐 수가 없다. 신학교 졸업생들이 성령도 받지 못하고 어떻게 세상에서 교회를 세우고 교회를 성장시킬 수가 있을까? 저절로 기도가 나온다. 이것은 신학 공부보다 더 우선되어야 하는 것이요 필수과목 중에 진짜 필수과목이다.

필자는 신학 3학년 2학기에 인천에 교회를 개척하면서 공부할 때인데, 다니고 있는 신학교에서 신학생 300여명을 놓고 설교를 한 적이 있다. 여기저기서 아멘 소리가 나오고 예배가 끝나고 나니 은혜받았다고, 감사하다고, 믿음이 생겼다고, 큰 깨달음을 줬다고 하는 많은 인사를 받았다. 그때 한 동료가 필자에게 "야! 뭔가 다르다"라고 외치기도 했었다. 그때에도 왜 동료들이 다르다고 했을까? 그것은 성령에 이끌리어 말씀을 전했기 때문이 아니었을까 생각했다. 갈릴리 삶의 사역의 내역은 다음과 같다.

1) 예수는 가난한 자에게 복음을 전하신 것이었다.

 가난한 자는 원어로 πτωχός(프토코스)인데, 실제로 이 말은 "부도났다"는 말인데. 즉 자신이 거지인데 거지인 것을 깨닫지 못하고 산다면 그것은 참 불쌍한 인간이 아닐 수가 없다. 도둑질하는 사람이 자신은 도둑질하는 사람인 것을 깨닫지 못하고 산다면 얼마나 큰일이 아니겠는가? 사기 치는 사람이 자신이 사기꾼인 것을 깨닫지 못하고 산다면 이 사람도 큰 문젯거리이고 거짓말하는 사람이 거짓말쟁이인 것을 모르고 사는 사람은 정신질환자 아니면 싸이코(psycho)일 것이다. 싸이코의 뜻은 "비상식적인 행동을 하는 사람"이고 어쩌면 인간은 영적인 면에서 거의 다 싸이코이다. 가인이 아벨을 죽여도 안 죽인 것처럼 가장한다. 가인은 싸이코이다. 인간은 아담의 후손이기에 죄인인데 죄인인 것을 모르고 살아가고 있다. 가난한 자에게 복음을 전하려면 자신이 죄인인 것을 깨닫게 하는 데서 시작된다.

 세상에 수많은 사람이 살고 있지만 모두 πτωχός(프토코스)이다. 우리에게 희년이 왔다는 기쁜 소식을 전할 때 내가 죄인임을 깨닫는 자는 복이 있는 사람이다. 8복 가운데 첫 번째 복이 "심령이 가난한 자는 복이 있나니"(마5:3)라고 예수님은 말씀하고 있다. 영적으로 인간은 정말 비천하게, 곤궁하게, 거지같이, 가엽게, 아주 딱하게 살아가고 있다. πτωχός(프토코스)의 뜻은 실제로 "부도났다"는 말이다. 그러나 죄인임을 깨달은 자만이 복음의 주인이 된다. 이것이 또한 모든 인간들에게 해당되는 몫이다.

2) 포로된 자에게 자유를!

이 말씀은 세상적인 단어가 아니라 영적인 단어이기에 포로된 자는 첫째로 사단의 포로가 된 것이다. 인간은 공중의 권세 잡은 사단의 지배 아래 세상에 태어난다. 세상에 태어나자마자 누구를 막론하고 사단의 포로가 된다. 누구든 예외가 없다. 사역자의 자녀라 할지라도 장로의 자녀라 할지라도 사단의 포로가 되는 것은 자연적이다. 사단의 포로에서 자유케 되는 비결은 단 한 가지 예수님을 영접하는 것이다. 이 일이 바로 사역자의 길이요 몫이다.

둘째로는 죄의 포로가 된 것이다. 인간은 아담의 후손이다. 아담이 먹지 말아야 할 선악과를 택하고 따먹으므로 의인에서 죄인으로 추락했다. 죄인에게서 다시 의인으로 돌아가는 길은 하나밖에 없다. "주 예수를 믿으라. 그리하면 너와 네 집이 구원을 얻으리라(행16:31)"라고 사도 바울은 외쳤다. 믿음의 조상 아브람도 하란 땅에서 가나안 땅으로 하나님의 부르심을 받고 내려왔다. 그렇다고 해서 의인이 된 것은 아니었다. 12장에서 부름받고 15장에서 아브라함이 하나님의 약속(말씀)을 믿을 때 비로소 그 믿음으로 의인이란 칭호를 주신 것이었다.

3) 눈먼 자에게 다시 보게 함을!

이 말씀은 시각 장애인들의 시력이 회복하는 것이다. 인간은 분명히 보아야 할 것이 있는데 보지 못하고 살아가고 있다. 그분이 바로 하나님 아버지시다. 하나님이 우리의 영의 아버지이심을 믿는 것이 신앙이다. 예수님을 믿고 영접하면 아버지를 볼 수 있다. 그 이유는 예수님께서 "나를 본 자는 내 아버지를 본 것이다"라고 선포하였기 때문이다.

영적인 눈이 어두워진 세상 사람들에게 복음을 전하면 그들은 눈을 뜨게 될 것이다. 이 모든 것을 한마디로 정리하면 전도이다. 그래서 예수님은 열두 제자를 둘씩 짝을 지어서 전도를 내보내셨고 또한 칠십 제자들도 둘씩 짝을 지어서 내보내셨다.

여기서 한 가지 중요한 것은 전도에 있어서 긍휼하는 마음이 있어야 한다는 것이다. 긍휼이라는 단어는 출애굽기에서 제일 처음 등장하는데 하나님께서 "은혜 베풀 자에게 은혜를 베풀고 긍휼히 여길 자에게 긍휼을 베푸시느니라"(출33:19)라고 말씀하셨다.

여기서 은혜라는 말과 긍휼이라는 말이 등장한다. 은혜라는 말은 원어로 (하난)인데 "호의를 베풀다" 다른 뜻으로 "간청하다, 추구하다"라는 뜻으로도 쓰인다. 결국 하나님은 호의를 베푸시는데 간청하고 추구하는 자에게 베푸신다고 말씀하고 있다. 다시 말하면 은혜라고 하는 것은 하나님을 찾는 자에게 베푸신다는 말이다. 그러기 위해 이런 하나님이심을 소개하고 알려야 하는 일을 맡은 이스라엘 백성들이 범 민족에게 하나님을 알리려고 하지 않고 자기들만의 여호와 하나님으로 가두어 놓고 있는데 지금까지 유대인들은 그것을 깨닫지 못하고 있다.

긍휼은 원어로 (라함) 혹은 (라헴)인데, "사랑스런 눈빛으로 바라본다, 사랑하다"라는 뜻이다. 라함이라는 말은 "자궁"이라는 말에서 유래되었다. 예수님은 긍휼히 여기심으로 하나님의 사역을 이루었다. "자궁"이라는 곳은 한 생명을 10달 동안 품고 있다가 출산하는 곳이다. 출산하기 위해 온 힘을 다 쏟고 진통하여 피를 흘리며 한 생명을 탄생시킨다.

시편 기자는 일찍이 "너는 내 아들이라 오늘날 내가 너를 낳았도다"(시2:7)라고 예언하였다. 이 말씀은 하나님께서 그 아들 예수를 낳았다는 말이다. 우리도 긍휼히 여기는 마음이 있으면 한 생명, 한 생명을 낳을 수 있다. 중요한 것은 성령 충만한 사역자 혹은 성령 충만한 평신도만이 자궁을 가지고 있다는 것이다. 성령 받지 못하면 절대로 자궁을 가지고 있지 못함을 뜻한다.

예수님의 갈릴리의 삶은 병든 자를 고치시고, 귀신을 쫓아주시고, 절뚝발이를 온전하게 하시고, 문둥병자를 깨끗하게 하시고, 소경의 눈을 뜨게 하시며, 죽은 자도 살려주시고, 갈릴리 호수를 걸어서 다니셨으며, 5병 2어로 5천 명을, 7병 2어로 4천 명을 먹이시면서 복음을 전하셨는데 기사와 이적 때문에 많은 사람이 몰려왔다. 그때 그들에게 복음을 전하셨다. 이 갈릴리의 삶은 마지막 골고다 언덕까지 계속되었다. 예수는 인류의 죄를 걸머지고 십자가에서 희생제물이 되므로 하나님과 인간 사이의 벽인 죄의 벽을 허물어 놓은 것이다. 우리도 예수의 뒤를 쫓아 달려가야 하지 않을까?

예수님은 평신도인 우리에게 "누구든지 나를 따라오려거든 자기를 부인하고 자기 십자가를 지고 나를 따를 것이니라"(마16:24,눅9:23)라고 명령하시고 있다는 사실을 직시하지 않으면 안 된다.

제7장
성령으로 성취하는 3년의 기적

　평신도가 교회 부흥을 시킨다는 말은 쉽게 할 수 없는 말이라고 하지만, 예수님 방법만 알면 그리 어렵지 않다고 말씀은 보여주고 있다. 초대교회 집사 스데반과 빌립을 보면 신바람 나게 복음을 전하며 스데반은 유대인 전체를 감동시켰고 빌립은 사마리아 성을 성령으로 불태웠다. 사실 교회 부흥은 사역자의 몫이라 할 수 있지만, 꼭 그렇지만은 않다. 엄밀히 말하면 교회부흥은 평신도들의 몫이라고 하는 말이 맞는다. 사역자는 목자이고 평신도는 양이기 때문이다. 결국 양이 양 새끼를 임신하고 출산하기 때문이다. 그러나 그 배후에는 선한 목자의 돌봄이 필요한 것만은 사실이다. 마치 야곱의 외삼촌 라반이 양 떼를 칠 때는 양 떼가 번성하지 못하였지만, 야곱이 양 떼를 칠 때는 양 떼가 엄청나게 번성하지 않았던가. 또한 다윗의 형들 7명이 양 떼를 칠 때는 양을 맹수들에게 빼앗기기도 하고 잃어버리기도 하였지만, 다윗이 양을 칠 때는 확연히 달랐다. 다윗은 양 떼의 속성을 꿰뚫고 있었고 뿐만 아니라 한 마리의 양이라도 다루는 것이 아버지 이새나 7명의 형들과는 분명한 차이가 있었다. 후에 아삽의 시 마스길에서 보면 "이에 그가 그들을 자기 마음의 완전함으로 기르고 그의 손의 능숙함으로 그들을 지도하였도다"(시78:72)라고 고백하였다. 다윗이 왕으로 있을 때 백성들을 어떻게 이끌고 지도해 왔는지를 말해주고 있다. 그런데 하나님께서는 다윗이 양 떼를 치는 모습을 보시고 그를 이스라엘의 왕으로, 아니 무너지지 않는 영원한 왕이 올 배경으로 삼으셨던 것이었다. 이렇게 똑같은 목자라도 양을 잘 치는 목자가 있는가 하면, 양 떼를 잘 못 쳐서 양들을 잃어버리거나 병들어 죽게 만드는 목자가 있기도 하다. 세상만사가 다 그렇듯이 나라를 부흥, 발전시키는 군주가 있는가 하면, 나라를 말아먹는 군주도 있게 마련이다. 영의 세계도 다를 바 없다.

목자의 문제는 이미 출간된「교회개척과 교회성장 3년에 성공하는 길」이라는 책자에서 다 다루었기에 이 책에서는 주로 평신도들의 모습을 말하고자 한다. 한 교회 안에 많은 평신도가 존재한다. 직분상으로 보면 장로, 권사, 집사, 성도이다. 그 위에 또 다른 여러 분야의 직분이 더 주어지기도 한다. 그런데 묻고 싶은 질문은 "교회 안에 많은 평신도가 하나님의 교회를 부흥시키기 위해 최선을 다하고 얼마나 노력하고 있는지, 그런 평신도들이 몇 %나 될까"이다. 성장하지 않는 교회는 0%라고 해도 할 말이 없을 것이다. 해를 거듭할수록 그래도 조금씩 성장하고 있다면 3~5% 미만일 것이다. 만일 하나님의 교회를 부흥시키고자 기도하고 애쓰는 평신도가 10%만 되어도 교회는 100% 이상 부흥할 수 있다는 것이 필자의 목회에서 얻어낸 결과물이다. 그렇다면 교회가 성장하지 않았다면 모든 평신도들이 한 달란트 받은 자가 땅속에 감추어 놓고 주인이 왔을 때, 다시 꺼내어 주인에게 돌려준 종과 같다고 볼 수 있다.

"악하고 게으른 종아 나는 심지 않은 데서 거두고 헤치지 않은 데서 모으는 줄로 네가 알았느냐 – 이 무익한 종을 바깥 어두운 데로 내쫓으라 거기서 슬피 울며 이를 갈리라"(마25:26,30)

이 말씀은 참으로 무서운 말씀이다. 이 말씀은 사역자들에게만 해당되는 것이 아니라 모든 평신도에게도 100% 해당되는 말씀이기에 눈여겨

봐야하고 귀를 열어 들어야 한다. 예수님은 달란트 비유에서 한 달란트 받은 종을 향하여 성도들이 절대로 들어서는 안 되는 3가지 말씀을 선포하고 있다.

첫째로는 "악한 자"라는 단어이다. "악한 자"는 원어로 πονηρός(포네로스)인데, "고통을 주는, 부정한, 불법의, 사악한"의 뜻을 일컫는 말이다. 예수님은 한때 "불법을 행하는 자들아 내게서 떠나가라 하리라"(마7:23)고 외치신 적이 있으시다. "악한 자"라 함은 악하게 살았기 때문이 아니다. 사명인 것을 사명인 줄 모르고 산 평신도들에게 주어지는 예수님의 말씀이시다. 악한 자는 하나님을 뵈옵지도 못한다.(요삼1:11)

둘째로는 "게으른 종"이라는 단어이다. "게으른 자"는 원어로 ὀκνηρός(오크네로스)인데, "나태한, 골치 아픈, 귀찮은, 무활동의"의 뜻을 일컫는 말이다. 잠언서 기자는 말하기를 "게으른 자의 욕망이 자기를 죽이나니 이는 자기의 손으로 일하기를 싫어함이니라"(잠21:25), 또한 전도서 기사는 말하기를 "게으른즉 서까래가 내려앉고 손을 놓은즉 집이 새느니라"(전10:18)라고 말하고 있다. 영적으로 게으른 자는 자기 영혼을 죽이는 사람이다. 하나님 앞에 귀찮은 존재, 골치 아픈 존재가 된다면 어쩌면 구원은 받을 수 있을는지 모르지만 아마도 부끄러운 구원이나 혹은 구원의 대상이 아닌지도 모른다.

셋째로는 "무익한 종"이라는 단어이다. "무익한 자"는 원어로 ἀχρεῖος(아크레이오스)인데, "쓸모없는, 이익이 없는, 무가치한"의 뜻을 일컫는 말이다. 예수님의 피 값으로 하나님께서 사셔서 교회 일꾼으로 삼아 주셨는데, 주인 되시는 예수님이 "쓸모 없다"하시면, 어딘가에 갖다 버려야 하지 않을까! 주인에게 이익이 없는 일꾼이라면 권고사직을 시켜야 하지 않을까! 주인에게 무가치한 사람이라면 당장 잘라버려야 하지 않을까!

그러나 누가복음 13장에는 열매 맺지 못하는 무화과나무의 비유가 있다. 한 사람이 포도원에 무화과나무 한 그루를 심었는데 한 해를 거듭할수록 열매를 얻지 못한 주인은 땅만 버린다고 베어 버리라고 하였다. 그 때 포도원지기가 주인에게 "금년에도 그대로 두소서. 내가 두루 파고 거름을 주리니 이후에 만일 열매가 열면 좋거니와 그렇지 않으면 찍어 버리소서"하였다.

성도의 삶에 맺어야 할 열매는 2가지이다. 한 가지는 내적인 열매인데 이 열매를 "성령의 열매"라고 하나님은 말씀하시고 있다. "오직 성령의 열매는 사랑과 희락과 화평과 오래 참음과 자비와 양선과 충성과 온유와 절제니"(갈5:22-23)라고 증거하고 있는데, 이것이 바로 내적 변화를 뜻하는 내적 열매이다. 이 내적 열매는 바로 예수님의 마음으로 변하는 것을 말한다. 실제로 하나님께서 말씀대로 살기 위해서 성도에게 요구하시는 것은 바로 "사랑"이다. 내적인 열매는 바로 사랑 한 가지다. 그래서 복수형인 "열매들을" 쓰지 않고, 단수형인 "열매는"이라고 기록한 것이다. 사랑만 있으면 위로는 하나님을 사랑하고 아래로는 이웃을 사랑하면 사랑을 이루는 삶이요, 십계명도 이 사랑 안에 속한다. 그래서 내적인 열매 즉 성령의 열매는 하나이다. 8가지는 모두 사랑의 속성들이다. (고전13장 참조)

또 하나의 열매는 가지의 열매이다. 이것은 외적인 열매이며 이 열매를 전도의 열매, 증인의 열매라고도 부를 수 있다. 요한복음 15장에 예수님은 포도나무요 모든 성도(사역자, 평신도)들은 가지라고 기록하였다. 가지는 원어로 κλῆμα(클레마)이다. 더 넓게 보면 포도원은 사람이 살고있는 지구이다. 하나님께서는 농부이시기에 우주 전체를 운영하시는 분이시며, 사람이 살고 있는 지구의 운영자이시다. 포도원에 제일 중요한 요소는 바로 포도나무이다. 그 포도나무는 예수님이 바로 자신이라고 말씀하고 계시다. 그리고 "너희는 가지라"라고 말씀하시었다. 가지의 사명은 열매를 맺는 것밖에 없다. 가지는 다른 것으로서는 아무것도 쓸데가 없다. 그런데 가지가 열매를 맺는 유일한 길은 예수님 안에 있는 것이다. 예수님은 성령 받으신 분이시며 신이시다. 예수님이 받으신 성령을 받으면 곧 예수님 안에 있게 되는 것이다. 마치 가지가 포도나무에 붙어있어야 열매를 맺는 것처럼 말이다. (요15:4) 예수님 안에 있다는 것은 곧 내적 열매인 사랑을 소유하는 것이다. 그런데 그 사랑은 바로 성령으로부터만 얻어질 수 있다는 것이다. 다시 말하면 성령이 임해야 증인이 될 수 있고(행1:8), 전도도 성령이 임하지 않으면 성공할 수 없다. (벧전1:12) 평신도는 반드시 이 두 가지 열매를 맺어야 한다. 먼저 전도(증인)의 열매를 맺으면 많은 영혼을 구원하여 교회에 큰 부흥을 일으킬 수 있다. 그러므로 성령을 먼저 받고 더 기도하여 충만을 받고, 더 기도하여 능력까지 겸비하면, 3년이 아니라 1년 내에도 교회를 크게 성장시킬 수가 있다. 성령의 열매를 맺으면 교회가 사랑의 도가니로 변한다. 싸울 일도 없고 다툴리도 없다. 모두가 내몸같이 사랑하기 때문이다.

지금의 시대는 교회 성장과 부흥을 사역자에게만 맡겨놓을 수 없는 상태에 이르렀다. 만일 평신도 한 사람이 교회를 성장시키거나 부흥시킬 수 있다면, 그리 많은 시간이 필요한 것은 아니다. 1년 안에도 가능하고, 2년이라도 가능하고, 3년이면 족하리만큼 이룰 수 있다는 것이 성경의 논리이다. 예수님은 3년 공생애 동안에 사역자의 갈 길과 모든 평신도의 갈 길과 또한 선교사들의 갈 길과 더불어 교회 개척하는 길과 교회를 성장시키고 부흥시키는 길을 빈틈없이 보여주셨다. 그래서 예수님은 "나를 본받으라. 나를 따르라"고 말씀하신 것이다. 실제로 예수님은 행동으로 다 보여주셨다는 사실이다. 물론 예수님은 우리와는 다른 인류 전체를 죄에서 구원하기 위해, 죄 값을 치르시기 위해 십자가에 못 박히셨다. 예수님은 십자가상에서 일곱마디 말씀을 하셨는데, 그중에서 "다 이루었다"라는 말은 원어로 보면 Τετέλεσται(테텔레스타이)인데, 이 말은 "다 지불했다, 다 갚았다, 완성하였다, 성취되었다"의 뜻이다. 그러니까 예수님은 3년 만에 하나님의 사역을 완성하신 것이다. 더하지도 않고 덜하지도 않고 순수하게 100% 완성을 이루어 놓으신 것이다.

완성이라는 속에는 또 다른 요소가 담겨있다고 보아야 한다. 사역자이든 평신도이든 간에 상관없이 3년이면, 교회의 내적 성장, 외적 부흥 뿐만 아니라 교회 개척과 개인 신앙의 성장도 다 완성할 수 있다는 길을 보여주신 것이다. 아니 암시적으로 선포하신 것이 더 맞는 말인 듯싶다. 어떤 성도는 예수님은 신이시고 우리는 죄인 된 인간인데 그런 일이 가능한 일이냐고 반문할 수 있다. 그런데 중요한 것은 예수님은 신인 것(2위격)은 맞지만, 우리와 똑같이 육을 가지고 태어나셨고 우리처럼 어린 아이의 과정을 거쳐 청소년기와 청년의 시대를 거쳐 30세에 드디어 하나님의 사역에 뛰어 드셨던 것이다. 인간과 똑같이 말이다. 예수는 신이시기 이전에 인간이셨다. 필자는 2022년 11월에「사역자의 필수지침서, 100% 예수님의 방법론」이라는 책을 편찬한 바 있다.(비전사) 제목은 "교회개척 교회성장 3년에 성공하는 길"이라는 책자이다. 한참 코로나로 인해 교회가 하곡선을 긋고 있을 때에 기도하다가 성령의 감동을 받아 쓰게 되었고 이 책의 원본을 출판사에 넘기고 있었는데, 이제는 "평신도의 필수지침서로 쓰라"는 성령의 감동을 받아 다시 펜을 들었다. 역시 이 책자도 100% 예수님의 방법론이 부제로 달아지게 될 것이다.

오늘날의 평신도들이여! 참신앙을 정확히 알고 남은 시간 허비하지 않는다면, 1년 혹은 2년 아니면 3년 안에 교회 부흥과 성장을 이루는 일에 참여하여서 평신도들의 믿음으로 한국교회를 다시 일으키길 바란다. 평신도를 통해서 은혜를 주신 하나님께 가장 귀한 영광을 돌리게 된다면, 하나님께서는 이 나라를 더 크게 부흥시켜 주시고, 더 크게 사용하여 주시리라 믿는다.

1. 3년의 성취를 계획하신 하나님을 보라 : 교회부흥의 예언

　구약과 신약 아니 인류의 역사와 우주 전체의 역사는 모두 하나님의 창조와 하나님의 계획 속에서 다 이루어졌고 또 이루어져 가고 있다. 참새 한 마리가 포수에게 떨어지고 안 떨어지는 것도 모두 하나님의 계획 속에 있는 것이지 포수의 손에 달리지 않았다는 이야기다. "참새 두 마리가 한 앗사리온에 팔리지 않느냐 그러나 너희 아버지께서 허락하지 아니하시면 그 하나도 땅에 떨어지지 아니하리라"(마10:29, 눅12:6) 그런데 하나님께서는 3년이라는 시간을 우리에게 굉장히 소중한 시간임을 알려주고 있다.

　하나님께서 아브람에게 "아브람아 두려워하지 말라 나는 네 방패요 너의 지극히 큰 상급이니라"(창15:1)라고 하셨는데, 아브람은 "저는 자식이 없습니다. 그래서 나의 상속자는 양아들인 다메섹 사람 엘리에셀로 삼으려고 합니다" 그때 하나님께서는 "아니다. 반드시 네 몸에서 날 자가 네 상속자가 될 것이다" 하나님께서는 아브람을 밖으로 불러내신 다음 하늘의 뭇별을 보여주시면서 네 자손도 저와 같을 것이다. 그때 아브람이 여호와를 믿었다고 말씀하고 있다. 그래서 하나님께서는 그의 믿음을 의(義)로 여기셨다고 성경에 기록되었다. (창15:6)
　아브람이 하란 땅에서 75세에 가나안땅으로 내려는 왔지만, 하나님께서 보실 때는 아직도 믿음이 작거나 흔들리는 상태였다고 판단하신 것이다. 분명히 하나님께서는 아브람에게 본향, 친척, 아비 집을 떠나라고 명령하셨지만, 아브람은 두 가지 명령을 따르지 않았다. 그 하나는 조카 롯을 데리고 온 것이었고, 또 하나는 일부의 재산(양들)을 가지고 왔기 때문이었다. 혹시 가나안땅에 가면 외롭기도 하겠기에 조카를 대동하게 되었고 먹을 것이 없으면 굶을 테니까 일부의 재산을 가지고 온 것이었다. 그만큼 하나님을 신뢰하는 믿음이 없었다는 증거이다.

그 후 10여 년이 넘어서 아브람은 하나님께서 인정하시는 믿음을 갖게 된 것이다. 그의 아내 사래의 임신 시기가 지난 것을 알면서도 아브람은 하나님의 말씀을 믿었기에 하나님께서 그의 믿음을 "의"로 여기셨다. 여기에서 가장 중요한 단어는 "믿음"이라는 말이다. "믿음"은 원어로 (아만)인데, 이 말은 "일어나있다, 머물다, 견고하다"라는 뜻이다. 우리가 흔히 쓰는 아멘은 바로 아만에서 나온 말이다. 이때부터 아브람은 믿음의 조상이라는 터를 마련한 것이었다. "의"라고 하는 말은 원어로 (체다카)인데, "하나님 앞에서 옳다"라는 뜻이며 결국 하나님께로부터 "의인"이라고 승인받는 것이었다.

이후에 하나님께서는 하갈의 문제로 13년 동안 한 번도 아브람을 찾아오시지 않으셨으며 아브람의 나이 99세 때에 아브람에게 오셔서 "네 이름이 아브람이지만 앞으로는 아브라함이라고 부르겠다"고 말씀하시며 한 가지 조건을 요구하신 것이 바로 할례였다. 할례 후에 자식을 주시겠다고 약속을 하셨다. 할례는 이스라엘 백성들의 예표가 되었다. 여기에 중요한 것은 바로 "의"라고 하는 단어이다. 인간은 100% 죄인이다. 선하게 살았건 악하게 살았건 그것은 상관없다. 그런데 하나님께서 의로 여기시면 의인의 반열에 서게 된다. 한문에 "義"(옳을 의)자를 분석해 보면 羊(양)과 我(아)의 연합인데, "양"은 예수님을 말하고 "아"는 인간의 자아를 말한다. "양"은 착하고 순수하다는 말이고, "아"는 인간 자신을 말한다. 전도서 기자 솔로몬은 "내가 깨달은 것은 오직 이것이라 곧 하나님은 사람을 정직하게 지으셨으나 사람이 많은 꾀를 낸 것이니라"(전7:29)라고 말하고 있다. 義가 되려면 인간의 삶을 위해 어린양 되시는 예수님을 얹는 것이다. 그렇지 않고 내 자아가 위에 있고 "양"자가 밑에 있으면, 구원 받지 못한 타락한 인간이 되는 것이다. 사실 세상에 모든 언어를 들여다보면 모든 언어가 성경 말씀과 결탁되어 있음을 알게 된다.

하나님께서는 아브람에게 의(義)의 칭호를 주시면서 제물을 요구하셨다. 이 제물은 오직 하나님을 위한 제물이어야 했다. 그 제물은 3년 된 암소, 3년 된 암염소, 3년 된 숫양 그리고 산비둘기와 집비둘기 새끼였다. 하나님께서는 아브라함에게 3년이라는 것을 3가지 짐승에서 꼭 지정하신 까닭이 무엇일까?(창15:9)

3가지 종류의 짐승들은 3년이면 다 성숙한 상태가 된다. 3년이 안 되면 덩치가 크다고 하더라도 드릴 수 없고, 3년이 넘어 4년이 되어도 하나님께는 드릴 수가 없다. 예수님의 공생애 3년은 아브람에게 요구하셨던 3종류의 짐승 제물들과 깊은 연관성이 있다. 비둘기의 문제는 있었지만, 하나님께서는 아브람의 제물을 받으시고 언약까지 맺어주셨다. 반면에 레위기에는 "너희가 그 땅에 들어가 각종 과목을 심거든 그 열매는 아직 할례받지 못한 것으로 여기되 곧 삼 년 동안 너희는 그것을 할례받지 못한 것으로 여겨 먹지 말 것이요"(레19:23)라고 명하셨다. 하나님은 사실 원예가이기도 하시다. 과수는 1년, 2년, 3년에도 열매가 열리지만 앞으로 좋은 열매를 맺기 위해서는 모두 제거하지 않으면 안 된다. 그래야 나무가 잘 성장할 수 있고 성장한 후에는 열매를 더 많이 따게 되는 진리이다. 원예가들은 1년, 2년, 3년 동안에는 꽃봉오리조차도 허락하지를 않는다. 그것은 일단 나무를 너무 되게 하려는 것이다. 그러면 4년째는 거룩하니 하나님께 드리고 5년째에 과수를 심은 자들로 열매를 먹게 하셨다.

하나님의 뜻은 3년 동안은 할례받지 못한 것으로 여기라고 말씀하시고 있다. 할례받지 못했다는 의미는 제대로 성장하지 않은 나무의 열매는 합당하지 못하다는 의미이다. 정말 하나님께서 허락하시는 과수나무의 열매는 반드시 제대로 성장한 나무의 열매여야만 한다는 진리이다. 왜 하나님께서 3년이라는 기준을 두고 말씀하실까? 당연히 의문을 품을 수밖에 없다. 그리고 왜 3년이 안 된 나무의 열매는 할례에 빗대어 말씀하실까? 할례는 하나님의 택한 이스라엘 민족의 특성이다. 야곱이 세겜에 머물 때 그곳에 살고 있던 세겜 사람들은 할례를 생각조차 못 하고 있었던 사람들이었다. "할례"는 원어로 (오를라)인데, "양피, 포피"라는 뜻이다. 이 의식은 하나님께서 특별히 선택하신 이스라엘 민족에게 명하셨고 모세 때에 할례받은 이스라엘은 "내 아들 내 장자라"(출4:22) 하실 만큼 중요한 의식이었다. 이 말의 뜻은 "나의 처음 아들이라"는 말이다. 구약의 할례를 신약으로 옮겨오면 세례이다. 할례나 세례는 한 의식이지만 의식 이상의 의미가 크다고 볼 수 있다.

 하나님은 모세가 아들에게 할례를 행하지 않았으므로 모세를 죽이려고 하자 십보라가 아들의 포피를 베어 던졌더니 하나님께서 모세를 놓으셨고 십보라는 모세에게 당신은 나에게 "피남편"이라고 고백하게 된다. 이처럼 구약의 할례나 신약의 세례는 하나의 영적 증표였다. 오늘날 사역자들은 세례에 대해 자세히 가르치고 세례받는 이들은 세례의 중요성을 깊이 깨닫고 세례를 받아야 함은 대단히 중요한 문제이다. 이방 민족 갈대아인들도 이스라엘을 포로로 잡아가서 다니엘과 그의 세 친구를 왕궁에서 쓰임 받게 하려고 갈대아인의 학문과 언어를 가르치는데 3년이라는 기간을 두고 있었다.(단1:5) 바벨론 궁의 생각은 3년이면 족하다는 표현이었다. 3년이 끝나자 느브갓네살 왕은 다니엘과 그의 세 친구들을 왕 앞에 서게 하였다. "그때에 왕이 그들에게 모든 일을 묻는 중에 그 지혜와 총명이 온 나라 박수와 술객보다 열 배나 나은 줄을 아니라"(단1:20)라고 성경은 밝히고 있다. 성경은 왜 이방 나라의 왕실의 법을 밝히고 있는 것일까? 제물로 드려야 할 짐승도 3년이면 족하고, 가나안땅에 처음 심은 과실나무도 3년이면 족하고, 이방 나라인 바벨론도 그 나라의 언어와 도를 배우는 데에 3년이면 족하다는 것이다. 그래서 다니엘과 세 친구들은 바벨론 대국에 쓰임 받기에 부족함이 없었다.

 그런데 예수님이라면 3년이면 족하지 않으셨을까? 그럼 더 나아가 모든 사역자뿐만 아니라 모든 평신도가 교회 성장(내적)이나 교회 부흥(외적)을 시키는데 3년이면 족하지 않을까 묻고 싶다. 어떤 교회는 10년이 가도, 20년이 가도 그대로라면 이것은 정말 끔찍한 일이 아닐 수 없다. 평신도들이여! 우리 함께 일어나자! 1년에 혹은 2년에, 못해도 3년에는 목표 지점까지 도달해 보면 안 될까?

2. 3년에 "다 이루었다" 외치신 예수님 : 교회부흥의 모본의 성취

　예수님의 일생은 33년이지만, 30년까지의 삶은 남은 3년의 성취를 위해 사신 것이었다. 실제로 예수님의 3년의 삶은 인류의 죗값을 다 치르시기 위해 사셨고, 최종적으로 십자가에 못 박혀 죽으실 때에 온몸의 피를 다 쏟으시면서 일곱 마디 말씀을 남기셨는데 마지막으로 "다 이루었다(테텔레스타이)"라고 외치신 후 머리를 숙이셨다. 인간의 죗값은 오직 메시아이신 예수님의 보혈만이 갚을 수 있는데 유일한 값이었다. 그 누구의 피도 인간의 죗값을 갚을 수는 없다. "다 이루었다"라는 말의 뜻은 "다 갚았다, 다 지불하다, 다 성취하다, 다 완성하다"라는 의미이다.
　예수님은 사역자들의 삶의 길을 제시하셨고 더 나아가 길만 보이신 것이 아니라 행동으로 다 보여주셨다는 것이다. 실제로 사역이 3년에 다 이루어졌다. 이것은 사역자들이 그냥 넘겨서는 안 될 사안이다. 그럼에도 많은 사역자가 이 일은 예수님에게만 해당되는 일이지 우리 사역자들과는 3년이라는 시간이 상관없는 일처럼 생각하며 사역하고 있다는 사실이다. 그러니 10년이 지나가도 교회 부흥이 없고 내적으로 교회 성장이 없는 것은 참으로 안타까운 일이 아닐 수 없다. 또한 예수님은 모든 평신도의 신앙생활의 길을 본으로 보여주셨고 실제로 행동으로도 보여주셨다. 그렇다면 평신도들도 3년에 "다 이루었다"하여야 한다는 것이다. 교회 안에서는 직분이 중요한 것은 아니다. "누가 영적으로 신앙이 성장했느냐, 누가 교회를 부흥시키느냐"가 더 중요하다는 말이다. 모든 평신도가 지금이라도 예수님이 공생애에 들어가시기 전 어떻게 하셨는 가를 꼼꼼히 살펴보면 누구라도 알 수가 있다. 성장(부흥)에는 양적성장 과 질적 성장이 있다.

  질적성장은 모든 성도들이 예수님 믿기 전의 모습이 아니라 예수님 을 믿은 후에 반드시 변화를 받아야 한다는 것이다. 바울은 로마교회 에 "너희는 이 세대를 본받지 말고 오직 마음을 새롭게 함으로 변화를 받아 하나님의 선하시고 기뻐하시고 온전하신 뜻이 무엇인지 분별하도 록 하라"(롬12:2)라고 말씀을 전하였다. 변화를 받는다는 것은 이제부 터 예수님을 닮아가기 위해 거룩해져 가야 한다는 것이다. 이것을 신학 에서는 성화(聖化), 영어로는 Sanctification이라고 한다. 국어사전에 보 면 성화는 "신의 은총으로 의를 인정받은 자가 성령을 받아 신성한 인 격을 완성하는 일"이라고 정확하게 기록되어 있다. 성화라는 말은 성경 에는 기록되어 있지 않다.

  성화는 두 가지 요소로 이루어진다.(딤전4:5) 하나는 말씀이다. 그런 데 국어사전에 밝히듯 "성화는 성령을 받아 신성한 인격(예수님)을 완 성하는 길"이라고 기록한 것처럼 거룩해지는 것은 성령세례를 받은 성 도만이 성화의 과정에 들어갈 준비가 있는 것이다. 성령세례를 받지 못 하면 말씀을 들어도 읽어도 깨닫지 못하고 은혜도 받지 못한다. 이유가 무엇일까? 하나님의 모든 말씀은 하나님의 감동으로 쓰여졌기 때문이 다.(딤후3:16, 벧후1:21) 하나님의 감동은 영감을 말하는 것이다. 영감 은 성령의 역사이다. 결론은 성령세례 없이는 절대로 성화를 이룰 수가 없다는 것이다. 성령세례 받기 전 신앙과 성령세례 받은 후에 신앙은 엄 밀히 말하면 하늘과 땅 차이라고 할 수 있다. 예수님의 제자들은 예수님 과 같이 지내면서 3년이라는 시간을 보냈다.(필자의 소원이 있다면 정 말 예수님하고 딱 하루만 보낼 수만 있다면 하는 것이다) 그런데 제자들 은 약 1100일 정도를 예수님과 생사고락을 하였지만 그들의 신앙은 엉 망이었고 어디에 내놓기에도 수치스러울 만한 모습이었다. 감히 성화라는 말을 꺼내기도 부끄러울 정도의 수준 이하였다. 그러나 이러한 제자들이 사도행전 2장에서 성령세례 받은 후부터는 점점 성화의 과정에 들어가 예수님을 닮아가는 모습을 엿볼 수 있게 된다. 사도행전은 제자들의 성화된 모습의 역사이기에 오늘에 사는 우리 평신도들은 똑똑히 엿볼 수 있을 것 같다.

필자는 교회 첫발 디딘 것이 부흥회 첫날 월요일이었다. 금식을 원해서 한 것이 아니라, 오직 하나님을 만나야겠다는 신념에서부터 나온 것이고 6일 동안 눈을 붙이지 않은 것도 하나님을 만나기 위해서였다. 토요일 새벽 6시에 하나님을 만나는 축복을 받았다. 꼬박 10시간을 눈물과 콧물과 그리고 입물을 쏟아내며 18평짜리 교회 바닥을 물걸레질 친 것처럼 흥건히 적시었다. 그 가운데 예수님의 "예" 자도 모르는 필자에게 하나님께서 성령세례를 부어주셨고 함께 많은 은사도 부어주셨다. 사실 성경책노 찬송가도 없었다. 그것을 살만한 여유조차 없이 궁핍하였던 때였다. 어느 날 성경책과 찬송가도 얻었고, 어떤 날은 말씀이 얼마나 은혜가 되던지 밤을 지새우기도 하였고, 성경을 껴안고 펑펑 울기가 일쑤였다. 읽은 말씀은 암송이 되기도 하였고, 말씀들이 다 믿어지고 깨달아져서 그럴 때마다 흐르는 눈물을 주체할 수 없었다. 교회 첫발을 내딛기 전만 해도 우울증으로 시달리며 이 세상을 떠나버릴 생각에 젖어있었다. 그런데 필자는 성령세례가 무엇인지, 성화가 무엇인지 전혀 알지 못하였다. 그런데 이상한 것은 매일매일의 삶이 누군가에게 끌려가고 있다는 생각을 수없이 갖게 되었다. 나중에 알게 된 일이지만, 당시 필자의 삶을 성령이 이끌고 계셨다고 믿는다. 필자의 마음이 이상하리만치 사랑의 마음으로 바뀌어져 있음도 깨닫게 되었다. 그 뒤부터는 교단에서 치루는 성경 암송대회, 성경 퀴즈대회, 사경회(성경공부)에서 1등을 놓치지 않았다. 길을 갈 때나 운동을 할 때나 어떤 일을 할 때도 언제나 말씀을 묵상하며 스스로 하나님의 은혜를 받게 되었다.

설교가라고 해서 다 똑같은 설교가 아니었다. 말을 잘하고 똑똑하다고 해서 설교를 잘하는 것이 아님을 알게 되었다. 잘 웃긴다고 해서 깊이 있는 설교도 아님을 알게 되었다. 평신도들에게 마음에 진한 감동을 주고 그 전하는 말씀에 능력이 있어야 함은 후에 목회 사역을 할 때 큰 깨달음이 되었다. 어떤 사역자는 "우리 교회 평신도들은 왜 기도하지 않는지 모르겠다"라고 이야기한다. 그렇다면 그 사역자는 참으로 어리석은 사역자이다. 자신의 설교 말씀에 능력이 없기 때문인 것을 남 탓으로 돌리는 것이다.

시편 기자는 "복 있는 사람은 악인들의 꾀를 따르지 아니하며 죄인들의 길에 서지 아니하며 오만한 자들의 자리에 앉지 아니하고 오직 여호와의 율법을 즐거워하여 그의 율법을 주야로 묵상하는도다."(시1:1-2)라고 고백한다.

죠지 뮐러 목사(1806-1898)는 독일태생이지만 제2차대전 때 독일이 영국을 공격하여 많은 고아들이 생겨 영국으로 건너가 고아원을 시작한 사역자이다. 그는 말하기를 "하나님의 말씀을 묵상하노라면 영혼의 회개, 감사, 기쁨과 즐거움 그리고 기도를 얻게 된다"고 고백하였다. 그는 92세에 하나님의 부르심을 받기까지 3000여 명의 고아를 길러냈는데 "그 힘이 바로 하나님의 말씀을 묵상하는 데서 얻어졌다"라고 말했다.

"묵상"은 원어로 (하가)인데, "작은 소리로 읊조리다, 속삭이다, 노래하다, 명상하다"라는 뜻이다. 묵상은 하나님과 속삭이는 것(대화)이라 볼 수 있는데 그 묵상의 기초석은 바로 말씀이라는 것이다. 묵상은 사실 복합적인 단어이다. 흔히 말하기를 부부는 닮는다고 한다. 구약에서 하나님은 말씀하시기를 "나는 너희의 남편이라는 말씀은 택한 민족 이스라엘은 내 아내라는 말씀"(사54:5-7,렘3:14,31:32)임을 보면 우리는 하나님을 닮아가야 하지 않을까?

성도를 거룩하게 하는 것은 말씀이다. 우리가 호흡하기에 생명이 존재한다. 인간은 아무리 건강해도 숨을 쉬지 못하면 죽는다. 말씀은 들숨이다. 하나님께서 주시는 말씀을 들이마시지 않으면 우리 영은 죽고 만다. 그러면 영의 사람이 아니라 짐승과 같은 혼의 사람으로 전락하고 만다. 그런데 들숨에 아무리 공기를 많이 마신다고 해도 문제가 되지 않는 것처럼 하나님의 말씀은 아무리 많이 읽고, 많이 듣고, 많이 묵상해도 절대로 탈이 나지 않는다. 모든 평신도들은 말씀에 젖어 살아야 한다. 그러면 저절로 거룩해지게 마련이다.

성화를 이루는 요소의 또 다른 한 가지는 기도이다.(딤전4:5) 말씀이 들숨이면 기도는 날숨이다. 하나님의 말씀이 위로부터 우리에게 오는 것이라면, 기도는 우리가 하나님께 그 무엇인가를 드리는 것이다. 우리는 하나님께 드리는 것들이 많다. 십일조, 헌물, 감사, 전도, 헌신, 봉사, 충성 등이다. 그런데 기도가 없으면 하나님께 드리는 그 많은 것들이 무용지물이 될 수밖에 없다. 왜냐하면 우리의 날숨이 없기 때문이다. 들숨뿐만 아니라 우리에게 날숨이 없으면 우리 영은 죽고 만다. 영은 죽어있는데 하나님께 그 무엇인가를 드린다면 그것은 혼의 예물이 될 것이다. 하나님께서는 혼의 예물은 절대 받지 않으신다. 하나님은 영의 하나님이시기 때문이다. 하나님께 드리는 예물의 제일 귀중한 것은 바로 기도(날숨)이다.

계시록에는 "또 다른 천사가 와서 제단 곁에 서서 금향로를 가지고 많은 향을 받았으니 이는 모든 성도의 기도와 합하여 보좌 앞 금 제단에 드리고자 함이라 향연이 성도의 기도와 함께 천사의 손으로부터 하나님 앞으로 올라가는지라"(계8:3-4)라고 기도에 대해 말하고 있다.

다윗이 하나님께 드린 재물이 오빌의 금 3,000달란트, 은 7,000달란트, 이 재물은 오늘의 돈으로 환산하면 실로 어마어마한 금액이다. 금이 162톤, 은이 378톤이나 된다. 그러나 하나님께서는 다윗이 드린 기도를 더 기뻐하셨고 사실 다윗의 이런 사유재산도 다윗이 하나님께 질문경영(기도와 응답) 때문이었음을 의심할 여지가 없다.

3. 초대교회의 3년의 대성취 : 교회부흥 방법론

예수님은 부활하시고 40일 동안 제자들에게 열한 번 보이셨다. 말씀하신 내용 중에 사실 세 가지가 핵심 요소였다.

첫째는 "성령을 받으라"는 명령이었다.(눅24:49, 요20:22, 행1:5) 왜 첫째로 필자가 성령을 받으라는 것을 꼽을까? 예수님의 명령에 복종하면 사실 부활도 자연적으로 믿어지고 증인의 삶도 배워서가 아니라 저절로 성령께서 입을 벌려 복음 비밀의 말씀을 전하게 하시기에 "성령을 받으라"는 말씀만 받아들인다면 교회 성장은 3년이 안 되어도 크게 부흥시킬 수가 있다.

둘째는 바로 부활 신앙을 가져야 한다는 말씀이다. (마28:6, 막16:9, 눅24:34, 눅24:46, 요20:18, 요21:14) 기독교의 주체가 바로 십자가와 부활이기에 예수님이 십자가를 지신 것을 받아들이지 못하거나 예수님의 부활을 믿지 못하면 기독교적 믿음이라고 볼 수 없을뿐더러 부활이 없다면 승천이 없는 것이 되고 만다. 그러면 기독교적 믿음이 아니면 마지막 날 예수님이 공중에 재림하시면 휴거도 있을 수 없는 것이 되는 것이기에 영적으로 대단히 심각한 문제가 아닐 수 없다. 그래서 부활하신 예수님께서도 11번이나 제자들에게 나타나 보이셨을 뿐만 아니라 계속해서 부활을 믿어야 한다고 강조하신 것이다. 제자들은 한때 부활 신앙을 받아들이지 못할 때가 있었다. 예수님은 공생애 3년 동안에 부활에 대해 3번씩이나 고난을 받고 죽을 것이고 그 후에 3일 만에 반드시 부활하실 것을 강조하시면서 말씀하셨는데도 말이다.

셋째는 반드시 증인이 되라는 말씀이었다. 다시 말해 복음을 전하되 만민에게 전해야 한다는 것이었다. 사실 하나님께서는 이스라엘을 선택하시고 세우셨는데, 그 이유는 세계 열방에게 바로 하나님을 알게 하는 것이었다. 2700년 전 이사야 예언자는

"나 여호와가 말하노라 너희는 나의 증인, 나의 종으로 택함을 입었나니 이는 너희가 나를 알고 믿으며 내가 그인 줄 깨닫게 하려 함이라"(사 43:10).
"내가 알려주었으며 구원하였으며 보였고 너희 중에 다른 신이 없었나니 그러므로 너희는 나의 증인이요 나는 하나님이니라 여호와의 말씀이니라"(사43:12).
"너희는 나의 증인이라 나 외에 신이 있겠느냐 과연 반석은 없나니 다른 신이 있음을 내가 알지 못하노라"(사44:8)라고 외쳤지만,

이스라엘은 그 후 이스라엘의 하나님을 다른 족속이나 민족에게 알리지 않았고 더 나아가 자기들만의 신이라고 오히려 열방의 하나님을 가두어 두는 범죄를 저지르고 말았다. 결국 그들은 하나님의 증인이 되기를 대놓고 거부한 행위를 보였다. 그 결과물이 결국 예수님을 십자가에 못 박아 죽게 했다. 예수님은 분명하고도 명백하게 말씀하신다.

마태는 "내가 장로들과 대제사장들과 서기관들에게 많은 고난을 받고 죽임을 당하고 제삼 일에 살아나리라"(마16:21)
"인자가 장차 사람들의 손에 넘겨져 죽임을 당하고 제삼 일에 살아나리라"(마17:22-23)
마가는 "인자가 많은 고난을 받고 장로들과 대제사장들과 서기관들에게 버린 바 되어 죽임을 당하고 사흘 만에 살아나야 할 것을 비로소 그들에게 가르치시되"(막8:31)

"어찌 인자에 대하여 기록하기를 많은 고난을 받고 멸시를 당하리라 하였느냐"(막9:12)

누가는 "이르시되 인자가 많은 고난을 받고 장로들과 대제사장들과 서기관들에게 버린 바 되어 죽임을 당하고 제삼 일에 살아나야 하리라"(눅9:22)

"그리스도가 이런 고난을 받고 자기의 영광에 들어가야 할 것이 아니냐"(눅24:26)

"또 이르시되 이같이 그리스도가 고난을 받고 제삼 일에 죽은 자 가운데서 살아날 것과"(눅24:46)

그렇다면 분명한 대답은 우리 예수님을 핍박한 자는 로마의 총독인 본디오 빌라도가 아니라 바로 종교 지도자들인 장로들과 대제사장들과 서기관들이었다고 명백하게 말씀을 하셨는데, 본디오 빌라도에게 고난을 받았다는 사도신경은 사실 이스라엘 종교 지도자들에게 면죄부를 주는 것이라고밖에 볼 수가 없다.

예수님은 십자가의 고난을 말씀하실 때, 단수로 말씀하신 적이 한 번도 없으셨다. 단수로 말씀하셨다면, 그 한 사람 본디오 빌라도라고 할 수도 있지만, 예수님은 사람들에게 고난을 받고 또한 구체적으로 그 사람들의 직분을 정확하게 말씀하셨는데 성경 기자들도 직분의 순서를 어기지 않았다는 점이다. 제일 먼저 장로들이요, 그다음이 대제사장들이요, 그다음이 서기관들이었다고 증거하고 있다. 고로 분명한 것은 예수님에게 고난당하게 하신 무리들은 바로 세종류의 무리였다는 것이다. 물론 사도신경이 종교회의에서 결정되었지만, 이것은 성경과는 거리가 너무 멀지 않은가, 고개를 갸우뚱하게 만든다. 아마 예수님께서 재림하셔야 이 문제는 제자리를 찾지 않을까?

음주운전 사고가 나면 사고를 낸 음주 운전자가 아닌 다른 사람이 운전했다고 주장하는 것과 무엇이 다르랴. 그런데도 이런 문제를 제기하는 사역자들이 없다는 것이 가슴 아픈 일이다. 우리는 말씀으로 돌아가야 한다. 오늘날 많은 그리스도인들이 자신이 예수님의 십자가 사건과 부활 사건의 증인이라는 사실을 잊고 살아가고 있지는 않은가 하는 문제이다. 증인은 아무나 되는 것이 아니라는 것이 성경의 증언이다. 사도행전의 기자는 "오직 성령이 너희에게 임하시면 너희가 권능을 받고 예루살렘과 온 유대와 사마리아와 땅끝까지 이르러 내 증인이 되리라"(행1:8)라고 예수님이 승천하시기 전에 하신 말씀을 정확하게 기록하였다.

　예수님은 실상 형편없는 제자들을 남겨놓으시고 감람산에서 구름을 타고 승천하시었다. "이런 제자들을 그냥 놔두고 어찌 그리 가셨을까?"라고 의아해할 수 있다. 그러나 예수님은 분명히 제자들이 성령을 받기 위해 기도할 것이고, 예수님께서 그들에게 성령세례를 베푸심으로 제자들이 부활 신앙이 되어 증인의 삶을 위해 전 세계를 향해 달려갈 것을 이미 알고 계셨기 때문이었다. 예수님의 믿음은 정확하셨다.

　감람산에서 승천하실 때, 500여 형제들이 있었고 그들은 그곳에서 하신 말씀과 하늘로 가시는 모습을 두 눈으로 똑똑히 보았다. 그런데 마가의 큰 다락방에 모인 사람은 120명 정도였다. 그럼 380여 명은 어디로 갔을까? 성경은 이들에 대해 전혀 관심을 가지지 않았다. 먹고 살기 위해 갔는지, 사업 때문에 갔는지, 하던 일을 마치고 오려고 했는지, 아니면 죽음이 두려워 그 자리에 나타나지 않았는지, 혹은 유대교의 눈치를 보느라 그랬는지는 아무도 모르지만, 하나님은 다 알고 계셨다. 전지하신 하나님이시기에 가능한 일이다. 큰 다락방에 모인 120여 명은 10일 동안 오로지 기도에 힘썼다.(행1:14) 120여 명의 기도의 제목은 성령세례를 부어달라는 것이었다. 이들에게는 성령세례보다 더 중요한 것은 없었다. 그리고 이것이 예수님의 마지막 명령이었고 부탁이었다. 그들은 여기에 목숨을 걸었던 것이었다. 오늘날 평신도들도 먹고사는 문제보다 여기에 목숨을 걸어야 하지 않을까? 이 문제는 성령을 받아도 되고, 받지 않아도 되는 문제가 아니라 이것은 예수님의 명령이고 간절한 부탁이다. 120 문도들만의 문제가 아니라 오늘날 모든 평신도들의 문제라는 것이다. "왜 예수님은 승천하시기 전에 이 말씀을 하셨을까?"라고 생각해 본 적이 있다면, 그래도 성경을 올바로 보는 성도라고 말할 수 있다.

예수님은 알고 계셨다. 성령의 이끄심이 없이는 절대로 참신앙의 길은 갈 수 없다는 것을 정확하게 꿰뚫고 계셨기에 사역을 시작하시기 전에 요단강에서 세례를 받으시고, 그 자리에서 성령을 달라고 아버지께 기도하심으로 비둘기의 형체로 성령이 예수님에게 임하셨고, 그 후에 더 기도하셔서 성령 충만하여 광야에서 40일 금식기도를 통해서 성령의 능력까지 갖추시고, 갈릴리에서 복음을 전파하시고 제자들을 선택하시었다. 120여 명은 한 사람도 낙오됨이 없이 모두에게 하나님께서 성령세례를 부어주심으로, 드디어 예루살렘 교회가 태동하게 된 것이었다.

성령이 없는 교회는 교회라고 볼 수 없다. 식물의 모든 것은 껍데기와 알맹이가 있게 마련이다. 껍데기를 얻고자 농부가 그 무더운 여름에 땀을 흘리는 것은 결코 아니다. 그 껍데기 속에 알맹이를 얻고자 함인 것처럼 교회도 껍데기 신앙만 있다면 농부이신 하나님의 실망은 얼마나 크실까? 우리는 예루살렘 가까이 가신 예수님이 열매 없는 무화과 나무를 보시고 저주하심으로 뿌리서부터 말라 죽었던 사실을 알고 있다.(막 11:20) 이 사건은 열매 없는 유대교를 질타하신 사건이었다. 교회도 껍데기만 있고 열매가 없다면, 예수님의 저주를 피해 가지는 못할 것이다. 중세교회가 그랬고, 아마도 마지막 종말 시대가 그럴 것으로 예측된다. 많은 교회들이 성령이 아닌 지성으로 이끌려 가고, 물질 만능 시대에 성령이 아닌 물질에 의해 좌지우지되고, 과학의 시대에 성령이 아닌 과학에 부합해야 인정하는 교회로 전락하게 될 것이다.

미국 남부에 백인들이 모이는 큰 교회가 있었다. 사람들이 얼마나 많이 모이는지 발 디딜 틈조차도 없었다. 노예로 살던 흑인 남성이 꼭 한번 저 교회에 가서 예배를 드려보고 싶은 충동을 일으켰다. 그래서 예배 시간에 들어가려는데 흑인이라서 입장을 거부당했다. "나는 이 교회에서 하나님께 단 한 번만이라도 예배드리고 싶은데 안내위원이 거절하니 어쩔 수 없구나"라고 혼잣말로 중얼거리며 다음 주에 다시 한번 도전하기로 했다. 다음 주일 날 몸을 깨끗하게 하고 옷을 깨끗이 빨아서 입고 교회를 찾았는데 또다시 안내위원들에게 거절당하고 말았다. 그 흑인 남성은 교회로 올라가는 계단 맨 끝에 앉아 기도드리다가 깜빡 잠이 들고 말았다. 꿈인지 생시인지, 허름하게 옷을 입으신 한 분이 자기 발 앞에 나타나시어서 깜짝 놀랐다. "너는 왜 교회에 안 들어가고 여기서 앉아있느냐?"라고 묻기에, "흑인이라고 예배 참석을 못 하게 해서 이 계단에 앉아서라도 예배를 드리고 싶었습니다. 그런데 제가 잠시 졸았나 보죠. 죄송합니다" 그때에 발 앞에 서신 분의 형체가 드러나는데 예수님이셨다. 그 순간 예수님이 그 흑인 남성에게 "내 사랑하는 아들아 나도 이 교회에 못 들어가게 하는데, 네가 어떻게 들어가겠느냐?"하시며 그 흑인 남성을 쏙 껴안아 주실 때, 그 흑인 남성의 눈에서 하염없이 눈물이 쏟아져 내렸다. "예수님 나 같은 흑인, 나 같은 죄인을 찾아주시고 위로해 주셔서 감사드립니다" 이내 예수님은 어디론가 떠나버리시고 그 흑인 남성의 옷 앞자락과 바지가 흥건히 눈물로 젖어있었다. 이것이야말로 진정한 예배이며 성령이 함께하는 예배가 아닐까? 수천의 성도가 있는 그 백인교회는 진정한 교회일까? 아마도 성령이 없는 교회가 아니었을까 되새겨보게 한다.

성령의 사람들이 된 초대교회는 무서울 것이 없었다. 목숨이 그렇게 소중하지 않았다. 그들은 각색 병든 자들을 고치고, 귀신을 쫓아내고, 많은 기사와 이적들을 행함으로 그 시대 사람들이 120여 명의 예루살렘 교회를 감당할 수가 없었다. 히브리서 11장은 '믿음장'이라고 일컫는다. 11장에 열거된 사람들의 믿음은 하나님의 영에 감동된(성령의 사람) 믿음의 사람들이었다는 것이다. 히브리서 기자는 이 믿음의 선진들의 모습을 이렇게 한마디로 고백하고 있다. "이런 사람들은 세상이 감당하지 못하였느니라"(히11:38) 성령이 충만한 교회는 바로 이런 믿음을 소유한 사람들이었다는 점이다. 그러나 교회가 세상을 감당하지 못하고 성령이 없이 이리 쓰러지고 저리 쓰러지는 모습을 예수님은 더 이상 보기를 원치 않으신다.

　코로나19 사건으로 인해 한국교회는 세상을 감당할 수조차도 없는 모습을 하나님께 보여드렸다. 세상 명령 때문에 예배가 중단되고, 쓰러져가는 미국교회처럼 영상예배로 드리고 헌금도 계좌이체로 받는 모습은 교회다움을 잃어버리게 만들었다. 북한의 지하교회는 몰래 숨어서 혹은 밤중에 어떻게든지 예배를 드리려고 하고 있다. 그러나 붙잡히면 탄광으로 끌려가고 죽음을 맞는다. 그래도 그들은 지금도 현재진행형이다. 사실 사도행전 기자는 120문도들의 신앙의 삶을 다 쫓아다니며 상세하게 기록하지는 않았다. 그러나 분명한 것은 그들이 있는 곳에서 사도행전의 역사를 일으켰을 것이라고 믿는다. 중요한 것은 사역자들이 받는 성령이 다르고, 평신도들이 받는 성령이 다른 것은 결코 아니다. 다 같은 하나님의 영, 곧 예수의 영, 성령이시다. 물론 하나님께서 주신 사역(직분)은 달라도 평신도들도 설교할 수 있고, 병도 고치고, 귀신도 쫓아내고, 능력도 얼마든지 행할 수 있다는 말이다. 이것은 절대로 문제가 되지 않는다. 하나님께서 은사를 주신대로 우리는 사역하면 되는 것이다. 그러나 중요한 것은 사역자가 못한 것을 했다고 절대로 교만해서는 안 된다. 교만이 들어가면 그때부터 사단이 그 직분자를 요리하기 시작하고 그러다 보면 이단자나 사이비로 전락하고 만다.

　사도행전 기자 누가는 교회 박해가 크므로 사도 외에 많은 그리스도인들(평신도)이 각지로 흩어지면서 복음의 말씀을 전하게 되었다(행8:4)고 기록했다. 스데반 집사, 빌립 집사의 사역은 사도들 못지않게 하나님의 역사를 일으켰다. 사도행전에는 많은 평신도들의 사역을 다 기록하지는 않았다. 그렇다고 그들이 오늘날 많은 그리스도인(평신도)이 가고 있는 성령세례 받지 않은 상태의 길을 가고 있지는 않았다.

교회 안에는 교회에 나와서 1년이면 세례받고 2년 혹은 3년 정도가 되면 집사의 직분을 받을 수 있고, 더 교회에 열심히 나오면 10년 혹은 15년 정도가 되면 권사의 직분을 받을 수 있으며, 20년 이상이 되면 장로의 직분도 받을 수 있는 것이 오늘날 교회의 구조이다. 지혜가 충만한지, 믿음이 충만한지, 성령이 충만한지는 눈에 보이지 않기에 또한 얼마나 많은 영혼을 구원하였는지와는 별개의 문제라고 봐도 되지 않을까! 문제는 각 교회에서 평신도들이 이렇게 직분을 맡고 있다는 것이다. 어느 부분에 대해 맡겼으면 반드시 곱절 이상을 남겨야 착하고 충성된 종이다. 만일 구역장(속장)으로 5가정을 맡았으면 적어도 10가정을 만들어야 예수님으로부터 착하고 충성된 종이라 칭함을 받을 수 있다. 달란트 비유에서 5달란트 받은 종은 5달란트를 더 남겨 10달란트를, 2달란트 받은 종도 2달란트를 남겨 4달란트를 주인에게 보였다. 두 종은 착하고 충성된 종이라는 칭찬을 받은 것처럼 최소한 곱절을 남기는 것이 착하고 충성된 종일 것이다. 교사라면 10명에서 20명으로, 5명이면 10명으로 반드시 만들겠다는 다짐이 필요하다.

초대교회에는 내 재물을 내 것이라 하는 이가 없었다. 성령을 받으면 가능한 일이다. 원래 재물은 하나님의 것이다. 내가 벌었다고 내 것은 절대로 아니다. 하나님이 재물을 벌게 해주셔야 가능한 일이다. 이런 사실이 초대교회는 밑바닥에 깔려있었다. 초대교회는 성령을 받기 전에는 이런 일이 한 번도 없었다. 아니 인간 역사 속에서도 이런 일은 단 한 번도 없었다. 더 중요한 것은 예루살렘 초대교회에 많은 평신도들이 자신들이 소유했던 재물을 조금이라도 제 것이라 하는 이가 하나도 없었다. 이 상황은 성령의 역사가 아니면 인간세계에서는 불가능한 일이다. 사회주의(공산주의)가 이렇게 하고자 시도해 보고 실패의 쓴맛을 보았지만, 오늘날에도 그 사상은 계속되고 있다

오늘날의 평신도들이여!

초대교회는 120명으로 시작되어 1년 만에 3,000명이 되었고(행2:41), 또다시 4장에서는 5,000명이 되었고(행4:4), 1년이 지나면서 자기 소유의 재산을 모두 하나님의 교회에 바쳤다. 그러므로 교회 안에는 부유한 자도 없는, 가난한 자도 없는 마치 천국 같은 교회를 만드신 분이 바로 하나님의 성령이셨다. 3년째에 스데반 집사와 빌립 집사와 사도들이 사마리아성(제2의 도시)을 복음으로 초토화했다는 것이 바로 초대교회의 3년의 대성취였다. 그 배후에는 바로 성령세례가 있었다는 말씀이다. 사도행전은 사도들의 사역을 많이 다루고 있지만, 많은 평신도들의 사역은 기록되지 않은 부분이 상당히 많았을 것이다. 왜냐하면 사도들의 수는 바울까지 12명에 불과하지만, 평신도들의 숫자는 셀 수 없을 만큼 많기에 다 기록한다면 지면이 부족했을 것이다.(요21:25)

이것이 바로 교회 부흥의 방법이며, 이것이 바로 예수님 부흥의 방법이다. 바로 평신도들이 성령 받은 믿음이라면 평신도 한 사람의 힘으로 3년 안에 교회를 얼마든지 성장시키고 부흥시킬 수가 있다. 결코 자신의 능력이 아닌 성령의 능력으로만 가능하다는 사실을 명심했으면 한다.(슥4:6)

모든 평신도들아! 세계를 놀라게 할 정도로 한국교회를 만들어 보자. 그러면 하나님께서는 얼마나 기뻐하실까?

제 8 장
3년의 성취를 위한 영적 준비단계

우리 신앙의 영적 진단을 가장 쉽게 할 수 있는 말씀이 바로 마태복음 5장에 8복의 말씀이다. 8복의 말씀은 예수님 공생애에 최초로 전한 설교이다. 설교는 마태복음 5장에서 7장에 이른다. 그럼에도 8복의 설교는 초두에 하신 말씀이다. 결국 마태복음 5장, 6장, 7장에 해설해 놓은 설교가 8복의 말씀이라고 볼 수 있다.

8복의 말씀은 많은 회중이 모인 가운데서 예수님께서 산으로 올라가시었다. 제자들은 예수님을 따라 산에 올라올 수밖에 없었고 회중들은 날씨도 덥고, 다리도 아프고 그래서 수많은 회중은 따라 올라오지 않았다. 이 말씀은 들을 귀가 있어야 하는 말씀이기에, 산 위에 올라 온 자들에게만 전하고자 하는 예수님의 계획이기도 했다.

필자는 생각해 보았다. 왜! 산 위에 올라가서 8복의 말씀과 산상수훈의 말씀을 전하셨을까? 산 위에 올라간다는 것은 매우 힘든 일이다. 그렇지만 내려오는 일은 올라가는 것보다 훨씬 쉽다. 8복 가운데 4복은 산 위로 올라가는 것 같고, 마지막 4복은 산 위에서 쉽게 내려오는 것 같지는 않을까 생각해 보지 않을 수 없었다.

8복 가운데 가장 많이 나오는 말씀이 "복이 있나니"인데, 8번이나 기록되어 있다. 원어로는 μακάριοι(마카리오이)이고 감탄사이다. 표현하자면 "아! 얼마나 복이 있을까?"인데, 예수님이 말씀하시면서도 굉장히 감탄하시는 단어이기에 이 8복이 얼마나 큰 복인지 짐작이 갈 수밖에 없다. 그러니까 이 8복은 인간이 받아야 할 모든 영적인 복을 모두 내포하고 있다. 인간이 소중히 여기는 행복, 평안, 부유, 건강 등 세상의 모든 복을 포함하고 있을 뿐만 아니라 사역자나 평신도들이나 자신의 영적인 상태가 어느 위치에 와 있는 것을 진단할 수 있고 오늘의 평신도들이 어떻게 해야 할지를 이 8복 속에서 예수님은 은밀하게 명령하고 있는 것이 틀림없다. 사역자든 평신도든 모두 직임만 다를 뿐 하나님의 사역을 하기 위해 부름받은 자들임을 명심하지 않으면 안 된다.

※ 평신도 사역의 3가지 유형

첫째, 평신도들의 인간적 사역이다.

수많은 평신도가 예수님의 발자취를 따르지 않으면서 신앙생활을 하고 있다. 그것은 예수님이 받으신 성령세례를 받지 못했을 뿐만 아니라 받을 생각도 하지 않으면서 신앙생활을 하는 평신도들이 의외로 상당수가 있다는 것이다. 결국 성령세례를 받지 못한 평신도들은 인간의 힘으로 혹은 자신의 노력으로 신앙생활을 하고 있는 것이다. 이런 상황을 인간적 사역이라고 할 수 있다. 평신도들이 인간적 사역을 하면 교회는 절대 성장시킬 수 없다. 배운 지식, 학식, 명예, 권력 등 이런 것을 내걸고 사역하는 평신도들이 부지기수다. 자신의 신앙 속에서는 아무 기적도 일어나지 않고, 아무 기적을 일으키지 못하는 교회로 만들어 가고 있다. 그러니 성장할 수가 없는 것이다. 교회는 평신도의 신앙만큼 영적인 분량만큼 밖에는 결코 성장할 수 없다. 이런 교회를 인간적 사역 교회라 볼 수 있다.(1형)

둘째, 평신도들의 변질된 사역이다.

많은 평신도들이 성령을 받고 방언도 하고 열심히 하다가 뭔가 세상에 점점 물들어 가다 보면 성령을 소멸하게 된다.(살전5:19) 성령을 소멸하게 되면 말씀과 기도가 멀어지게 되어 전도도, 하나님과의 교제도 되지 않아 주저앉아 버리고 만다. 하나님께 더 무릎 꿇고 매달려야 함에도 그러지 못하여 낙심과 절망에 빠진다. 그래도 성령 체험을 하고 더 기도하여 성령충만 하도록 힘쓰고 더 전진하면 성령의 능력까지 받을 수 있음에도 다시 인간적 사역으로 돌아가 버리고 만다면 하나님의 준엄한 심판이 있을 수밖에 없다. 대표적인 예가 갈라디아 교회라고 본다. 바울은 갈라디아 교회에서 "너희가 이같이 어리석으냐 성령으로 시작하였다가 이제는 육체로 마치겠느냐"(갈3:3)라고 질타했다. 이런 사역은 변질된 사역이다. (2형)

셋째, 평신도들의 정상적 사역이다.
열심히 땀 흘리며 숨이 턱에 차는데도 말씀과 기도를 붙잡고 예수님이 말씀하신 4 복의 자리에 올라가면 그때서부터 사역은 쉬워지고 저절로 교회를 부흥시키고 표적과 기사가 뒤를 따르므로 선교가 저절로 이루어지는데, 이것을 우리는 초대교회라고 부르고 필자는 정상적인 사역이라고 본다. (3형)

어찌하든 1~4 복은 사역자나 평신도들이 힘쓰고 부르짖고 매달려서 나 자신을 버리는 일로 제일 힘든 일이다. 5~8 복은 저절로 찾아오는 축복이다. 정말 쉽게 힘들이지 않고 이것은 평신도인 내가 하는 것이 아니라 성령이 평신도 안에서 사역하는 것이다. 이것이 신앙 성공의 비결이다.

예수님은 목수 생활을 하시다가 곧바로 사역한 것이 절대 아니다. 30년 목수 생활 속에서 사역 준비 기간을 가지셨다. 신학대학을 나오고, 전도사 과정을 거치고, 목사 안수만 받으면, 다 된 것으로 착각하기 쉽다. 그런 과정이 물론 있어야 하지만 결코 그것이 전부는 아니다. 평신도도 교회에 출석하고 집사, 권사, 장로만 되면 다 되는 것으로 안다. 그러나 사역자이든 평신도이든, 스스로 신앙생활에 대한 철저한 준비가 필요하다. 사역자는 평신도와는 다르다.

평신도들은 1~4 복까지 갖추지 못해도 교회 나오면서 예수님이 있는 고지까지 가면 된다. 그러나 평신도들도 하나님의 사역자임을 잊어서는 안 된다. 할 수만 있다면 세례받기 전에 성령세례부터 먼저 받으면 하나님께서 크게 기뻐하신다. 그러면 하나님께서 주신 은혜대로 쓰셔서 교회를 크게 부흥시킬 수 있기에 평신도들이 모두 그리되기를 원하신다. 그러나 대부분 평신도는 그런 길을 거의 가지 않는다. 물론 처음 교회를 나오면서 성령을 받기 위해 힘써서 기도하면 얼마나 좋을까? 사실 하나님 편에서 보면 어찌 문제가 아니겠는가. 그것은 사실 사역자의 몫이다. 그런데 만일 사역자조차도 예수님이 있는 고지에 올라가지 못했다면 그 교회 성도들은 어찌 되겠는가 끔찍한 일이 아닐 수가 없다.

사역자는 당장 부딪쳐야 할 문제이다. 만일 어떤 사역자가 목회하는 과정에서 귀신들린 자가 있다면 어떻게 할 것인가? 어찌할 수가 없을 때 평신도 중에 성령의 능력을 받은 성도가 있다면 천만다행이다. 참으로 마음 아픈 일이다. 사역자의 관점에서 들어오는 성도보다 나가는 성도가 더 많다면 어떻게 될까? 많은 평신도가 영적인 것에 무디다. 마치 신경 줄이 끊어져 움직이지 못하는 모습인데도, 그대로 직분의 줄을 잡고 있는 현실이 안타깝기만 하다. 자, 그럼 영적 신앙의 모습을 갖추기 위해 영적인 성숙한 신앙, 다시 말해 하나님의 역사를 위해 사역 준비단계를 찾아 나서 보자.

1. 심령이 가난한 자

"심령이 가난한 자는 복이 있나니 천국이 저희 것임이요"(마5:3)

심령이 가난한 자는 물질의 가난이 아니다. 여기에 가난한 자들(πτωχοὶ, 프토코이)은 "비천한, 거지 같은, 가엾은, 곤궁한 자"라는 뜻이다.

그런데 "프토코이"라는 말이 나오게 된 것은 어떤 사람이 사업을 하다가 부도가 났다. 집도 사업터도 모든 것이 은행으로 넘어가 경매를 당하였는데 빚은 다 갚지도 못했다. 누구 하나 도와줄 사람이 없어 말할 수 없이 비참하고 곤궁하게 되었다. 그 사람에게 남은 길은 두 가지뿐이다. 감옥에 들어가든지, 혹은 자살하는 것이다. 모든 길은 암흑이고 빚이 그를 덮어 버리고 말았다. 이 상황이 "프토코이"의 모습이다. 만일 그때 누군가가 나타나 빚을 갚고 나와 동업하지 않겠느냐고 한다면 그것은 천운이 아닐 수가 없다. 이런 일은 복권에 당첨되는 일보다 더 어렵고 천만분의 일이라 해도 사실 상관없을 수치이다. 우리 인간은 아담서부터 지금까지 온 인류가 다 부도난 인생들이다. 앞서 말한 것은 영적인 것을 이해하기 위해 육적인 이야기를 비유적으로 한 이야기이다. 사실 부도 나고 자살하는 사람들은 셀 수 없을 만큼 많다. 2021년 1월경에 미국에 사시던 필자의 제일 큰 누나는 93세로 하나님의 부르심을 받았다. 그런데 장례식장에서 시체를 가져간 뒤 3일이면 장례를 치르는데, 2주가 지나서 15일 만에 장례를 치렀다. 왜냐하면 코로나19로 인해 미국의 30대, 40대 젊은이들이 직장의 부도, 사역의 부도, 생활의 부도 때문에 자살하는 사람들이 너무 많아서 장례가 지연되었다는 것이다.

 인간은 예외 없이 영적으로 모두 부도난 인생들이다. 이 세상의 그 누구도 부도를 막아줄 사람이 없다, 왕도, 공자도, 석가도, 마호메트도 다 부도난 인생이기에 더욱 그렇다. 자신의 부도도 못 막는 자가 어찌 다른 사람의 부도를 막는단 말인가! 막는다고 하면 그것은 위선이고 거짓말이다. 평신도들이여! 어느 날 예수 그리스도가 나를 찾아와서 나와 함께 동업하자고, 내가 네 부도를 다 막아주고 다시 사업할 수 있는 돈을 다 댈 테니 함께 하자고 한다면, 어찌하겠는가? 그 사람은 천운을 타고 태어난 사람이 아니겠는가? 이렇게 인간에게 찾아오는 분은 유일하게 하나님의 아들이신 예수 그리스도뿐이다. 내게 찾아온 예수님 한 분만 영접하면, 부도의 해결뿐만 아니라 어마어마한 보화가 하늘로부터 쏟아질 것이다.

　그러나 잘난 것처럼 "나는 내가 부도를 냈으니, 끝까지 내가 책임질 거야!"라고 고집을 피운다면 그 사람의 끝은 부도낸 대가로 영원토록 흑암에서 지낼 것이 뻔하지 않을까? 그 사람은 영원토록 후회하며 살아갈 것이다. 그런데 우리 크리스천들은 예수님과 동업하기로 작정한 자들이다. 이 얼마나 복이 있는 사람들일까? 그래서 예수님도 감탄하시는 말씀을 하신 것이다. 그 사람이 바로 "나" 아닌가? 부도난 사람은 반드시 겸손해져야 한다. 아직도 겸손하지 않다면, 아직도 심령이 가난한 자 즉 부도난 사람이 아니거나 내가 부도난 인생이라는 사실을 모르고 사는 존재일 것이다. 그러기에 심령이 가난한 자는 겸손한 자이다. 우리 신앙은 겸손으로부터 시작된다.

　예수님은 어느 날 성전에서 기도하는 두 사람을 발견하시었다. 하나는 바리새인이고 하나는 세리이다. 바리새인의 기도는 그야말로 거창하고 자신을 드러내고자 하는 교만한 기도였고, 세리의 기도는 오직 하나님의 긍휼만 바라보고 드리는 겸손의 기도였다. 그런데 "바리새인은 의롭다고 함을 받지 못하고 내려갔고, 세리는 자신이 '부도난 자'라고 실토하며 울면서 기도했는데 그는 의롭다 하심을 받고 내려갔다"(눅18:9-14)라고 말씀하셨다. 그 시대에 바리새인, 대제사장, 장로, 서기관 할 것 없이 종교 지도자들은 거의 100% 교만한 사람들이었다. 우리는 "우리가 죄인"이라는 사실을 결코 잊어서는 안 된다. 잊어버리는 순간 인간은 우리 스스로가 의인인 것처럼 행동하게 된다.

　교회 안에서 서로 싸우고 큰소리치는 것은 바로 여기에 있다. 솔로몬은 성전을 지을 때 성전에서 망치 소리, 톱 소리, 대패 소리, 끌 소리가 들리지 않게 하려고 성전에서 멀리 떨어진 곳에서 만든 다음 옮겨다 맞추었다. 그런데 교회에서 큰소리치는 사람이 있다면, 그는 아직도 영적 미숙아이다. 즉 심령이 가난한 자의 신앙에도 미치지 못하고 있는 사람이다. 처음 교회에 나올 때는 아마도 세리처럼 했을지는 모르겠지만, 오랜 시간 신앙이 변질되어 다시 영적 미숙아로 전락한 것이다.

심령이 가난한 자의 복은 마치 집을 지을 때 기초석과 같다. 심령이 가난한 자가 될 때, 하나님께서는 우리에게 은혜를 주신다. 그 은혜는 죄인을 의인으로 바꾸어 주신다. 이것은 최고의 은혜이다. "은혜"라는 말은 원어로 χάρις(카리스)인데, 이 말은 "값없이 주시는 것"이다. 그리고 받을 자격이 하나도 없지만 최대의 선물을 주시는데, 그것이 바로 "믿음"이다. 믿음이 오면 예수님이 나의 구세주라고 고백하게 되어 구원을 거머쥐게 된다.

아브라함이 믿음의 조상이 된 것도 하나님께서 믿음을 선물로 주셨기 때문이다. 믿음을 선물로 주실 때는 언제나 말씀을 통해 주시기에 바울은 "믿음은 들음에서 나며 들음은 그리스도의 말씀으로 말미암았느니라"(롬10:17)라고 고백하고 있다. 다시 바울은 "사람이 마음으로 믿어 의에 이르고 입으로 시인하여 구원에 이르느니라"(롬10:10)라고 고백한다. 또한 잠언서는 "거만한 자를 비웃으시며 겸손한 자에게 은혜를 베푸시나니"(잠3:34), 야고보는 "하나님이 교만한 자를 물리치시고 겸손한 자에게 은혜를 주신다"(약4:6)라고 기록해 주고 있다.

필자는 18세 때에 이 사실을 알고 너무너무 감격하여 성전에서 10시간을 펑펑 울었던 적이 있다. 그때 구원의 은혜도 체험하고, 하나님 나라의 기쁨도 맛보고, 성령세례도 받았고, 각종 은사도 받았다. 이것이 심령이 가난한 자의 모습이다. 결국 심령이 가난한 자는 자신이 죄인임을 깨닫는 것이다. 죄인임을 깊이 깨달을수록 하나님께서는 더 많은 은혜를 베풀어 주신다. 그리고 천국문도 열어주시므로 천국의 주인이 되게 하신다.

사도바울은 자신이 죄인임을 깨달았는데, 그 누구보다도 깊이 있게 깨달았다. 그래서 그는 "죄인 중에 나는 괴수"(딤전1:15)라고 고백을 했다. 죄인임을 깊이 깨달을수록 하나님께서는 더 큰 은혜를 부어주신다. 탕자의 비유에서 둘째 아들은 자신이 큰 죄인인 것을 깨달았기에 아버지로부터 큰 축복을 받은 것이 아니겠는가?

심령이 가난한 자는 결국 내가 말할 수 없는 큰 죄인이라는 사실을 깊이 깨닫는 것이다.(겸손)

2. 애통하는 자

"애통하는 자는 복이 있나니 저희가 하나님의 위로를 받을 것임이요"
(마5:4)

첫 번째 복을 주신 하나님은 두 번째 복도 값없이 주신다. 애통하는 자가 되면 말이다. "애통하는 자들"은 원어로 πενθοῦντες(펜둔테스)인데, 이 말은 πένθεω(펜데오)에서 왔다. 이 말은 "후회하다, 한탄하다, 자신을 비탄해하다"의 뜻이다. 이 단어가 생긴 이유는 어느 사람이 자신이 옳다고 생각하고 길을 가는데, 마음의 양심은 이 길이 아닌데 하면서도 생각하고 결단했으니까 가야지 하고 한참을 가다가 누군가에게 길을 물어보니 자신이 걸어온 길은 잘못된 것이었고 헛걸음을 한 것이었다. 그 사람은 한탄하고 비탄해하면서 180° 돌아서서 다시 돌아오는 것을 두고 "펜데오"라는 말이 생긴 것이다.

탕자의 비유는 바로 두 번째 복에 대한 말씀이다. 둘째 아들은 아버지를 등지고 떠났다. 얼마 가지 않아 재산을 다 탕진하고 돼지 치는 집에서 배가 고파 돼지가 먹는 쥐엄 열매를 먹을 수밖에 없을 때, 마치 돼지가 된 기분이었다. 그때 탕자는 아버지를 생각하게 되고 내 집에 는 종들도 잘 먹는 것을 생각하며, 180° 돌아서 아버지 집으로 돌아간다. 아버지 볼 면목이 없지만, 내가 살 길은 내 아버지께로 돌아가는 길뿐이었기에 자신의 잘못된 삶을 후회하면서 돌아갔는데 놀라운 일이 생겼다.

작은 산을 넘자마자 아버지 집이 보이는데 그 멀리서 아버지가 알아보시고 신발도 신지 못한 채 뛰어나오셔서 기쁨의 눈물을 흘리시면서 와락 껴안아 주시는 것이 아닌가. 더 놀라운 것은 아버지가 종들에게 "제일 좋은 옷을 내어다가 입히고, 손에 가락지를 끼우고, 발에 신을 신기라. 그리고 살진 송아지를 잡아 우리가 먹고 즐기자. 이 내 아들은 죽었다가 다시 살아났으며 내가 잃었다가 다시 얻었노라"(눅15:11-24)하며 기뻐서 어쩔 줄을 몰라 하셨다. 그 아버지는 온 세상을 얻은 기분이었다.

이 아들은 이제부터는 아버지가 소금가마를 지고 물로 들어가라 해도 들어갈 것이란 결단을 가지고 돌아온 것이다. 이 비유의 뜻은 무엇일까? 죄인 하나가 하나님을 등지고 살다가 180° 전환해서 온전히 하나님께 돌아오면 하나님께서 이렇게 기뻐하시고 하늘에서는 큰 잔치가 벌어진다는 말씀이다.

애통하는 자는 회개하는 자를 뜻한다. "회개"는 원이로 μετανοέω (메타노에오)이고, "마음의 변화를 받다, 개혁하다, 후회하다"의 뜻이다. 예수님과 세례요한은 "회개하라 천국이 가까웠느니라"고 외쳤는데, 사실 애통하는 자는 자신의 죄로 인해 얼마나 주님의 마음을 아프게 했는가를 생각하며 하나님 앞에 죄를 토해내면서 눈물, 콧물, 입물 삼 형제를 쏟으면서 하나님 앞에 돌아가는 모습이다. 애통하는 자는 결국 180° 전환해서 하나님께로 돌아가는 것이다. 이런 자들에게 복이 있는데 얼마나 큰 복인지 예수님이 감탄하시는 복이다. "아! 얼마나 복이 있을까"라는 예수님의 감탄이다. 오늘의 평신도 중에는 아직도 하나님께로 돌아가지 못한 평신도들이 많다는 것이 개탄스러운 일이 아닐 수가 없다.

광주의 무등산 기도원 집회에서 한 사역자가 그날 심령이 가난한 자를 넘어 애통하는 자가 되었고, 온유한 자가 되었고, 의에 주리고 목마른 자가 되었다. 다시 말하면 그날 하나님께 철저하게 회개하고 하나님께로부터 용서받고 구원도 받고 성령도 받았다. 그 사역자가 새로 태어난 날이 되었던 것을 보게 된 적이 있었다. 그 사역자의 부친은 역시 사역자였다.

　이스라엘 백성은 출애굽 이후 수없이 하나님을 등졌고, 역사를 보면 하나님에 대한 반역이 극에 달했던 적이 수없이 많았다. 그러나 하나님께서는 회개하고 돌아오면 언제나 용서해 주시는 분이셨다. 지금도 이스라엘 민족은 자신들은 정상이라고 말하지만 비정상적이다. 그래도 마지막에는 하나님께로 돌아오게 예언 되어져 있다. 예수님을 죽인 엄청난 죄가 있어도 하나님께서는 용서의 하나님이시기에, 다 용서해 주실 것이다. 하나님께 용서받으면 우리에게는 큰 기쁨이 찾아온다. 그 무엇과도 바꿀 수 없는 기쁨이다. 세상을 다 얻은 기쁨이라고 표현하면 맞을 것 같다. 용서의 복은 참으로 큰 복이다. 모든 인간은 하나님의 용서가 없다면 지옥불이 기다리고 있을 뿐이다.

　애통하는 자는 복이 있는데 그것은 바로 하나님의 위로의 복이다. 이사야 예언자는 "지극히 존귀하며 영원히 거하시며 거룩하다 이름하는 이가 이와같이 말씀하시되 내가 높고 거룩한 곳에 있으며 또한 통회하고 마음이 겸손한 자와 함께 있나니 이는 겸손한 자의 영을 소생시키며 통회하는 자의 마음을 소생시키려 함이라"(사57:15)라고 외치었다. 다시 이사야 예언자는 "너희의 하나님이 이르시되 너희는 위로하라 내 백성을 위로하라"(사40:1)라고 외쳤는데 사실 죄에 대한 노역의 때가 끝났고 죗값을 치루어서 죄악에 사함을 받았기에 그동안 죗값을 치르느라 고통의 시간이 지나고 나니 하나님께서 위로하라는 말씀이다. 우리 하나님은 위로의 하나님이시다.
　"위로"라는 말은 히브리어로 (나함)인데, "숨을 헐떡이다, 신음하다"라는 뜻이다. "나함"이라는 의미는 "사형수가 사형당할 시간에 왕의 신하가 사형을 중지시키기 위해 숨을 헐떡이며 달려와서 순간적으로 사면

증을 내밀며 사형을 중지시킨다."는 언어이다. 왜냐하면 하나님께서 용서하시고 다 사해주셨는데, 사단이 정죄하고 지옥으로 끌고 갈 찰나에 하나님께서 달려가셔서 낚아챈 것과 같다고 볼 수 있다.

바울도 "찬송하리로다 그는 우리 주 예수 그리스도의 하나님이시요 자비의 아버지시요 모든 위로의 하나님이시며"(고후1:3)라고 말하면서 고후 1:3-7까지 위로라는 말을 10회를 하고 있다. 하나님의 위로는 우리 마음을 든든하게 하고 담대하게 한다.

회개는 곧 순종하며 살려고 하나님께로 돌아가는 것을 말한다. 그러나 180° 완전하게 돌아서야 한다. 150°를 돌아서거나 179°를 돌아서도 안 된다. 돌아선 자의 삶은 100% 하나님께 복종하기로 결심한다. 그러나 사단은 자신의 것을 빼앗긴 것에 아쉬워하며 끈질기게 죄의 길로 유혹하며 세상의 달콤한 맛으로 이끌어가려고 하지만, 180° 돌아선 자는 과감하게 사단의 공격을 물리치고 하나님의 명령에 복종하게 되면 하니님이 위로해 주시며 "잘했다." 감싸주시며 인도해 주신다. 위로라는 말의 헬라어 원어는 $\pi\alpha\rho\alpha\kappa\alpha\lambda\epsilon\omega$(파라칼레오)인데, "오라고 초대하다, 갈채를 받다"라는 말이다. 다시 말하면 회개하는 자는 "하나님으로부터 초대받을 뿐만 아니라 천사들의 박수갈채를 받는다"는 말이다.

애통하는 자는 철저하게 180° 하나님께로 돌아가 복종하기로 결단하는 것이다.(회개)

3. 온유한 자

"온유한 자가 복이 있나니 그들이 땅을 기업으로 받을 것이다."
(마5:5)

내가 죄인임을 깨달은 것이 첫 번째 복이고, 죄인임을 깨닫고 하나님께로 돌아가는 자가 두 번째 복이고, 온유한 자가 되는 것이 세 번째 복이다. 하나님께로 돌아간 자가 두 번째 복임에도 불구하고, 많은 평신도들이 하나님께로 돌아갔다고 하면서도 하나님의 말씀에 순종하지 않는다면 하나님께로 돌아온 자가 아니다.

"온유한 자"의 원어는 πλαεῖς(프라에이스)인데, "순한 부드러움, 호의적인"이라는 뜻이다. 세상에서 "가장 온유한 자는 모세"라고 명명하고 있다.(민12:3) 모세는 사실 성격이 과격한 편이다. 애굽에서는 사람을 때려 죽였고, 하나님께서 쓰신 십계명의 두 돌판도 내동댕이쳐서 깨뜨려 버리고 말았다. 모세는 처음 하나님이 사역을 맡기실 때에도 입이 둔하다고 거절하였고, 그 일로 말미암아 아론이 등장을 하고, 아론의 후예는 제사장의 축복을 받았고, 모세의 자손들은 이렇다 할 축복을 받지 못하였다. 그런데 모세는 성품상으로 보면 누구든지 온유한 자로 볼 수 없지만, 하나님은 이 지구상에서 가장 "온유한 자"라고 증명하셨다. 그러면 하나님께서는 모세의 무엇을 보고 온유한 자라고 하신 것일까?

그것은 바로 모세의 순종이었다. 결과적으로 보면 순종은 자기 생각이나 의지를 꺽고 하나님의 뜻에 혹은 말씀에 "아멘"하는 것이다. 그러기에 순종은 자신을 100% 기꺼이 포기할 때만 가능한 것이다. 그러나 인간에게는 "자신을 기꺼이 포기함"이란 가장 어려운 일이 아닐 수가 없다. 자신을 기꺼이 포기하는 것은 "내 안에 나는 없다"는 것이다. 예수님도 "누구든지 나를 따라오려거든 자기를 부인하고 자기 십자가를 지고 나를 따를 것이니라"(마16:24)라고 말씀하셨다.

그런데 예수님의 제자들은 3년 동안 예수님과 함께 먹고, 함께 있고, 함께 잠자리를 같이 했음에도 불구하고 단 한 명도 자신을 기꺼이 포기하지 못하였다. 자신을 부인한다는 것, 자신을 기꺼이 포기한다는 것은 이만큼 힘든 일이고 아마도 사역자들이 목사안수를 받을 때나 장로들이 안수를 받을 때에 "다 자신을 기꺼이 포기했고 혹은 다 자신을 부인했다"고 말하지만 "어디까지가 진실이고 거짓일까?"라는 생각을 해 보았다. 정말 예수님과 24시간 만이라도 함께 있을 수 있다면 자신을 기꺼이 내려놓겠다고 말할 수 있을 것이다. 정말 그럴까? 우리 자신은 그럴 수 있다고 대답은 할 수 있다. 그러나 아니다. 제자들은 자그마치 1,000일을 넘게 예수와 동행하였지만, 그것과는 별개였다.

분명한 것은 온유한 자는 자신을 기꺼이 포기한 사람을 말한다. 8 복의 첫째가 심령이 가난한 자인데 이 말은 인간 자신이 죄인임을 깨닫는 것이라면, 둘째는 애통하는 자인데 하나님을 등지고 살던 사람이 180° 돌아서 하나님께로 100% 돌아오는 것이고, 셋째는 온유한 자인데 하나님께로 돌아온 탕자와 같이 절대 순종하는 사람이다. 절대로 자신을 부인하지 못하면 하나님의 즐거움에 결코 참여할 수가 없다. 탕자의 비유에서 첫째 아들은 자기를 부인한 적이 없다. 그래서 아버지에게 항의하고 덤벼드는 것이다. 하나님의 즐거움에 참여하는 것은 오직 자신을 부인한 자의 몫이다.

달란트 비유에서 5달란트 받은 자, 2달란트 받은 자는 주인의 즐거움에 참여하는 복을 받았지만, 반대로 1달란트 받은 자는 항변하고 불순종하다가 바깥 어두움에 쫓겨나 슬피 울며 이를 가는 자로 전락하고 말았다. 누가복음의 열 므나의 비유도 여기에 속한다.

중요한 것은 자신을 기꺼이 포기하고 명령에 움직이는 종들에게 그 어마어마한 돈을 또다시 움직일 수 있는 축복을 받게 될 뿐만 아니라 사업의 자리가 곱절 이상씩 넓어진다는 것이다.

예수님은 "온유한 자는 복이 있나니"하셨는데 이 말은 온유한 자가 되면 그 자체가 복이 있다는 것이다. 사사기에 보면 가나안 땅을 쟁취하라고 하시는 하나님의 명령에 유다 지파는 잘 순종하여 많은 땅을 기업으로 받게 되었지만, 단 지파는 오히려 쫓겨나서 산으로만 돌다가 사사시대를 지나고, 다윗왕이 다스릴 때를 보면 가나안 땅에서 단 지파를 찾아볼 수 없게 된다. 순종하지 않았기 때문이다.

인간에게 있어서 세 번째 복 곧 온유한 자가 되기가 가장 힘들고 가장 어려운 난관이라 할 수 있다. 여기 고비를 넘기면 반환점은 돌아온 것이다. 여기를 못 넘는 평신도들이 예상외로 많다는 것이다. 마치 고비를 넘는 것처럼 위장하거나 넘지도 않았는데 넘은 것처럼 행동한다. 더 중요한 것은 온유한 자가 땅을 기업으로 받는 축복이다. 기업으로 주신다는 것은 하나님께서 땅을 정해 놓으시고 주신다는 말씀이다. "기업을 주신다"는 말의 원어는 κληρονομέω(클레로노메오)인데, 이 뜻은 "상속인이 되다, 상속에 의해 획득하다, 재산을 받다"는 뜻이다.

온유한 자의 결과는 주인공이 바로 땅을 기업으로 받는다는 사실이다. 그 땅은 하늘에서 영원히 누릴 공간이다. 지상에서도 땅이 많으면 좋듯이, 또한 큰 집에서 살면 좋듯이, 영원히 누릴 천국에서 하나님이 준비해 놓으신 공간이다. 시편기자도 "온유한 자들은 땅을 차지하며 풍성한 화평으로 즐거워하리로다"(시37:11)라고 고백하고 있다. 달란트 비유에서 "5달란트 받은 종은 네 주인의 즐거움 즉 풍성한 화평으로 즐기리로다"라는 시편 말씀과 일맥상통하고 있다. 하나님은 미래의 천국에서만 땅을 차지하게 하는 것이 아니라 지상에 사는 동안 순종한 사람들은 어마어마한 기업을 받게 된다.

성자 어거스틴에게는 날마다 수많은 사람들이 제자로 삼아달라고 몰려왔다. 어거스틴은 몰려온 사람들에게 배추 모종 하나씩 나누어주면서 "이 모종 배추를 거꾸로 밭에다 심고 오너라"고 하였다. 많은 사람들이 배추 모종 하나씩 받아서 심을 밭으로 가면서 고개를 갸우뚱하기도 하고 의구심을 가지기도 하며, 도착해서 배추 모종을 거의 다 정상적으로 심었다. 그런데 유독 한 사람만 정말 거꾸로 심고 온 것이다. 어거스틴은 배추 모종을 정말 거꾸로 심고 온 사람만 제자로 삼았다는 유명한 일화가 있다.

"순종이 제사보다 낫다"(삼상15:22)는 말씀처럼 예수님의 제자가 되는 첫 단추가 바로 순종하는 것이다. 예수님의 제자들은 단지 순종한 것 때문에 제자가 된 것이다. 올바로 메시야를 기다린 것도 아니고 철저하게 회개한 것도 아니다. 단지 예수님의 부름에 순종이 있었을 뿐이다.

온유한 자는 자신을 포기 혹은 부인한 사람이다. 그렇다면 자신을 이끌어줄 그 무엇인가가 필요하지 않을까! 자신을 이끌어줄 분이 성령이시다. 우리가 죄인된 것은 모두 자신을 부인하지 못한 결과물이다.

4. 의에 주리고 목마른 자

"의에 주리고 목마른 자는 복이 있나니 그들이 배부를 것임이요" (마5:6)

다시 한번 정리하면 심령이 가난한 자는 죄인임을 깨닫는 것, 애통하는 자는 하나님께로 돌아가는 것, 온유한 자는 자신을 기꺼이 포기(사기부인)하는 것이고 그 속에 자신은 죽은 것(세례)이다. 바울은 이 말씀을 이렇게 기록하였다.

"무릇 그리스도 예수와 합하여 세례를 받은 우리는 그의 죽으심과 합하여, 세례를 받음으로 그와 함께 장사 되었나니"(롬6:3-4)
"우리가 알거니와 우리의 옛사람이 예수와 함께 십자가에 못 박힌 것은 죄의 몸이 죽어 다시는 우리가 죄에게 종노릇 하지 아니하려 함이니"(롬6:6)

정말 우리가 세례를 받았는데 이때 예수 그리스도와 연합하여 받았으면 우리는 죽은 자가 되었다는 것이다. 예수님이 요단강에서 세례를 받으셨을 때, 그 세례로 제2의 위격인 예수님은 죽었다는 증거로 볼 수 있다. 그리고 기도하셔서 자신을 이끌어 갈 성령(제3의 위격)을 구해서 받으셨다. 여기서 죽었다는 것은 단지 예수님 자신의 3년의 사역을 위해 죽었다는 것이고, 십자가에 죽었다는 것은 인류의 죗값을 갚으시기 위해 죽은 것이다.

"의에 주리고"는 원어로 πεινώντες(페이논테스)인데, πεινάω(페이나오)라는 말에서 왔으며 "배고픔에 굶주리다, 주리고 목마르다, 진심으로 갈망하고 원한다"는 뜻이다. "목마른 자들"의 원어는 δίψῶντες(딥손테스)인데, διψάω(딥사오)에서 왔으며 "열렬히 바라다, 갈망하다"는 뜻이다. 인간으로서 하나님의 창조물로서, 의(義)를 위해 살아가야 했지만, 첫 사람 아담은 의를 선택하지 못하고 악을 선택함으로 인류는 악의 지배를 받으며 살아왔다. 그러므로 복이 있는 자가 되려면 의에게로 돌아와야 한다. 그래서 의를 갈망하고 열렬히 소망하면 하나님께서는 복이 있는 자로 삼으시고 의로 배부름의 축복을 내려주신다. 중요한 것은 사람의 힘으로는 절대로 의(예수님)에게로 돌아갈 수 없는 것을 아시고 성령 하나님을 보내주심으로 우리를 의에게로 인도해 주신다. 여기서 갈망하는 것이 바로 의(義)라는 말이다.

"의(義)"는 δικαιοσύνη(디카이오수네)인데, "칭의를 위한 규정, 공정하고 공평한 처리"라는 말이다. 이 세상에서 공정하고 공평한 처리로 하실 분은 예수님이 유일하다. 그런데 예수님이 부활하신 후 승천하시면서 "오직 성령이 너희에게 임하시면 너희가 권능을 받고 예루살렘과 온 유대와 사마리아와 땅끝까지 이르러 내 증인이 되리라"(행1:8)고 하셨다.

예수님이 성령을 "보혜사"라고 말씀하셨다고 요한복음 기자는 고백한다. "보혜사"는 원어로 παράκλητος(파라크레토스)인데, "παρά(파라)"는 "옆에"라는 말이고, "κλητος(크레토스)"는 "부름받다"라는 뜻이다. 보혜사는 "다른 사람을 돕기 위해 보냄을 받은 자"라는 말이다. 즉 성자 예수님은 하늘로 떠나셨고 성령 보혜사를 대신해서 보내신 분이 바로 성부 아버지 하나님이시고 성자 예수님이시다. 성령, 즉 보혜사는 곧 예수님의 영이다. 결국 지상에서 공정하고 공평한 처리를 하실 분은 보혜사 성령밖에 없다. 의에 주리고 목마른 자는 하나님의 성령, 예수님의 영이신 보혜사 성령을 사모하는 것을 말한다.

 예수님의 삶을 살펴보면, 요단강에서 세례 받으시고, 요단강에서 기도하셨다고 오직 누가복음만 기록해 주고 있다.(눅3:21) 기도의 내용은 기록되지 않았지만, 예수님의 기도는 바로 감람산에서 승천하시면서 500여 형제에게 하시던 말씀을 자신이 먼저 시행하신 다음에 "곧 나를 따르라!"는 모습이 아닐까? 예수님의 기도는 "아버지 저에게 성령을 부어주소서. 내 삶이 성령에 이끌리는 삶이 되어야 세상에 나의 제자들도 저를 따라오지 않을까요? 그러니 꼭 성령을 부어주소서!"라고 하시지 않으셨을까? 그랬더니 아버지께서 보혜사 성령을 비둘기의 형체로 예수의 머리에 부어주신 것이다. 사실 성령은 보이지 않는다. 그래서 하나님께서는 그 어떤 형체라도 보여주어야 인간들이 믿기에 비둘기의 형체로 나타내 주신 것일 뿐 성령 하나님이 비둘기는 될 수 없다.

 이것은 마치 120문도 큰 다락방에서 10일 동안 오로지 성령을 부어달라고 기도하였을 때, 120문도 모두 성령충만을 받고 이사와 기적을 행하면서 세계 선교가 이루어졌던 것처럼, 이미 예수님이 우리에게 본을 보여 성령을 받으시고 나서야 사역을 시작하지 않았던가? 그렇다면 성령을 사모해 보지 않고 성령에 대해 무관심했던 사역자들은 정말 예수님 앞에 사역을 할 자격이 있는가 하는 말이다. 사역은 할 수 있을 것이다. 그러나 그 사역은 어떤 의미에서 사역이 아니다. "나를 따라오라. 나를 본 받으라"라고 하신 말씀은 무색해질 수밖에 없다. "만일 성령 받지 못하고 사역하면, 누구를 위한 사역일까?"를 생각해 보지 않을 수가 없다. 평신도는 이 문제에 대해서는 예외일 수 없다는 것을 꼭 알아야 한다.

 필자가 1960년대에 교회에 나올 때만 해도, "성령 받으라"는 말을 많이 들었지만, 2000년대를 넘어서면서 교회마다 "성령 받아야 한다"

는 설교를 듣기 어려운 시대가 되었고 실제로 성령 받고 능력 받은 평신도들을 만나보기 힘든 시대이다. 그러니 실제로 하나님의 역사는 일어나지 않고 있다. 어떤 교회는 교회에서 방언기도를 못하게 금지하는 교회도 있다. 실로 안타까운 일이 아닐 수가 없다.

 의에 주리고 목마른 자는 하나님의 성령을 사모하는 자요. 성령은 실상 우리의 새 주인이다. 구약 자체가 성부의 시대, 신약 4복음서가 성자의 시대, 사도행전부터 계시록까지는 성령의 시대이다. 분명한 것은 "성령 받으라"는 초대교회가 큰 부흥을 이루었고, 2,000년의 역사를 보면 성령을 사모하던 시대에 많은 영혼을 구원했을 뿐만 아니라 교회도 크게 부흥하게 된 사실은 자명하다.
 "지금의 신앙은 과학적으로, 이론적으로, 긍정적으로 해야 한다"는 평신도들이 대다수인 것은 마음 아픈 일이다. 예수님의 방법은 평신도들이 끊임없이 성령을 충만히 받기 위해 몸부림쳐야 하며 울부짖어야 하는 것이다. 사역자들에게는 지금도 새 주인이 필요하다. 그 새 주인은 바로 성령이시다. 새 주인은 간구하고 부르짖는 자에게만 준다는 것이 예수님의 가르침이요, 성경의 말씀이다. 부르짖고 간구하지 않는다는 것은 그만큼 열망하고 사모하지 않는다는 표현이지 않겠는가! (예, 눅11:13, 요14:13, 요15:7, 요16:23,24,26, 슥12:10 등)
 사실 사역자들이나 평신도들이나 갈 길을 모르고 산다. 그러나 새 주인이 내 맘속에 오면 우리의 갈 길을 가르쳐주고 인도해 준다. 새 주인이신 하나님의 성령은 우리의 갈 길을 100% 다 알고도 남는다. 그러기에 우리를 진리로 인도해 주시고, 승리로 인도해 주시고, 성공으로 인도해 주시고, 그리고 하나님의 뜻의 길로 인도해 주신다. 의에 주리고 목마른 자에게 배부름의 축복을 베풀어 준다고 약속하고 있다.

 "명절 끝날 곧 큰 날에 예수께서 서서 외쳐 이르시되 누구든지 목마르거든 내게로 와서 마시라 나를 믿는 자는 성경에 이름과 같이 그 배에서 생수의 강이 흘러나오리라 하시니 이는 그를 믿는 자들이 받을 성령을 가리켜 말씀하신 것이라"(요7:37-39)

"그 날에 산들이 단 포도주를 떨어뜨릴 것이며 작은 산들이 젖을 흘릴 것이며 유다 모든 시내가 물을 흘릴 것이며 여호와의 성전에서 샘이 흘러 나와서 싯딤 골짜기에 대리라"(욜3:18)

"그 후에 내가 내 영을 만민에게 부어 주리니 너희 자녀들이 장래 일을 말할 것이며 너희 늙은이는 꿈을 꾸며 너희 젊은이는 이상을 볼 것이며 그때에 내가 또 내 영을 남종과 여종에게 부어 줄 것이며"(욜2:28-29)

에스겔 예언자는 하나님의 성전 문지방에서 물이 흘러나오는데, 그것이 나중에 강이 된다고 말하고 있다.(겔47:1-5)

여기까지가 우리가 하나님의 사역을 해야 할 "사역 준비단계"이다. 의사가 되려면 의사의 시험에 합격하면 의사가 되듯이, 평신도가 하나님의 사역을 하려면 반드시 심령이 가난한 자, 애통하는 자, 온유한 자, 의에 주리고 목마른 자가 되어야 사역자로서 합격이다.

초대교회 120문도들의 사역을 사역 준비단계까지 생각해 보면 평신도들이 나아가야 할 길이 보인다. 120문도들의 신앙은 사도행전 1장에 오기까지 잘 드러나 있지 않다. 오직 열두 제자들의 신앙의 모습만 기록되어 있기 때문이다. 12명의 사도들은 예수님에 의해 선택받았다. 예수님 공생애 3년 동안에 제자들의 신앙은 예수님이 보여주신 신앙과는 너무나도 동떨어진 신앙이었다. 제자들은 그들의 삶 속에 너무 많이 젖어 있었다. 예수님을 따르면서 세상의 출세, 욕망 그대로였다. 3년 동안의 삶이 그러했다. 그런데 하나님의 성전에는 제자들이 예수님을 만나서 3년 동안 함께 살던 삶과 신앙과는 전혀 다른 신앙의 소유자들이 있었다. 하나는 시므온이며, 하나는 안나였다. 이들은 이미 신앙의 정상적인 길을 가고 있었다. 그것도 아주 오랫동안 말이다. 그들은 성령의 지시를 받는가 하면 선지자였고 예언의 능력도 있었다. 그 두 사람은 영의 사람 곧 성령의 사람들이었다. 그들은 예수님이 아기였을 때, 만났을 뿐 예수님으로부터 한 마디도 배우지 못했고 듣지도 못했던 사람들이다. (눅 2:25-38) 그런데 어떻게 이런 신앙을 소유하고 있었을까? 의문이 들 수밖에 없다.

시므온과 안나는 의롭고 경건한 신앙인들이었다. 그리고 예수님이 오시기를 기다리던 사람들이었다. 그들이 기다리던 메시야(예수님)는 제자들이 생각하였던 메시야와는 전혀 달랐다. 말씀의 문구를 보면 시므온은 "성령이 그 위에 계시더라"(눅2:25), "성령의 지시를 받았더니"(눅2:26), "성령의 감동으로 성전에 들어가매"(눅2:27), "보라 이는 이스라엘 중 많은 사람을 패하거나 흥하게 하며 비방을 받는 표적이 되기 위하여 세움을 받았고 또 칼이 네 마음을 찌르듯 하리니 이는 여러 사람의 마음의 생각을 드러내려 함이니라"(눅2:34-35)고 성령으로 예수님에 대해 예언을 하였다. 또한 안나는 "성전을 떠나지 아니하고"(눅2:37), "주야로 금식하며"(눅2:37), "기도함으로 섬기더니"(눅2:37), "이 때에 나아와서 하나님께 감사하고"(눅2:38), "예루살렘의 속량을 바라는 모든 사람에게 그에 대하여 말하니라"(눅2:38)라고 예언하였다. 이 두 사람은 모두 성령의 사람들이었다.

이 두 사람은 첫째로 기도의 사람이었다. 기도는 하나님의 성령을 이끌어 오는 힘이었다는 것을 보여준다. 둘째로 말씀의 사람이었다. 말씀을 늘 묵상하고 읽고 하였기에 메시야가 오실 시대를 알게 되었고 그러기에 그들은 늘 성전에서 기도하며 메시야를 기다릴 수가 있었다. 셋째로 주야에 금식을 하였다. 금식은 내 안에 있는 육은 죽고 내 안에 있는 영을 소생케 하기에 그들이 난지 8일만에 성전에 온 아이였지만, 메시야임을 알아볼 수 있었던 것이었다.

그런데 3년 동안 예수님을 따르던 제자들은 기도도 없었고 말씀을 들어도 깨닫지 못하였고 금식을 한 적이 한 번도 없었다. 그러니 내 안에 있는 육은 왕성해지고 영은 힘을 잃고 시들어 가는 풀과 같았던 것이었다. 제자들은 세상에서 몇십 년을 세상 사람과 다름이 없이 살았고 예수님을 만나 따르면서도 변화된 부분이 하나도 없었다. 사도행전 1장에서 드디어 "오로지 기도에 힘쓰니라"(행1:14)라고 누가는 기록하고 있다. 120 문도들은 드디어 행 2장에서 성령세례를 받고 나서야 "아! 이렇게 해야 하는구나!"라고 깨달았다. 그때부터 누가 기도하지 말라고 해도 기도하고, 전도하지 말라고 해도 전도하고, 감사하지 말라고 해도 감사하고, 찬양하지 말라고 해도 목숨을 내놓고 찬양할 수가 있었다.

3년 동안의 제자들의 신앙은 마치 산에 올라갈 때 힘들었던 것처럼 너무 힘든 과정을 거쳐야 했다. 다시 말하면, 내 스스로 죄인임을 깨닫고 철저히 하나님께로 180° 돌이켜 돌아가고 나 자신을 내려놓고 하나님께 순복하기로 결단하고 120 문도들이 "오로지 기도에 힘쓰니라"(행1:14) 하였던 것처럼 오늘의 사역자와 평신도들은 성령세례 받을 때까지 부르짖어 기도하여야 한다. 120 문도들은 10일 동안 오로지 성령을 부어달라고 기도하였을 때, 10일째 되던 날에 하나님께서 120명 모두에게 개인적으로 성령을 부어주셨으며 이 사건은 실제로 성자 하나님이 지구에 오셔서 3년 사역을 하시고, 십자가에 죽으시고, 승천하신 후에 처음으로 이 지구에 성령 하나님이 찾아온 것이었다. 이 사건은 하나님께서 최초로 성령을 지구로 내려보내 주심으로 성령의 시대 곧 교회시대가 열리게 된 것이었다. 평신도들이여! 기도해서 성령세례 받아야 참신앙의 길로 들어서게 된다는 것을 잊어서는 안 되고, 이 책을 읽는 평신도들은 반드시 예수님처럼, 제자들처럼, 120 문도들처럼 하나님께 부르짖어 성령을 받아야 한다. 성령은 간구하지 않으면 절대 주시지 않는다. (사역 준비 과정표를 참조 바람)

※ 사역 준비 과정표

단계	사역자의 길	헬라어 원어	해석	복	재해석	주시는 복	말씀
1	심령이 가난한 자들 (겸손)	πτωχοὶ 프토코이	죄인임을 깨닫는 것	Μακάριοι (마카리오이) 1) 감탄사 "아 얼마나 복이었을까" 2) 예수님도 감탄하시는 복 3) 영적인 복 4) 마귀가 제일싫어하는 복	겸손한 자 → 은혜 → 은혜의 선물 → 믿음 → 고백 → 구원	천국소유 (천국의 문이 열림) 천국백성 됨	잠 3:34 약4:6
2	애통하는 자들 (회개)	πενθουντες 펜둔테스	하나님께로 완전히 돌아오는 것		회개한 자 → 하나님의 용서 → 용서의 선물 → 기쁨 → 즐거움 → 온세상 얻음	하나님의 위로 탕자가 마귀에게 속아 살았지만 아버지의 위로	사 57:15
3	온유한 자들 (순종)	πλάεῖς 프라에이스	자신을 기꺼이 포기 (자기부인)		순종한 자 → 즐거움 → 하나님의 즐거움 → 더 많은 것을 맡김	땅을 차지 천국의 땅과 세상에서도 땅을 차지	시 37:11 민 12:3
4	의에 주리고 목마른 자들 (성령사모)	πεινώντες 페이논테스	나의 새주인을 원함 (하나님의 성령)		성령사모 → 성령주심 → 성령충만 → 성령능력 → 승리 진리 성공의 길	배부름 그 배에서 생수의 강이 흘러 넘침	요 7:37

제9장
3년에 성취를 위한 영적사역단계

1. 긍휼히 여기는 자

"긍휼히 여기는 자는 복이 있나니 그들이 긍휼히 여김을 받을 것임이요"(마5:7)

사역준비에는 첫째가 죄인임을 깨닫는 것이고, 둘째는 180° 하나님께로 돌아가는 것이며, 셋째는 자기를 기꺼이 포기하는 것이고, 마지막 넷째는 새 주인을 영접(하나님의 성령)하는 것이라고 제8장에서 해석한 바 있다.

여기까지 와야 하나님의 신앙이 시작되는 것이다. 여기까지 오지 못했다면 그것은 예수님이 원하는 신앙이 아니다. 오로지 자기 힘과 지식으로 신앙생활을 한 것이 분명하다. 새 주인, 바로 보혜사 성령을 받지 못했다면 어찌 하나님의 사역을 할 수 있을까? 사실 보혜사 성령 없이 사역하는 것이 안타까울 뿐이다. 예수님이 앞으로 해야 할 사역을 제자들에게 체험하게 하려고 성령의 능력을 단 하루 동안만 주시면서 둘씩 전도하러 내보내셨다. 제자들은 나가서 귀신을 쫓아내고 병을 고치며 전도 보고를 예수님께 고했다. 제자들은 그 후 3년 동안 병도 고쳐본 적이 없고 귀신을 쫓아낸 적이 단 한 번도 없었다. 그것은 그들이 새 주인인 성령을 받지 못했기 때문이다. 영적 사역의 첫 번째는 바로 전도이다.

"전도"는 원어로 κηρύσσω(케뤼쏘)인데, "공개적으로 알리다, 널리 퍼트리다, 깨우치다"라는 뜻이다.

왜 첫째가 전도인가? 그것은 긍휼히 여기는 자를 알면 깨닫게 된다. "긍휼히 여기는 자"는 헬라어 원어로 ελεήμονες(에레에모네스)인데, "동정적인, 인정 많은, 자비로운"을 의미한다. 성경에 긍휼이라는 말은 제일 처음 출애굽기에 등장한다. "나는 은혜 베풀 자에게 은혜를 베풀고 긍휼히 여길 자에게 긍휼을 베푸느니라"(출33:19)

"긍휼"의 원어는 "라함"인데 그 말의 의미는 "여자의 자궁"이라는 말이다. 하나님의 긍휼하심은 마치 한 여인이 자궁을 통해 피를 쏟으면서 한 생명을 탄생시키는 것과 같다는 것이다. 생명의 씨를 받아서 10개월 동안 아기집 안에서 키워오다가 한 생명을 탄생시키는 것은 너무 아름답고 값진 일이 아닐 수 없다. 하나님께서는 당신의 자궁 안에 생명의 씨를 심으시고 아들 예수를 낳으셨다. 그래서 시편 기자는 "오늘 내가 너를 낳았도다"(시2:7)라고 하나님의 명령을 기록하고 있다. 사실 믿음의 조상 아브라함도 하나님의 긍휼하심으로 말미암아 당신의 자궁 안에서 태어나게 하셨다.(창15:6-의로 여기심)

우리도 예수 그리스도가 십자가 상에서 물과 피를 쏟으며 진통케 함으로 드디어 우리 하나하나를 새로 낳으신 것이다. 바로 "자궁"이라는 이름으로 한 인간이 태어나듯, 하나님께서는 예수의 십자가의 진통으로 온 인류를 낳으실 수 있는 대 드라마를 연출하신 것이다. 옛말에 애를 낳으러 들어가는 산모들이 자신의 신발을 한 번 더 쳐다보고 들어갔다고 한다. 출산하다 죽을 수도 있기 때문이다.

"전능"이라는 단어가 무엇을 의미하는지 평신도들은 알아야 한다. "전능"은 히브리어 원어로 (솨다이)인데, 전능한 하나님을 (엘솨다이)라고 한다. (솨다이)라는 의미는 "여인의 두 유방"이라는 말에서 왔다. 여기에서 우리는 하나님이 하시는 일을 깨달을 수 있다. "전능"은 보통 생각하기를 하나님의 능력, 못 할 것이 없으신 분 등으로 말할 수 있다. 사실 구약의 출애굽 사건은 오늘날 우리가 구원받은 것과 동일하다. 출애굽 사건은 하나님의 긍휼하심에서부터 시작된다. 출애굽 전날, 어린 양을 잡아 우슬초 묶음으로 인방과 문설주에 피를 발랐다. 어린 양이 대신 희생이 된 것이다. 이스라엘 백성을 애굽에서 구원해 내시고자 하나님께서 자궁을 통해 피를 쏟고 진통하면서 이스라엘을 낳으신 것이다. 그 어린 양은 예수 그리스도의 예표이다. 그 아들 예수 그리스도가 십자가에서 흘리신 보혈과 그의 진통과 죽음으로 말미암아 우리가 그를 믿음으로 새로 태어난 것 그것이 곧 구원이다. 그래서 하나님의 긍휼이라는 단어는 라함 혹은 레헴이라는 말로 쓰여졌고, 다시 출애굽으로 돌아가 이렇게 어린 양의 피로 구원받은 이스라엘 백성을 하나님께서 40년 동안 먹이고 입히고 기르신 것이 바로 "전능"이라는 단어이다. 한 여인이 진통을 겪고 아기가 태어나면, 그 아기를 기르는 것은 바로 여인의 두 유방이다. 결국 하나님의 긍휼로 구원받은 자가 하나님의 전능으로 기르신다는 것이다. 믿음의 조상 아브라함에게 나타나신 하나님께서 "나는 전능한 하나님이라"(창17:1)는 말씀은 "내가 너를 먹여 기르겠다"는 다짐의 말씀이기도 하다. 아브라함뿐만 아니라 이삭, 야곱에게 나타나신 하나님께서 전능(쉬다이)의 하나님으로 나타났다고 성경에 기록되었다.(출6:3)

그러므로 분명하고 확실한 것은 긍휼히 여기는 자는 틀림없이 전도하는 자이다. 전도는 하나님의 사역 중에 최고의 사역이다. 긍휼히 여기는 자는 아무나 되는 것이 아니라 의에 주리고 목마른 자의 복을 받아야 이루어질 수 있는 것이다. 다시 말하면 성령받고, 충만받고, 능력받아야 할 수 있는 일이라는 것이다. 긍휼히 여기는 자가 된다는 것은 영광이요, 큰 영예가 아닐 수 없다.

필자가 좋아하고 부러워하는 성경구절은 고후 6장 1절이다. 사도바울은 "우리가 하나님과 함께 일하는 자로서 너희를 권하노니"라고 말한다. "하나님과 함께 일하는 자"라고 사도바울은 당당하게 말하고 있다.

이 고백은 사람을 긍휼히 여기고 복음을 전하는 자라야 할 수 있는 삶이다. 긍휼히 여기는 자가 되지 못하면, 수십 년 신앙생활을 했어도 하나님과 함께 일했다고 절대로 말해서는 안 된다.

긍휼히 여기는 자는 큰 복을 받는데, 그것이 곧 면류관의 복이다. 성경에는 많은 면류관이 있다. 충성한 자에게 주시는 생명의 면류관(계2:10), 이긴 자에게 주시는 썩지 않는 면류관(고전9:25), 사모하는 자에게 주시는 의의 면류관(딤후4:8), 복음을 위해 고난을 당하는 자에게 주시는 시들지 아니하는 영광의 면류관(벧전5:4), 주의 구원을 기뻐하는 자에게 주시는 순금 면류관(시21:3)이 있다. 이밖에 특별한 면류관이 있다. 특별한 면류관은 자랑의 면류관이다. 자랑의 면류관은 자식을 많이 낳은 자에게 주시는 면류관(살전2:19)이다.

바울은 빌립보 성도들에게 "나의 기쁨이요 면류관인 사랑하는 자들아"(빌4:1)라고 말하고 있으며, 데살로니가 성도들에게는 "우리의 소망이나 기쁨이나 자랑의 면류관이 무엇이냐 그가 강림하실 때 우리 주 예수 앞에 너희가 아니냐 너희는 우리의 영광이요 기쁨이니라"(살전2:19-20)라고 고백하고 있다. 필자는 제일 귀한 면류관이 전도의 면류관 곧 자랑의 면류관이라고 생각된다. 온 천하를 얻고도 바꿀 수 없는 것이 하나 있는데 그것이 바로 인간의 생명이다.

영적사역의 첫째가 "긍휼히 여기는 자는 복이 있나니 그들이 긍휼히 여김을 받을 것임이요"이다. 이것은 곧 전도자가 받는 복이다. 예수님은 이웃을 긍휼히 여기는 자는 하나님으로부터 긍휼히 여김의 복을 누리게 된다고 말씀하신다. "누구든지 사람 앞에서 나를 시인하면 인자도 하나님의 사자들 앞에서 그를 시인할 것이요"(눅12:8) 전도는 사람들에게 예수님을 시인하는 것이다. 시편 기자는 "가난한 자를 보살피는 자에게 복이 있음이여 재앙의 날에 여호와께서 그를 건지시리로다 여호와께서 그를 지키사 살게 하시리니 그가 이 세상에서 복을 받을 것이라 주여 그를 그 원수들의 뜻에 맡기지 마소서 여호와께서 그를 병상에서 붙드시고 그가 누워 있을 때마다 그의 병을 고쳐 주시나이다"(시41:1-3)라고 고백한다.

"가난한 자"는 히브리어 원어로 (달)인데, "가난한 자, 빈약한 자, 어쩔 수 없는 자, 약한 자"라는 말이다. (달)이란 뜻은 "나무 맨 끝에 남은 한 잎, 그것도 떨어지기 위해 한 번 밑으로 꺾여 떨어질 찰나에 있는 잎새의 운명"을 말하는 것이다. 이 말은 겨울이 오면 나뭇잎이 하나둘 떨어져 바람이 부는 대로 날아다니다가 시궁창에서 썩기도 하고 불아궁이 속에 들어가 재로 변하기도 하는 잎새의 운명을 말한다. 나무의 잎새는 밑에서부터 떨어지기 시작하여 위로 올라가며 떨어지게 마련이다. 인간은 가난한 자 곧 (달)인 신세이다. 언제 어느 때에 지옥불로 떨어질지 알 수 없는, 하루살이 인생이기에 빨리 그 영혼을 아니 그 잎새를 구출해야 한다. 이것이 전도이다. 그 누구도 인생의 내일 일도, 1초 앞에 일조차도 알 수 없다. 늦으면 후회가 되거나 놓치고 만다.

 * 시편 기자에 의하면 전도자가 받는 복은 엄청나다.(시41:1-3)

① 복이 있다 ② 재앙의 날에 건짐 ③ 하나님께서 지켜주심 ④ 세상에서 복 받음 ⑤ 절대 원수 마귀에게 맡기지 않으심 ⑥ 병중 자리를 고쳐 펴심 ⑦ 또다시 누워도 일으켜 주심

하나님께서 이런 복을 주셨는데 아직도 전도하지 않는 평신도들은 도대체 무엇인가?

 * 하나님께서는 3가지 법칙을 우리에게 적용하신다.

1) 심는 대로 거두게 하신다. 2) 행한 대로 갚아주신다. 3) 믿음 대로 되게 하신다.

사도행전을 보면 다락방에서 성령 받은 제자들과 120문도가 제일 먼저 시작한 하나님의 영적 사역이 바로 전도이다. 4 복음서에는 12 제자 그리고 70 제자들이 전도한 날짜는 단 하루씩밖에 없다. 그것은 그들이 아직 성령을 받지 못했기 때문이다. 사도행전 1장이 성령 받기 위한 준비라면, 2장에서는 120문도가 성령 충만 받고, 3장에 이르러 영적 사역

이 시작(전도)되었다.(성령의 능력충만 받음)

바로 사도베드로의 설교가 시작되었고, 그 말씀을 믿는 사람들이 구원을 받았다. 사도행전 2장에 "이날에 신도의 수가 삼천이나 더하더라"(41절), "구원받는 사람을 날마다 더하게 하시니라"(47절), 사도행전 3장에서는 성령의 충만한 사람들이 나가 전도할 때 앉은뱅이가 일어나고, 사도행전 4장에서는 남자의 수만 5천, 여자와 아이들을 합하면 2-3만 명에 육박하는 사람들이 전도를 통해서 구원받았던 것이다. 사도행전 5장에는 "예수님을 믿고 주께로 나아오는 자가 더 많으니, 남녀의 큰 무리더라"(14절), "전도하기를 그치지 아니하니라"(42절)라고 기록되어 있다. 6장에 보면 "제자의 수가 더 심히 많아지고 허다한 제사장의 무리도 이 도에 복종하니라"(7절)라고 기록하고, 7장에는 스데반 집사의 긴 설교가 이루어지고 최초로 사도가 아닌 집사가 순교하는 아름다운 모습을 보게 된다. 그 후 사도행전 전체가 다 전도라고 봐도 틀림없을 것이다. 영적 사역의 첫 번째는 임신해서 출산하는 것(전도)이다. 이 사명을 놓치지 말고 무시로 복음 전하는 데에 우리의 생명을 걸어야 한다.

2. 마음이 청결한 자

"마음이 청결한 자는 복이 있나니 그들이 하나님을 볼 것임이요"(마5:8)

"마음이 청결한 자"는 헬라어 원어로 καθαρόι(카다로이)인데, 이 말은 "깨끗한, 더럽히지 않은, 거짓이 없는"이라는 뜻인데, 더 깊이 말하면 "오직 한 가지 목적만을 가지고 있는 사람"을 말한다. 그 목적은 우리가 알듯이 오직 하나님께만 영광을 돌리는 것이다.

바울은 디모데에게 편지를 쓰면서 "큰 집에는 금 그릇과 은그릇뿐 아니라 나무 그릇과 질그릇도 있어 귀하게 쓰는 것도 있고 천하게 쓰는 것도 있나니 그러므로 누구든지 이런 것에서 자기를 깨끗하게 하면 귀히 쓰는 그릇이 되어 거룩하고 주인의 쓰심에 합당하며 모든 선한 일에 준비함이 되리라"(딤후2:20-21)고 말했다. 그릇이 깨끗하게 되면 무엇이든지 담을 수 있다는 것은 마음이 청결하고 깨끗하면 하나님께서 그 마음의 그릇에 무엇이든지 담을 수 있다는 말이다. 깨끗한 그릇은 하나님께서 좋아하시고, 더러운 그릇은 마귀가 좋아할 수밖에 없다. 하나님의 사역, 즉 영적 사역은 모두 마음이 깨끗하고 청결한 자의 몫이다. 마음이 청결한 자의 삶은 오직 성령 충만과 그의 능력으로만 가능한 것이다. 성령 충만하지 않으면 신앙생활을 수 십 년을 해도 절대로 마음이 청결해지지는 않는다.

미국의 릭 웨렌 목사는 "마음이 청결한 자만이 하나님의 신실한 종이 될 수 있다. 진실한 종은 하나님과 이웃을 섬기기 위해 자신을 내어준다. 그리고 사람의 필요를 알고 돌아본다. 진실한 종은 그의 사역에 충실하다. 진실한 종은 언제나 낮은 자세를 취한다"고 말하였다. 마음이 청결한 자는 곧 헌신(희생)하는 자를 말한다.

율법의 5가지 제사 가운데 하나가 번제인데, 그 제사는 하나님께 헌신을 의미한다. 아브라함도 그 아들 이삭을 하나님께 번제로 드리다가 하나님께서 수풀에 숫양을 준비하셔서 결국 숫양으로 하나님께 번제를 드리게 되었다. 시편 기자 다윗은 "여호와의 산에 오를 자가 누구며 그의 거룩한 곳에 설 자가 누구인가 곧 손이 깨끗하며 마음이 청결하며 뜻을 허탄한 데에 두지 아니하며 거짓 맹세하지 아니하는 자로다"(시 24:3-4)라고 고백하고 있다. 마음이 청결한 자만이 하나님의 성전에 오를 수 있고 헌신하는 자리에 설 수 있다는 고백이다.

"번제(헌신)"는 (올라)인데, "올라간다"라는 의미이다. 중요한 것은 성령 충만하여 깨끗한 마음으로 드리지 않는다면 가인의 제사같이 하나님께 열납되지 않을뿐더러 하나님께 올라가지도 않는다. 헌신의 상징은 세상의 빛과 소금이다. "빛"은 헬라어 원어로 φῶς(포스)이고, "소금"은 ἅλας(할라스)이다. 예수님은 빛과 소금을 헌신의 상징으로 두 기둥으로 생각하셨다. 바울은 골로새 성도들에게 "무슨 일을 하든지 마음을 다하여 주께 하듯 하고 사람에게 하듯 하지 말라"(골3:23)고 당부했다. 한문으로 헌신(獻身)은 "몸을 바쳐 힘을 다함"이라는 뜻이다. 예수님은 계명 중에 첫 번째가 무엇이냐고 묻는 질문에 "네 마음을 다하고 목숨을 다하고 뜻을 다하고 힘을 다하여 주 너의 하나님을 사랑하라"고 말씀하셨는데, 이 말씀은 사랑뿐만 아니라 헌신할 때도 마음, 목숨, 뜻, 힘을 다하라는 뜻이다. 이렇게 헌신하는 자는 "아! 얼마나 복이 있을까?"라고 예수님도 감탄하시는 복이다.

"마음이 청결하다"는 의미는 이미 거룩함에 이르고 성결에 이르렀다는 표시이다. 시편 기자는 "하나님이 참으로 이스라엘 중 마음이 정결한 자에게 선을 행하시나"(시73:1)라고 기록했다. 마음의 청결과 정결은 같은 의미이다. 하나님께서 행하시는 선은 바로 하나님을 볼 수 있는 영안을 열어주신다는 의미이다. 분명한 것은 헌신은 영안이 열려져 있지 않으면 포기하거나 중단하고 만다는 것이다. 훗날 미래에 하나님께서 어떻게 대해 주신다는 확신과 신념을 가진 자만이 몸도 바치고 물질도 바치고 시간도 바칠 수 있는 것이다.

잠언서 기자 솔로몬은 "마음의 정결을 사모하는 자의 입술에는 덕이 있으므로 임금이 그의 친구가 되느니라"(잠22:11)고 고백했다. 마음의 정결을 사모하는 자의 입술은 하나님께 찬양과 간구하는 입술이기에, 마음이 정결함을 얻음으로 임금(하나님)이 그의 친구가 된다는 것이고, 친구는 언제든 만나 즐기고 하나 될 수 있기에 그 축복은 말로 다 표현할 수 없는 것이다. 그것만한 덕이 어디 있을까? 그래서 마음이 청결한 자는 하나님을 볼 수 있는 축복을 받을 수밖에 없다. 다시 말하면 마음이 깨끗하면 저절로 하나님께서 와 계시기에 하나님을 만날 수밖에 없다.

필자가 교회에 처음 나간 지 1년쯤 되었을 때, 담임 사역자가 18평 되는 헌 교회를 허물고 38평의 교회를 건축한다고 발표를 하였다. 그러나 누구 하나 헌금을 드리려고 하지 않았다. 담임 사역자는 이 일을 놓고 철야기도를 하시기 시작했다. 필자도 담임 사역자와 함께 철야기도를 시작하였는데, 어느 날 철야기도 중에 예수님이 십자가에 못 박히시고 이마에서, 양손과 양발에서 그리고 옆구리에서 피가 철철 흘러내려 바닥을 적시는 환상을 보았다. 그때 필자의 마음에 소리가 들려왔다. "내 너를 위해 피 흘렸는데, 넌 나를 위해 무엇주느냐" 그 소리에 그날 밤은 펑펑 울면서 "하나님 저는 가난해서 아무것도 드릴 것이 없습니다. 그러나 이 몸을 드리겠습니다"라고 대답하고, 집으로 와서 부친과 모친에게 "제가 서울에 가서 제 몸에 피를 팔려고요. 교회를 새로 건축해야 하는데 저는 낼 돈이 없잖아요! 그래서 피를 팔아서 헌금을 하려구요"라고 하자 절대로 안 된다고 야단을 하셨다. 부친과 모친은 피를 빼내면 생명의 위기가 올 것으로 생각하고 있었기에 말린 것이었다. 그래도 무작정 인사를 하고 서울로 가기 위해 시흥에서 부천으로 가는 버스를 타려고 큰 고개를 넘고 있을 때, 필자의 바로 위에 형이 헐떡거리면서 달려왔다. "동생아 엄마가 빨리 오래. 그러면 헌금할 돈을 주신다고 했어" "우리 집에 돈이 어디 있어서 헌금할 돈을 줘. 나 피 팔러 가지 못하게 하려고 거짓말 하는거지?" "아니야 정말 주실 것 같아" 그래서 형 손에 끌려 집으로 왔더니, 부친과 모친이 마주 앉아 있는데 그 가운데 금덩어리들이 놓여 있었다. 사실 필자의 가정은 매우 가난했다. 필자의 가정의 5남매 중 제일 큰 누나는 미국으로 이민을 갔고 한국에 자주 올 수가 없어서, 1년에 두어 번 달러를 보내왔었다. 필자의 모친은 다른 가족 모르게 달러를 가지고 서울에서 금을 사다 모았었다. 나중에 땅이라도 사서 가난을 모면해 보려는 모친의 생각이었다. 그렇게 애지중지 모아 놓았던 금을 내놓으시더니, "네가 피를 팔지 않겠다고 약속하면 그동안 논과 밭을 사려고 모아놓았던 이 금을 줄테니 교회 건축하는 데에 사용해라"고 하였다. 그때 부친과 모친이 아직 교회에 나가기 전인데도, 이 귀한 금을 내놓은 것에 대해 필자는 부친과 모친에게 나중에 꼭 갚겠다고 다짐하고 금들을 들고 담임 사역자를 찾아가서 건축헌금이라고 바쳤다. 사역자에게 자초지종을 얘기하고 집으로 돌아오는 발걸음이 너무나 가

벼웠고 날아가는 것 같았다. 그때 드린 금이 약 100돈에 가까웠다.

그 주일에 담임 사역자는 설교 마지막에 금덩어리들이 들어있는 복주머니를 꺼내서 성도들에게 보여주었다. 온 성도들은 "우리 교회 누구지?" 성도 중에 그렇게 금을 가지고 있는 사람도 없을뿐더러 그것을 건축헌금으로 내놓을 성도도 없었기 때문이다. 그런데 더 놀라운 일이 일어났다. 필자가 처음 나간 교회는 아직 장로가 없었기에 수석 권사가 권사, 집사들은 다 남아달라고 요청을 했고, 담임 사역자가 없는 가운데 건축헌금을 작정하기 시작하였는데, 수석 권사가 50만원을 시작으로 한 명도 빠지지 않고 건축헌금을 작정 하였던 것이다. 이 일로 인해 교회는 계획보다 땅을 더 사서 38평 교회를 건축하여 하나님께 봉헌을 하고 이전 교회는 허물지 않고 수리해서 교육관으로 사용하게 되었다. 부족한 필자로부터 교회의 건축이 시작되어 벽돌 한장 한장 쌓아갈 때마다 하나님께 감사의 기도를 할 수밖에 없었다. 그 후 필자는 사역자가 되었고, 신학교 3학년 2학기에 교회를 빈손으로 개척하였을 뿐만 아니라 이때부터 미국부흥회를 가기 시작하면서 35년여 동안 5월, 11월 두 달간은 8~10 교회를 다니면서 미국과 캐나다에서 부흥회를 인도하게 되었다. 미국에서의 첫 부흥회을 다녀오면서 부친과 모친에게 다이아몬드 반지를 선물해 드리고 그때의 빚을 갚게 되었다.

헌신이란 성령 충만하면 저절로 되는 것이고, 전도도 저절로 되는 것이고, 충성과 봉사도 누가 알아주든지 않든지 최선을 다하게 되는 것이다. 중요한 것은 성령을 받으면 그리고 충만하면, 하나님의 일은 힘들이지 않아도 저절로 된다는 것이다.

3. 화평케 하는 자

"화평하게 하는 자는 복이 있나니 그들이 하나님의 아들이라 일컬음을 받을 것임이요"(마5:9)

성령충만하면 첫 번째 사역이 전도이다. 초대교회가 그랬고, 사도바울도 그랬다. 두 번째 사역은 헌신이다. 그래서 초대교회 성도들은 자신들의 재산을 아낌없이 내놓았다. 세 번째 사역은 바로 사랑이다. 그래서 초대교회는 사랑의 공동체가 되었으며, 가난한 자도 없고 부한 자도 없고 세계 역사상 유일한 사랑의 공동체였다. 그런데 누군가가 시킨 것이 아니라 모두 자발적이었다. 아나니아와 삽비라만 빼놓고 말이다.

"화평케 하는 자"는 헬라어 원어로 εἰρηνοποιόί(에이레노포이오이)인데, "화평을 만드는 자, 평화와 화합을 촉진하는 자, 중재자, 조정자"라는 뜻이다. 화평케 하는 자는 전혀 잘못이 없는 사람이 전적으로 잘못한 사람과 손을 잡고 화해하는 것을 말한다. 그렇지 않으면 기도가 막히고 마음도 편치 않아서 살 수가 없기 때문이다. 화평케 하는 자는 결코 인간의 타락한 성품을 가지고서는 불가능하다. 이 일은 오직 성령충만한 사람만이 할 수 있는 귀한 일이 아닐 수 없다. 예수님은 중재자이시다. 하나님과 인간 사이에 오직 화해와 화합을 위해 자기 몸을 기꺼이 포기하면서까지 마지막 피를 다 흘리실 무렵 "다 이루었디"(Τετέλεσται, 테텔레스타이)고 선언하셨다.

예수님은 요단강에서 우리와 똑같이 세례받고 기도하실 때 성령을 받으셨고, 사실 성경에 기록은 없지만 광야로 오셨을 때 이미 성령충만으로 가득 차 있으셨기에, 요단강에서 성령을 더 부어달라고 기도하셨을 것으로 짐작된다. 성령에게 이끌려 40일 금식기도를 마치시고 광야에서 사단을 물리치시고 갈릴리에 도착했을 때, 이미 성령의 능력으로 충만해져 있었다고 성경은 증거하고 있다.(눅4:14)

하나님은 우리 모두에게 화목케 하는 직분을 주셨다고 말씀하신다.(고후5:18) 그런데 이 일을 행함에 있어 반드시 성령으로 충만해져 있지 않으면 불가능한 일이다. 이 일은 그냥 세상일이 아니다. 육체의 일이 아니다. 곧 마음과 성품의 문제이기 때문이다.

사도베드로는 신의 성품에 대해 증거하고 있다. 진정으로 신의 성품을 소유한 자만이 할 수 있는 영적사역이다. 신의 성품은 "믿음에 덕을, 덕에 지식을, 지식에 절제를, 절제에 인내를, 인내에 경건을, 경건에 형제 우애를, 형제 우애에 사랑을 더하라"(벧후1:5-7)라고 말했고, 사도바울은 "너희 안에 이 마음을 품으라 곧 그리스도 예수의 마음이니"(빌2:5) 라고 말했다. 예수님의 마음도 사랑이시고, 하나님의 마음도 사랑이시고, 성령의 마음도 사랑이시다. 그래서 요한1서 기자는 "하나님은 사랑"이라고 말하고 있다.(요1서4:8) 사도바울은 우리 마음에 오직 사랑을 부어주는 이는 바로 성령이라고 고백하고 있다.(롬5:5) 오직 성령의 하나님만이 우리의 마음에 그 크신 하나님의 사랑을 부어줄 수 있는 자격이 있다. 인간적 사랑인 에로스, 피로스의 사랑 가지고는 절대로 화평케 하는 자가 될 수 없다. 지금 당장 눈앞에 원수를 사랑할 수 있는 사람은 이 세상 어디에도 없다. 그럼에도 성령받지 못하고서 "나는 화평케 하는 자"라고 말한다면, 그것이야말로 가짜이며 행동으로 눈속임일 것이다. 그러나 하나님께서는 다 아시고 계시다.

빌립보교회는 분쟁하는 교회였다. 유오디아파가 있고, 순두게파가 있었다. 고린도교회도 마찬가지였다. 바울파, 그리스도파, 게바파, 아볼로파의 파벌싸움이 도를 넘었다. 내가 나가는 교회는 어떤 교회인지 꼭 진단해 보아야 한다.

필자는 미국 켄터키 주에 있는 한 교회에서 초청을 받아 부흥회를 인도하게 되었다. 군인 가족들만 나오는 한인교회였다. 그런데 그 교회는 큰 언니가 두 사람 있었다. 여기에서 큰 언니라 하면, 신앙생활을 오래 했거나 남편의 계급이 높거나 파를 만들어 수장이 된 여인들이었다. 그런데 그 교회에 오래 다닌 기존의 큰 언니가 있었는데, 3년 전에 군인 이동으로 다른 큰 언니가 나오게 되면서 교회는 두 파로 갈라져 싸움이 보통이 아니었다. 담임목사도 어떻게 손댈 수가 없었기에, 필자의 이야기를 듣고 부흥회 초청을 한 것이었다. 담임목사는 이 문제만 해결되면 부흥회는 성공하는 것이라고 필자에게 신신 당부를 하게 되었다. 필자는 그 문제는 하나님이 해결하실 것이라고 답변하고 "오직 성령의 충만을 받으라!"는 주제 아래 나흘 동안 부흥회를 인도하였다. 셋째 날 낮 집회에 말씀을 마치고 안수를 하기 시작하는데, 온교회가 성령을 갈구하며 하나님께 부르짖었다. 그런데 정말 하나님께서 성령을 부어주시면서 대부분의 성도들이 방언기도를 시작하였고, 큰 언니 두 사람도 흐느껴 울면서 기도하는데 그들 위에 성령을 물 붓듯 하나님께서 부어주셨다. 한 시간 가까이 교회는 성령의 도가니가 되어 방언 소리, 우는 소리, 외치는 소리, 부르짖는 소리 등 꼭 초대교회 120문도들과 다름이 없었다.

오후 2시쯤 집회가 마치자, 큰 언니들이 서로를 껴안고 서로 잘못했다고 울면서 고백하며 이제 하나가 되자고 이야기하기에 다시 축복의 안수를 해 주었다. 큰 언니들은 옷이 땀으로 다 적셔져 있었다. 그 교회는 이제 성령 안에서 하나가 되었다. 그리고 생애 동안 큰 언니가 안 되겠다고 둘 다 약속하고, 교회에서 준 직분으로 살아가겠다고 다짐하는 모습을 보게 되었다. 모두 다 성령하나님이 하신 일이었다. 그날 큰 언니 둘이 점심을 거하게 대접해서 맛있게 먹으면서 하나님께 감사해했던 기억이 난다. 그 후로 몇 년에 걸쳐 그 교회 부흥회를 인도하게 되었다.

그들이 성령 받으니까 그리고 성령충만해지니까 내가 죽고 내 안에 예수님이 살아계시기에 화평케 되는 일이 생긴 것이다. 하나님의 성령이 큰 언니들의 마음속에 사랑을 부어주신 것이다. 그래서 그들은 신의 성품에 참여하는 자들이 되어 사랑으로 하나가 된 것이다. 화평케 하는 자의 마음은 하늘에서 내려온 참 평화를 소유한 자이다. 시편 기자는 "모든 화평한 자의 미래는 평안이로다"(시37:37)라고 고백하고 있다. 더 중요한 것은 화평한 자는 하나님의 아들이라 일컬음을 받게 된다. 탕자가 아버지 집에 돌아와서는 "나는 아버지의 아들이라 일컬음을 감당하지 못하겠나이다"(눅15:19)라고 할 때, 아버지는 말하기를 "이 내 아들은 죽었다가 다시 살아났으며 내가 잃었다가 다시 얻었노라"(눅15:24)고 외쳤다. 우리가 화평을 만드는 자, 화평을 조성하는 자가 되면, 하늘에 계신 우리 아버지가 "너는 내 아들이라"고 외치실 것이 분명하다.

미국의 100세 된 노인이 2021년 2월 6일 세상을 떠났다. 그 노인의 이름은 "죠지 슐츠"이다. 이 사람은 미국 로널드 레이건 행정부에서 6년 반 동안(1982-1989) 국무장관을 지내며 냉전 종식에 큰 공헌을 했다. 그는 뉴욕에서 태어나서 프린스턴 대학에서 경제학과를 졸업하고, 바로 해병대에 징집되어 2차 세계대전에 참전하고, 그 후 매사추세츠 공대(MIT)에서 산업경제학 박사학위를 받고, 1955년 아이젠하워 대통령의 백악관 경제자문위원회에서 일했고, 대학원에서 교수로 일하다가 리처드 닉슨 대통령 시절에 노동장관으로 발탁되었고, 그 이듬해 백악관 예산국장으로 근무하다가 재무장관을 지내며 소련과의 무역 협상을 주도하였고, 로널드 레이건 행정부에 국무장관으로 발탁되어 "냉전 해빙기"의 역사책을 출간했다. 소련과의 핵전쟁 발발 위험성을 줄이기 위해 노력하며 드디어 미국과 소련에 핵미사일 2692기를 폐기하는 데 성공했다. 국무장관 시절 전쟁 억제에 대해 대통령이던 레이건에게 건의하면서 1987년 9월에 핵무기 폐기에 쐐기를 박았다. 그리고 그는 해외에 파송된 미국대사들에게 지구본에서 당신 나라를 가리켜 보라고 한 뒤, "맞다! 그곳이 바로 당신 나라다. 그 나라를 위해 최선을 다하라"고 부탁하기도 하였다.

　조국을 그만큼 사랑하고 세계평화를 위해서 그는 생애를 살다 갔다. 미국에서 그의 이름은 영원할 것이다. 그는 평화를 만드는 자, 평화를 조성하는 자의 삶을 살다가 갔다. 바울은 말하기를 "자녀이면 또한 상속자 곧 하나님의 상속자요 그리스도와 함께 한 상속자니 우리가 그와 함께 영광을 받기 위하여 고난도 함께 받아야 할 것이니라"(롬8;17)고 하였다. 다시 바울은 "무릇 하나님의 영으로 인도함을 받는 사람은 곧 하나님의 아들이라"(8:14)고 말하였는데, 하나님의 영은 곧 성령이다. 성령 받지 못하면 하나님의 아들이라 볼 수 없다는 것이다. 누가는 부활 논쟁에서 그리스도인들을 "부활의 자녀로서 하나님의 자녀임이라"(눅 20:36)고 기록하였다.

필자는 1968년 1월 부흥회에서 하나님을 만나겠다고 한 주간 금식하며 잠자는 것을 포기하고 매달렸었다. 그 결과 처음 교회를 찾은 필자에게 하나님께서 성령세례를 부어주셨고 은사들도 많이 주셨다. 이때부터 뜨거운 신앙생활이 시작되었고 기도와 금식, 찬양과 전도가 시작되었다. 예배를 빠지지 않기로 할 뿐만 아니라 주일을 오직 하나님께만 드리기로 작정하였다. 1970년 3월에 군에 입대하였고 전반기 교육과 후반기 교육을 끝내고 대구 50사단 공병대대에 배치가 되었다. 그런데 대대에 교회가 보이지 않았다. 주일날 교회를 보내달라고 중대장에게 얘기했지만 대답은 우리 부대는 50사단 안에 건물 건축 중인 필요한 벽돌과 불럭을 공급해 줘야 하는데 일요일날까지 해도 모자라기 때문에 일요일날도 교회를 보내줄 시간이 없다고 중대장이 말했다.

　그래서 필자는 철조망을 뚫고 교회를 다녀오게 되었다. 그때부터 교회에 다녀왔다는 이유로 구타가 계속되었다. 다행히 필자의 글씨체를 본 내무반장이 대대장실에 보고하여 대대장실에 차드사 겸 비서로 근무하면서 대대장의 허락을 받아 대대장의 부관(중위)이 나가는 교회에 출석하게 되었다. 그러나 저녁이 되면 내무반에 올라가야 하기에 역시 구타가 계속되었다. 공병대대에 온지 3개월 만에 구타에 견디다 못해 월남 지원을 하게 되었다. 필자의 보직은 불도저 정비와 운전이었다. 내일이면 월남을 가기 위해 모이는 부대로 떠나게 되어있는데 필자를 구타하던 선배(상병, 소규모 대구깡패 조직의 두목)가 밤 12시부터 새벽 4시까지 구타를 하므로 새벽 4시에 실신하고 말았다.

　50사단 의무중대로 옮겨 사망선고를 받았다. 곧바로 대구통합병원에만 시체실이 있기에 통합병원으로 보내짐을 당했는데 그곳에 하나님이 심어놓으신 일반외과 과장인 정 중령이 있었다. 그는 대구에 있는 어떤 교회의 안수집사였다. 그 과장을 통해 죽음에서 생명으로 다시 탄생하게 되었고 그 후 복부 부분에 대수술을 두 번을 받았다. 그 사건을 헌병대에서 수사를 하게 되었고 공병대대장, 중대장 필자의 내무반뿐만 아니라 구타한 상병도 헌병대에 끌려가 진실대로 진술서를 다 받아냈고 필자는 수술을 거쳐 회복되는 시간이 거의 한 주간 늦어져 환자복을 입은채 헌병대로 끌려가 수사를 받게 되었고 기도하는 가운데 하나님께서 "네 원수지만 사랑하라"는 감동을 하나님께서 주셨고 또한 하나님께서 쓰시겠다고 하시기에 '구타를 당하지 않았다'고 진술서를 쓰다가 3번에 걸친 고문을 당하였다. 1차 110V 전기고문, 2차 220V 전기고문, 3차 손톱 밑으로 대나무로 만든 15cm짜리 이쑤시게 같은 것으로 열 손가락을 7-8cm정도로 찔러넣는 고초를 당했지만, 예수님의 십자가를 생각하며 견디었다.

결국 헌병대에서는 필자의 진술을 받아내지도 못하였고 이 사건을 백지화 시켜버렸다. 이 사실을 알게 된 구타한 상병이 병원으로 찾아와 회개하기 시작하였고 깡패조직은 해체하고 예수믿기로 작정하고 필자는 그 자리에서 너무 감사해 울면서 기도해 주었다. 결국 원수도 미워하지 않고 감싸는 사랑으로 깡패가 변하여 크리스챤이 되었던 것이다. 1968년 예수님 믿고 구원받는 성령세례 받고, 1970년에 일어난 사건이었다. 예수님을 영접한 지 3년밖에 되지 않지만, 원수도 사랑하는 일은 필자의 속에서 하나님이 하신 일이었다. 필자의 간증은 1997년 2월달에 기독교방송에서 역사상 최고의 청취율을 만든 사건이었다. 성령 받으면 원수 사랑도 하나님 사랑도 저절로 되는 것이다.

성령충만한 자들은 하나님의 자녀이기에, 부활의 영광에 참여하는 영광도 얻게 된다는 증언이다. 결국 화평케 하고자 화평을 조성하는 자는 인간의 힘이나 노력, 착한 심성이 있다고 하더라도 이루어 낼 수 없는 일이다. 그런데 성령 충만 받으면, 전도와 헌신, 사랑(아가페)이라는 영적 사역이 펼쳐질 것이다. 이런 일들은 노력해서 되는 것이 아니라 저절로 된다는 점을 유의해야 한다.

앞에서도 기록되었지만, 우리가 흔히 알기는 성령의 열매는 사랑 하나인데 9가지로 잘못 알고 있다. 성령의 열매는 오직 사랑 하나이기에 "열매는"이라고 단수를 쓰고 있다. 왜냐하면 그 남은 8개의 단어는 모두 사랑의 속성들이다. 고전 13장에 말씀하신 것을 보면 누구든 알 수 있다. 왜 성령의 열매가 사랑일까? 성령 없이는 아가페(ἀγάπη) 사랑이 존재할 수가 없다.

성령세례 받지 못한 평신도들이여!

지금이라도 하나님께 매달려 기도하여 성령세례 받고, 충만 받고, 능력 받아 사랑의 사역자로서 살아가기를 바란다. 이 길을 가지 않으면 하늘의 상급은 하나도 없을 것이다. 그러면 부끄러운 구원을 받을 가능성이 크다는 사실을 알아야 한다.

4. 의를 위해 핍박을 받는 자

"의를 위하여 박해를 받은 자는 복이 있나니 천국이 그들의 것임이라"(마5:10)

"의(義)"는 헬라어 원어로 δικαιοσύνη(디카이오수네)인데, "공정하고 공평한 올바름, 관용"이라는 뜻이다. 그렇다면 세상에서 공정하고 공평하고 관용을 가진 사람이 어디 있을까? 세상에서는 눈 씻고 봐도 결코 찾을 수 없다.

이사야 예언자는 "내가 붙드는 나의 종, 내 마음에 기뻐하는 자 곧 내가 택한 사람을 보라 내가 나의 영을 그에게 주었은즉 그가 이방에 정의를 베풀리라 그는 외치지 아니하며 목소리를 높이지 아니하며 그 소리를 거리에 들리게 하지 아니하며 상한 갈대를 꺾지 아니하며 꺼져가는 등불을 끄지 아니하고 진실로 정의를 시행할 것이며"(사42:1-3)라고 예언하고 있다. 여기에 등장하는 이는 바로 예수 그리스도이시다. 오직 예수님만이 정의이고, 공평이고, 사랑이다. 정의(正義)는 한문으로 "옳음"을 뜻한다. 의는 예수님이고 결국 복음인 것이다.

"핍박받는 자"는 헬라어 원어로 δεδιωγμένοι(데디오그메노이)인데,

이 말의 동사형은 διώκω(디오코)이고 "열심히 따라가다, 무엇을 얻으려고 진지하게 노력하다, 재빠른 동작을 취하다"라는 뜻이다. 무엇인가를 얻으려고 열심히 쫓아가는 것을 말한다. "누구든지 나를 따라오려거든 자기를 부인하고 자기 십자가를 지고 나를 따를 것이니라"(마16:24)라는 것을 우리는 기억해야 할 것이다. 예수님의 가르침을 숙고하지 않으면 안 된다. 이 땅의 의는 예수님이시다. 그리고 예수님은 떠나시고 성령을 보내주셨다.

　성도의 삶은 오로지 예수님을 열심히 쫓아가야 하는데, 꼭 두 가지 일이 있다. 그것은 자기를 부인해야 하며, 또 반드시 자기 십자가를 내려놓지 않아야 한다는 것이다. 결국 이 말은 우리를 구원해 주신 예수님을 위해 그 어떤 십자가도 져야 한다는 것이다. 십자가를 지는 일은 전도보다 힘들고, 헌신보다 힘들고, 사랑보다도 힘든 일이 아닐 수 없다. 그러기에 영적 사역의 맨 마지막 복인 것이다. 십자가를 진다는 것은 결국 순교의 각오를 가지고 예수님의 발자취를 따라야 하는 것이다. 안이숙 씨는 "죽으면 죽으리라, 죽으면 살리라"라는 책을 써서 유명해진 사람이다. 죽기를 각오하고 일본에 대들었지만, 그때그때 마다 하나님께서 그녀에게 순교의 기회를 주지 않으셨다. 그녀는 자신은 "순교의 실패자"라고 고백하기도 했다. 그녀는 분명히 의를 위해 핍박을 받는 자였다. 의를 위해 핍박을 받는 자는 죽기를 각오하고 하나님의 일에 최선을 다해 헌신할 때만 얻을 수 있는 복이다. 죽음조차도 내놓지 않으면 안 되는 것이다.

　이런 기도문을 읽은 적이 있다. 제목은 "거북이의 기도"이다. "하나님! 조금만 기다려 주세요. 지금 가는 중이에요. 무겁고 힘들지만, 등에 있는 제 짐은 지고 가야 하지 않겠어요. 그러나 등에 있는 짐이 너무 무거워서 힘들어요. 그러나 등에 있는 짐이 내게 고난만 주는 것은 아니에요. 때로는 나를 안전하게 하고 제 목숨을 지켜주기도 해요. 나에게 등에 있는 짐이 살아가는 데 큰 도움이 되지요. 끝까지 포기하지 않고 하나님 계신 곳까지 가겠어요. 기다려 주세요. 하나님! 무겁고 힘들지만, 내려놓지 않고 하나님께로 나아갈께요"

이 마지막 복은 "꼭 순교가 아니더라도 죽음을 내놓고 죽기를 각오하고 사역하라"는 지상명령이기도 하다. 그러면 못 할 것이 없다. 부흥 못 시킬 것이 없다. 교회 건축을 못 할 일이 없다. 죽기를 각오한다면!

사실 핍박은 역설적인 것이다. 핍박은 이 세상의 본질적 특성이 악하다는 사실을 드러내 준 것이다. 이 세상은 의를 위해 살고, 의를 위해 말하는 사람을 적대시하고, 박해한다. 진정한 사랑, 정의, 구원을 위해 일하는 사람은 실제로 이 세상의 권세를 잡고 공중의 권세까지 손아귀에 넣은 사단과 싸워야 한다. 예수님은 "내가 아버지의 말씀을 그들에게 주었사오매 세상이 그들을 미워하였사오니 이는 내가 세상에 속하지 아니함 같이 그들도 세상에 속하지 아니함으로 인함이니이다"(요17:14)라고 말씀하셨다.

주전 300년경에 알렉산더라는 황제가 있있다. 그의 부친은 필립 황제였다. 필립 황제는 길들여지지 않은 말을 타고 지정한 곳까지 다녀오는 자에게 크나큰 상을 내리겠다고 말했다. 많은 장군들이 길들여지지 않은 말을 타고 가다가 떨어져 팔이 부러지고 다리가 부러지고 그 누구하나 성공하는 사람이 없었다. 그때 알렉산더의 나이 17세에 "아버지! 제가 한번 해보겠습니다"라고 했더니 아버지는 극구 안된다고 말렸다. 끝내는 허락을 받고 제일 먼저 말에게 다가가서 키스하고 쓰다듬고 어루만지며 말과 소통을 시작했다. 그런 다음 알렉산더는 그 말을 타고 목적지까지 갔다가 무사히 돌아오게 되었다. 부친은 두말할 필요도 없이 알렉산더를 후계자로 삼았다. 그 후 황제가 된 알렉산더는 그의 군사력과 지혜와 외교로 거의 모든 나라를 손아귀에 넣을 수 있었다. 한번은 매우 적은 군사를 가지고, 철벽같은 성에 군사력도 몇 배가 되는 많은 군사를 가진 나라를 정복하게 되었는데, 알렉산더는 그의 적은 군사들을 성 가까이 서게 한 다음 절벽 있는 쪽으로 "앞으로 가!"하고 명령하자 1명, 2

명, 3명, ~ 10명이 절벽으로 떨어져 죽었다. 이것을 성 위에서 지켜보던 황제가 알렉산더에게 굴복하고 저런 군대를 도저히 이길 수가 없다고 판단한 것이었다. 알렉산더의 군대는 대단하였다. 명령에 목숨을 초개같이 버리는 군대였기에, 많은 나라들이 스스로 굴복하는 역사를 만들어 냈던 것이었다.

그렇다. 우리 대장 예수님의 명령에 따른다고 하면, 곧 그것이 의를 위해 핍박을 받는 자인데 그럴 때 사단은 두 손을 들고 우리에게 굴복하고 아니면 뺑소니를 치고 만다. 특별히 한국은 코로나19 문제가 다가왔을 때, 죽기를 각오하고 모든 교회가 정상적으로 예배를 드렸다면 코로나19 질고의 사단은 벌써 굴복하고 사라지지 않았을까? 그런데 수많은 사역자들이 경찰에 잡혀갈까봐 몸을 낮추고 정부의 명령에 복종하는 어처구니없는 사태가 벌어진 것이다. 지금도 혹시 교회에 오미크론이나 코로나19가 침범할까봐 별별 떨고 있는 것은 아닌지 궁금할 뿐이다. 의를 위해 핍박을 받는 자는 최선을 다해 예수님의 발자취를 따라가는 것, 순교할 각오와 정신으로 예수님을 따라가는 것, 곧 그것이 "십자가를 지는 것"이다.

찬송 461장에는 "십자가를 질 수 있나. 주가 물어보실 때 죽기까지 따르오리 성도 대답하였다. 주 인도 따라 살아갈 동안 사랑과 충성 늘 바치오리다. 아멘" 이 찬송은 사실 성령충만한 성도만이 부를 수 있는 노래이다. 아마도 당당하게 예배를 드린 서울에 몇 교회를 제외하고, 한국의 큰 교회를 포함한 모든 교회들의 예배가 중단되었고, 비대면 예배라는 변질된 예배로 대처하게 되었다. 그 일로 어떤 사역자는 감옥에도 3번이나 다녀왔다. 정말 의를 위해 핍박을 받는 사역자이지 않을까?

필자는 18세에 처음 교회에 나가면서 예배를 중시하고 예배에 빠지지 않기로 하나님께 기도하였었다. 지금 필자가 국가유공자가 된 것은 22세 때에 대구 50사단 공병대대에서 부대 안에 교회는 없지만 부대 밖에 있는 민간교회를 나가게 되었다. 이 일로 심한 구타를 3개월 동안 주일 저녁마다 계속 당했고, 50사단 의무 중대에서 사망 처리가 되어 시체실이 있는 대구통합병원에 보내지게 되었다. 하나님은 그곳에서 필자를 살려내시고 6개월 동안 대장 절반, 소장 120cm를 잘라내고 나머지 38군데 터진 부분을 꿰맸다. 두 번에 걸친 대수술에서 20시간을 담당 의사가 수고를 아끼지 않았다. 병원 생활을 마치고 제대가 되어 오류동에 있는 보훈병원으로 후송되었다. 그러나 보훈병원으로 가지 않고 여의도 순복음교회의 오산리 금식기도원으로 갔다. 소화 기능을 다 잃었기 때문이었다. 금식일을 정하지 않고 고쳐주실 때까지 기도하다가 하나님께서 15일 만에 치유의 손길을 내미시었다. 그후 건강을 회복하여 자리에 눕는 일이 없다. 지금 와서 보니 너무나 잘한 일이었다.

"의를 위해 핍박을 받는 자는 복이 있나니 천국이 그들의 것이요" 이 영적 사역의 마지막 복도 예수님이 감탄하시는 복이다. 바울은 5가지를 열거하면서 그래도 기뻐한다고 고백하였다. 첫째는 약한 것들, 둘째는 능욕, 셋째는 궁핍, 넷째는 박해, 다섯째는 곤고인데, 사실 모두가 기뻐할 것들이 아니다. 그런데 바울은 기뻐한다고 외치고 있다.(고후12:10) 바울은 기뻐해야 할 이유를 들고 있다. 첫째로 내 능력이 다섯 가지를 받을 때, 온전해진다는 것이요. 둘째로 내 능력이 다섯 가지를 받을 때 그리스도의 능력이 내 안에 머무를 수 있기 때문이요. 셋째로 내 능력이 다섯 가지를 세상으로부터 받을 때 내 약한 것이 더 강해진다는 것이다.

평신도가 예수님 때문에 핍박을 받으면 어떻게 될까?
① 마5:11-12 : 하늘에서 너희의 상이 크도다
② 행5:41 : 기뻐하였다
③ 고후1:5 : 예수 그리스도의 위로가 넘친다
④ 계2:9-10 : 생명의 면류관을 주신다
⑤ 계7:14-17 : 하나님의 보좌 앞에 거주, 성전에서 밤낮 하나님을 섬김, 그들 위에 장막을 치심, 아무 해도 받지 않음, 생명수 샘으로

인도, 눈에서 눈물을 직접 씻어주심

8복 중 첫 번째의 복이(사역준비) 천국이 그들의 것이요. 이 복이 천국의 문을 여는 것이라면, 여덟 번째 복이(영적사역) 천국이 그들의 것이요. 첫 번째 복과 문구는 같지만, 마지막 천국은 이제 천국 문에 들어간 후에 문을 닫는 것이라 볼 수 있다.

8복은 우리 신앙의 8단계가 있다는 사실을 말씀하신 것인데, 대부분의 평신도들은 지금 내 신앙이 어느 단계에 와 있는지 전혀 예측하지 못하면서, 장로도 되고 권사도 되고, 집사도 되는데 문제는 내가 어느 단계의 신앙인지 점검하지 않는다는 것이다.

지난해나 올해나 전혀 성장한 모습이 아니라는 데에 문제가 있다. 코로나19가 오자 신앙들이 거의 병들고 지쳐있는 모습이다. 이때를 기해서 모든 평신도들은 하나님께로 더 가까이 갈 기회이며, 말씀과 기도로 더욱 거룩해져 가는 기회로 삼는 평신도는 깨달음이 있는 평신도이다. 자신의 영적 단계를 모르면 전진도 없고 변화도 없다. 어떤 평신도들은 우리 교회 사역자의 영적 수준을 직감하고 수준 높은 사역자가 되게 하려고 끊임없이 기도하고 있는 평신도들도 많다.

필자는 교회를 개척할 때 하나님 앞에 "개척한 교회에서 30년까지는 제가 목회하고, 남은 기간은 다른 사역자들이 목회하기 힘든 교회에 보내주세요"라고 기도하면서 개척하였는데, 하나님께서는 응답하셔서 꼭 30년 만에 다른 교회(이천시 장호원읍)로 보내셔서 그곳에서 큰 부흥을 이루게 하시고, 다시 김포로 보내셔서 교회건물이 경매로 넘어갈 위기에 처한 교회에서 경매를 막고 은퇴를 하게 되었다.

중요한 것은 1단계는 내가 죄인임을 깨닫느냐이고, 2단계는 하나님 앞에 완전히 100% 돌아가는 것이고, 3단계는 나 자신을 얼마만큼 포기했느냐이고, 4단계는 초대교회 때처럼 하나님께 성령을 부어달라고 얼마만큼 부르짖었느냐와 나는 성령 없이는 아무것도 할 수 없다고 고백하는 단계이고, 5단계는 그러면 영적 사역은 저절로 전도 문이 열리는지 확인

할 필요가 있고, 6단계는 영적 사역은 저절로 헌신과 희생하느냐 하는 문제이다. 7단계는 영적 사역은 저절로 하나님과 원수를 사랑할 수 있는 믿음이 생기고, 8단계는 영적 사역은 저절로 그 어떤 십자가를 질 수 있는 능력이 생긴다는 말씀이다.

우리가 십자가를 지고 가면, 예수님이 대신 나를 지고 가신다는 확신을 갖게 된다. 또 하나 중요한 것은 1~4단계는 산에 오르는 단계로 우리 개인이 참으로 힘든 과정이다. 회개, 하나님께로 돌아감, 자기를 기꺼이 포기, 성령 사모하는 이 과정은 나를 버려야 하는 과정이기에, 산에 오르는 단계라고 말할 수 있다. 5~8단계에는 모든 일들이 저절로 되어지는 역사가 일어난다. 전도, 헌신, 사랑, 십자가를 지는 것이 우리 안에 계신 성령이 우리 안에서 하시는 일이기에, 저절로 되어진다는 것은 보편적인 진리이다.

모든 평신도들은 영적 자기진단이 필요하다. 사역자들이 영적 수준이 있으면 상담을 통해서 알려주겠지만, 그렇게 하는 사역자들이 그리 많지 않은 것이 사실이다. 그러기에 제8장과 제9장을 통해서 진단을 하고 더 높은 영적 수준을 갖는 평신도가 되어야 한다.

영적 사역의 길을 도표로 다시 한번 정리해 보고자 한다.

※ 영적사역 과정표

단계	사역자의 길	헬라어 원어	원어의 뜻	복	영적 해석	재해석	복의 내용	복의 말씀
1	긍휼히 여기는 자들 (전도)	ἐλεήμονες 엘레에모네스	불쌍히 여김 자궁(출산) 전도의 열매 가지의 열매	특수적 신령 I	하나님의 일에 동참	면류관 (자랑의 면류관)	긍휼히 여김 받음	시 41:1-3
2	마음이 청결한 자들 (헌신)	καθαροί 카다로이	깨끗하고 단순함 소금과 빛의 열매	특수적 신령 II	새로운 변화 (말씀과 기도)	성결함 (거룩함)	하나님을 볼 것임	잠 22:11
3	화평케 하는 자들 (사랑)	εἰρηνοποιοί 에이레노포이오이	중재자 보증자 사랑의 열매	특수적 신령 III	신의 성품에 참여	평안과 화목 (신의 평안)	하나님의 아들로 인정됨	시 37:37
4	의를 위해 핍박받는 자들 (순교정신)	δεδιωγμένοι 데디오그메노이	순교의 정신으로 헌신 겨자씨 열매	특수적 신령 IV	어떤 십자가든지 지는 것	고통과 아픔 후 (승리와 영광)	천국 소유	히 12:1-2

제10장
참신앙의 성공과 실패는 성령에 달렸다.

하나님께서는 성 삼위의 하나님이시다. 다시 말하면 하나님은 한 분이신데 위격이 셋이라는 말이다. 그래서 성부 하나님, 성자 하나님, 성령 하나님을 가리켜 삼위일체 하나님이라고 한다.

구약은 인간 창조로부터 보면 4,000여 년 기간이며, 이 기간은 성부의 시대라고 부른다. 성부 하나님이 직접 일하시고 역사하신 때이나. 그렇다고 성자 하나님이나 성령 하나님은 가만히 계셨던 것이 아니다. 구약에서도 끊임없이 등장하고 있다. 창조 때에는 성부, 성자, 성령 하나님이 창조하신 것이다. 말씀으로 창조하실 때, 그 말씀은 곧 성자 예수님이다.

요한복음은 첫 기사에서 "태초에 말씀이 계시니라. 이 말씀이 하나님과 함께 계셨으니 이 말씀은 곧 하나님이시라. 그(성자 예수님)가 태초에 하나님과 함께 계셨고, 만물이 그로 말미암아 지은 바 되었으니 지은 것이 하나도 그가 없이는 된 것이 없느니라"(요1:1-3)고 말한다. 그리고 다시 "말씀이 육신이 되어 우리 가운데 거하시매 그의 영광을 보니 아버지의 독생자의 영광이요 은혜와 진리가 충만하더라"(요1:14) 고 전한다. 말씀은 곧 성자 예수님을 지칭한다. 그리고 창조 때에 성령 하나님은 무엇을 하셨을까? 창세기 기자는 "태초에 하나님이 천지를 창조하시니라"(창1:1)라고 말한다. 여기서 하나님은 복수형 하나님이시다. 원어로는 (엘로힘)인데, "신들"이란 복수 단어이다. 단수로는 신을 "엘"이라고 부른다. "신들"이란 단어는 성부, 성자, 성령 하나님이 천지를 창조하셨다는 말이다.

옛날부터 산모가 태아를 출산할 때, 우리나라는 "삼신할머니"의 이야기가 등장하는데, 삼신은 하나님밖에 없다. 정말 우리 민족은 삼신의 하나님을 알아서 하는 말일까? 하는 것은 앞으로 더 연구가 필요하다.

창조 때의 3위 격인 성령에 대해 창세기 기자는 "하나님의 영은 수면에 운행하시니라"고 했다. 수면은 원어로 (테홈)인데, "깊은 물, 지하수의 원천, 깊은 바닷물 혹은 물의 깊이"를 뜻한다. 그러니까 하나님의 영 성령은 "깊은 물 위에서 역사하셨다"라는 말이다. "운행하시니라"의 원어는 (메라헤페트)인데, 이 말의 뜻은 "새가 알을 품다"라는 말이다. 하나님께서 말씀으로 명령하실 때, 그 일을 하는 분은 사실 성령 하나님이셨다. 이런 역사는 구약에서 많은 사건을 통해 알 수 있다.

성자 하나님의 시대는 신약의 4복음 시대인데, 성자의 사역으로 보면 3년, 예수님 생애는 33년의 짧은 시대였다. 이때의 주인공은 성자 예수님이셨다. 마태는 주로 유대인들을 위해 예수가 구약에 예언된 메시야이심을 알리고 유대인들에게 믿고 구원받을 것을 기록하였다. 마가는 사실 12 제자에 속하지는 않았지만, 성자 예수님에 대해 제일 먼저 기록을 남긴 사람이다. 마가는 주로 성자 예수님이 자기 목숨을 내어주시면서 모든 인간을 섬기셨던 것을 강조하면서 특별히 기사와 이적을 많이 다루고 있다. 누가는 12 제자에 속하지는 않지만, 그 당시 의사로써 주로 이방인들을 위해 기록하였다. 그 당시 유대인들의 집은 요즘 말을 빌리면 슬래브집이었다. 그리고 그 지붕 위는 기도의 장소이기도 했다. 그러나 누가는 슬래브지붕으로 묘사하지 않고, 지붕이 경사진 지붕으로, 그래서 기와를 벗기고 환자를 예수님이 계신 곳으로 내려보냈다고 기록한 점을 보아서도 알 수 있다.(눅5:19,막2:4 참고)

요한복음은 예수님의 사랑하시는 제자로서 주로 영적인 면을 기록하였다. 글자 그대로 해석하면 안 되고, 그 글자 속에 담겨 있는 그 의미와 그 뜻을 알아야 해석할 수 있는 마치 깊은 우물 속에서 건져 올리는 시원한 물과 같이 한 사건 한 사건을 다 그렇게 기록했기 때문이다.

마태, 마가, 누가가 기록하지 않은 사건을 요한이 기록해 주었는데, 가나의 혼인 잔치의 사건이다. 물이 변하여 포도주로 변한 사건이다. 이 사건은 뒷면에 기록되고 있다. 이 사건만 보더라도 영적인 깊은 해석이 얼마나 중요한지를 알게 된다. 성자 예수님은 인류의 죗값(아담~세상 끝날 태어난 인간)을 다 치르러 오셨다. 그 일이 바로 십자가에서 죽으신 일이었다.

예수님의 십자가 상의 7마디 말씀 중에 제일 중요한 말씀은 "다 이루었다"이다. 원어로 τετέλεσται(테텔레스타이)인데, "다 갚았다, 다 지불했다, 다 완성했다"라는 뜻이다. 그 어떤 사람의 죄도 빠짐없이 다 값을 치루셨다. 히들러 같은 인물, 김일성 같은 인물도, 니폴레옹 같은 인물도 그 어떤 예외 된 인간은 하나도 없다는 말이다.

그리고 사도행전에서부터 요한계시록까지는 성령 하나님의 시대이다. 그래서 마가의 다락방에 120 문도와 10일 동안을 매달려 기도할 때, 드디어 성령 하나님의 시대가 열리게 되었다. 아예 성령 하나님이 보따리를 다 싸 가지시고 아버지 나라에서 우리가 사는 지구로 내려오신 것이란 말이다. 성부의 시대는 성부 하나님과 교제하는 자가 복을 받았고, 성자 하나님이 오셨을 때는 그 성자 예수님을 믿는 자들이 구원을 받았다.

성령 하나님의 시대에서 성령 받지 않으면, 절대로 신앙생활을 할 수가 없다. 왜냐하면 신앙생활의 모든 일들이 성령에 의해서 이루어지고 있기 때문이다. 성령을 받지 못하고 살아가는 자는 참으로 불행한 그리스도인이다. 성령 하나님을 받은 것처럼 착각하고 살아가는 신앙인들이 얼마나 많은가? 여기에는 사역자들도 예외일 수 없다. 평신도도 예외일 수 없다. 성령으로 신앙생활 하는 이유를 성경에서 찾아보고자 한다.

1. 예수님께서 성령에 이끌리신 삶의 증거들

평신도들이여! 예수님의 삶은 100% 성령이 이끄는 삶이었다. 사실 위격으로는 예수님이 2 위격, 성령님은 3 위격이시다. 놀라운 것은 제2 위격인 예수님이 제3 위격인 성령에 의해 이끌리는 삶을 사셨다는 것이다. 믿어지지 않는다. 만일 예수님이 성령이 이끄는 대로 살지 않고 예수님의 독자적인 삶을 사셨다면, 30년의 생애를 보내신 후 계속해서 3년 동안을 목수 일을 하실 수밖에 없었을 것이고, 4 복음서가 쓰이지도 않았을 것이다. 왜냐하면 예수님도 우리와 똑같은 육체를 가지셨기 때문이다. 그러므로 예수님은 구약의 예언에서도 성령으로 사실 것을 예언해 주고 있다.(사 61:1-3)

구약의 시대를 분류해 보면 첫째는 양심시대로 볼 수 있고, 둘째는 율법시대이다. 신약시대를 분류해 보면 첫째는 예수님시대로 볼 수 있고, 둘째는 성령시대이다. 줄여서 말하면 구약의 양심시대는 "여기 있으면 안돼!"라는 말이고 율법시대는 "이것은 하고 이것은 하지마!"라는 말이다. 신약의 예수님시대는 "이렇게 사는 거야!" 하시며 본을 보여주었고 성령시대는 "네 방법으로 사는 것이 아니라 내 방법으로 사는 거야!"라고 말할 수 있으며 성령시대는 많은 영혼을 구원하고 세계 복음화를 연 시대의 승리와 영광의 시대이다. 그럼 예수께서 성령이 이끄시는 삶을 어떻게 사셨을까? 증거를 찾아 나선다.

1) 마태복음 1:20-21

"이 일을 생각할 때에 주의 사자가 현몽하여 이르되 다윗의 자손 요셉아 네 아내 마리아 데려오기를 무서워하지 말라 그에게 잉태된 자는 성령으로 된 것이라 아들을 낳으리니 이름을 예수라 하라 이는 그가 자기 백성을 그들의 죄에서 구원할 자이심이라 하니라"

예수님께서 이 세상 오실 때 장년으로 오시지 아니하시고 우리 사람과 똑같이 동정녀 모태 속에 10개월 있다가 태아로 태어나셨다. 성삼위 가운데 제2의 위격되시는 예수님이 직접 마리아 모태에 수태하도록 할 수도 있었다. 성자 하나님인데 못 할 것이 없다. 그러나 절대로 그렇게 하지 않으셨다. 그 일을 성령에게 하도록 한 것이다. 예수님이 태어나실 때부터 성령으로 하여금 예수의 삶 전체를 이끌게 하였다는 것이다.

2) 요한복음 1:33
"나도 그를 알지 못하였으나 나를 보내어 물로 세례를 베풀라 하신 그이가 나에게 말씀하시되 성령이 내려서 누구 위에든지 머무는 것을 보는 그가 곧 성령으로 세례를 베푸는 이인 줄 알라 하셨기에"
그런데 요1:32절에 세례요한이 내가 보매 "성령이 비둘기같이 하늘로부터 내려와서 그의 위에 머물렀더라"고 간증하고 있다.

예수님에게 성령이 와서 예수님 위에 머물렀기에 예수님은 성령의 예수님이 되었고 예수님은 세례를 베풀지 않았지만 또 하나의 세례 그것은 성령세례인데 예수님은 성령이 임하셨기에 "성령으로 세례를 베푸는 자"가 되었던 것이다. 예수님은 성령세례를 베풀 수 있는 제2의 위격이신 하나님의 아들이다. 그런데 예수님은 자신의 이름으로 세례를 베풀지 않으시고 "성령으로 세례를 베푸는 자"라고 세례요한은 고백했는데 반대로 예수님은 세례요한한테 세례를 받으시기도 하셨다.

세례는 무엇일까? 예수님은 세례요한에게 세례를 받을 때 이미 예수님 자신은 없다고 하신 것과 마찬가지이다. 물속에 잠기면 죽는 것을 의미하기 때문이다. 평신도들이여! 우리가 살아있으면 절대로 성령의 사역자는 될 수 없다는 진리를 알아야 한다. 이미 이때부터 예수님은 죽으시고 성령이 이끄는 예수님이 된 것이다. 예수님이 죽으셨다고 해서 인생이 마지막 생애로 마치는 것을 말하는 것이 아니다. 오늘날 신앙생활 잘하는 성도들은 "나와 세상은 간 곳 없고 구속한 주만 보이도다"라고 고백하며 찬송을 부르고 있다. 나 자신이 죽으면 그 사람은 새것이 될 수 있는 길에 들어선 것이다. 결국 예수님은 "이렇게 사는 거야!"함을 오늘에 사는 우리에게 본을 보여주신 것이다.

3) 누가복음 10:21
"그 때에 예수께서 성령으로 기뻐하시며 이르시되"

 예수님은 70 명의 제자들을 둘씩 둘씩 짝을 지어서 전도를 내보내셨다. 70 제자가 전도를 나갔다가 돌아와 "귀신들도 우리에게 항복하더이다"라고 보고하게 되었다. 그때 예수님은 감사의 기도를 드리시면서 성령으로 기뻐하셨다는 것이다. 예수님에게는 기쁨을 갖는 것도 성령의 역사가 있어야 했다는 것이다. 예수님이 기쁨을 가지는 것이 자신의 자유이지 않을까? 그런데 성령의 사람은 그렇지 않다는 것이다. 성령이 기쁨을 주셔야 기뻐할 수 있다는 것이다. 이것이 바로 올바른 신앙이다.

 필자는 어릴 때 부모가 옷을 사주시거나 식당에 가서 외식으로 자장면을 사주실 때는 말로 형용할 수 없이 기뻤다. 검은 고무신을 신고 다닐 때, 아버지가 장날에 흰 고무신을 사다 주시면, 그렇게 기쁠 수가 없었던 적이 있었다. 결혼할 때가 되면 기쁨이 밀려오고, 새집을 장만하면 그것도 기쁨일 수밖에 없다.

 그러나 예수님은 그러지 않으셨다. 성령이 기쁨을 주어야 기뻐하셨다는 말이다. 이것이 성령받은 성도의 모습이다. 예수님이 눈물을 흘리는 것도 성령의 감동이고, 슬퍼하는 것도 성령의 감동으로 말미암은 것이다. 여기에 많은 반대 질문이 있을 수 있을 것이다. 그럼 예수님은 뭐냐!

허수아비냐! 결코 그렇지 않다. 예수님은 자신의 자유의지와 성령의 자유의지가 동일하실 때 예수님은 행동하는 것이다. 물론 예수님이 3번 눈물을 흘리실 때와 슬퍼하실 때, 민망해하실 때 성령으로라는 말씀이 없더라도 생략된 것으로 보아야 한다.

4) 마태복음 12:28
"그러나 내가 하나님의 성령을 힘입어 귀신을 쫓아내는 것이면 하나님의 나라가 이미 너희에게 임하였느니라"

막3:13-19에 보면 예수님께서 12 제자를 선택하셨다고 기록하고 있다. 그런데 제자들을 선택한 이유가 첫째는 예수님 자신과 함께 있으려 함이고, 둘째는 제자들을 세상으로 보내 전도하게 할 것이며, 셋째는 귀신을 내쫓는 권능도 가지게 하려 함이라 하였다.

이 말씀 속에는 절대적으로 중요한 요소 하나가 있다. 그것은 바로 제자들이 성령을 받아야 한다는 것이다. 제자들은 사실 3년 동안 하루 전도한 것 이외에는 아무것도 한 것이 없는, 심지어 예수님이 겟세마네 동산에서 가룟 유다와 함께 한 무리들에게 붙잡히어 가실 때 제자들은 다 예수를 버리고 도망하였으며 예수님과 함께 있지도 못했고 그 유명한 제자 베드로도 멀찍이 예수님을 따라갔을 뿐이다.

그럴지라도 예수님은 이런 수준으로 끝나려고 제자들을 선택한 것은 아니었을 것이다. 눅22:32에 예수님은 베드로에게 "너는 돌이킨 후에 네 형제를 굳게 하라"고 기록하고 있다. 베드로뿐만 아니라 가룟 유다를 뺀 11 명의 제자들이 다락방에서 10일 동안 기도한 후 성령의 충만을 받고 전도도 하고 예수님을 떠나지 않고 귀신을 쫓아내고 병을 치유하는 일을 할 것을 이미 알고 계셨던 것이리라.

우리는 귀신을 쫓아낼 권세도 성령이 오시지 않으면 할 수 없다. 그러나 성령이 오시면 평신도라도, 사역자라도 다할 수 있는데 우리는 예수님의 이름으로 귀신을 제어하지만, 예수님은 "성령을 힘입어"하고 있다고 증언한다. 귀신이 쫓겨났다는 것은, 하나님의 나라가 임했다는 증거라고 기록되고 여기서도 성삼위 가운데 제2의 위격으로 일하지 않으시고 제3의 위격인 성령으로 힘입어 귀신을 쫓아내셨다.라고 고백하고 있다. 이미 구약의 예언자 이사야는 61:1~3에서 700년 후에 이 땅에 올 예수님은 성령을 받고 일하게 된다고 예언하고 있다는 것을 잊지 말아야 한다.

5) 디모데전서 3:16
"크도다 경건의 비밀이여, 그렇지 않다고 하는 이 없도다 그는 육신으로 나타난 바 되시고 영으로 의롭다 하심을 받으시고"

사실 예수님은 인간의 몸을 입으셨기에 인간과 똑같다. 인간의 몸을 벗어나기 전까지 말이다. 아브라함은 창15:6에 "아브라함이 여호와를 믿으니 여호와께서 그의 의로 여기시고"라고 말씀하고 있다. 아브라함은 75세에 하나님의 부름을 받아 본향 땅 하란을 떠나 가나안으로 왔다. 아브라함은 10여 년이 지나서야 하나님께로부터 의(체다카)라는 칭호를 받게 된다.

우리 예수님도 하나님의 의를 받아야 했다. 바울은 디모데 목회자에게 전해준 서신에서 예수님도 영으로 의롭다 함을 받았다고 고백하고 있다. 영은 성령을 의미한다. 결국 제3 위격인 성령이 제2 위격이신 예수님에게 하나님의 의롭다고 하심을 받게 하였다. 헬라어로 "하나님의 의"(δικαιόω, 디카이오오)는 "무조건 석방하다. 옳게 되게 하다. 의로 받아들이다"라는 뜻으로 쓰인다. 성령이 예수님을 의롭게 하였다고 증언하고 있다. 그런데도 제2의 위격인 예수님은 그대로 받아들이셨다. 예수님은 우리의 본이 되시기 위해 의롭다 하심을 받은 것이 분명하다.

우리도 성령 받으면 어떤 일이 생겨날까. "뉘 죄든지 그대로 두면 그대로 있고 뉘 죄든지 사하면 사하여지느니라"라고 예수님은 말씀하고 있다. 그런데 조건 하나는 우리에게 "성령을 받으라"는 것이다.(요 20:22-23) 그리하면 성령의 사람이 되고, 다른 사람의 죄를 놓고 기도하면 죄사함을 받게 하시고, 결국에는 의롭다 하심을 받게 하신다는 약속이다. 바울은 고린도 교회에 전하는 두 번째 편지에서 "그가 또한 우리에게 인치시고 보증으로 우리 마음에 성령을 주셨느니라"(고후1:22)고 말한다. 의를 인정하시는 것은 "너는 내 것이라"라는 하나님의 증표이다. 평신도와 사역자는 반드시 성령의 사람이고 영의 사람으로 인침 받아야 한다.

6) 사도행전 10:38
"하나님이 나사렛 예수에게 성령과 능력을 기름 붓듯 하셨으매 그가 두루 다니시며"

사도행전 기자인 누가도 하나님이 나사렛 예수님에게 성령과 능력을 기름 붓듯 하였다는 것을 증거하고 있다. 성령과 능력을 받으신 장소는 요단강과 광야였다. 이 일로 인해 첫째로 선한 일을 행하고 둘째로 마귀에게 눌린 모든 사람들을 고치셨다.

예수님은 성령을 받기 전에는 성경에 능력을 행한 사건이 전혀 없다. 그런데 성령 받은 후에 40일 금식하고 사단에게 3번 시험당한 다음 갈릴리로 가서 사역을 시작하셨다. 그가 한 사역은 상상을 초월하였다. 우리도 직임을 받기 전에 성령의 충만함을 받고 성령의 능력을 받으면 상상을 초월할 사건들을 만들어 낼 수 있지 않을까?

7) 히브리서 9:14
"하물며 영원하신 성령으로 말미암아 흠 없는 자기를 하나님께 드린 그리스도의 피가 어찌 너희 양심을 죽은 행실에서 깨끗하게 하고"

히브리서 기자는 우리가 상상할 수 없는 상황을 전개하고 있는데 놀라지 않을 수가 없다. 예수님의 생애에 대한 상황을 고백하고 있는 것이다. 예수님이 인류의 죄를 걸머진 상징이 십자가인데 그 십자가에서 물과 피를 모두 흘리신 피가 "우리 양심을 죽은 행실에서 깨끗하게 하고 살아계신 하나님을 섬기게 하지 못하겠느냐"고 말하고 있다. 그런데 이런 일을 하게 한 이가 바로 "영원하신 성령"이라는 것이다.

어쩌면 이해할 수 없는지도 모른다. 예수님 스스로가 십자가를 지시고 골고다에서 물과 피를 흘리지 않았느냐고 반문할 수 있다. 그런데 그렇지 않다. 모두 하나님의 영원하신 성령의 역사 속에서 이루어진 일이라는 것이다. 사실 인간 예수님은 십자가를 앞에 놓고 겟세마네 동산에서 세 번씩이나 십자가를 내게서 옮겨달라고 떨어지는 땀방울이 핏방울이 되기까지 기도를 하셨다. 그런데 아버지는 이때 대답도 하지 않으셨고 하늘로부터 천사가 내려와 힘을 더하는 것뿐이셨다.

보이지 않게 성령이 인간 예수님을 십자가로 이끌었다는 말이다. 만일 예수님이 100% 성령의 인도로 가지 않았다면 예수님은 우리에게 "나보다 더 큰 일을 하리라"고 말씀하실 수가 없다. 왜냐하면 예수님은 사실 하나님이기에 구원 사업과 큰 능력으로 모든 일을 하실 수가 있었지만 우리는 하나의 인간이기에 아무것도 할 수 없을 것이다. 마치 제자들이 성령받기 전에는 아무것도 하지 못했던 것과 같은 말이다. 예수님이 성령충만과 성령의 능력을 소유하신 것처럼 오늘에 사는 우리도 다락방에서 120 문도가 받은 하나님의 성령으로 충만해지면 무엇이든 할 수 있는 것이다. 인간 예수님은 사실 광야로 가시는 것도 머뭇거리시기에 마가는 기록하기를 "성령이 곧 광야로 몰아내신지라"(막1:12)라고 했는데, 십자가의 길을 가는 길은 몇십 배 더 무겁고 힘든 일인데 육신을 가지신 예수님이 가시려고 하셨을까? 그래서 히브리서 기자는 그때의 상황을 영원하신 성령에 이끌려 골고다에서 물과 피를 쏟으셨다는 것을 확증하고 있는 것이다.

8) 로마서 1:4, 8:11

"성결의 영으로는 죽은 자들 가운데서 부활하사 능력으로 하나님의 아들로 선포되셨으니 곧 우리 주 예수 그리스도시니라"(롬1:4)
"예수를 죽은 자 가운데서 살리신 이의 영이 너희 안에 거하시면"(롬8:11)

바울은 로마교회에 편지하면서 엄청난 선포를 하고 있다. 예수님이 십자가에 죽으시고 아리마대 요셉의 무덤에 묻히고 큰 돌로 입구를 막았지만, 사흘 만에 "부활"이라는 인간의 이성으로는 상상할 수 없는 일이 일어났다. 예수님은 그 형상대로 살아났고 그 일을 한 이가 영이 하셨다고 바울은 고백하고 있다. "죽은 자 가운데서 살리신 이의 영이" 바로 성령이 하신 일이라고 고백한다. 그뿐만 아니라 "그의 영으로 말미암아 우리 죽을 몸도 살리신다"는 고백이다.

예수님이 부활했지만 사실은 하나님의 영으로 부활했다는 것이다. 예수님의 부활, 승천도 역시 하나님의 영의 역사이다. 엘리야가 불말과 불병거를 타고 승천한 것은 하나님의 영의 사건이고, 에녹이 300년 동안 하나님과 동행하다가 하늘로 간 것도 하나님의 영의 역사였다. 그래서 사역자나 평신도나 모두가 다 성령을 받아야 한다.

바울은 롬8:9절에 "그리스도의 영이 없으면 그리스도의 사람이 아니다"라고 고백한다. 그리스도의 영은 곧 성령을 가리키고, 성령은 곧 하나님의 영이다. 왜냐하면 자석을 보면 나무는 아무리 많아도 붙지 않지만 아무리 못생기고 꾸부러지고 녹슬어 있어도 철이면 척 붙는 이치와 같다.

그 외에도 예수님이 100% 성령의 삶을 사셨다는 증거는 더 많다. 지면상 줄이려고 한다.

2. 성령으로 신앙생활을 해야 하는 증거들

1) 교회는 어떻게 들어갈까?
"성령의 감동으로 성전에 들어가며 마침 부모가 율법의 전례대로 행하고자 하여 예수를 데리고 오는지라"(눅2:27) - 성령의 감동으로 성전에 가야 매주 하나님을 만난다.

"성령이 이로써 보이신 것은 첫 장막이 서 있을 동안에는 성소에 들어가는 길이 아직 나타나지 아니한 것이라"(히 9:8)
☞ 성소에 들어갈 수 있는 길은 성령을 통해서만 가능하다는 말이다.

2) 회개는 어떻게 할까?
"하나님 아버지의 미리 아심을 따라 성령의 거룩하게 하심으로 예수그리스도의 피뿌림을 받기 위하여 택하심을 입은 자들에게 편지하노니 은혜와 평강이 너희에게 많을지어다."(벧전 1:2)
☞ 피뿌림은 회개하는 자에게 주심. 그런 다음 성령이 거룩하게 한다.

"혹 네가 하나님의 인자하심이 너를 인도하여 회개케 하심을 알지 못하여 그의 인자하심과 용납하심과 길이 참으심이 풍성함을 멸시하느뇨"(롬 2:4)
☞ 죄를 깨닫게 하시는 분은 성령이다.

"죄 사함을 받게 하는 회개가 예루살렘에서 시작하여"(눅 24:47-49)
"내 아버지께서 약속하신 것을 너희에게 보내리니"(행1:4)
☞ 그곳이 바로 예루살렘이다. 이 말씀은 부활의 예수님께서 회개는 성령의 역사로부터 시작된다는 말씀이다.

3) 기도는 어떻게 해야 할까?

"너희는 지극히 거룩한 믿음 위에 자기를 세우며 성령으로 기도하며"(유 1:20)

"모든 기도와 간구로 하되 무시로 성령 안에서 기도하고"(엡 6:18)

☞ 성령으로 기도하는 것만을 하나님이 받으신다는 말씀이다

4) 찬송은 어떻게 해야 할까?

"그러면 내가 어찌할꼬 내가 영으로 기도하고 또 마음으로 기도하며 내가 영으로 찬미하고 또 마음으로 찬미하리라"(고전 14:15)

"오직 성령의 충만을 받으라 시와 찬미와 신령한 노래들로 서로 화답하라."(엡 5:18,19)

"우리가 예수로 말미암아 항상 찬미의 제사를 하나님께 드리자. 이는 그 이름을 증거하는 입술의 열매니라."(히 13:15)

☞ 예수님은 성령 충만한 하나님이신데 우리가 성령 받지 못하고 찬송 부르는 것은 절대로 입술의 열매가 아닐뿐더러 그냥 찬송 같은 노래일 뿐이다. 찬송은 영으로 해야 하며 또한 찬송을 지으신 이들이 모든 성령의 감동으로 쓰셨다. 작곡도 마찬가지다.

5) 설교는 어떻게 해야 할까?

"나의 책망을 듣고 돌이키라 보라 내가 나의 영을 너희에게 부어 주며 내 말을 너희에게 보이리라."(잠 1:23)

"스데반이 지혜와 성령으로 말함을 저희가 능히 당하지 못하여"(행 6:10)

"성령의 검 곧 하나님의 말씀을 가지라."(엡 6:17)

"모든 성경은 하나님의 감동으로 된 것으로"(딤후 3:6) - 성령

"그의 택하신 사도들에게 성령으로 명하시고 승천하신 날까지 일을 기록하였노라."(행 1:2)

☞ 성경은 성령으로 명하신 말씀이다. 사역자가 영감으로 설교하지 못

한다면 그 설교는 마귀의 것이 되고 만다는 사실을 인지해야 한다.

6) 평신도들이 사역자를 위해 무엇으로 기도해야 할까?

"나를 위하여 구할 것은 내게 말씀을 주사 나로 입을 벌려 복음의 비밀을 담대히 알리게 하옵소서."(엡 6:19)

"기도를 항상 힘쓰고 기도에 감사함으로 깨어 있으라. 또한 우리를 위해 기도하되 하나님이 전도할 문을 우리에게 열어주사 그리스도의 비밀을 말하게 하시기를 구하라."(골 4:2)

☞ 성도들이 성령으로 사역자를 위해 꼭 기도해야 한다.

7) 평신도가 어떤 꿈을 꾸어야 할까?

"나를 믿는 자는 나의 하는 일을 저도 할 것이라. 또한 이보다 큰 것도 하리니 이는 내가 아버지께로 감이니라."(요 14:12)

☞ 이는 예수님이 아버지께로 가셔야 보혜사 성령이 오시기 때문이다. 예수님은 "내가 떠나는 것이 너희에게 유익하니라"(요16:7) - 모든 평신도들은 예수님보다 더 큰 일을 할 수 있는 꿈을 꾸어야 하지 않을까?

8) 교회에서 봉사는 무엇으로 해야 할까?

"하나님의 성령으로 봉사하고 그리스도 예수로 자랑하고 육체를 신뢰하지 아니하는 우리가 곧 할례당이라."(빌 3:3)

☞ 우리의 봉사는 꼭 성령으로 해야 하나님이 받아주신다는 사실이다.

9) 예언은 어떻게 하여야 참 예언일까?

"그중에 아가보라하는 한 사람이 일어나 성령으로 말하되 천하가 크게 흉년들리라 하였더니 클라우디오 때에 그렇게 되니라."(행 1:28)

☞ 예언도 반드시 성령으로만 된다.

10) 진정한 사랑은 무엇일까?

"소망이 우리를 부끄럽게 아니함은 우리에게 주신 성령으로 말미암아 하나님의 사랑이 우리 마음에 부은 바 됨으로"(롬 5:5)

☞ 기독교의 사랑은 오직 성령이 주신다는 사실이다. 인간적 사랑인 에로스, 피로스, 스톨게(나라와 나라와의 사랑)는 하나님의 사랑이 아니다.

11) 우리는 귀신을 무슨 힘으로 쫓아낼까?

"그러나 내가 하나님의 성령을 힘입어 귀신을 쫓아내는 것이면 하나님의 나라가 이미 너희에게 임하였느니라"(마 12:28)

☞ 예수님도 우리도 오직 성령을 힘입어야 귀신을 쫓아낼 수 있다.

12) 우리는 어떤 기쁨을 소유해야 할까?

"그러나 마귀들이 너희에게 항복하는 것으로 기뻐하지 말고 너희 이름이 하늘에 기록된 것으로 기뻐하라."(눅 10:20)

"그때에 예수께서 성령으로 기뻐하시며"(눅 10:21)

☞ 예수님은 눈물을 흘릴 때나 기뻐할 때나 오직 성령에 의해서 기뻐하시고 성령에 의해서 슬퍼하셨다. 그것은 예수님이 성령으로 살았다는 증거다. 세상의 기쁨은 금방 사라지지만 성령이 주시는 기쁨은 마음에 남는다. 마귀를 쫓아내는 것도 성령없이는 불가능하다. 성령의 성도는 우리 이름이 하늘에 기록되었다는 사실에 기뻐한다면 예수믿고 성령받은 후부터 하나님이 부르실 때까지 기쁨으로 살 수 있지 않을까?

13) 반드시 칭의를 얻어야 하는데 무엇으로 얻을 수 있을까?

"크도다 경건의 비밀이여 그렇지 않다 하는 이 없도다. 그는 육신으로 나타난 바 되시고 영으로 의롭다 하심을 받으시고 천사들에게 보이시고"(딤전 3:16)

☞ 예수님도 육체를 가지고 우리 대신해서 십자가를 졌기에 "칭의" 곧 하나님으로부터 의롭다 하심을 받았는데 성령으로 받았다고 바울이 증거하고 있다. 우리도 하나님께서 의롭게 여기시는 역사는 반드시 성령의 역사다.

"사람이 의롭게 되는 것은 오직 예수 그리스도를 믿음으로 말미암아"(갈 2:16)
☞ 그리스도를 믿는 것은 성령 아니면 믿을 수 없다.

"그러므로 내가 너희에게 알리노니 하나님의 영으로 말하는 자는 누구든지 예수를 저주할 자라 하지 아니하고 또 성령으로 아니 하고는 누구든지 예수를 주시라 할 수 없느니라"(고전 12:3)
☞ 성령의 역사로 말미암아 예수를 주라고 고백할 때 의롭게 된다는 것이다.

14) 인침은 누구로부터 오나?
"그가 또한 우리에게 인치시고 보증으로 우리 마음에 성령을 주셨느니라."(고후 1:22)
"인자는 아버지 하나님께서 인치신 자니라."(요 6:27)
☞ 인침의 역사는 오직 성령의 역사이다.

"믿음으로 된 의를 인친 것이니"(롬4:11) 라고 말한다.
"…인침이 있어 일렀으되 주께서 자기 백성을 아신다 하며"(딤후 2:19)
☞ 하나님께서 너는 내 것이다.라고 도장을 찍으시고 하나님 것답게 살아가게 하려고 성령을 우리 마음에 부어 주신 것이라는 사실이다.

15) 교회 부흥은 무엇으로 될까?

"그리하여 온 유대와 갈릴리와 사마리아 교회가 평안하여 든든히 서가고 주를 경외함과 성령의 위로로 진행하여 수가 더 많아지니라"(행 9:31)

☞ 교회 부흥은 절대로 성령의 역사이다.

16) 구제는 무슨 힘으로 하나?

"그때에 제자의 수가 더 많아졌는데 헬라파 유대인들이 자기의 과부들이 매일 구제에 빠지므로 히브리파 사람을 원망하니"(행 6:1)

☞ 구제는 성령 받은 사람들의 몫이다. 성령 받기 전에는 구제라는 단어도 잘 몰랐을 것이다. 그런데 성령 받은 헬라파 유대인들이 매일 구제에 빠졌다는 것이다.

17) 성결은 곧 거룩인데 성결은 어떻게 얻어질까?

"성결의 영으로는 죽은 자들 가운데서 부활하사 능력으로 하나님의 아들로 선포되셨으니 곧 우리 주 예수 그리스도시라."(롬 1:4)

"하나님의 말씀과 기도로 거룩하여짐이라"(딤전 4:5)

☞ 우리는 반드시 하나님이 거룩 거룩 거룩하신 분이시기에 그분의 자녀라서 반드시 거룩하여져야 한다. 그런데 우리에게 말씀과 기도로 살 수 있도록 하신 분이 바로 성령이시다. 그래서 성령은 성결의 영이기도 하다.

18) 전도는 누구의 힘으로 하나?

"이 섬긴 바가 자기를 위한 것이 아니요. 너희를 위한 것임이 계시로 알게 되었으니 이것은 하늘로부터 보내신 성령을 힘입어 복음을 전하는 자들로 이제 너희에게 알린 것이요 천사들도 살펴보기를 원하는 것이니라."(벧전 1:12)

"오직 성령이 너희에게 임하시면 너희가 권능을 받고 예루살렘과 온 유

대와 사마리아와 땅끝까지 이르러 내 증인이 되리라 하시니라."(행 1:8)
☞ 전도는 인간의 지혜와 힘과 노력이 아니라 성령으로만 복음을 전할 수 있다는 말씀인데 그러기 위해 우리는 성령부터 받아야 한다.

19) 십자가를 지는 일은 누구의 힘으로 될 수 있을까?

"하물며 영원하신 성령으로 말미암아 흠 없는 자기를 하나님께 드린 그리스도의 피가 어찌 너희 양심을 죽은 행실에서 깨끗하게 하고 살아계신 하나님을 섬기게 못 하겠느냐."(히 9:14)
☞ 예수님이 십자가 지시는 것은 영원하신 성령으로 말미암아 된 것이기에 우리가 십자가를 져야 하는데 오직 성령 받는 길밖에 없다.

20) 우리는 부활에 참여해야 하는데 어떻게 부활할까?

"예수를 죽은 자 가운데서 살리신 이의 영이 너희 안에 거하시면 그리스도 예수를 죽은 자 가운데서 살리신 이가 너희 안에 거하시는 그의 영으로 말미암아 너희 죽을 몸도 살리시리라."(롬 8:11)
☞ 예수님을 살리신 이가 바로 성령이며 우리의 부활도 역시 성령께서 하실 행위이시다.

21) 이 시대에 선한 일은 무엇으로 할까?

"하나님이 나사렛 예수에게 성령과 능력을 기름 붓듯 하셨으매 그가 두루 다니시며 선한 일을 행하시고 마귀에게 눌린 모든 사람을 고치셨으니 이는 하나님께서 함께 하셨음이라."(행 10:38)
☞ 선한 일, 착한 일을 하려면 반드시 성령 받아야 한다. 우리의 스승이신 예수님은 성령과 능력을 받아 세상에 선한 일을 본보기로 보여주었다. 오직 예수님만이 일생 동안 세상에서 착한 일을 하였다.

22) 이웃의 죄에 대해 어떻게 하나님께 사함을 받아낼 수 있을까?

"이르시되 성령을 받으라. 너희가 누구의 죄든지 사하면 사하여질 것이요, 누구의 죄든지 그대로 두면 그대로 있으리라."(요 21:22,23)

☞ 이 일은 조건이 반드시 성령을 받아야 한다는 사실이다. 구약의 제16대 남왕국 왕 히스기야는 25세에 등극하여 29년 동안 왕으로서 하나님의 백성을 다스렸는데 그는 영의 사람이라 다윗의 행함같이 행하고 종교를 개혁하고 있을 때 북왕국 이스라엘은 히스기야 왕 6년에 앗수르에게 멸망 당하였다. 하나님은 "그의 전, 후 유다 여러 왕 중에 그러한 자가 없었다"(왕하18:5)라고 기록하게 하셨다.

유월절을 지킬 때에 다 성결하게 하고 지켜야 함에도 에브라임과 므낫세와 잇사갈과 스불론의 많은 사람들이 깨끗하게 하지 아니하고 유월절 양을 먹어 기록한 규례를 어긴지라, 하나님께 범죄하게 됨을 안 히스기야가 하나님께 "선하신 여호와여 사하옵소서 결심하고 하나님 곧 그의 소상들의 하나님 여호와를 구하는 사람은 누구든지 비록 성소의 결례대로 스스로 깨끗하게 못 하였을지라도 사하옵소서"(대하30:18-20)라고 기도하였더니 하나님께서 사해 주셨다.

더 많은 것을 쓰고 싶지만 여기서 줄이려고 한다. 성경 신구약 전체가 성령의 감동으로 기록되었기에 우리가 성령 받지 못하면 성경책을 올바로 해석할 수도 없고 똑같은 말씀이라도 성령 받은 사역자의 설교와 성령 받지 못한 사역자의 설교는 하늘과 땅의 차이라고 말할 수 있다. 성령 하나님으로만 가능하다. 책장 표지 사진은 필자가 무일푼으로 교회를 개척하여 10년 내에 1,000명이 한꺼번에 예배를 드릴 수 있는 교회를 짓고(4층), 주일 낮 2부 예배 드리는 광경이다. 필자의 교회는 "오직 성령의 충만을 받으라"(엡5:18)라는 슬로건 아래 교회를 세웠고, 목회하는 동안 평신도들이 성령 받고 개척한 지교회가 10여 곳이 된다. 꼭 평신도가 교회를 개척해야 한다는 말은 아니다. 물론 성령이 이끌면 교회를 개척해야 함은 또 다른 문제이다.

3. 영(성령)으로 사는 자와 혼(육)으로 사는 자

성경에 나타난 것을 유심히 보면, 신앙의 성공자들보다 신앙의 실패자들이 어마어마하게 많은 것을 볼 수 있다. 사람은 아니지만 최초의 실패자는 바로 루시퍼였다. 인간의 모든 실패자는 바로 루시퍼 천사장의 영향 때문이었다. 이사야 예언자는 "너 아침의 아들 계명성이여 어찌 그리 하늘에서 떨어졌으며 너 열국을 엎은 자여 어찌 그리 땅에 찍혔는고 네가 네 마음에 이르기를 내가 하늘에 올라 하나님의 뭇별 위에 내 자리를 높이리라 내가 북극 집회의 산 위에 앉으리라 가장 높은 구름에 올라가 지극히 높은 이와 같아지리라 하는도다"(사14:12~14, 15~20참조)라고 전한다.

이 사건은 인간이 창조되기 전에 하나님의 보좌에서 일어난 일이었다. "너 아침의 아들 계명성"은 라틴어역에 "사단 루시퍼"라고 번역하였다. 루시퍼는 하나님을 보좌하는 천사장이었다. 그런데 교만이 들어가 자신이 하나님의 창조물임을 잊어버리고 하나님의 자리에 앉으려고 함으로 하나님께서는 전지하신 분이시기에 루시퍼의 생각과 뜻을 아시고 하나님의 보좌에서 쫓아내시게 되었다. 루시퍼(사단)는 창조 때부터 하나님을 배반하고 자기 조직이었던 많은 천사를 동원하고 세상 끝 날까지 수많은 인간을 유혹해서 하나님을 섬기지 못하게 하고 자신을 따르게 하려는 시도를 끊임없이 해오고 있다.

그 역사로 말미암아 아담과 하와도 신앙의 실패자가 되었고 아담과 하와의 첫째 아들 가인도 신앙의 실패자가 되어서 유리하는 자로 전락하고 말았다. 노아 시대에 와서 인류의 숫자가 얼마나 되었는지는 몰라도 노아의 가족 외에는 인류가 다 신앙의 실패자였고 노아의 가족만이 신앙의 성공자가 되었지만, 후에 노아의 둘째 아들은 아버지 노아의 수치를 드러내어서 결국 신앙의 실패자로 전락하고 말았다. 노아의 아버지는 라멕이었고 노아의 할아버지는 므두셀라였는데, 최고의 장수자였다.(969세) 그런데 역사를 보면 노아의 아버지 라멕은 노아 홍수 5년 전에 777세로 죽었고 노아의 할아버지 므두셀라는 노아 홍수로 말미암아 죽고 말았다.(969세) 결국 손자인 노아는 신앙의 성공자가 되었지만, 그 할아버지인 므두셀라는 홍수를 피해서 가지는 못하였다. 참으로 아이러니하다고 볼 수 있다.

창11장에 바벨탑을 쌓을 때는 모두 신앙의 실패자들이었다. 하나님께서는 지금의 튀르키예(터어키) 중남부 하란 땅에 살고 있는 아브람을 부르셨고 아브람은 조카 롯과 함께 가나안땅으로 왔지만, 아브람은 아브라함으로 개명 받고 신앙의 성공자가 되었고 조카 롯은 신앙의 실패자가 되고 말았다. 그 후 60만이 애굽에서 출애굽 하였지만, 광야 40년 생활에 여호수아, 갈렙 두 사람만 가나안땅에 입성하였고 결국 이스라엘 나라는 북 왕국과 남 왕국으로 갈라지고 북 왕국 이스라엘은 683년 만에 남 왕국 유다는 819년 만에 모두 나라 자체를 잃고 말았다. 국가적으로 보면 신앙의 실패자들의 모습이었다. 유일하게 하나님께서 세워주신 나라 이스라엘도 사단의 유혹에 견디지는 못하고 말았다.

중세기에 들어와서 가톨릭도 신앙의 실패자들이었다. 유럽은 거의 가톨릭 국가들이다. 종교개혁자 마틴 루터에 의해 프로테스탄트(개신교)가 세워졌지만, 유럽과 미국을 거쳐 신앙의 실패자의 모습을 보이고 있다. 한국도 사단의 유혹을 피해 가지 못했다. 그래서 몇십 년 동안 교회는 하곡선을 긋고 있는 것이 현실이다. 신앙의 성공자가 되는 일은 간단한 문제가 아니다. 오늘날 많은 사역자들이 도시교회 혹은 큰 교회로만 가려고 하는데 이것도 큰 문제가 아닐 수 없다. 있는 자리에서 최선을 다하면 교회가 성장하고 예수님의 방법을 깨달아서 그 길로 간다면 어디로 가든지 성공적인 목회를 할 수 있는데 자신이 성공한 교회가 아니라 타에 의해 성공한 교회만을 고집하는 모습은 예수님의 눈에 어떻게 비칠까? 그러나 평신도들은 이사 가거나 직장이 먼 곳으로 발령이 나서 옮기는 경우가 아니고서는 한 교회를 섬기며 신앙생활을 하게 된다. 물론 때로는 사역자와의 갈등으로 교회를 옮기는 경우도 없지 않다.

신앙생활의 성공은 반드시 성령세례를 받아야 한다. 신앙 성공의 길은 인간 어느 사람의 방법도 존재하지 않는다. 오직 예수님의 방법론을 따라 믿음의 선진들이 신앙의 성공을 이루어 왔기에 그 길만이 우리 평신도들이 반드시 밟고 가야 할 유일한 길임을 명심하지 않으면 안 된다. 보통 전도를 받아 교회에 나와 예배만 드리면 되는 줄로 아는 평신도들이 예상외로 많다. 그 이유는 전도해 교회에 나온 새 신자나 한 영혼을 받아들인 교회가 신앙 성공의 길을 가야 할 것을 올바로 가르치지 않기 때문이다. 물론 세례를 받아야 하고, 찬송도 불러야 하고, 예배도 드려야 하고, 헌금도 해야 하고, 말씀도 읽어야 하고, 봉사도 해야 하지만, 제일 시급한 일은 바로 성령세례 받는 일이라는 사실을 인지해야 한다.

예수님께서 승천하시면서 마지막 남긴 말씀 중에 제일 중요한 것은 "숨을 내쉬며 이르시되 성령을 받으라"(요20:22)라는 말씀이었다. 이 말씀은 곧 "성령세례 받으라"는 준엄한 명령이다. 이 명령에 앞서 예수님은 3년 전 우리 모두의 신앙 성공의 길을 보여주시기 위해 세례요한이 이미 사역하고 있는 요단강으로 가셨다. 보이지는 않지만 예수님께서는 하나님의 명령에 의해 세례받고 성령세례 받으시기 위해 요단강으로 가신 것으로 우리는 보아야 한다. 실제로 신앙 생활의 성공의 길은 내 자아를 버리는 길이다. 그러나 인간의 힘으로는 자신의 자아를 버리기가 쉽지 않다. 아니 인간의 힘으로는 불가능하다고 볼 수 있다. 인간의 자아를 버리는 일은 오직 성령세례 받아야만 가능하다. 그래서 예수님도 성령세례 받으시는 것이 우선이기에 요단강으로 향하신 것이었다.

성령세례는 마치 감나무 밑에 앉아 있으면서 감이 떨어지기를 기다리는 것과는 정반대이다. 감이 떨어지기를 기다리는 것은 상당한 시간 낭비라고 볼 수 있다. 감을 빨리 얻으려면 나무를 흔들어야 한다. 예수님께서는 요14장에서 16장까지 세 장에 걸쳐서 성령세례 받기 위해서는 반드시 하나님께 구해야 한다고 6번이나 강조하고 계시다. 사실 예수님은 하나님 보좌 우편에서 우리 모든 평신도들을 위한 기도를 쉬지 않고 계속하고 계시다. 그러나 우리 모든 평신도들을 위해서 기도해 주시지 않는 제목이 유일하게 한 가지가 있다. 예수님은 "그날에 너희가 내 이름으로 구할 것이요 내가 너희를 위하여 아버지께 구하겠다 하는 말이 아니니"(요16:26)라고 말씀하셨다. 반드시 성령세례를 받아야 할 장본인이 예수님의 이름으로 하나님께 구해야 한다는 말씀이다. 누가복음 기자 누가도 "너희가 악할지라도 좋은 것을 자식에게 줄 줄 알거든 하물며 너희 하늘 아버지께서 구하는 자에게 성령을 주시지 않겠느냐"(눅11:13)라고 예수님의 말씀을 기록하였다. 마태복음 기자는 "구하는 자에게 좋은 것으로 주시지 않겠느냐"라고 말씀하셨다고 기록하였는데 신앙에 있어서 가장 좋은 것은 "하나님의 성령"이라는 사실이다.

　예수님은 이 말씀 바로 전에 비유 한 가지를 말씀하셨는데, 밤에 찾아온 친구의 비유이다. 그 내용을 우리는 유심히 볼 필요가 있다. 누가 벗(친구)이 있는데 늦은 밤에 그 친구에게 찾아가 "친구여! 떡 세 덩이를 내게 꾸어달라. 왜냐하면 내 친구 하나가 여행 중인데 이 시간에 내게 찾아왔어. 그런데 내게는 먹일 것이 없으니 좀 꾸어줄 수 있겠나?"라고 하자 친구여! 나를 번거롭게 하지 말라. 이미 문은 닫혔고, 아이들과 우리 가족은 지금 침실에서 누워있으니 네게 줄 수가 없네. 미안하네, 친구여!" 그때 떡 세 덩이를 꾸러 온 친구는 대문을 두드리며 강청하고 있다. 그랬더니 침실에 누워있던 친구는 일어나서 친구이기 때문에 주는 것이 아니라 네가 강청을 하면서 대문을 계속 두드리기 때문에 주는 것이라고 떡 세 덩이를 주었다는 비유의 말씀이다. 여기에 먹을 것이 없었던 친구는 성령이 없었던 평신도로 볼 수 있고, 떡 세 덩이를 가지고 있던 친구는 성령 하나님이라고 볼 수 있고, 여행 중에 찾아온 저녁을 못 먹어 굶주린 친구는 성령세례 못 받은 친구이다. 그 친구도 떡 세 덩이를 먹을 수 있었는데 그도 역시 성령세례 받은 자가 되었다고 볼 수 있다. 또 한편으로는 떡 세 덩어리는 믿음 소망 사랑으로 볼 수도 있고, 삼위일체 하나님으로 볼 수도 있다.

우리 하나님은 구하는 자에게 절대로 거절하지 않으신다. 야고보서는 "너희 중에 누구든지 지혜가 부족하거든 모든 사람에게 후히 주시고 꾸짖지 아니하시는 하나님께 구하라 그리하면 주시리라"(약1:5)라고 전한다. 성령세례 못 받은 자는 신앙의 실패자라고 볼 수 있다. 성령세례 받으면 영의 사람, 성령의 사람이지만, 성령세례 받지 못하면 예수님 믿고 교회 생활을 하면서도 하나님이 부르시는 그 이름은 혼과 육의 사람이다.

영국의 감리교 창시자인 존 웨슬리도 1728년 9월에 사제서품을 받고 옥스퍼드 대학에 돌아와 동생 찰스 웨슬리와 몇 명 학우들과 Holy Club을 만들어 혼탁하고 퇴폐적인 사회에서 엄격하게 규율을 지키며 사회활동에 힘썼다. 그 후 동생과 미국 조지아 주로 선교여행을 떠났으나 실패하고 2년 만에 영국으로 귀국하게 되었다. 그러던 어느 날 런던 시내 올더스케잇 거리에 모라비안 교회로 자신도 모르게 발걸음을 옮겨 참석하였다. 그날이 1738년 5월 24일 수요예배였다. 오후 8시 45분경 기도하다가 하나님께서 성령세례를 부어 주셨다. 1700여 년 전에 마가의 다락방 120 문도들이 모여서 기도할 때, 부어 주셨던 똑같은 성령세례였다. 그러나 영국 국교회 성공회로부터 배척을 받았으나 그는 아무 데서나 하나님의 말씀을 외쳤다. 하루에도 4~5회, 그는 거리 설교를 42,000회나 하였는데 그래서 생겨난 것이 감리교회(Methodist-규칙쟁이)가 탄생하게 된 것이다. 존 웨슬리는 사제가 되었어도 신앙의 실패자로 낙인찍힐 뻔하였다. 그러나 성령세례 받고 마음이 뜨거워져서 불같은 마음으로 성령의 불길을 일으키게 되어 혼탁한 영국 사회에 신선한 공기를 불어 넣어 주었다. 런던 거리는 그 당시 한 집 걸러 술집이었다고 할 만큼 타락한 도시였다.

그럼 왜 평신도가 영의 사람이 되어야 하는지를 살펴보자.
사도바울은 로마서에서

"육신을 따르는 자는 육신의 일을, 영을 따르는 자는 영의 일을 생각하나니 육신의 생각은 사망이요 영의 생각은 생명과 평안이니라 육신의 생각은 하나님과 원수가 되나니 이는 하나님의 법에 굴복하지 아니할 뿐 아니라 할 수도 없음이라 육신에 있는 자들은 하나님을 기쁘시게 할 수 없느니라"(롬8:5-8),
"무릇 하나님의 영으로 인도함을 받는 사람은 곧 하나님의 아들이라 너희는 다시 무서워하는 종의 영을 받지 아니하고 양자의 영을 받았으므로 우리가 아빠 아버지라고 부르짖느니라"(롬8:14-15),
"너희가 아들이므로 하나님이 그 아들의 영을 우리 마음 가운데 보내사 아빠 아버지라 부르게 하셨느니라"(갈4:6)라고 전한다.

시편 기자는 "주의 영을 보내어 그들을 창조하사 지면을 새롭게 하시나이다"(시104:30)라고 고백하고 있는데, 이 말씀은 주의 영을 받는 사람만이 새로운 피조물이 되고 영의 사람이 된다는 고백이다. 예수님께서도 "살리는 것은 영이니 육은 무익하니라 내가 너희에게 이른 말은 영이요 생명이라"(요6:63)고 말씀하셨다. 일찍이 요엘 선지자는 "그 후에 내가 내 영을 만민에게 부어 주리니 너희 자녀들이 장래 일을 말할 것이며 너희 늙은이는 꿈을 꾸며 너희 젊은이는 이상을 볼 것이며 그때에 내가 또 내 영을 남종과 여종에게 부어 줄 것이며"(욜2:28-29)라고 예언한 말씀을 사도행전 기자가 기록하고 있다.(행2:17-21) 사도행전 시대가 벌써 2,000여 년이 흘렀지만, 하나님의 말씀은 지금도 현재진행형인데 오늘날 교회는 사실 너무 많이 변질되어 가고 있어서 염려된다.

오늘에 와서 모세의 원함이 생각나는 시대가 된 것이다. 모세는 이스라엘 백성을 이끌고 B.C.1445년쯤 출애굽 하였고 광야 40년 동안에 모세는 70명의 장로를 세웠다. 하나님께서는 모세에게 70명의 장로를 회막에 서게 하였고 모세에게 부어 주셨던 하나님의 영을 부어 주셨다. 그 이유는 모세 혼자서 이스라엘 백성들의 문제를 다 담당할 수 없었기에 70명의 장로를 세우게 하셨다. 주의 일을 하기 위해서는 반드시 하나님의 영을 받아야 하기 때문이다. 하나님의 영을 받지 못하면 절대로 하나님의 일을 할 수 없다. 하나님은 당신의 일을 성령 받지 못한 어떤 사람에게도 맡기지 않으신다. 그래서 회막으로 나온 68명의 장로에게 성령이 임하므로 예언을 하게 되었다. 그런데 2명의 장로는 회막에 있지 않고 다른 곳에 있었는데 성령을 받고 예언하게 되었다. 이들의 모습을 보고 여호수아는 모세에게 엘닷 장로와 메닷 장로가 예언을 하니 그들을 말려달라고 만류하였는데, 모세는 여호수아에게 "네가 나를 두고 시기하느냐 여호와께서 그의 영을 그의 모든 백성에게 주사 다 선지자가 되게 하시기를 원하노라"(민11:29)라고 말했다. 오늘날, 이 나라의 평신도들뿐만 아니라 사역자와 성도들 모두가 하나님의 영(성령)을 받아 참 증인들이 되기를 소망해 본다.

제11장
3년의 성취를 위해 평신도에게 주어진 명령

1. 물이 포도주로 변하라(요2:1-12)

예수님의 제일 첫 번째 기적은 갈릴리 가나에서 일어났다. 그런데 이상한 것은 4복음서 가운데 유일하게 요한복음에서만 이 사건을 다루었다. 첫 번째 기적인 만큼 기대도 크겠지만 왜 마태, 마가, 누가는 이 사건을 다루지 않았을까? 어디 어느 일부분이라도 기록된 곳이 없다. 왜일까? 마태복음이나 마가복음이나 누가복음을 보면 읽기만 하면 이해할 수 있다. 그러나 요한복음은 영적 복음이기에 영적으로 해석해야 알 수 있기에 아마도 마태나 마가나 누가도 헬라어로 붓을 들었다가 이해할 수 없어 내려놓았을 것이다. 이 사건은 비밀장소에서 일어난 사건이 아니라 수많은 사람이 참석하는 잔칫집에서 일어났기 때문이다.

이 사건의 중심은 물과 포도주이다. 물론 그 중심에 예수님이 있고, 예수님의 어머니도 한몫했고, 하인들도 한몫한 셈이다. 돌항아리 여섯 개도 그 나름대로 한몫했다. 예수님이 보여주시고자 한 것은 물이 변하여 포도주로 변한 것이다.

물론 이 사건은 예수가 시작한 사건은 아니었다. 잔칫집에 포도주가 모자란다는 소식을 듣고 마리아가 예수께 달려와 "이 집에 포도주가 떨어졌다"고 예수님께 말하니 "여자여 나와 무슨 상관이 있나이까 내 때가 아직 안 되었다"고 하셨다. 그런데 믿음으로 마리아가 하인들에게 이르기를 "너희에게 무슨 말씀을 하시든지 그대로 하라"(요2:5)하여, 그때 예수님께서 "하인들에게 물을 길어다가 (여섯) 항아리 아구까지 채우라"(요2:7)고 명령을 하셨고 또 하인들은 그 명령에 따라 돌항아리에 물을 가득 채웠다. 예수님은 떠서 연회장에게 갖다 주라고 했고 연회장은 물로 된 포도주를 맛보고 생전에 먹어보지 못한 맛에 감동을 받아 신랑을 불러 얘기했지만, 신랑은 아무것도 몰랐다. 연회장은 신랑에게 "사람마다 처음에는 좋은 포도주를 내고 취한 후에 낮은 포도주를 내거늘, 그대는 지금까지 좋은 포도주를 두었다"고 칭찬했다. 어디서도 맛볼 수 없는 맛에 연회장은 푹 빠진 것이다.

1) 우물에서 길어온 물은 무엇일까 하는 점이다.

요한복음 기자는 예수님을 물로 표현하는데 지체하지 않았다. 물론 요한이 펜을 들면서 처음 예수님을 "말씀"(λόγος, 로고스)이라고 표현했다. 그리고,

2장에 가서는 생수 우물물은 우리의 갈증을 해결해 주는 예수라는 사실을 감추지 않았다.

3장에서 니고데모와의 대화에서 "사람이 물과 성령으로 나지 않으면 하나님 나라에 들어갈 수 없다"(요3:5)고 하였고,

4장에서는 사마리아 여자와의 대화에서 "이 물을 먹는 자마다 다시 목마르려니와 내가 주는 물을 마시는 자는 영원히 목마르지 아니하리니 내가 주는 물은 그 속에서 영생하도록 솟아나는 샘물이 되리라"(요4:14)고 말씀하신다.

5장에서는 베데스다 못가에 가셔서 38년 된 환자를 발견하시고 "네가 낫고자 하느냐?"하며 물으실 때, 환자는 "물이 동할 때에 나를 못에 넣어주는 자가 없나이다"(요5:6-7)라고 대답했다. 예수님이 "일어나 네

자리를 들고 걸어가라"하신대 일어나 걸어갔다. 예수님은 베데스다 못이시다. 베데스다는 "자비의 집"이란 뜻이다.

6장에서 마치 사마리아 여자에게 하셨던 말씀같이 "나를 믿는 자는 영원히 목마르지 아니 하리라"(35절), "내 살을 먹고 내피를 마시는 자는 영생을 가졌고"(54절), "내피는 참된 음료로다"(55절) 라고 하셨다.

7장에서 "명절 끝날 곧 큰 날에 예수님께서 서서 외쳐 이르시되 누구든지 목마르거든 내게로 와서 마시라 나를 믿는 자는 성경에 이름과 같이 그 배에서 생수의 강이 흘러나오리라"(37절) 라고 요한은 증거하고 있다.

그런데 마리아의 요청에 예수님은 나의 때가 아직 안 되었다고 항변하시지만, 예수님은 어쩔 수 없어서 때가 아니지만 "하인들에게 돌항아리에 물을 채우라"고 명령하시고, 물로 포도주를 만들었다. 이는 마리아가 예수님의 때, 후에 성령의 때를 알고 한 것이 아님이 분명하다. 그러나 잔칫집에서 포도주가 워낙 모자라니 예수님이면 충분히 할 수 있다고 생각하는 차였지만 성령 하나님께서는 이 문제로 포도주 해결도 해주고 예수님의 때가 어떻게 될 것까지도 알려주려 하심이었다고 볼 수 있다. 예수님이 "내 때"라고 말씀하신 때는 십자가에 죽으시고 장사한 지 3일 만에 부활하시고 40일 동안 계시다가 승천하면서 제자들에게 부탁하신 말씀을 하실 때 그리고 승천하실 때를 의미한 것이라 볼 수 있다.

물은 바로 예수님이시다. 예수님은 생명의 물이시다. 먹으면 영원히 목마르지 않다. 왜냐하면 마음속에서 솟아나는 샘물이 되기 때문이다. 필자는 요한복음은 "물의 복음서이다"라고 감히 말할 수 있다.

2) 포도주는 무엇을 말할까, 하는 점이다.

초대교회 성도들이 성령에 충만할 때 "새 술에 취하였다"고 하였는데 비난한 것 같기도 하고 부러워한 것 같기도 하다. 물론 성만찬에서는 떡이 예수님의 몸이고 흘리신 피는 포도주로 성찬이 내려오지만, 구약에서 이사야 예언자는 "목마른 자들아 물로 나아오라 와서 사 먹되 포도주와 젖을 사라"(사55:8)고 선포했다. 젖은 양식이지만 포도주는 음료이다. 양식은 먹고 배부르고 만족을 얻지만, 음료는 기쁨과 즐거움의 상징이다.

요엘서 선지자는 "이른 비와 늦은 비는 예전과 같을 것이다"(욜2:23)라고 선포한다. 이른 비는 싹을 트게 하는 비요, 늦은 비는 열매를 맺게 하는 비이다. 이른 비는 예수를 상징하고 늦은 비는 성령을 상징한다. "내가 내 영을 만민에게 부어 주리니"(욜2:28) 내 영은 바로 성령이다. "그날에 산들이 단 포도주를 떨어뜨릴 것이며 작은 산들이 젖을 흘릴 것이라. 모든 시내가 물을 흘릴 것이며 하나님의 성전에서 샘이 흘러 나와서 싯딤 골짜기에 대리라"(욜3:18)고 예언하고 있다.

예수님의 첫 번째 기적은 예수님이 성령으로 변하는 것이 바로 기적이다. 우물에서 길어온 물이 포도주로 바뀌었지만 물은 물이다. 근원과 원천은 같다. 단지 맛과 색깔만 다를 뿐이다.

이 첫 번째 예수님의 기적은 영적으로 물은 예수님이고 포도주가 되는 성령을 받는 것이 신앙인에게 첫 번째 기적이 된다는 것이다. 사역자는 더 우선 돼야 하지 않을까? 이 첫 번째 기적을 만들지 못하면 반드시 사역은 실패하고 만다. 우리가 예수님을 믿는 일이 가장 우선적인 일이고 믿는 사람의 가장 우선적인 일은 성령을 받는 일이다.

부활하신 예수님은 "볼찌어다 내가 내 아버지께서 약속(성령)하신 것을 너희에게 보내리니 너희는 위로부터 능력으로 입혀질 때까지 이성에 머물라 하시니라"(눅24:49) 이 말씀을 하시고 그들을 향하사 "숨을 내쉬며 이르시되 성령을 받으라"(요20:22)고 하셨다.

또 사도행전에서 다시 승천하기 전에 예수님은 "예루살렘을 떠나지 말고 내게 들은바 아버지의 약속하신 것을 기다리라. 요한은 물로 세례를 베풀었으나 너희는 몇 날이 못 되어 성령으로 세례를 받으리라"(행 1:4,5)고 명령하셨다.

예수님이 내리신 그 명령은 세상의 첫 교회인 예루살렘 교회인데 120 문도들이 "오로지 기도에 힘쓰니라"(행1:14) 하였고 "오순절 날이 이미 이르매 그들이 다 같이 한곳에 모였더니 홀연히 하늘로부터 급하고 강한 바람 같은 소리가 있어 그들이 앉은 온 집에 가득하며 마치 불의 혀같이 갈라지는 것들이 그들에게 보여 각 사람 위에 하나씩 임하여 있더니 그들이 다 성령의 충만함을 받고 성령이 말하게 하심을 따라 다른 언어들로 말하기를 시작하니라"(행2:1-4)고 기록되었다.

성령이 없는 교회는 교회라 볼 수 없다. 이 사건은 요엘서 2:28에 예언하고 있는 말씀이다. 사도행전 2장의 사건을 행 2:33에 "하나님이 오른손으로 예수를 높이시매 그가 약속하신 성령을 아버지께 받아서 너희가 보고 듣는 이것을 부어 주셨느니라"하고 고백하고 있다.

곧 사도 베드로는 "너희가 회개하여 각각 예수 그리스도의 이름으로 세례를 받고 죄사함을 받으라 그리하면 성령을 선물로 받으리니"(행2:38)라고 외쳤고, 또 "그러면 너희가 회개하고 돌이켜 너희 죄없이 함을 받으라 이같이 하면 새롭게(성령) 되는 날이 주 앞으로부터 이를 것이요"(행3:19)라고 베드로가 행각에서 외치고 있다.

초대교회의 역사는 "빌기를 다하매 모인 곳이 진동하더니 무리가 다 성령이 충만하여 담대히 하나님의 말씀을 전하니라."(행4:31)라고 했고, 사도행전의 저자 누가는 "우리는 이일에 증인이요 하나님이 자기에게 순종한 사람에게 주신 성령도 그러하니라"(행5:32)라고 전한다. 성령은 그냥 받는 것이 아니라 회개하고 기도할 때 받는 것이기에 그대로 실천한 사람들에게만 주신다는 약속이다.

교회 성장은 여기에 있다. "그리하여 온 유대와 갈릴리와 사마리아 교회가 평안하여 든든히 서 가고 성령의 위로로 진행하여 수가 더 많아지니라."(행9:31)고 하심 같이 교회 성장은 성령의 후원 없이는 불가능하다. 베드로도 설교하면서 "하나님이 나사렛 예수에게 성령과 능력을 기름 붓듯 하셨으매 그가 두루 다니시며 선한 일을 행하시고 마귀에게 눌린 모든 사람을 고치셨으니 이는 하나님이 함께 하셨음이라"(행10:38)라고 했고, 행10:43절에 "그에 대하여 모든 선지자도 증언하되 그를 믿는 사람들이 다 그의 이름을 힘입어 죄 사함을 받는다 하였느니라"고 하였다. 이 말을 듣는 사람들이 죄 사함을 받기 위해 그들의 죄를 회개하고 기도하고 말씀을 받을 때에 말씀을 듣는 모든 사람에게 성령께서 내려오셨다고 누가는 기록하고 있다.

그런데 그들이 모두 이방인들이었다. 베드로가 예루살렘교회에 보고하면서 "내가 말을 시작할 때에 성령이 그들에게 임하시기로 처음 우리에게 하신 것과 같이 하는지라"(행11:15) 120 문도가 기도할 때처럼 똑같이 성령을 받았다고 보고하고 있다.

사도바울은 다메섹 도상에서 부활의 예수님을 만났다.(행9:1-19) 그리고 다메섹에서 예수가 하나님의 아들이심과 그리스도라고 증거하였다. 그러나 유대인들이 사울을 죽이려 하여 다소로 피신했다가 아라비아로 내려가 말씀과 기도로 성령의 충만함과 성령의 능력까지 받았고, 안디옥교회에서 바나바와 사울(바울)이 선교사로 파송되었다. 두 사람 다 성령충만 받았기에 선교사의 사명을 감당하여 하나님께 영광을 돌리게 되었다. 사도행전은 바울의 행전이라 해도 문제가 없을 듯하다. 이 바울의 행전이 바로 오늘날 사역자들이 본받아야 할 행전이다.

사도바울이 에베소 교회에서 "너희가 믿을 때에 성령을 받았느냐" 물었을 때 "우리는 성령이 있음도 듣지 못하였다"(행19:2)고 하였다. 그동안 에베소 교회의 사역자와 평신도들은 세례요한의 물세례(회개의 세례)만 받았을 뿐 성령에 대해서 알지도 못했고 성령을 받지 못했음을 보게 된다. 사도바울은 그들에게 다시 예수님의 이름으로 세례를 베풀고 안수하매 성령이 그들에게 임하시므로 방언도 하고 예언도 했는데 12사람쯤 되었다. 여자의 숫자도 합하면 50명 정도였을 것이다.

사도행전에서 사역자들이 필수적으로 알아야 할 말씀이 있다. 사도바울은 "여러분은 자기를 위하여 또는 양 떼를 위하여 삼가라 성령이 그들 가운데 여러분을 감독자로 삼고 하나님이 자기 피로 사신 교회를 보살피게 하셨느니라"(행20:28)고 말한다. 그런데 성령을 받으라는 말씀에 순종하지 않은 채 사역자의 길을 간다면 미래의 교회는 암울할 수밖에 없을 것이다.

이제 각 교회에 예수님이 명령하시는 말씀을 찾아보자.

고전 12:3절에 "성령으로 아니하고는 누구든지 예수를 주시라 할 수 없다"는 것이다. 성령으로 하지 않았다면 그것은 거짓이다. 그랬다면 구원도 없으므로 지옥이 기다리고 있지 않을까"

고후1:20절에 "그가 또한 우리에게 인치시고 보증으로 우리 마음에 성령을 부어 주셨느니라" 그렇다면 마음에 성령이 없으면 10년, 50년을 교회 다녔어도 하나님의 인침이 없는 것이요, '너는 내꺼야' 하는 말씀이 없다는 이야기다.

평신도들이여! 이것은 실로 기가 막힐 일이다. 결국 가나 혼인 잔치의 물이 포도주로 바뀐 것은 장차 예수님 시대에서 성령의 시대가 도래될 것을 보여준 사건이다. 사도 요한은 이것을 직감하고 기록했을 것으로 볼 수밖에 없다. 마태, 마가, 누가는 직감하지 못하여 기록에서 제했다고 감히 말할 수 있다.

평신도들은 교회 다니면서 예수를 믿고 구원받았다 할지라도 성령없는 성도는 결국 아무 힘이 없고 아무 능력이 없는 무능한 성도라고 할 수 있다. 그러나 기도해서 예수님처럼 성령받으면 큰 능력으로 교회를 성장시킬 뿐 아니라 자신의 신앙 또한 하나님께 인정받는 일꾼이 될 것이다.

가나혼인잔치의 사건을 꼭 명심하여야 한다.

2. 성령의 권능을 받으라(행1:8)

우리는 흔히 이야기하기를 복음 중에 복음의 말씀은 요한복은 3장16절이라고 한다. 예수님이 십자가에서 피흘려 죽으시고 3일 만에 부활하신 후에 40일 동안을 계시면서 최대의 명령을 기록하고 있는데,

마태는 "그러므로 너희는 가서 모든 족속으로 제자를 삼아 아버지와 아들과 성령의 이름으로 세례를 베풀고 내가 너희에게 분부한 모든 것을 가르쳐 지키게 하라. 볼지어다 내가 세상 끝날까지 너희와 항상 함께 있으리니"(마28:19-20),

마가는 "너희는 온 천하에 다니며 만민에게 복음을 전파하라 믿고 세례를 받는 사람은 구원을 얻을 것이요 믿지 않는 사람은 정죄를 받으리라"(막16:15-16),

누가는 "볼지어다 내가 내 아버지께서 약속하신 것을 너희에게 보내리니 너희는 위로부터 능력으로 입혀질 때까지 이 성에 머물라"(눅24:49),

요한은 "너희에게 평강이 있을지어다 아버지께서 나를 보내신 것같이 나도 너희를 보내노라 이 말씀을 하시고 그들을 향하사 숨을 내쉬며 이르시되 성령을 받으라 너희가 누구의 죄든지 사하면 사하여질 것이요 누구의 죄든지 그대로 두면 그대로 있으리라"(요20:21-23)라고 전한다.

그런데 사도행전 기자, 누가는 4 복음서에서 부활하신 예수님의 최대의 명령을 종합해서 기록했다. "오직 성령이 너희에게 임하시면 너희가 권능을 받고 예루살렘과 온 유대와 사마리아와 땅끝까지 이르러 내 증인이 되리라"(행1:8)라고 기록했다. 마태와 마가는 복음을 전하는 증인에 대해 기록하였고, 누가와 요한은 약속하신 성령에 대해 하나님의 명령을

기록하였는데, 사도행전 기자는 4복음서의 명령을 모두 합하여 예수님의 마지막 최대의 명령을 전하고 있다는 사실이다.

만일 그럴 리가 없겠지만 성령은 받았는데 복음을 전하지 않는다면 의미가 없고 성령 받지 못하고 복음을 전하는 일(증인)을 하는 것도 별 의미가 없다. 반드시 모든 평신도는 하나님의 약속하신 성령을 받아 능력을 힘입고 하나님 나라(복음)를 선포하는 것이 기독교의 바른 행동 신앙이다. 하나님의 약속하신 성령을 받지 않고 신앙생활을 하는 일 자체가 무의미하고 전도를 한다는 것도 무의미하다. 그것은 성령의 능력이 아니기 때문이다.

오직 복음은 성령과 함께 역사한다. 복음과 성령은 떼어 놓고 생각할 수 없는 단어이다. 반드시 복음과 성령은 함께 역사한다. 사역자가 되었다고 성령 받은 것도 아니며 장로, 권사, 집사가 되었다고 해서 성령 받은 것도 아니다. 현시대는 성령 받지 않고도 사역하고 장로가 되고 권사기 되고 집사가 되는 경향은 헤아릴 수 없이 많다. 너무도 안타까운 일이 아닐 수가 없다. 여기에 나오는 말씀 중에 4가지 단어가 중심이다.

1) 첫 번째는 '오직'이라는 단어이다.

"오직"이란 단어는 원어로 ἀλλά(알라)인데, 이 단어는 "이 길밖에 없다, 일방통행"이라는 뜻이다. 증인이 되기 위해서는 이 길밖에 없다. 다른 길은 없다는 말이다. "오직"이라는 말은 성경에 주로 성령에 대한 말씀 중에 기록된 것이 제일 많다.(행1:8, 8:16, 20:23, 살전1:5, 엡5:18, 미3:8, 슥4:6)

하나님의 사역뿐만 아니라 평신도들이 신앙생활 해나가는 데에 성령 없이는 불가능하다. 우리의 신앙은 오직 예수님을 닮아가는 것을 잊어서는 안 된다. 그렇다면 예수님의 신앙생활은 30년 동안은 거의 기록이 없고 남은 3년 동안의 시간뿐이다. 그런데 유심히 보면, 예수님은 제일 먼저 하신 일이 세례요한에게 세례를 받으시고 곧바로 요단강 물세례 받으신 곳에서 하나님이 주시기로 약속하신 성령을 받으시기 위해 기도하셨다는 것이다. (눅3:21-22) 그는 우리의 표본이시고 우리가 어떻게 신앙생활을 해야 하는지를 보여주신 길이기도 하다.

◇ **죄악에 빠진 인간은 어느 누구나 3가지로 살아간다.**

① 죄를 씻지 못하고 그대로 사는 것이다.

사실 그 죄를 씻기 위해 많은 종교를 가지고 있지만, 그 종교들은 절대로 인간의 죄를 씻을 수가 없다. 자신의 죄도 못 씻는 사이비 교주들이 어찌 다른 인간들의 죄를 어찌 씻어준단 말인가? B.C.500년경에 불교의 석가도, 유교의 공자도, A.D.500년경에 이슬람교의 무하마드도 자신의 죄를 씻지는 못하였다. 사이비 종교의 교주들을 말해 무엇 하겠는가!

② 육신에 속한 사람이다.

예수님에게로 와서 죄 씻을 때 의식인 세례를 받고, 집사도 되고 권사도 되고 장로도 되고 사역자도 되어 살아간다. 이것을 바울은 육신의 사람이라고 단정하고 있다.

"육신에 속한 사람은 하나님의 성령의 일들을 받지 아니하나니 이는 그것들이 그에게는 어리석게 보임이요 또 그는 그것들을 알 수도 없나니 그러한 일은 영적으로라야 분별되기 때문이다."(고전2:14)

'육신에 속한 자들은 어린아이와 같고 밥도 못 먹고 젖을 먹어야 하며 시기와 분쟁으로 살아간다'(고전3:1-3)고 바울은 말하고 있다. 육신에 속한 사람은 주인이 바로 자기 자신이다. 모든 것을 하나님의 말씀에 비추어 보지 않고 자신의 이득이 되면 무엇인가 결정하고 행동한다. 그러기에 언제나 교회에서 대장 노릇을 하려고 하고 자기를 따르게 하려고 시도한다.

요한3서에 나오는 "디오드레베"가 그런 사람이고 유대교에 속한 자들이 다 그런 부류의 사람들이다. 후메네오와 알렉산더(딤전1:19-20)는 결국에는 믿음에 관하여 파선하였다. 모세 때에는 얀네와 얌브레, 고라, 다단, 아비람 이런 자들도 믿음의 파선하는 결과를 맞이하였다.(딤후 3:8, 민16:25-35)

예수님 당시에 유대교는 예수를 십자가에 죽게 하였고, 바울이 복음을 전할 때 끝까지 복음을 전하지 못하게 방해한 자들이며, 오늘날까지 메시야는 오시지 않았다고 기다리고 있는 어리석은 사람들이다. 오늘날 교회 안에는 육에 속한 자들이 얼마나 될지 누군가가 조사해 보았으면 하는 생각이다. 필자의 생각에 70~80%는 되지 않을까 짐작해 본다. 실상은 그 속을 들여다보면 끔찍한 일이 아닐 수가 없다.

③ 예수님처럼 기도하여 성령을 받은 영의 사람으로 살아가는 사람이다.

이 사건이 예수님께서 가장 귀하게 생각하시는 사건이다. 예수님이 성령을 받으심으로 아버지께서 "이는 내 사랑하는 아들이요 내 기뻐하는 자"라는 말씀을 듣게 되셨다. 성령 받지 못하면 내가 구원받았는지 못 받았는지 절대로 알 수가 없다. 아니 성령으로 아니 하고는 누구든지 예수를 주시라 할 수도 없다. (고전12:3) 성령을 못 받았는데 어떻게 예수가 메시야이며 나의 죄를 짊어지고 나를 위해 십자가에 죽으셨다는 사실이 믿어진다는 말인가?

이것은 배워서 지식으로 알 수 있는 것과는 차원이 다른 문제이다. 바울은 로마서에서 "무릇 하나님의 영으로 인도함을 받는 사람은 곧 하나님의 아들이다. 너희는 다시 무서워하는 종의 영을 받지 아니하고 양자의 영을 받았으므로 우리가 아빠 아버지라 부르짖느니라. 성령이 친히 우리 영과 더불어 우리가 하나님의 자녀인 것을 증언하시나니"(롬 8:14-16)라고 증언하고 있다. 다시 바울은 고린도전서에서 "오직 하나님이 성령으로 이것을 보이셨나니 성령은 모든 것 곧 하나님의 깊은 것까지도 통달하시느니라 사람의 일을 사람의 속에 있는 영외에 누가 알리요 이와같이 하나님의 일은 하나님의 영 외에는 아무도 알지 못하느니라"(고전2:10,11)라고 또 증언하고 있고, "영적인 것은 영적인 것으로 분별하느니라"(고전2:1-3)고 말씀하고 있다.

　바울은 기도하여 하나님의 성령을 받은 사람은 신령한 사람 혹은 영의 사람이라고 지칭한다. 신령한 사람은 모든 것을 주의 말씀을 가지고 판단한다. 세상 누구에게도 판단 받지 않는다. 주님의 마음은 그래도 알고 있다. 말만 아니라 그리스도의 마음을 가지고 있고 아주 중요한 것은 성령의 지배를 받는다는 사실이다.
　그러나 실제로 신령한 사람은 말씀과 기도에 전념하지 않으면 하나님의 성령을 소멸하기에 때로는 넘어지기도 하고 쓰러지기도 하지만 이런 일은 다시 회개하고 일어나 바로 설 수 있다는 것이다. 역시 인간이기에 어쩔 수 없는 일이 아닌가 싶다. 오죽하면 바울이 "그런즉 선 줄로 생각하는 자는 넘어질까 조심하라"(고전10:12)고까지 하였을까?
　사실 신앙생활은 자체가 하나님의 일을 사역하는 생활이다. 목사만이 사역자가 아니다. 평신도 모두가 사실상 사역자이다. 사역자가 아닌 신앙생활은 껍데기 신앙에 불과할 뿐이다. 그런데 절대적으로 성령 받지 않고는 하나님의 사역은 할 수도 없고 해서도 안 된다. "오직"이라는 말이 그것을 증명해 주고 있다. 초대교회의 120 문도도 성령 받기 전에는 아무것도 할 수 없었다. 제자들조차도 예수를 따라다니는 일밖에는 한 것이 아무것도 없다. 그러다 다락방에서 기도하다가 열흘 되던 오순절 날에 드디어 성령을 받고 그들은 어느 사람 할 것 없이 하나님의 사역자들이 된 것이다. 봄의 기운을 받아 새싹이 움 돋아 꽃을 피우고 열매를 맺는 이치와 같다.

　2) 두 번째는 "성령이 임하시면"이라는 단어이다.
　예수님의 마지막 부탁은 굉장히 큰 의미를 부여해 주고 있다. 예수님은 일찍이 "내가 떠나가는 것이 너희에게 유익이라. 내가 떠나가지 아니하면 보혜사가 너희에게로 오시지 아니하실 것이요. 가면 내가 그를 너희에게로 보내리니"(요16:7)라고 말씀하신다. 보혜사는 παρακλητ ος(파라크레토스)인데, παρά(파라)는 "옆에"라는 뜻이고, κλητος(크레토스)는 "부름 받다"의 뜻이다. 이 말은 예수님이 육을 가지고 계셨기에 동시에 두 군데에 계실 수가 없다. 그러나 예수님이 아버지께로 가시면 보혜사를 보내 주시는데 "모든 성도 옆에 부름을 받은 자"라는 말이다. 다시 말하면 "모든 성도를 이끌어 가실 자"란 말이다. 성령의 또 하나의 이름은 "보혜사"이다. 또 하나의 이름은 "진리의 성령"이시다. 예수님은 "진리의 성령이 오시면 그가 너희로 모든 진리 가운데로 인도하시리니 그가 스스로 말하지 않고 듣는 것을 말하며 장래 일을 너희에게 알려 주시리라"(요16:13)고 하셨다.

요한복음의 14장, 15장, 16장을 필자는 보혜사 성령의 장이라고 부른다. 여기에서 성령 받는 유일한 길을 제시해 주고 있다. 그 단어는 바로 기도이다. 바울이 디모데에게 편지하는 가운데 간구, 기도, 도고, 감사 4가지 종류에 대해 말해주고 있는데, 그러나 실제로 요14장~16장에는 기도라는 단어는 등장하지 않는다. 기도라는 단어가 등장한다면 προσευχή(프로쉬케)라는 말이다. 요14:13, 요14:14, 요15:7, 요15:16, 요16:23-26 모두가 "구하라"는 단어이다. "구하라"는 단어는 원어로 αἰτέω(아이테오)인데, 이 말의 뜻은 "요구하다, 요청하다, 구하다"이다. 이 단어는 누가복음 11:9,13에 등장하는데 "구하라 주실 것이요 구하는 자에게 성령을 주시지 않겠느냐"라는 말씀이다.

결국 하나님의 성령은 하나님께 구하지 않으면 절대로 받을 수 없다는 증거이다. 성령이 임해야 능력도 받고 증인도 될 수 있는데, 성령 받지 못하면 능력도 없고 제대로 증인된 사명을 망각하고 살아갈 수밖에 없다는 논리이다. 성령이 임하시면 하나님께서 영광을 받으시고 말씀대로 살고 열매도 내적으로, 외적으로 많이 맺는다. 외적인 열매는 전도이고 내적인 열매는 성령의 열매 곧 사랑이다. 그리고 열매가 4계절 항상 있게 되고 그 마음에 기쁨이 넘친다고 예수님이 직접 말씀하고 있다.

3) 세 번째는 "권능"이라는 단어다. (행1:8)
예수님은 원래 하나님이시기에 권능의 주체이시다. 그런데 원래 제2의 위격으로 가지고 계신 권능이 아니고 기도하여 성령 받으시고 또 기도하여 성령 충만 받으시고 더 기도하여 성령의 능력까지 받으셨기에, 제3의 위격이신 성령의 권능을 가지고 3년 사역 동안에 쓰신 것이라고 누가복음은 명백하게 전하고 있다.(눅3:21, 3:23, 4:1, 4:14) 이 길은 평신도들이 뒤따라가야 할 유일한 길이다. 그러나 그 길로 가지 않고 자기 맘대로 가는 평신도들이 너무 많다. 이것이 예수님을 슬프게 하는 일이다. 모든 평신도들이 예수님의 길을 따라갔다면 이 세상은 이미 다 구원을 받고 하나님께 영광이 되지 않았을까 생각해 보게 된다.

"권능"이란 단어는 원어로 δύναμις(뒤나미스)인데, "권위, 강력한 힘, 능력, 강력한 수단"이란 뜻이다. 사람이 감당 못 할 하나님의 힘이다. 그런데 이런 힘은 반드시 성령으로부터 온다는 것이다. 성령 받지 못하면 아무 능력 없이 살아갈 수밖에 없고 성령 받으면 강력한 힘을 가지고 살아간다. 초대교회는 이 강력한 힘을 바탕으로 복음을 전하므로 각종 병든 자들을 고치며 복음을 전할 때 많은 사람들이 순식간에 하나님께로 돌아왔다는 사실이다.

복음은 기사와 이적을 함께하면서 가는 것이 사실 정로이다. 예수님도 그랬고 초대교회도 그랬는데 언젠가부터는 기사와 이적은 사라지고 말씀만 잘 전하면 된다는 식의 방법이 자리를 잡고 말았다. 만일 시대를 거치면서 성령 받은 평신도들이 하나님의 사역을 해나갔더라면 이 지구는 벌써 복음으로 가득 찼을 것이다. 그리고 수많은 종교가 꼬리를 내리지 않았을까 하는 아쉬움이 남는다.

모든 평신도들이여! 지금이라도 늦지 않았다. 기도하여 성령세례 받고, 더 기도하여 성령충만 받고, 더 기도하여 성령의 능력을 받을 때까지 기도하면 된다.

4) 네 번째는 "증인"이라는 단어다. (행1:8)

"증인"이란 원어로 μάρτυς(마르튀스)인데, "증인, 선서, 순교자 증인"이란 말이다. 증인이란 확실한 사실을 증명하는 사람을 말한다. 그런데 왜 "순교자"라는 말로도 사용될까? 예수님의 증인은 생명을 내놓고 죽을 각오를 하라는 말이다. 그래서 예수의 복음을 전하다가 스데반 집사를 비롯 10명의 사도들이 모두 순교하였고 사도바울도 순교하였다.

한문으로 증인(證人)이라는 말은 어떤 의미일까? 證(증거 증)을 분석해 보면 言(말씀 언)+登(실을 등, 나아갈 등, 오를 등) 이다. 나열해 보면 하나님의 말씀을 싣고 다른 사람에게 나아가는 것을 말한다. 참으로 묘하다. 한문을 만든 이들은 어찌 성경 단어의 의미를 이토록 정확히 알고 있었을까?

증인의 사명은 사역자뿐만 아니라 모든 평신도의 어깨에 메워진 사명이다. 이 세상 일들 중에 제일 중요한 일이 바로 "증인"이 되는 것이다. 이보다 더 큰 일은 세상에 없다. 왜냐하면 사람의 생명 하나의 가치는 천하를 주고도 바꿀 수 없을 만큼 그 가치가 인정되기 때문이다. (마16:26, 막8:31, 눅9:25) 죄인들의 생명을 음부에서 건져내는 일이야말로 가장 가치 있는 일이며 하늘의 상급도 이루 말할 수가 없다.

필자는 사역자이지만 개인적으로 많은 사람을 주께로 인도하였다. 특별히 우울증에 걸린 사람을 만나면 그냥 놔두지 않았다. 상담해서 안 되면, 그 자리에서 안수를 통해서 우울증 마귀를 쫓아주었다. 오늘날 많은 사역자들이 전도하지 않으려 한다. 설교만 하면 된다고 생각하기 때문이다. 그러나 하나님과 나 사이에 역시 "증인"이란 사명이 어깨에 메어져 있다는 사실을 잊어서는 안된다.

설교와 증인은 별개의 문제이다. 설교는 거의 이미 구원받은 성도들을 위한 것이고, 증인은 안 믿는 사람을 찾아가 실질적으로 예수님을 전하는 것이다. 필자에게 제일 어려운 대상자는 천주교인들이다. 자기네는 큰 집이고 기독교는 작은 집이며, 자기네는 큰 나무이고 기독교는 곁가지라고 말한다. 마리아가 하나님이 제일 싫어하는 우상이라 해도 그들의 대답은 한결같이 예수는 요한에게 "어머니를 모시라고 하지 않았느냐"고 한다. 어처구니가 없다. 예수님은 마리아를 요한에게만 부탁한 것이지 다른 제자 누구에게도 부탁하신 적이 없다. 세리 마태가 그래도 부자였을 텐데 마태에게도 모친을 맡기시지 않으셨다. 그런데 오늘날 왜 천주교인들은 마리아를 섬기고 거기에다 대고 경배하고 더 나아가 마리아의 이름으로 기도하고 있는지, 그 모습은 통탄할 일이 아닐 수가 없다.

증인이 되기 위해서는 반드시 성령을 받아야 한다는 점이다. 성령 받지 못하면 증인의 사명을 절대로 감당할 수가 없다. 우리의 입에서 나오는 말도 성령이 주시는 말씀이어야 상대방이 감동을 받고 교회에 나가게 되는 것이다.

결국 증인의 삶은 성령의 사명이다. 예수님은 복음 전할 때에 "마땅히 할 말을 성령이 곧 그 때에 너희에게 가르치시리라"(눅12:12) 고 말씀하였다. 성령을 받지 못했으면 성령이 할 말을 주시지 않는다는 말이다. 그러니 성령 받지 않으면 어찌 증인이 될 수 있으리요. 절대로 불가능한 일임을 알고 이제라도 모든 평신도들은 기도하여 반드시 성령을 받으리라 믿는다.

3. 오직 성령의 충만을 받으라(엡5:15-20)

필자에게 엡5:18절은 가슴이 저려오는 말씀이다.

"술 취하지 말라 이는 방탕한 것이니 오직 성령의 충만을 받으라"(엡5:18)

'오늘날 그리스도인들은 어떻게 살아야 하나' 라고 묻는다면 지혜 있는 자 같이 살아야 한다. 어리석게 살아가는 것은 세월을 버리는 것이고(허송세월), 지혜 있는 자 같이 산다는 것은 세월을 아끼는 것이다. "아낀다"는 말은 원어로 ἐξαγοράζω(엑스아고라조)인데, "시간을 건져낸다. 자신을 위하여 확보한다"의 의미이다.

지혜 있는 자는 세월을 아끼고 시간을 함부로 보내지 않고 주의 뜻이 무엇인가 이해하는 사람이다. 주의 뜻을 이해하는 사람은 어떻게 살아야 하는지를 아는데 그것은 오직 성령의 충만을 받고 성령의 인도하심을 따라 하나님의 사역을 감당하는 사람이다. "당신은 지금 그렇게 살고 있느냐!"라고 다시 한번 묻고 싶다.

"오직 성령의 충만을 받으라"는 말씀을 깊이 되새겨 보고자 한다. 이 말씀을 보면 신앙생활과 영적 사역을 위하여 우리는 성령 충만 받지 않고서는 결코 승리할 수 없고 하나님을 기쁘시게 할 수도 없다. 얼마나 신앙생활을 했느냐가 중요하지 않으며 사역을 또한 얼마나 했느냐가 중요하지 않다는 증언이고 명령이다. 정말 "성령을 받으라"는 예수의 명령에 순종하여 성령과 능력을 받아야 참 신앙인이고 그러면 증인의 사역자가 저절로 된다. 필자는 이 말씀을 선포하고 부흥회를 인도할 때에 많은 성도들이 성령체험, 성령충만, 성령의 능력을 받을 뿐만 아니라 사역자들도 성령을 받는 모습을 수없이 볼 수 있었다.

"오직 성령의 충만을 받으라"(ἀλλὰ πληροῦσδε ἐν πνεύματι, 알라 프레로우스데 엔 프뉴마티) 원어의 문법상 깊이 알아보자.

1) "오직"의 의미는 무엇입니까?

"오직"이란 말은 원어의 뜻을 보면 "이 길밖에 없다, 일방통행, 다른 길은 없다"는 뜻이다. 그럼 뭐가 이 길밖에 없다는 말인가 하는 생각이 든다. 그것은 "성령의 충만을 받으라"는 말이다. 성령충만 받지 않고서는 신앙생활도 할 수 없고 더욱 사역한다는 것은 있을 수도 없는 일이란 말이 된다. 교회 개척이나 교회성장을 할 수도 없고 해서는 안 된다는 말이기도 하다. 우리 개혁 개정판에는 "오직"($ἀλλὰ$, 알라)이라는 말이 어떤 때는 "다만"이라고 표현되기도 했다. "다만"의 뜻은 다른 것으로는 말고 우리 마음에 성령으로만 채우라는 말씀이다. 다른 길이 있다면 "하나님께서 이성으로 채워라, 지식으로 채워라"라고 말씀하셨을 것이다.

구약에는 여호와 하나님 아버지가 이끄시는 시대였다. 여호수아는 오직 나와 내 집은 여호와만 섬기겠노라고 고백하고 있을 때 이스라엘 백성들도 당신과 같이 우리도 우리 하나님 여호와를 버리지 않겠노라고 이구동성으로 결심하고 있다. 여호수아의 고백은 우리 가문을 영적 축복과 육적 축복을 위해서도 여호와를 섬기는 길밖에 다른 길이 없다는 고백이다. 그러나 이스라엘 백성의 고백은 순간적인 고백이지만 여호수아는 진정으로 나온 고백이었다.

2) 이 말씀은 문법상 명령문이다.

성령은 받아도 되고 안 받아도 된다는 이야기가 아니다. 성령은 필히 받지 않으면 우리는 대부분 사단의 밥이 되고 만다. 그래서 하나님께서는 "그 순종하는 자들에게 성령을 주셨다"(행5:32) 고 말씀하고 있다.

구약에서 기막힌 일은 이스라엘 백성을 애굽에서 10가지 재앙으로 이끌어내어 광야 40년의 세월을 오직 여호와만 바라보고 살아가라고 했지만, 60만 명이 여호와를 바라보지 않고 살다가 결국 광야에서 모두 죽고 말았다. 그들은 가나안 땅을 보지도 못하고 죽었다. 결국 여호수아와 갈렙만 가나안 땅에 들어간 것은 여호와의 명령에 "예!"라고 대답하며 살았기 때문이다.

하나님께서 모세에게조차 가나안 땅을 눈으로는 볼 수 있지만, 그리로 들어가지는 못하리라 말씀하셨고 아론도 마찬가지였다. 왜일까? 그 이유는 하나님의 명령에 순종하지 않았기 때문이다. 므리바 물가에서 "손에 지팡이를 들고 반석에게 명령하여 물을 내라 네가 그 반석이 물을 내게 하여 회중과 그들의 짐승에게 마시게 하라"하셨는데 모세는 그때 계속해서 불평불만 하는 자기 백성들 때문에 화가 머리끝까지 치밀어 있을 때였다. 그래서 지팡이를 가지고 바위를 두 번 내리쳤다.

모세는 하나님의 의로움을 나타내 보이지 못했다. 그 이유로 그렇게 가고 싶어 하던 가나안땅을 놓친 것은 너무너무 안타까운 일이었다. 모세는 아담과 이브가 하나님께 불순종하여 마치 하나님이 되는 것처럼 미혹을 받아 선악과를 따먹고 타락하여 에덴동산에서 쫓겨난 것을 너무나도 잘 알고 있었던 사람인데 이렇게 큰 실수를 범할 것이라고는 그 누구도 알지 못했을 것이다.(신1:37) 그는 결국 비스가산 꼭대기에서 가나안 땅을 바라보고 하나님 앞으로 갔다.(신3:27, 신34:5-6)

사울 왕도 아말렉을 모두 진멸하라는 하나님의 명령을 어기고 짐승들을 뒤로 빼돌린 후 진멸하여서, 사무엘에게 하나님의 명령을 어긴 것에 대해 질타당했고, 하나님께서 주신 왕조는 버림받고 결국 다윗의 왕조가 들어서게 된다.

이스라엘 백성도 가나안 땅에 들어가 절대로 가나안 신들을 믿지 말고 유일한 하나님이신 여호와만 섬기라 했지만, 결국 이스라엘은 하나님을 버리고 우상들을 숭배했으며 더 나아가 하나님이 보낸 선지자들의 말을 듣지 않고 오히려 옥에 가두고 때리고 늪 속에 넣기도 하고 물 없는 우물 속에 넣기도 하였다. 그 결과 그들은 바벨론 포로가 되었다. 하다못해 안식년을 거룩히 지키라 하였더니 가나안 땅에 들어와 전혀 지키지 않았다. 그 기간이 490년이었다. 그래서 바벨론 70년의 포로 생활을 하게 되었던 것이다. 구약에서는 하나님의 말씀을 순종하지 않으면 하나님은 반드시 갚아주시고 그 대가를 지불하시는 분이시다.

신약 4복음 시대는 예수님의 시대이다. 예수님께서 "회개하라 천국이 가까이 왔다"라고 선포하셨고 이때는 누구든지 예수님을 믿으면 구원을 받을 때다. 정말 회개한 자들은 얼마나 될까? 나중에 감람산에서 승천하실 때 500여 명이 모였다. 예루살렘을 절대로 떠나지 말라고 신신당부하셨지만, 다락방에 모인 인원은 120명뿐이었다. 결국 순종한 자들만이 구원받고 교회 일꾼이 되었다.

성령의 시대는 사도행전에서부터 시작된다. 구약에 "여호와 하나님을 섬기라"는 말씀도, 신약에 "주 예수를 믿으라"는 말씀도, "성령 받으라"는 말씀도 똑같이 명령문이다. 이 3가지는 사실 성령만 받으면 저절로 예수를 믿게 되고 저절로 하나님을 섬기게 된다. 이렇게 쉬운 것을 말씀해 주시는데 왜 성령을 달라고 하나님께 매달리지 않는지 모르겠다. 다른 길은 없다. 이 세상에서 제일 중요한 것은 예수 믿는 일이요 예수 믿는 자들에게 제일 좋은 한 길은 성령 받는 일임을 왜 인식하지 못할까? 사역자가 성령 받으면 교회는 급성장하게 될 수밖에 없다. 평신도들이 성령 받아도 교회는 사역자 못지않게 부흥시키고 성장시킬 수가 있다.

3) 이 말씀은 문법상 현재진행형으로 되어있다. (영어의 ing)
이 말씀은 사도행전 1장에서부터 이 지구상에 끝까지, 더 나아가 이 지구에 종말이 내일이라면 그 내일까지도 성령을 구해서 받으면 된다. 사실 계시록을 빼놓고는 첫 교회 예루살렘교회가 세워지고 모든 교회가 다 성령으로 충만해져 있어야 정상이다. 그런데 성령의 자리에, 오늘날에는 배운 지식이 차지하고, 중세기에는 권력이 차지하고, 돈이 차지하고, 또 큰 교회라고 하는 명예가 차지하고, 아버지가 세워놓으신 교회를 성령 받지 못한 이들이 망가뜨리고, 성령 받은 사역자들이 부흥시켜 놓으면 성령 없는 사역자들이 교회를 무너뜨리고 문을 닫게 만들고, 내 교회, 네 교회 하면서 자리다툼 하는 교회들도 이 지구상에는 가득하고 우리 한국교회는 더 극심한 상태이다. 사실 끔찍한 일이 아닐 수 없다.

한 교회에서 세파가 나뉘어 예배를 드리면서 헌금을 세파로 거두기도 한다. 담임목사는 나가라, 부목사가 나가라 싸우는 교회가 심히 많고 이 전쟁은 교회가 세상에 존재하는 이상 끝을 낼 생각을 안 한다. 그리고 세상 법정에다 호소하고 거기에서 해결하려고 한다. 예수님이 이런 모습을 보시고 한국교회를 뭐라고 하실까?

교회에서 많은 헌금을 가지고 권력다툼 하기가 일쑤이고 선교한다고 세계에 놀아다니면서 여행을 나니는 사역자들도 많고 복부인이 된 사역자들도 많이 있다. 이런 모습들은 모두 성령을 소멸했기 때문이라고 진단할 수 있다.(살전5:19) 성령을 받았다 할지라도 말씀과 씨름하지 아니하고 기도 생활을 게을리한다면, 성령은 소멸될 것이고, 성령이 소멸되고 나면 오히려 교회 안에서 권력을 휘두르면서 하나님의 일을 자신의 안위만을 위해 하게 될 것이다. 결국 예수님을 위해 살지 않고 자신을 위해 일하고 자신의 영광을 위해 살고있는 것은 아닌지 진단해 보아야 한다.

기도와 성령은 뗄레야 뗄 수 없는 불가분리의 관계이다. 우리는 성령받고 난 후에 계속 기도해서 충만 받고 또 계속 기도해서 능력을 받아 하나님의 큰일을 할 수 있는 사역자들이 되기를 소망한다. 필자는 신학교 3학년 때를 시작으로 전국에 다니며 부흥회를 인도했고, 3학년 2학기부터는 해외 부흥회를 인도하여 35년 동안 일 년에 두 달(5월,10월)을 미국, 캐나다, 호주, 뉴질랜드에서 성회를 인도해 왔다. 이것은 "성령의 능력의 역사였다"고 볼 수 있다.

4) 이 말씀은 문법상 복수형이다.

　오직 성령의 충만을 받으라는 명령은 꼭 사역자나 선교사나 특별한 사람에게만 해당되는 것이 아니라는 것이다. 예수 믿는 사람은 어느 누구 나를 빼놓지 않고 다 성령을 받아야 한다는 것이다.

　필자는 하나님을 만나고 얼마 안 되어 인천에 있는 마가의 다락방으로 짐보따리를 싸서 올라갔다. 접수를 마치고 기도원 전체를 둘러보는 가운데 깜짝 놀랄만한 장면을 보게 되었다. 5세 정도의 여자아이들 두 명이 잔디 풀밭에 무릎을 꿇고 방언으로 기도하는 데 서로 주고받는 방언 기도였다. 그 아이들을 보려고 많은 어른들이 모여들었다. 방언 기도로 서로 주고받고 한국말을 하는 것 같이 얌전하게 방언을 하는데 굉장히 수준급의 방언이었다. 아이들의 엄마 말에 의하면 이 아이들이 방언으로 예언도 한다고 한다. 필자의 방언도 수준급이라고 생각했는데 아무래도 더 많이 기도해야겠다고 결심하게 되었다. 저녁 집회만 끝나면 뒷산으로 올라가 몇 시간을 기도하곤 하였다. 그때 받은 은혜는 잊지 못한다. 오늘날 사역자들이 5살짜리 어린이, 그러니까 유치원생 정도의 아이만도 못하다고 하면 어찌 될까? 나 자신부터 생각해 보니 끔찍한 일이 아닐 수가 없었다.

　사역자들보다 더 성령 충만한 평신도들이 무수히 많다. 기도원에 가보면 평신도 100명이면 사역자는 2~3명 정도밖에 없다. 그러면서 기도원에 올라갈 시간이 없다고 한다. 얘기를 들어보면 무슨 직책이 그렇게 많은지 그런 것 좇아다니기 바빠서 시간이 없는 것이다.

　사역자는 그저 목사면 되지 않을까도 생각해 보게 된다. 만일 "성령은 받지 않아도 돼!"라고 생각하는 사역자라면, 참 불쌍한 사람이다. 그렇다면 그 교인들은 어떻게 될까? 성령 받은 교인들은 있을까? 질문해 보지 않을 수 없다. 만일 사역자가 성령과는 관계도 없고 그저 신학교에서 배운 지적인 것으로 사역한다면 그 교인들은 안타깝고 불쌍하기 그지없다. 목자 하나 잘못 만나면 양 떼들은 야위고 병들고 죽어갈 수밖에 없는데, 그저 목자는 사례금 더 올려달라고 데모하고 있는 것은 아닌지. 예수님은 그런 목자를 삯꾼 목자라 칭하셨다. 선한 목자가 우리의 표상이지 않을까?

선한 목자는 교회 간판을 멋있게 걸었다고 해서 되는 것은 아니다. 사역자의 이름을 선목 (착할 선善, 칠 목牧)이라고 해서 선한 목자가 되는 것도 아니다. 선한 목자는 양을 알고 자기 양의 이름을 부르며 목자가 앞서 가면서 따라오게 하고 양들이 목자의 음성을 들으며 목자가 문을 열면 들어가는 양, 또 문을 열면 나오는 양이 될 때 선한 목자라 할 수 있다.

이것은 사역의 문제지만 선한 목자는 반드시 성령 받고 충만하고 능력까지 갖춘 버릴 것이 없는 목사이나. 삯꾼 목자는 성령 받지 못히고 이성과 지식으로 목회하고 자신의 이익을 위해서 사는 목자를 일컫는 말이다. 사역 면에서는 양들이 듣지 않으며 양도 자기 양이 아니며 실제로 목자도 아니며 이리나 늑대가 오면 양을 버리고 도망가며 양을 돌보지 않고 실제로 강도요 절도며 오직 삯만을 위해 일하는 목자를 말한다.

한국교회가 부흥되었다고는 하나 코로나19 문제에 부딪히자 그냥 세속에 빠져들고 예배를 제대로 드리지 못하게 되어버린 현실이 너무나 안타깝다. 우리는 정부를 향해 "반드시 예배를 드려야 한다"고 주장해야 한다. 이것은 하나님이 주신 명령이라고 말해 본 적이 없다. 점점 성령을 소멸해 가는 한국교회의 현상을 놓고 필자는 매일 기도한다.

한국교회여! 다시 일어나 빛을 발해보자. 복수형은 사실 사역자나 평신도나 모두 똑같이 다 성령 받고 충만하고 더 기도하여 성령의 능력까지 받아야 한다는 뜻이다.

5) 이 말씀은 문법상 수동태이다.

오직 성령의 충만을 받으라! 수동태는 타에 의해 이루어지는 것이고 능동태는 나에 의해서 이루어지는 것을 말한다. 신앙생활은 그 자체가 수동태이다. 신앙생활은 절대로 능동태가 될 수가 없다. 만일 능동태가 된다면 성경은 불아궁이에 던져져야 할 것이다.

노아가 누구의 힘으로 일했으며, 모세가 누구의 힘으로 이스라엘을 끌어내 인도하였으며, 여호수아는 누구의 힘으로 가나안 정복에 들어갔으며, 다윗은 누구의 힘으로 강대국을 만들었으며, 히스기야 왕은 누구의 힘으로 앗수르 군대 185,000명을 군인 한 명의 수고도 없이 떼죽음을 만들었으며, 요나는 누구의 힘으로 큰 물고기 뱃속에서 3일 만에 나올 수 있었으며, 사도 요한은 펄펄 끓는 기름 가마솥에 집어넣었는데도 머리카락 하나 상하지 않고 누구의 힘으로 나왔으며, 저 밧모섬(유배지)에서 누구의 능력으로 요한계시록을 기록할 수 있었느냐 말이다.

그 자신들이 다했다고 말할 수 있을까? 혹시 자신과 맞추려고 '내가 다 한 일이지'라고 얘기한들 그 누가 듣겠는가? 우리의 신앙생활은 우리 땅에 오신 성령께서 하게 하신 것이지 우리 힘으로 하는 것은 절대 아니다. 에든버러 대학의 심프슨 경은 마취제를 발명하고 의학계에 큰 바람을 일으켰다. 제자들이 교수에게 "최대의 발견은 무엇이냐"고 물었을 때, 교수는 "나의 최대의 발견은 내가 죄인임을 깨닫고 예수그리스도를 믿게 하신 것이다"라고 증거했다. 오직 사역자들은 기도해서 성령 충만과 능력으로 무장하고 양 떼들을 돌보며 교회를 성장시켜야 하지 않을까?

반면에 평신도들도 반드시 내 힘과 내 경험으로 신앙생활 한다면, 그 신앙은 남는 것이 없다. 다 물거품이 되고 만다. 하나님 앞에 설 때 어쩌면 "너는 내 나라에 들어올 자격이 없다!"라고 한다면, 바깥 어두움에 나가 이를 갊이 있을 뿐일 것이다. 이 문제는 생애에 있어서 참으로 심각한 문제인데, 별 걱정 없이 교회를 취미 삼아 드나드는 이들이 의외로 많다는 것이다. 반드시 성령의 능력으로 신앙 생활하여 하늘의 복을 꼭 받아 누리는 삶이 되어야 한다. 그리고 점점 하곡선을 긋고 있는 교회 성장에 큰 디딤돌이 되어야 하지 않을까!

제12장
직분을 통한 교회부흥방법론

평신도들에게 주어지는 직임은 교회마다 다양하다. 그러나 평범한 직임을 기준으로 펼쳐 보고자 한다. 구약에서는 "직임"이라는 말을 사용하고 있다. 직임은 히브리 원어로 (아보다-민7:5)인데, "직무, 직분, 봉사"를 뜻한다. 아론의 후손은 대제사장과 제사장이었고, 레위 지파의 고핫 자손, 므라리 자손, 게르손 자손은 제사장을 돕는 직임을 주셨다. 레위 사람들에게는 다 하나님께서 직임을 주셨다. 고핫 자손에겐 성소와 지성소에 관계되는 기구 운반의 직임을 맡기셨고, 게르손 자손에게는 회막 몸체의 덮개 그리고 뜰의 휘장을 운반하는 직임(소 4마리가 수레들을 이용하여 운반)을 맡기셨고, 므라리 자손에게는 성막의 널판과 그 띠와 그 기둥과 그 받침과 그 모든 기구와 그것에 쓰는 모든 것이며, 문 사방 기둥과 그 받침과 그 말뚝과 그 물품들을 운반하는 직임을 맡기셨다.

신약에 와서는 직분이라는 말이 단 한 번 나온다. 직임은 직분과 같은 말이다.
"은사는 여러 가지나 성령은 같고, 직분은 여러 가지나 주는 같으며 역사는 여러 가지나 모든 것을 모든 사람 가운데서 역사하시는 하나님은 같으니"(고전12:4-6)
여기에 직분이라는 단어가 신약에서는 단 한 번 등장한다. 원어로 보면 διακονια(디아코니아)인데, "음식을 차려주다, 접대하다, 시중든다, 접대, 봉사, 직무"를 뜻한다. 교회에 있는 직분은 모두 성직이다. 사역자뿐만 아니라 모든 평신도가 직분을 받았다면 그것은 하나님이 주신 직분이다. 절대로 직분을 소홀히 여기면 안 된다. 소홀히 여긴다면 하나님을 소홀히 여기는 편이 되기 때문이다. "맡은 자의 구할 것은 충성이다"(고전4:2) 무슨 직분을 맡았으면 우리는 하나님께 충성할 수 있도록 구해야 한다. 이렇게 하면 충성할 수 있는 기회와 힘을 주신다. 지혜가 모자라면 "솔로몬처럼 지혜를 주세요"라고 말이다. 구하지 않으면 직분을 제멋대로 가지고 휘두른다. 기분 상하면 혹은 마음에 안 들면 때로는 집어 던지기도 한다.

　* 필자는 교회 부흥과 성장에 제일 큰 영향력을 미치는 3가지 직분만 다루고자 한다.

1. 교사의 직분(직임)

　교사는 원어로 διδάσκαλος(디다스칼로스)인데, "가르치는 자, 교훈하는 자, 본을 보이는 자"를 뜻한다. 바울은 고린도전서에 "하나님은 교회 중의 몇을 세우셨으니, 첫째는 사도요 둘째는 선지자요 셋째는 교사요 그다음은 능력이라 그다음은 병 고치는 은사요 서로 돕는 것과 다스리는 것과 각종 방언을 말하는 것이라"(고전12:28), 사도행전에는 "선지자들과 교사들이 있으니"(행13:1), 에베소서에는 "목사와 교사를 삼으셨으니"(엡4:11), 디모데후서에는 "내가 이 복음을 위하여 선지자와 사도와 교사로 세우심을 입었노라"(딤후1:11)라고 전한다.

　필자는 17세 때에 1월에 교회에 발을 들여놓은 것이 부흥회를 여는 첫날 월요일 저녁이었다. 그 전에 교회를 가 본 적이 전혀 없었다. 부흥회

6일(월∽토) 동안 참석하며 토요일 새벽기도 후에 홀로 앉아 부르짖다가 성령의 큰 체험을 하게 되었다. 그 후로 일 년 동안 누군가에 이끌리듯이 교회에 참석하여 은혜를 받았다. 18세 되는 1월에 당회에서 속장(지역장)과 교사로 직분을 받았다. 속장이나 교사를 해본 적이 없는데 작은 시골교회이기에 일꾼이 없어서 직분이 주어진 것이었다.

1) 교사에게 가장 요구되는 것은 기도이다.

한 번도 교사 직분을 가져본 적도 없었고 할 수 있는 것이 아무것도 없었다. 그래서 더욱 하나님께 매달리게 된 것이었다. 모든 일은 기도만큼만 이루어지고 기도한 만큼만 얻어진다는 것은 성경의 진리이자 핵심이다.

그때부터 새벽기도는 물론 저녁 시간에 성전에 나아가 하나님께 부르짖었다. 그리고 예수님처럼 3년에 괄목할 만한 성취를 꼭 이루어 달라고 끊임없이 밤마다 새벽마다 하나님께 부르짖었다. 하나님께서 맡겨주신 직분을 잘 감당하게 해달라고, 부흥케 해달라고 매달렸다.

교사의 직분은 초등 6학년이 2명이었다. 그리고 중등부 서너 명 정도였다. 그러니까 교사 직분이 두 가지였다. 초등 6학년은 주일 오전에, 중등부는 토요일 저녁에 모이기에, 겹치지는 않아서 시간만 내면 되는 일이었다. 그런데 하나님께서 정말 감당할 수 있는 능력도 주셨고 가르칠 수 있는 지혜와 믿음도 주셨다. 누군가를 가르치기 전에 제일 먼저 해야 할 일은 기도밖에 없었다. 지난 1년 동안 성경을 읽으면서 얻어낸 결과물이었다.

1966년 1월에 교회에 나가 1967년 1월에 교사 직분을 받고, 1967년도 12월에 결산해 보니, 초등 6학년이 50명이 되었고 중등부는 70명대에 이르게 되었다. 1968년도에 지방회에서 연회(노회)에서, 총회에서, 감리교단에서 최고의 모범교사상을 받게 되었다(정동제일교회에서). 가만히 보니 많은 사역자들이 다 놀라는 눈치였다. 이 일은 여기서 끝나지 않고 그 후에 서울 도봉 감리교회에서도 거의 같은 수준의 부흥이 일어났었다.

  1975년 6월 30일에 신학대학 1학년 1학기를 마치고 인천 부평 백마성결교회(산곡동)에 교육전도사로 임명이 되었다. 임명 당시 초등학생은 총 20명이었다. 7월 초부터 교사직(교육전도사)을 받아 곧바로 여름성경학교를 준비하였다. 준비가 너무 안 되어서 7월 28일(월)~8월 1일(금)까지 개최하기로 하고 나름대로 준비하고 기도하였다. 교사는 필자를 비롯하여 10여 명의 교사들이 있었다. 한 주간동안 필자가 교사 훈련을 시키고, 한 주간은 여름성경학교 준비하고, 한 주간은 농촌에서 김맬 때 깃대에 농자천하지대본(農者天下之大本)이란 깃발을 달고 꽹과리, 징, 북, 장구를 치며 상마를 돌리는 모습을 떠올리면서 대나무 7~8m가 되는 나무를 구해서 깃발에다 여름성경학교를 연다는 일시와 장소를 알리고 교사들이 모두 각설이 복장을 하고 얼굴에는 모두 분장하고 악기를 치며 동네를 한 바퀴 돌면서 교회로 어린이들을 이끌었다. 재미있는 모습을 본 어린아이들은 50여 명에서 100여 명이 따라와서 교회로 들여놓고 필자는 교사로서 재미있는 성경 이야기를 동화로 만들고 또 인형을 만들어 인형극을 해주었다. 이렇게 하게된 지혜도 하나님께 기도하다가 영감을 받은 것이었다.

  한 주간을 하루도 빼놓지 않고 돌고, 말씀을 전하고 드디어 7월 27일에 등록을 받기 시작했다. 깜짝 놀랄 일이 생겼다. 어린이들이 너무 많이 와서 감당할 수가 없었다. 교회 공간도 사람이 150명 정도 들어가면, 강단까지도 다 앉아서 앉을 자리가 없었다. 할 수 없이 급히 서울에 가서 큰 천막 2개를 사다가 그 여름에 천막 안에서 여름성경학교를 열게 되었고 등록 어린이 수가 놀랍게도 700여 명에 이르게 되었다. 이 일 뒤에는 많은 기도와 눈물이 있었다. 어떻게 이런 일이 일어났을까? 그 이유는 바로 2) 번에 있었다 고 필자는 말할 수 있다.

2) 교사는 반드시 성령을 받아야 한다.

초대교회의 교사는 믿음이 충만한 사람, 성령이 충만한 사람, 지혜가 충만한 사람, 꼭 많은 사람들에게 칭찬받을 사람들이었다. 교사는 어린 영혼들을 책임지고 있는 일꾼들이기에 반드시 성령 충만하지 않으면 절대로 교사가 될 수 없다. 아니 되어서도 안 된다. 그러나 오늘날 교사들은 어떨까? 믿음이 충만할까? 성령이 충만할까? 지혜가 충만할까? 곰곰이 생각해 볼 여지가 많은 것 같다.

예수님도 사실 한 분의 교사이시다. 그러기에 요단강에서 세례받으시고, 그 자리에서 많은 사람들이 보는 가운데 기도하시다가 "성령세례를 받으셨다."(눅3:21-22) 그리고 더 기도하신 모습은 성경에 나타나 있지는 않지만, 요단강에서 더 기도하심으로 성령충만을 받으셨다. 왜 그렇게 볼 수 있냐면 곧바로 광야에 오셨을 때, 이미 "성령 충만"하셨다(눅4:1)고 누가복음이 증거하였다. 광야에서 40일 금식기도 하시고 사단과의 전쟁에서 승리하시고 최초의 사역을 위해 갈릴리에 오셨을 때 "성령의 능력(권능)"(눅4:4)을 입고 오셨다고 증언하고 있다.

예수님조차도 성령 받지 않으면 사역을 하지 않으셨고, 가르치지도 않으셨다는 사실을 안다면 이 책자를 읽는 교사들은 지금이라도 하나님께 부르짖어 성령을 받고 성령 충만을 거쳐 성령의 능력까지 겸비해야 한다. 그러면 전교조 같은 교사들은 되지 않을 것이다. 그들은 사탄적이요, 술수적이요, 거짓적이요, 사회주의 공산주의적이다. 그들은 더 이상 교사가 아니다. 양의 옷을 입은 이리와 늑대이다. 지금 전교조 교사들이 교회학교에도 침투하여 나쁜 사상을 심어주고 있다. 참으로 한국교회는 기가 막힐 일이 아닐 수가 없다.

교사는 반드시 성령 받지 않으면 절대로 교사 직분을 감당할 수 없다는 것을 인식하지 않으면 안 된다. 성령 받지 못하면 교회 안에서 아무 직분도 맡아서는 안 되고 주어도 안 된다.

바울은 다시 "성령으로 아니 하고는 누구든지 예수를 주시라 할 수 없다"(고전12:3)라고 말하고 있다. 그리고 바울은 "믿음으로 하지 않는 것은 모두 죄다"(롬14:23)라고 선포하고 있다. 그런데 믿음도 성령의 역사가 없으면 아무것도 아니다. 성령이 임해야 예수가 그리스도라는 사실을 알게 되고 그래서 그리스도를 나의 구주라고 고백하므로 구원을 얻게 된다. 이 일은 성령의 감동이거나 감화이다. 이렇다고 성령을 받은 것은 아니다. 성령은 하나님께 간절히 구함으로 얻게 된다. 초대교회 120 문도들은 10일 동안 큰 다락방에서 전혀 기도에 힘쓰므로 하나님의 성령을 받게 되었다. 그들은 끊임없이 기도했다는 기록을 사도행전에 낱낱이 기록해 두었다.(행1:14, 2:42, 3:1, 4:31)

바울은 고린도 교회에 일반적 신령과 특수적 신령에 대해 말하고 있다.(고전12:1-11)
① 일반적 신령은 우상을 버리는 것이고 ② 예수 십자가 사건은 나를 위한 사건이며 ③ 예수가 나의 주가 되심을 고백하는 것이다. 이 신령도 성령의 감동이다. 특수적 신령은 ① 성령 받고, ② 은사를 받고 ③ 직분을 주로부터 받으며 하나님의 사역을 이루는 것이라는 말씀이 선포되고 있다. 대부분 평신도는 일반적 신령에 머물다 가는 것인 줄 알고 산다. 절대로 그 길만으로 만족한다면 그것은 대단히 불행한 일이 아닐 수 없다. 특수적 신령이 있어야 하나님의 일꾼이 되고 하나님의 역사를 일구어낸다. 특수적 성령이 없이 수십 년을 예수 믿어도, 결코 하나님의 역사는 일어날 수 없다.

결국 자신은 구원받지만, 하늘의 상은 받지 못한다. 그러기에 반드시 교사는 예수님처럼 성령 받고 충만 받고 성령의 능력까지 받아야만 교사 직을 감당할 수가 있다. 성령 받지 못하면 내가 구원받은 것도 머리로만 알지 마음으로 깨닫고 느끼지 못한다. 머리 신앙은 가짜일 수도 있다. 구원받았다고 살아왔는데 하나님 나라에 들어가지 못하는 일도 생길 수 있다. 성령이 오셔야 마음으로 깨닫게 되고 그때부터 구원하심을 깨닫는 순간에 콧물, 눈물, 입물 삼 형제가 쏟아져 나온다. 그리고 자신을 기꺼이 포기하고 예수님의 말씀을 붙들고 살아간다.

  필자가 가르칠 때는 공과도 변변치 않았다. 사실 교회가 공과를 살 돈도 별로 없었다. 필자는 성경을 읽다가 감동되는 말씀을 가지고 말씀을 전했다. 그런데 아이들은 변하기 시작했다. 후에 알게 된 일이지만, 하나님의 말씀을 전하는 일은 "특권 중의 특권"이 아닐 수가 없다.

  하나님의 말씀은 λόγος(로고스)와 ῥῆμα(레마)의 말씀으로 나뉜다. 교사와 목사는 로고스의 말씀이 아니라 레마의 말씀을 가지고 전해야 한다. 로고스가 기록된 말씀이라면 레마는 하나님이 직접 주시는 말씀이다. 로고스의 말씀을 가지고 가르치면 절대로 사람은 변하지 않는다. 그러나 레마의 말씀으로 가르치면 아이들이 변하게 된다.

  구약의 선지자들은 모두 레마의 말씀을 선포했다. 신약의 사도들이나 집사들이나 모두 레마의 말씀을 선포했다. 지금은 로고스의 말씀을 가지고 설교하거나 가르치면 절대로 심령의 부흥과 양적인 부흥이 일어나지 않는다. 그러나 비록 배운 것이 없어도 레마의 말씀을 가지고 가르치면 심령의 부흥과 양적 부흥이 동시에 일어난다. 레마 말씀은 기도하다가 하나님이 직접 주시기도 하시고 말씀을 읽다가, 묵상하다가 하나님이 직접 주시는 말씀이기에 역사하신다.

  오히려 필자는 공과도 없었기에, 기도해서 얻어진 말씀으로 가르치기를 시작했다. 그런데 성령 받지 못한 교사에게는 레마의 말씀이 주어지지 않는다는 것이다. 성경은 모두 성령의 감동으로 된 것이기에 성령 받지 못하면 하나님의 말씀이 주어지지 않는다.

3) 교사는 지혜가 있어야 한다.

  하나님께서는 3가지를 꼭 기도를 통해서 얻게 된다고 기록해 놓으셨다. 그 하나는 믿음이고(막9:24,29), 다른 하나는 지혜이며(약1:5-8), 마지막으로 성령이다.(눅11:13)

　교사에게 더욱 중요한 요소는 바로 지혜이다. 지혜는 세상의 지혜를 말함이 아니다. 잠언서는 지혜서이다. 특별히 잠3:13-26 말씀을 마음에 새기면 교사 직분에 큰 도움이 된다.

"여호와를 경외하는 것이 지혜의 근본이요. 거룩한 자를 아는 것이 명철이니라"(잠9:10)
"네가 만일 지혜로우면 그 지혜가 네게 유익한 것이나, 네가 만일 거만하면 너 홀로 해를 당하리라"(잠1:12)

　지혜가 있으면 주님의 사랑을 입게 되는데 지혜가 주님을 간절히 찾게 할 뿐만 아니라 주님을 만나게도 하고 부귀와 장구한 재물과 공의로 곳간을 채우게 된다는 사실이다. 세상을 살아가면서도 지혜가 필요하지만, 하나님의 직분을 감당함에 있어서는 더더욱 필요하다. 지혜가 있느냐, 없느냐에 따라서 인생의 성공과 실패가 정해지듯이 하나님의 사역도 지혜로 말미암아 성공과 실패가 좌우된다.
　지혜는 헬라어 원어로 σοφία(소피아)인데, "능력, 분별, 개발"이라는 뜻이다. 솔로몬은 하나님께 지혜를 달라고 기도했다. 그랬더니 하나님의 마음에 맞았기에 지혜와 더불어 부귀와 영화도 겸하여 주셨다. 그의 아버지 다윗은 수없이 많은 전쟁을 치렀고, 많은 피를 흘렸다. 그런데 지혜의 왕 솔로몬은 전쟁하지 않고도 주변 국가로부터 조공을 받아냈다. 감히 주변 국가들이 전쟁하려고 덤벼들지 못하였다. 이것이 지혜의 능력이다. 그뿐만 아니라, 무엇이든 개발을 할 수 있고, 무엇이든 분별할 수 있다. 중요한 것은 교사는 이것이 하나님의 뜻인지 아니면 사단의 일인지 분별해야 하는 일도 지혜의 몫이다. 지혜가 있으면 어떻게 하면 교회학교가 부흥되는지를 알고 행하므로 부흥의 역사를 일으키는 것이다.

4) 필자의 경험을 토대로(교사 직분)

교사라는 직분을 처음 맡고 난 후, 필자에게는 큰 두려움이 생겼다. 가르쳐 본 적도 없고 이제 교회 나온지 1년밖에 안 되는 초신자가 초등부(6학년)와 중등부 교사를 맡았으니 어찌 불안하지 않을까? 그런데 이 두려움을 헤쳐 나갈 수 있었던 것은 두 가지 기도와 하나님의 능력이었다.

부흥회에 처음으로 참석하여 6일 동안을 하나님께 매달려 꼭 하나님을 만나야겠다는 결심으로 결국 토요일에는 10시간을 눈물, 콧물, 입물 삼 형제를 쏟아내면서 기도할 때 하나님께서는 많은 은사와 능력을 주셨다. 그중에 성경 말씀을 읽으면 암송이 되고 뿐만 아니라 큰 깨달음이 왔고 읽는 대로 해석이 되어졌다. 그래서 말씀에 은혜가 된 부분을 가지고 가르쳤다. 그런데 놀라운 것은 아이들이 변화를 받는다는 것이었다.

하나는 기도였다. 필자는 기도하는 길밖에 없다고 생각했다. 그래서 새벽기도회는 물론 저녁을 먹고 나면 30분을 걸어서 교회로 가서 밤 11시 혹은 12시까지 하나님께 부르짖었다. 어떤 날은 교회에서 자고 새벽예배를 드리고서 집으로 오곤 하였다. 설교는 필자가 은혜받은 말씀을 가지고 함께 나누었다. 그러는 가운데 아이들에게 기도를 가르치고, 학교에 다녀오면 반드시 교회에 들러서 기도하고, 저녁을 먹고 교회로 나와 함께 기도하자고 요청하였다. 처음에는 몇 명 정도이었지만 그 숫자는 점점 늘어났다.

초등 6학년과 중등부가 같이 저녁에 둘러앉아 손을 잡고 한 두 시간을 기도하였다. 제일 먼저 "하나님 저희에게 성령을 부어주세요"라는 기도의 제목을 가지고 대부분 기도하였다. 질병이 있는 학생들을 위해서 함께 기도하니, 하나님께서 우리의 기도를 들어주셔서 많은 질병을 치유받으므로 아이들이 친구들을 계속해서 데려오곤 하였다. 전도하라고 말하지 않았는데도 학생들이 스스로 전도하는 것은 성령의 역사였다. 거의 90% 정도가 다 방언을 받았다. 또 다른 은사를 받은 아이들도 많았다. 기도의 불이 붙으니, 변화가 일어나고 학교 성적도 좋아졌다.

초등 6년과 중등부 학생 가운데서 7명의 목사가 나왔고, 그중에는 미국 샌프란시스코에서 목회하는 제자도 있다. 한 제자는 연대 경제학과를 나와서 LG 회사 과장으로 있으면서, 인천 신기촌의 장로교회에서 청년회를 맡아 교사로 재직하고 있었는데 청년회가 엄청나게 부흥하자 은퇴를 앞둔 담임목사가 청년회 교사에게 목회를 넘기고 은퇴하였고 청년부 교사는 150명 정도 모이는 교회 목회를 하면서 신학대학에 들어가 공부하고 지금은 그 교회 담임목사가 되었다. 역시 성령 받은 제자이기에 필자의 방법을 따라 목회하므로 지금은 큰 교회를 담당하고 있기도 하다.

중요한 것은 학생들에게 기도의 불이 붙게 하고 하나님의 성령을 받기만 하면, 교사는 더할 것이 없다고 생각한다. 이렇게 되면 학생들 스스로가 공부도 더 열심히 하고, 전도도 열심히 하고, 기도도 더 열심히 하게 된다. 그리고 학생들에게 비전을 심어주는 일도 매우 중요하다. 비전은 성령 받으면 내가 무엇을 해야 하는지도 알게 되고, 내가 어떤 달란트를 가졌는지도 알아서 반드시 세상에서 성공적인 삶을 산다고 가르쳐야 한다.

솔로몬이 세운 성전에 들어갈 때 그리고 나올 때 언제나 우리는 이 두 기둥을 보게 된다. 이 두 기둥의 하나는 "야긴"인데, 그 뜻은 "하나님이 세우신다"라는 말이다. 우리 하나 하나에게 하나님이 세우시는 것이 바로 비전이다. 비전은 인간이 세우는 것이 아니고 부모가 세우는 것도 아니다. 하나님께서 한 인간을 세상에 보내실 때 그냥 아무 계획 없이 보내시는 하나님이 아니시다. 반드시 그 사람만이 가지고 있는 비전을 심어주신다. 그 비전은 하나님 앞에 가지 않으면 찾을 수가 없다. 하나님께 구할 때 하나님께서 성령을 주심으로 깨닫게 되고 그때 나의 비전을 알게 된다. 그렇다고 다 성공적인 삶을 사는 것은 아니다. 그 비전을 향해 달려가는 자만이 성공적인 삶을 살 수 있다는 말이다. 비전이 아무리 커도 가지고만 있으면 아무 소용이 없다. 그것은 돼지 앞에 진주와 같고, 개 앞에 토한 음식과 같을 뿐이다.

또 하나의 기둥은 "보아스(능력)"이다. "보아스"라는 말은 "하나님께서는 능력이 있다"라는 뜻이다. 비전은 하나님께서 이루실 능력이 있는 것이다. 하나님께서 우리의 비전을 이루게 하시는데 사용되는 유일한 단어가 바로 믿음이다.

하나님께서는 우리의 믿음을 달아보신다. 믿음은 우리의 능력이다. "믿는 자에게는 능치 못하심이 없느니라"(막9:23)고 하셨고, "믿는 자들에게 이런 표적이 따르리니"(막16:17-18)라고 말씀하셨다. 믿음은 말씀을 들음에서 얻고 바라보는 데서 능력이 나타난다. 히브리서 기자는 "믿음은 바라는 것들의 실상이요 보이지 않는 것들의 증거"(히 11:1)라고 말씀을 기록했다. 이스라엘 백성들은 성전 앞에 세워진 두 놋 기둥을 성전에 들어올 때 한번, 나갈 때 한번 꼭 바라보게 된다. 그러므로 비전과 믿음을 얻게 되므로 이스라엘은 적은 인구로 세계를 움직이는 나라가 된 것이다.

교사의 일은 단순했다. 공과도 없었지만, 필자가 성경을 읽다가 은혜 받은 말씀을 가지고 함께 나누는 일은 그리 어려운 일이 아니었다. 그런데 하나님께서 필자에게 많은 은사를 주시기도 했지만, 무엇보다 지혜의 은사가 교사의 직분을 감당하는 데 있어서 큰 역할을 한 것이다. 사실 교회에서 지원하는 재정은 별로 없기에, 우선 필자가 날품팔이 한 돈을 가지고 영등포구 문래동에 문구회사가 있는 것을 영등포에서 대방동으로 학교에 다니면서 알게 되어 중등부 몇 명과 함께 문구회사에 가서 공책과 연필을 가져올 수 있을 만큼 공장도 가격으로 사 오게 되었다. 그리고 그것을 얼마간의 이익을 남기고 동네에서 사는 것보다 싸게 팔았다. 그 일을 1년 동안 계속하게 되었고, 그것이 자금이 되어 초등 6학년과 중등부를 이끌어 가는 데에 넉넉함을 가지게 되었다.

밥을 제대로 못 먹는 아이들에게는 빵을 사주기도 하였고, 공책과 연필은 그냥 내주었다. 이 일로 말미암아 교회에 나오는 아이들도 늘게 되었다. 어떤 날은, 하나님의 교회는 하나님이 계시는 곳이기에 깨끗하게 해야 한다고 우리가 함께 공동으로 청소하기도 하고 물걸레질도 했다. 그리고 하나님께서 오늘 수고한 너희들에게 훗날 큰 축복으로 함께 해주시고 반드시 하나님께서 갚아주실 것이라고 칭찬과 축복의 말을 잊지 않았다. 그리고 우리는 꼭 하나님께서 쓰시는 귀한 그릇이 되자고 했다. 현재 고향 교회에서 장로로, 권사로, 집사로 봉사하는 귀한 일꾼들이 된 것을 보면서 지금도 가슴이 뿌듯하다. 그리고 각 지역으로 흩어진 아이들이 교회에 헌신 봉사 충성하고 있다는 소식을 자주 들을 때마다 가슴이 뿌듯함을 느끼고 있다.

2. 속장(구역장)의 직분(직임)

1) 속장(구역장)의 개요

필자는 1966년 1월에 부흥회 첫날부터 토요일 새벽까지 참석하면서 교회에 처음 발을 들여놓았다. 그러나 누구의 신앙 못지않게 그때서부터 주일 오전예배, 새벽예배, 속회, 청년회, 교회 청소할 것 없이 열심히 하였고, 예배 시간을 어기면 큰일이 나는 줄 알고 1년 동안 신앙생활을 하였다. 그리고 성탄절 날 세례를 받았다.

1967년 1월 당회에서 속장 직분을 부여받았다. 속회(구역예배)를 드려 보았지만, 속장은 어른들을 상대로 가르쳐야 하는 일이기에 필자에게는 큰 부담이 아닐 수 없었다. 그러나 어차피 하나님께서 맡겨주신 직분이라면 최선을 다해야겠다고 다짐하였다.

속장이란 무엇일까? 하나의 작은 교회라고 생각했다. "두세 사람이 내 이름으로 모인 곳에는 나도 그들 중에 있다"(마18:21)고 말씀하신 예수님을 보면서 더 힘을 얻게 되었다. 사실 속회예배는 감리교 창시자인 존 웨슬리(John Wesley)에 의해 시작되었다. 실제로 감리교회는 속회를 시작으로 출범한 교단이라 해도 과언이 아니다. 현재는 각 교단이 다 속회 혹은 구역회라는 이름을 붙여 교회가 운영되고 있다. 속회(구역회)는 1729년 11월 John Wesley 형제가 모여 함께 성경을 읽고 그 말씀을 가지고 대화하는 모임인 신성회(Holy Club)를 후에 속회라 불렀다. 속회를 한문의 뜻으로 보면, 어딘가에 속해있다는 뜻인데, 천국에 속해있고 교회에 속해있다는 말이다. 속회는 영어로 Class(클라스)인데 학교에서 반을 가르치는 것과 같이 영적인 Class, 신성한 Class라는 뜻이기도 하다.

감리교인의 조직의 중심은 바로 속회(구역회)에 있다. 속회는 사실 교회 안에 작은 교회였다. 이것을 본받아 많은 교단에서 소그룹 활동이 생겼다. 여기서 속장은 하나의 작은 목자이다. 일찍이 아담의 둘째 아들 아벨은 양치는 자였고 후에 아브라함, 이삭, 야곱 그리고 그 아들들 모두가 목자들이었다. 후에 이새의 아들들 8명이 다 목자들이었지만 양을 가장 잘 치는 자는 막내아들 다윗이었다. 그는 훗날 이스라엘의 목자(왕)가 되었다.

다윗은 하나님을 선한 목자(시23편)라고 고백하기도 하였고, 예수님은 직접 "나는 선한 목자"(요10:11,14)라고 말씀하시기도 하셨다. 그렇다면 엄밀히 말해서 속장은 예수의 작은 목자이다. 목사의 직분 못지않은 직분이라 여겨진다. 그러나 속장(지역장)은 맡겨준 양 떼를 잘 쳐야 한다. 양 떼를 잃어버려서도 안 되고, 병들어 죽게 해서도 안 된다. 맹수(사단)들의 밥이 되게 해서도 안 된다. 기름지고 살지게 먹여야 하고 키워야 한다. 양이 흡족해지도록 만들어 주어야 한다. 그리고 더 중요한 것은 새끼를 잘 낳게 하여 반드시 번성시켜야 한다.

이 직분은 할 수 없어서 받는 것이 아니라 주어진 사명이다. 해도 되고, 안 해도 되는 문제가 아니기 때문에, 다윗은 목숨 걸고 양 떼를 먹였다. 맹수들이 와도 맞붙어 싸웠다. 그래서 새끼 양 한 마리라도 잃지 않았다. 이것을 보신 하나님께서는 그를 이스라엘의 영원한 왕으로 삼으시지 않으셨던가? 사실 목동은 그 당시 가장 하찮은 직업이었다. 그러나 맡겨진 일에 최선을 다할 때, 하나님께서는 더 큰 일을 맡기시고 축복하신다는 것이다. 속장(구역장)의 직분을 맡은 자들은 "맡은 자들의 구할 것은 충성이니라"(고전4:2)라는 말씀을 마음에 새기고 최선을 다하면 하나님께서 더욱 크게 쓰실 것이다.

2) 속장(구역장)의 자격

속장(구역장)은 작은 목자이기에, 반드시 자격을 갖추지 않으면 안 된다. 자격이 안 되는 성도는 직분을 주어서도 안 되고 사실 양심에 따라 직분을 받지도 말아야 한다.

초대교회의 교회 제도에는 사도와 집사뿐이었다. 사도가 성직자라고 본다면 집사는 평신도이다. 집사 7명을 세울 때, 성령과 지혜가 충만한 사람, 칭찬 듣는 사람(행6:3)으로 뽑았다. 그 7명의 집사 중 집사 이상의 일을 한 사람이 스데반과 빌립 두 사람이 있었고, 어떤 일을 했는지 기록되지 않은 이름뿐이었넌 브로고로, 니가노르, 디몬, 바메나 네 사람이 있었고, 이단으로 흘러들어간 유대교에 입교했던 안디옥 한 사람이 있었다. 니골라는 성령이 충만하였고 지혜가 충만하였고 칭찬을 듣는 사람이기에 집사로 선출되었지만, 후에 초대교회를 어지럽게 한 이단자가 되었다.(계2:6)

필자는 신앙생활을 하면서 은혜받고 은사 받았다고 개인기도원을 차려 놓고 돈벌이하는 사기꾼 은사자들을 너무 많이 보았다. 교회에 충성하라고 하나님께서 주신 은사를 하나님의 의도와 달리 마치 자신이 교주가 된 것처럼 결국에는 사이비를 만든 것이다. 우리나라에 수많은 사이비가 이렇게 하여 성도들을 착취하고 성폭행하는 등 무수한 비리들이 저질러지고 있다. 니골라의 이름은 원어로 $N\iota\kappa o\lambda\alpha o\varsigma$(니콜라오스)인데, "백성을 이긴 자"라는 뜻이다. 이긴 자가 아니라 백성을 섬기는 자의 뜻이라면 얼마나 좋을까?

어떤 학자는 니골라 당은 한번 예수 믿으면 구원받기에 그 후에 그 어떤 범죄를 저질러도 상관없다고 주장하는 자들의 모형이라고 하기도 했다. 그런데 왜 주님은 니골라 당을 미워하신다고 하셨을까? 니골라 집사는 유대교에 입교한 자였다는 사실이다. 그는 그 당시 유대교에 젖어있었던 다시 말하면 율법을 우상화하는 사람이었지 않았을까? 어떤 학자는 구약에 발람의 교훈을 주장한다고 보았다. 발람은 선지자로서 많은 재물을 받고 이스라엘을 저주하려고 했다. 이 일을 하나님께서 막으셨기에 오히려 이스라엘을 축복하고 모압 왕 발락의 말을 듣지 않았던 인물이다. 결국 초대교회는 잘 뽑는다고 7 집사의 직분 자를 세웠는데, 2명 이외에는 잘 세웠다고 볼 수 없기에 자격은 참으로 중요하다.

① 속장의 자격은, 성령 충만하여야 함이 필수적이다.

성령 충만과 성령의 능력과는 매우 큰 차이가 있다. 성령 충만하다고 해서 능력을 행하는 것은 아니다. 성령의 능력을 받아야 병도 고치고 귀신도 쫓아내고 많은 능력을 행할 수 있다. 예수님도 성령을 받으시고(눅3:22), 다시 성령 충만을 받으시고(눅4:1), 다시 성령의 능력을 받으시고 나서(눅4:14) 최초로 사역을 시작하셨다는 것을 유념하지 않으면 안 된다.

성령 받지 못하면 내가 구원을 받았는지, 못 받았는지를 확신할 수 없다. 그냥 교회에 나가고, 세례받고, 집사도 되고, 권사도 되고, 장로가 됐다고 해서 구원의 확신을 가지는 것은 결코 아니다.(요14:26, 15:26, 고전12:3)

분명한 것은 성령을 받지 못하면 하나님의 사역을 할 수 없을 뿐만 아니라 해서도 안 된다. 이것은 예수님이 세상에서 하나님의 사역을 하면서 본을 보여주신 것이다. 예수님의 삶 속에서는 교사, 속장, 목사, 장로, 권사 등 각종 직분을 행함에 있어서 본을 보여주실 뿐만 아니라 야고보서가 말하는 것처럼 믿음과 행함의 두 바퀴가 잘 돌아가서 목적지에 이를 수 있게 하신 삶이라고 볼 수 있다.

어느 개척자가 "교회 개척은 너무 어렵습니다. 너무 힘듭니다"라고 필자에게 피력하였다. 그래서 "아니야. 교회 개척의 쉬운 길을 예수님이 보여주셨잖아. 예수님만 따라가면 돼."라고 훈계하였다. 사실 신학대학원에서조차도 그런 것을 전혀 가르치지 아니하니 어처구니가 없고, 성경만 읽어도 알 수 있는 길이 얼마든지 있는데 소경이 되어서 못 보면 할 수 없는 일이다. 반드시 기도하지 않으면 받을 수가 없다. 요14-16장의 세 장은 보혜사 성령에 대해 자세히 설명해 놓고 있다.(필자는 이 세 장을 성령장이라 명한다) 그런데 여기에서 눈여겨볼 것은 성령은 구하면 주신다는 것이다. (요14:13-14, 요15:7, 요15:16, 요16:23, 요16:24, 요16:26)

"구하는 자에게 성령을 주시지 않겠느냐 하시니라"(눅11:13) 성령 받지 못하면 속장에 임명되었어도 하나님께서는 알아주시지 않는다. 왜냐하면 성령 받지 못했으면 내 힘과 내 능력으로 할 것임이 분명하기 때문이다. 하나님의 사역은 크든지 작든지 모두 성령으로 행할 때 하나님께서 상도 주시고 받아주신다는 것이다.

"성령으로 아니 하고는 누구든지 그리스도를 '주'라 할 수 없다"(고전12:3) 구약에서도 "만군의 여호와께서 말씀하시되, 이는 힘으로 되지 아니하고 능력으로 되지 아니하고 오직 나의 영으로 되느니라"(슥4:6)고 스가랴 예언자는 외치고 있지 않은가?

구약에서나 신약에서나 하나님의 사역을 한 모든 사람은 모두 하나님의 성령을 힘입어 사역하였다는 것을 인지하지 않으면 안 된다. 필자는 교회를 옮길 때마다 매번 40일 동안을 강단에서 기도하며 더 성령 충만, 능력 충만, 지혜 충만케 해달라고 하나님께 부르짖었다. 그러면 하나님의 사역은 수월해지고 사단의 궤계가 있어도 깨뜨리고 쳐부술 수 있다.

제일 중요한 것은 성령 받으면 모든 것이 달라 보인다. 내가 맡은 속장의 직분이 얼마나 고귀하고 중요한가를 알게 된다. 성령 받는 길은 초대 교회 120 문도처럼 "오직 기도하기에 힘쓰니라"(행1:4)와 같이하면 끝이다.

다른 문제를 놓고 기도하는 것이 아니라 "하나님! 저에게 꼭 성령을 부어주세요. 그래야 사명 감당하겠사오니 응답해 주소서"하면 우리 하나님은 좋으신 아버지이시기에 반드시 주신다. 그런데 오늘날 사역자들이나 교사나 속장(구역장)들이 성령 없이 사역하려고 하는 것을 보면 큰 문제가 아닐 수 없다. 자신 있다는 걸까? 성령 없이도 할 수 있다는 걸까? 아니면 뾰족한 수가 있는 걸까? 알 수가 없다. 속장의 직분을 감당하는 데 필수 조건은 성령을 받아 성령에 이끌리는 것이다.

② 믿음이 있어야 함이 필수적이다.

믿음은 두 가지이다. 성령 받은 믿음과 성령 못 받은 믿음이다. 예수님의 제자들의 3년간은 성령 못 받은 믿음이었고, 사도행전으로 넘어가서 성령 받은 믿음으로 변하게 된다. 사도바울은 믿음을 따라 하지 않는 것은 죄 (롬14:23) 라고 고백하고 있다. 여기에 믿음은 성령 못 받은 믿음을 말하는 것이 아니라 성령 받은 믿음을 말한 것이다. "믿음"이라는 단어는 원어로 πιστός(피스토스)인데, 그 뜻은 "믿음, 충성"이라는 말이다.

사실 믿음은 예수님만을 바라보는 것이다. 예수님만 생각하는 것이다. 예수님만 의지하는 것이다. 또한 믿음은 '있는 자'와 '없는 자', '적은 자'와 '큰 자'가 있다. '믿음이 없는 자'는 아무것도 이룰 수가 없다. 어떤 기적도 일어날 수가 없다. '믿음이 적은 자'의 모습은 "믿음이 겨자씨 한 알만큼만 있어도 이 산을 명하여 여기서 저기로 옮겨지라 하면 옮겨질 것이요, 또 너희가 못 할 것이 없으리라"(마17:20, 눅17:6) 고 예수님이 직접 믿음에 대해 말씀해 주시고 있다. 이 적은 믿음은 그래도 성령을 받은 것은 아니고 성령의 감화나 감동을 받은 믿음이지만, 지극히 적은 믿음을 말한다. 그러나 '믿음이 큰 자'는 기적을 체험하고 또한 예수님께 칭찬받는다.

하루는 예수님과 함께 제자들이 갈릴리 바다를 횡단하고 있었다. 그런데 갑자기 폭풍이 갈릴리 바다에 몰아치고 배 안으로 물이 들어와 배가 요동치기 시작하자 제자들은 두려움에 떨었다. 그리하여 고물에서 주무시는 예수님을 깨우며 "주여, 우리를 구원하소서 우리가 죽게 되었나이다"하고 부르짖었다. 그때 예수님은 배 갑판 위로 올라오셔서 "이 믿음이 적은 자들아 어찌하여 무서워하느냐"하시며 책망하셨다. 믿음이 적은 자는 자신이 갖고 있는 믿음을 가지고서는 아무것도 할 수 없다.

로마 사람 백부장이 자기 하인이 병들자, 하인을 살리려고 예수를 찾았다. 예수님은 내가 가서 고쳐주리라 하셨지만, 백부장은 "예수님이 제 집에 들어오심을 감당할 수 없사오니 말씀으로만 하옵소서 그리하면 내 하인이 낫겠나이다"라고 말했다. 이때 예수님은 "이스라엘 중에 이만한 믿음을 만나 보지 못하였노라."(마8:10)하시며 극찬을 아끼지 않으셨다. 그렇다고 백부장이 스스로 다른 사람의 병을 고쳐줄 수가 있는 것도 아니다.

가나안 여자가 내 딸이 흉악히 귀신들렸나이다 하니 예수님은 못 들으신 척하시다가 "나는 이스라엘 집에 잃어버린 양 외에는 다른 데로 보내심을 받지 아니하였노라."하시고, "자녀의 떡을 취하여 개들에게 던짐이 마땅치 아니하다"하실 때, "맞습니다. 그래도 주인의 상에서 떨어지는 부스러기라도 개들이 먹지 않습니까?"라고 할 때 "여자여 네 믿음이 크도다. 네 믿음대로 되리라"(마15:21-28)고 하셨다. 이때까지는 아직 성령이 오시기 전이었다. 믿음이 '적다', '크다'라고 하는 것은, 자신의 능력으로 누군가를 치유해 주는 것이 아니라 예수님이 측량하신 믿음에 따라 성령의 능력까지 가지신 그 능력으로 가나안 여자의 딸도, 백부장의 하인도 치유해 주신 것이었다. 그렇다고 가나안 여인이나 백부장이 다른 누군가를 치유해 줄 수는 없다. 왜냐하면 그들은 믿음이 크다고 인정받았지만, 성령을 받지 못하였기 때문이다.

비가 올 때 종지를 갖다 놓으면 종지만큼만 물을 받을 수 있고, 목욕통을 내어다 놓으면 목욕통 하나 가득 물을 담을 수 있다는 원리와 같이 속회(구역회)가 부흥할 수 있다.

구약에서 엘리사가 죽을 때가 되어갈 때쯤, 이스라엘 왕 요아스가 엘리사를 찾아왔을 때 엘리사는 요아스 왕께 "활을 잡고 아람 나라를 향하여 쏘소서 그리고 땅을 주먹으로 치소서"라고 하였는데, 요아스가 아람 나라를 향하여 활을 쏘고 땅을 세 번 치고 말았다. 엘리사는 요아스 왕에게 화를 내면서 "왕이 대여섯 번을 쳤어야 했는데 왜 세 번만 치고 그쳤느냐"고 다그쳤다. 그 내용은 요아스 왕은 앞으로 3번밖에는 아람 나라를 이길 수 없을 것이요, 대여섯 번 쳤더라면 아람 나라를 완전히 지구상에서 사라지게 할 수 있었던 것이었다. 그 후 아람 나라는 이스라엘의 눈에 가시같이 이스라엘을 괴롭게 하였다. 그 이유는 요아스의 믿음이 그것밖에 되지 않았기 때문이다. 요아스 왕의 믿음이 컸더라면 대여섯 번을 쳤을 것이고 아람 나라도 완전히 괴멸시켰을 것이었다.(왕하 13:14-19) 이와같이 속장(구역장)의 임무를 수행함에 있어서 믿음은 절대적이다. 믿음이 없는 사람이 직분을 맡아서는 안 된다. 여기에서 말하는 믿음은 예수를 주로 시인하는 믿음을 말하는 것이 아니다.

데살로니가 교회는 믿음의 역사가 있다고 말씀하시고 있다. 하나님의 역사란 일으키는 믿음을 말하는 것이다.(살전1:3) 우리는 말씀을 들음으로 믿음이 생긴다.(롬(10:17) 이 말씀은 구원받는 믿음이다. 그러나 역사하는 믿음은 하나님께 구함으로 얻는다. 예수님이 변화산에 올라간 사이에 산 밑에서는 귀신에게 붙잡혀 있는 아들을 아버지가 제자들에게 데려왔으나 9명의 제자는 아무것도 할 수가 없었다. 예수님이 내려오시니 그 아버지는 "무엇을 하실 수 있거든 우리를 불쌍히 여기사 도와주옵소서"하였다. 그때 예수님께서 "할 수 있거든이 무슨 말이냐. 믿는 자에게는 능치 못함이 없느니라"라고 하셨다. 곧바로 그 아버지는 "내가 믿나이다. 나의 믿음 없는 것을 도와주소서"하고 소리를 질렀다. 이 말의 뜻은 내게 믿음을 주셔서 아들을 고치게 해 달라는 기도였다. 예수님께서 마귀에게 "이 아이에게서 나오고 다시 들어가지 말라"명하심으로 그 아버지는 문제를 해결 받고 돌아갔다.

그런데 여기서 예수님이 강조하신 것은 바로 말씀이다. 집에 들어가서 제자들이 조용히 묻자오되 "우리는 어찌하여 능히 그 귀신을 쫓아내지 못하였나이까?" 그때에 예수님이 "기도 외에 다른 것으로는 이런 종류가 나갈 수 없느니라"(막9:14-29) 고 하셨다.

기도는 무엇일까? 그 기도는 귀신 들린 아들의 아버지가 "믿음 없는 것을 도와주옵소서"라고 하였던 말씀인데, 제자들은 그 말씀을 이해하지 못한 듯하다. 귀신 들린 아들 아버지의 반도 못 한 신앙의 모습을 보면서 마음이 씁쓸하다. 그러나 그 제자들이 큰 다락방에 모여 10일 동인 "오로지 기도에 힘쓰니라"(행1:14)라고 기록했고 제자들은 성령 충만, 믿음 충만을 받고 믿음의 역사를 일구어 나가는 제자들이 되었던 사실을 꼭 기억하고, 행함으로 큰 믿음을 얻어야 한다.

③ 속장(구역장)은 비전을 품는 것이 필수적이다.

비전(Vision)은 꿈, 환상, 미래를 보는 눈이자 꿰뚫어 보는 눈이다. 속장은 작은 목자요 작은 목사이기에 반드시 비전이 있어야 한다. 성경에 바디매오라는 소경이 등장한다. 이 사람은 사실 이름도 없는 사람이다. 바디매오란 뜻은 디매오의 아들이란 뜻이기 때문이다. 얼마나 못났으면 이름도 없었을까? 사실 비전이 없는 사람은 다 이와 같다고 볼 수 있다. 비전이 없는 사람은 비전이 있는 사람에게 붙어서 살아갈 수밖에 없고 불쌍한 존재라 할 수 있다. 바디매오는 예수님을 만나 눈을 뜨게 되었고 그는 예수님을 따르는 사람으로 변한다. 사실 소경은 아무것도 맘대로 할 수 없는 사람이다. 그런데 예수님을 만나 눈을 뜨게 되었다. 그리고 예수님을 따랐다. (막10:46-52) 그가 눈을 떴다는 사실 자체가 비전에는 뜨지 못한 사람이 비전에 눈을 떴다고 볼 수 있다. 비전에 눈을 뜨자 그는 곧 예수님을 따랐다. 예수님 자체가 비전이시다. 우리의 꿈이시다. 우리의 소망이시며 우리의 미래이시기 때문이다. 이 세상에서 예수님을 따르는 사람만큼 훌륭한 사람은 없다.

 프랑스의 낭만파 그 유명한 작가 빅토르 위고는 레미제라블, 노트르담의 꼽추, 웃는 남자 등 위대한 걸작품을 남겼다. 그런데 1941년 그의 딸 레인 폴 디느 위고는 아버지 빅토르 위고의 방탕한 삶을 참다못해 편지 한 장을 남겨놓고 강물에 뛰어들어 자살하고 말았다. 그 편지에는 "아빠. 제발 하나님의 품으로 돌아오세요"라고 적혀 있었다. 그는 그때까지 비전 아닌 비전을 붙들고 살았던 것이다. 진정한 비전은 하나님께로부터 나오기 때문이다. 하나님께로부터 나오지 않는 비전은 가짜 비전이요 세상적 비전이다.

 야곱은 형을 피해 외갓집으로 도망가다가 첫날밤을 벧엘(루스)에서 보내는데 잠든 사이 하나님께서 그에게 비전을 보여주셨다. 요셉은 어려서부터 하나님께서 비전을 그 마음속에 심어주셨다. 비전은 찾는 자의 몫이다. 하나님께 구하지 않으면 절대로 얻어지지 않는다.

 필자의 비전을 소개하고자 한다. 필자는 그냥 하나님만 만나면 된다고 생각하고 기도했다. 교회(부흥회)에 나간 지 6일 만에 엄청난 은혜를 받았지만, 비전이 뭔지 몰랐을 때였다. 저녁에 성전에 가서 기도하고 밤 12시쯤 잠이 들었는데 꿈을 꾸게 하셨다. 꿈에 필자가 새벽기도를 가는데 큰 고개 하나를 넘어야 했다. 평상시에는 무섭다고 생각한 적이 한 번도 없었다. 그런데 꿈을 꾸는 가운데 굉장히 무서움을 느끼게 되었는데 그때 큰 돼지 한 마리가 필자에게 달려들었다. 필자의 힘으로는 당해낼 재간이 없었다. 그래도 있는 힘을 다해 엎치락뒤치락하기를 한참 하는데, 큰 돼지는 지쳐 보이지 않았고 필자가 더 이상 저놈하고 싸울 수 없다고 포기하려고 할 때, 필자의 옆에 흰옷 입은 한 분이 와 섰는데 필자가 쓰러져 가다가 용기를 내는 데 힘이 얼마나 세졌는지 그 큰 돼지를 번쩍 들어 던졌더니 그 돼지는 어디론가 쏜살같이 도망가 버리고 말았다. 필자는 흰옷 입은 그분에게 "당신은 뉘십니까?"라고 물었다. 왜 내 이름을 묻느냐 하시며 순식간에 100여 미터 지점에 있더니 그때부터 걸어서 교회 쪽으로 내려가고 있었다. 필자는 숨이 차도록 그 흰옷 입으신 분을 만나려고 뛰어 내려갔으나 보이지 않았다. 교회 안에 들어가 보니 보이지 않았다. 그때 교회에서 "당신은 누구세요?"라고 소리치다 꿈을 깨었다. 이 얘기를 들은 사역자는 "네 꿈에 예수님을 만난 거야. 야곱도 꿈에 하나님을 만났는데 너는 앞으로 사명자의 길을 걸어야겠다" 하며 설명해 주었다. 지금도 그 꿈은 기억이 생생하다. 그때로부터 비전의 길을 걷기 시작했다. 그 후 귀신을 쫓아내고 병든 자를 고치며 기적을 일구어 냈다.

속장(지역장)은 비전의 눈을 뜨기 위해 기도해야 한다. 하나님께 부르짖어야 한다. 찾으면 반드시 찾게 된다. 비전 없이 하나님의 사역을 해서는 안 된다. 자리만 꿰차고 있으면 하나님의 심판이 찾아올 수밖에 없다. 비전을 찾으려면 인간의 가식을 벗어버려야 한다. 남에게 보이기 위한 일도 정지되어야 한다.

바디매오가 왜 눈을 뜨게 되었을까? 그것은 가진 겉옷을 벗어버렸다는 것이다. 그에게 겉옷은 굉장히 소중한 것이었다. 거지였기에 겉옷은 밤에는 이불이요, 낮에는 그늘을 만들고, 비가오면 천막이 되고, 바람이 불면 막아주는 역할을 한다. 무엇을 얻으면 겉옷의 주머니에 담아야 한다. 그런데 이렇게 소중한 겉옷을 벗어버렸다는 것이다. "벗어버렸다"라는 말은 원어로 ἀποβάλλω(아포발로)인데, 이 말은 "아예 벗어버렸다, 물리치다, 뒤로 버렸다."라는 뜻이다. 이제는 소용이 없다는 것이다. 내가 소중히 여기던 것이 예수를 만나기 위해서는 아무 소용이 없는 것이 되었고, 그래서 뒤로 아예 벗어버려 다시 가지러 갈 필요가 없게 되었다는 것이다. 어떤 부자 청년은 재물이 많으므로 ἀποβάλλω(아포발로) 하지 못하고 근심하며 집으로 갔다. 그 부자 청년은 재물을 비전으로 삼고 살다가 죽었을 것이 뻔하다.

필자의 경험을 토대로(이 책을 읽는 이들은 속장을 지역장으로 이해해도 된다) 말하자면, 교회에 나간지 1년 만에 하나님께로부터 속장(구역장) 직분을 받았다. 망설여지기도 하고 반납하고 싶은 마음도 있었지만, 한편으로는 하나님께서 주신 직분이고 할 수 있으니까 하라고 하시는 것인데 주저하고 있는 것이 말이 안 된다고 생각했다. 그때 말씀이 떠올랐다. "내게 능력 주시는 자 안에서 내가 모든 것을 할 수 있느니라"(빌 4:13)라는 말씀이었다.

이때부터 교사직과 속장 직을 감당할 수 있는 능력과 지혜를 갖춘 믿음을 달라고 새벽마다, 저녁마다 교회에 와서 하나님께 매달렸다. 속회에 배정받은 가정은 필자의 가정(필자만 교회나옴)까지 4가정이었다. 전체 교회의 속회 수는 6속이었다. 제일 먼저 필자의 가정에서 저녁 8시에 모이기로 했다. 대접할 것은 없으나 어머니가 떡을 조금 해서 대접했다. 첫 번 예배는 속도원 3명과 필자의 가족이 2명이 참석했다. (필자와 어머니) 속도원 가운데 3명이 여자이고 필자만 남자였다. (18세 때) 속장 중에 총각 속장은 필자가 유일하였고 교회 20여 년 동안 총각, 처녀 속장은 없었다.

사도신경으로 시작하고 찬송을 몇 장 부르고 통성기도를 하였다. 그리고 필자가 은혜받은 말씀을 가지고 전했다. 필자에게는 그때 말씀을 해석할 수 있는 능력을 하나님께서 주셨고 영적으로 해독할 수 있는 지혜를 주셨기에 말씀을 전하고 다 같이 둘러앉아 손을 잡고 오늘 말씀이 우리에게 믿음이 되게 해달라고 기도했다. 그리고 광고 시간에 올해 한 가정이 3가정씩 전도하자고 제안했고 내일부터 새벽기도는 모두 나가는 것으로 제가 집집마다 가서 깨울 테니 함께 가자고 제안했다. 만일 안 나오면 나도 새벽기도를 가지 않을 테니, 함께 가자고 꼭 나와야 한다고 간청하였는데 모두 대답하였다. 그리고 또 한 가지 속회에 모이는 가정에서는 누구든지 꼭 한 사람을 데려다 놓지 않으면 속회 예배를 그 가정에서 드리지 않겠다고 단언했다. 믿지 않는 남편도 좋고 동네 사람도 좋고 친구도 좋고 병든 사람이나 귀신 들린 사람도 좋으니 반드시 누군가를 데려다 놓아야 한다고 강조했다. 3가정 모두 다 대답하였다.

그리고 그 당시에는 성미가 있었다. 그런데 모든 교인이 가족 수대로 밥을 지을 때, 한 수저씩 떴는데 가족이 10명이면 10수저, 5명이면 5수저, 1명이면 1수저씩을 성미로 떴다. 가만히 생각해 보니, 성미는 예수님을 대접하는 것이고 그 성미는 사역자의 식량이었다. 그런데 가족 수대로 성미를 뜨면 이것은 예수님께 동냥 주는 셈이라고 생각했다. 그럼 1명이 살고 있는 집은 1수저 가지고 어떻게 예수님이 사시지? 굶으시겠다고 생각하고 우리 속회는 1가정에 예수님의 식량을 1인분씩 뜹시다. 왜냐하면 우리 가정에 예수님이 계시니까 당연히 1인분씩을 떠야 맞는 것이라고 설명했더니, 속도원들 모두가 이해하고 그렇게 하겠노라고 하였다.

성미를 뜨는 일도 보통은 아니었다. 그런데 성미로 한 가족수당 1수저씩 뜨다 보니까 사역자의 식량이 언제나 모자랐다. 그때는 쌀만 뜨는 가정도 있었지만, 보리만 뜨는 가정도 많았다. 그래서 사역자의 식량은 쌀보리가 섞인 것이었다. 그런데 보리쌀이 4분의 3 정도였다. 그렇게 시행하고 보니, 우리 속회 4가정에서 뜨는 성미만 가지고도 사역자의 식량이 되었다. 사역자의 가족 수는 네 사람이었다. 사역자는 깜짝 놀라 했다. 어떻게 성미가 이렇게 많냐고. 그래서 설명해 드렸다. 그랬더니 이제까지 해오던 방법보다 네가 고안해 온 방법이 더 하나님의 방법인 것 같다며 사역자가 설교 시간에 설명하여 전 교인이 그렇게 성미를 뜨게되니, 성미가 남아 이웃교회 사역자의 가정까지 퍼 날라 줄 수 있었다.

2번째 속회 예배 가정에서 한 사람을 데려다 놓지 않아 다시 예배 장소를 옮겨 필자의 가정에서 예배를 드렸다. 3번째 속회 예배 가정에서도 한 사람을 데려다 놓지 않아 다시 예배 장소를 옮겨 필자의 가정에서 예배를 드렸다. 4번째 가정에서도 역시 전도해 오지 않아 또 다시 필자의 가정에서 속회 예배를 드렸다. 필자의 가정은 대단히 어려운 가정이기에, 한 주에 한 번씩 한 달을 속도원을 대접하는 것이 쉬운 일은 아니었다. 얼마나 어려우면 필자의 모친이 우리 집에서 속회 예배를 그만 드리라고까지 하였을까?

그러나 그냥 지나칠 문제는 아니었다. 한 가정은 한 달 만에 한 번씩 속회 예배를 드리게 되는데, 세 가정은 몇 달을 속회 예배를 드리지 못했다. 그렇다고 그 가정에 속도원이 애쓰지 않는 것은 아니었다. 문제는 말주변이 없고 남편조차도 말을 들어주지 않았고 자식들은 아들과 딸이 넷이나 있는데 엄마 말을 들어주지 않았다. 속회 예배 때마다 그 가정을 위해서 통성으로 기도하고 속회가 부흥되기를 위해 통성으로 기도하고 마지막으로는 필자가 속회 예배 드리는 가정을 위해 있는 복, 없는 복 할 것 없이 엄청나게 말씀에 떠오르는 복을 최선을 다해 기도하였다. 그 후로부터 어떻게든지 꼭 한 사람씩 전도해다 놓았고 속회는 4가정이니까 한 달에 한 번씩 돌아가며 속회 예배를 드렸는데 속도원들은 마지막 축복하는 기도를 받고 싶어서 전도하고, 그리고 속회 예배를 드리고 말 것이라고 다짐들을 하기도 하였다.

병든 자가 오면 병든 자를 위해 통성으로 기도하고, 마지막으로 필자가 병든 부분에 손을 얹고 기도하는데 하나님께서 그 병을 고쳐주셨고, 그 당시에는 귀신 들리는 일들이 흔히 있었는데 속회 예배 때에 데리고 오라고 하여 귀신을 쫓아주었다. 더 놀라운 것은 필자의 부친의 6촌 형이 후처를 두었는데 정말 신이 내린 무당이었다. 필자가 교회에 나가기 전까지만 해도 무당집(큰어머니라 부름)에 가서 떡을 많이 얻어먹었다. 그러나 교회에 나가고 나서는 큰어머니 무당이 이제는 자기 집에 오지 말라고 했다. 네가 오면 대가 내리지 않아 굿을 할 수가 없다는 것이다.

하루는 몰래 떡을 먹고 싶어서 많은 사람 틈에 숨어 들어갔는데 "여기 예수쟁이가 왔구나. 빨리 나가라" 필자의 이름을 부르면서 제발 가달라고 했다. 그래서 굿 집에서 쫓겨나고 말았다. 그런데 큰어머니 무당이 때로는 병도 고치고, 때로는 귀신과 합의해서 문제를 해결하는 일이 정말 많았다. 경기도 시흥군 수암면에서는 그래도 이름있는 무당이었다. 그러니까 선무당은 아니었다. 때로는 굿을 해도 귀신이 말을 듣지 않거나 병이 낫지 않으면, 필자가 드리는 속회 예배에 가보라고 넌지시 이야기를 해주었다. 그래서 속도원 가정 수가 늘어나기 시작했고 속도원들이 전도해서 가정 수가 늘어나기 시작했다. 반년이 넘어서자, 이제는 안방, 건너방, 마루에까지 예배 장소로 사용할 수밖에 없었다. 새벽기도는 무조건 예수를 믿기로 작정하고 교회에 나가기 시작하면 반드시 새벽기도는 해야 한다고 권고하고 새벽에 가서 깨워 함께 가기로 했다. 혼자는 새벽에 다닐 수가 없어서 몇 분 속장에게 부탁해서 새벽을 깨우게 하였다. 감리교회는 집사제도가 없었고 그 대신 속장으로 칭하였고 처음부터 필자의 속에 속장이 4명이었다. 1년 가까이 되자 30~40 명이 함께 새벽기도에 교회를 찾았다.

성미는 쓴 글대로 가르쳐서 우리 속회에서 나온 성미만 해도 차고 넘쳤다. 그때부터 필자의 교회 성미는 어려운 교회들을 향하였는데, 필자의 교회에서 약 7km 정도 되는 교회에 달마다 쌀과 보리를 합하여 1가마니(80kg)를 지게에 지고 필자가 일 년이 넘도록 갖다주기도 하였다. 그 후로는 교회에서 산 리어카에 싣고 갖다주곤 했다. 그 교회 이름은 포리 감리교회였고, 아침에 갔다 오면 점심때가 되기도 하였다. 몸은 힘들어도 마음만은 기뻤다.

속회가 부흥할 수 있었던 것은 두 가지 요소였다. 하나는 전도하고자 하는 속장들의 믿음이었고 또 하나는 병든 자, 귀신 들린 자, 점 보는 자, 가난한 자 할 것 없이 속회에 와서 고침을 받고 건강을 얻을 수 있다는 점 때문이었다.

1년의 결산 결과는 4가정에서 36가정으로 부흥이 되었다. 필자는 술과 도박에 빠진 부친만 전도 못 하고, 모친과 형님과 조카들 더 나아가 마을에 사는 두 형님 모두 예수를 믿게 되었다. 담임 사역자는 이 일을 지방회에 보고하였고, 지방회는 연회에, 연회는 총회에 보고하였으며, 결국 서울 정동제일교회에서 필자는 최고 모범 속장상으로 금메달을 수여받게 되었다. 그때 총회 장소에서 어느 사역자의 질문을 받게 되었는데, 주제는 성미 문제였다. 필자는 그 내용을 상세하게 설명했고, 사역자들과 장로들에게서 우레와 같은 박수가 쏟아졌다. 질문한 사역자는 다시 일어나서 사역자들도 생각해 내지 못한 것을 어떻게 초신자가 생각하여 적용하였느냐면서, 이제 교회를 나온 지 2년밖에 안 되는 청년이 귀감이 될 만하다고 극찬을 아끼지 않았다. 필자는 그때 "저는 예수님을 거지처럼 얻어 드시게 하는 것이 마음이 아팠고, 예수님을 우리 가정에 가족으로 생각하여 1인분씩을 꼬박꼬박 떠서 드리자고 했을뿐이었다"고 대답하였다.

다음 해 필자의 속회는 1속이 9속으로 갈라졌다. 그리고 동네에 1속, 그리고 40분을 걸어가야 하는 동네에 1속을 맡겨주셔서 두 속을 인도하게 되었다. 필자의 교회는 중등부에서 성인성도 수가 20~30 명에서 150여 명이 되는 교회로 성장하게 되었다. 한 해에 7배의 교회 성장을 하게 된 담임 사역자는 인천에 있는 큰 교회로 초청되어 갔고, 새로운 사역자가 와야만 했다.

그 후 필자도 사역자가 되어서, 무엇보다도 속회(구역회)는 귀중한 교회 기관으로 생각하고 사역했다. 특별히 감리교회는 속회로 부흥된 교단이기에 더욱 그리했던 것으로 판단한다.

속장 직임이 이만큼 중요하기에 속장이 되기 전, 속장의 자격을 갖추도록 하나님께 매달려 기도하고, 말씀도 공과에만 의지하지 말고, 한 주간 하나님이 주신 은혜로운 말씀을 함께 나누며 기도하는 속회가 되었으면 한다. 그리하면 하나님 나라에서 의인의 상과 선지자(사역자)의 상을 받게 됨을 확신한다.

3. 장로의 직분(직임)

　장로라는 직분은 구약에 100번, 신약에도 약 60번이 기록되고 있다. "장로"는 구약의 원어로 (자켄)인데, "턱수염을 가진 사람"이란 뜻이고 신약에는 πρεσβυς(프레스부스)의 비교급인 πρεσβυτερος(프레스부테로스)인데, 이 말은 "나이 먹은"이란 뜻이며 원래의 뜻은 "보다 더 나이 먹은 연장자"라는 뜻이다.

　구약의 히브리어, 신약의 헬라어로 종합해 보면 학식이 많고 풍부한 경험을 소유한 연로하고 품위와 덕망이 있는 사람을 의미한다고 볼 수 있다. 구약의 이스라엘 민족에서나 신약의 교회에서나 장로의 직분은 영적으로 존귀한 직분이 아닐 수 없다. 존귀한 직분일수록 귀하기도 하지만 반면에 위험하기도 한 것이 분명하다. 존귀한 직분일수록 존귀하게 여기고 거기에 걸맞는 자세를 가지고 있으면 더욱 존경받을 수 있지만, 그 직분에 걸맞지 않은 자세를 가지고 봉사한다면 그만큼 하나님께로부터 받을 상급뿐만 아니라 사실 하나님께 버림을 받을 수도 있기 때문이다.

　일찍이 이사야 예언자는 "그리하여도 그 백성이 자기들을 치시는 이에게로 돌아오지 아니하며 만군의 여호와를 찾지 아니하도다 그러므로 여호와께서 하루 사이에 이스라엘 중에서 머리와 꼬리와 종려나무 가지와 갈대를 끊으시리니 그 머리는 곧 장로와 존귀한 자요 그 꼬리는 곧 거짓말을 가르치는 선지자라 백성을 인도하는 자가 그들을 미혹하니 인도를 받는 자들이 멸망을 당하는도다"(사9:13~16)라고 선포했으며, 신약시대로 보면 장로나 사역자나 잘못되면 다 끊어버리시겠다는 말씀이다.

　미국의 연합감리교회에서는 장로의 제도를 두고 있지 않지만, 한국의 감리교회는 장로제도를 두고 있다. 물론 다른 교단들도 거의 다 장로제도를 두고 있다. 한국의 현실 속에서 보면 장로를 두지 않으려는 사역자들이 적지 않다. 그 이유는 아마도 사역자의 목회에 계속 도전하고 앞을 가로막기 때문으로 추측할 수 있다. 그러나 많은 교회들이 장로를 계속 세워서 하나님의 일을 맡기려는 의도도 있다. 그러다 보니까 장로 될 만한 자격이 안 되는데 장로로 세워서 애를 먹는 사역자들도 있고, 장로 될만한 자격을 살피고 잘 세워서 목회 사역에 큰 도움이 되는 교회들도 있다.

장로 직분이 명예직은 아니다. 권력직도 아니고 세습직도 아니다. 장로는 봉사직이며 충성직이며 헌신직이다. 이런 것을 잊어버리면 장로 직분을 받지 않는 것이 마땅하다고 본다. 그런데 문제는 초심을 거의 잊어버린다는 사실이다. 민11:6에 보면 모세는 하나님의 말씀을 따라 70명의 장로를 세워서 이스라엘 백성을 이끌어 가는데 직무를 다하게 하였다고 말씀하고 있다. 신약시대의 장로는 교인들 가운데서 믿음이 충만하고 모범이 되고 사람들을 잘 가르칠 자격이 있는 사람으로 교회가 택하여 세웠다(딛1:5-9)고 말씀하고 있다. 신약시대에는 모든 사람을 영적인 제사장으로 보아 장로와 평신도 간의 구별이 없었다.(벧전2:9)

1세기에는 사도들을 장로라고 명칭하고 있다.(요한2서1:1, 요한3서1:1) 사도 요한은 본인이 직접 장로라고 기록했다. 사도이든, 장로이든, 집사이든, 감독이든 중요한 것은 하나님을 섬기고 예수 그리스도가 맡겨준 사역을, 생명을 바쳐서 하는 일이다. 초대교회는 새로 시작된 교회지만 정통교회이며 순수한 교회였다. 바울은 선교한 모든 공동체에 그리고 건립한 모든 교회에 장로들을 임명하였다는 것은 그의 관례였다. 제1차 전도여행 때에 모든 교회 안에서 장로들이 임명되었다.(행14:23) 장로들은 교회의 재무관리의 책임을 가지고 있었다. 기근이 들었을 때 예루살렘이 빈민을 구제하기 위해서 한 헌금을 바울과 바나바는 장로들에게 맡겼다.(행11:30)

장로는 교회의 대의원이며 관리자였다. 성경에 비추어 보면 지도자 역할을 한 일은 이방인에게 교회의 문을 활짝 열어줄 것을 결정한 예루살렘 회의에서 결의에서도 장로들이 지도적 역할을 하였다. 언제나 교회의 회의에서 장로들과 사도들이 교회의 중요한 권위자로서 함께 기록되어 있다.(행15:2, 16:4) 바울이 마지막으로 방문하였을 때 그가 보고한 것은 장로들에게였으며 바울이 취해야 할 행동의 과정을 암시해 준 것도 장로들이었다.(행21:18-25)

초대교회에서 가장 감동적인 기사는 바울이 에베소교회 장로들과 이별하는 장면이라 할 수 있다. 2세기에 들어오면서 성직자와 평신도의 구별이 생기기 시작하였다. 장로의 개념도 기독교 성도들이 이해하는 개념과는 달리 발전하게 되었다.

요한계시록에는 24 장로가 자주 나오고 있다. 그들은 흰옷을 입고 보좌 주위에 앉아있고 면류관을 썼고 그 면류관을 벗어 보좌 앞에 던지면서(계4:10), 그들은 계속하여 하나님을 경배하며 찬송히고 있다(계 5:11, 5:14, 7:11, 11:16, 14:3, 19:4)는 점을 볼 때 하나님 보좌 앞에 신선한 장로들의 모습은 오늘날 장로들이 본받아야 할 점이 아닌가 생각해 보게 된다.

사실 24 장로는 하나님의 충성스러운 백성의 대표자를 의미한다고 볼 수 있다. 필자는 여기에서 장로의 근원은 무엇이며 또한 장로의 기원에 대해서 논하고자 하려는 것이 아니다. 그리고 장로의 역사를 말하고자 하는 것도 아니다. 다만 오늘날 각 교단 장로의 직책은 여러 가지로 다를 수 있다. 또한 교회마다 장로의 문제에 대해서도 다를 수 있다. 교단마다 세워진 장로제도와 장로의 직무가 다를 수 있기 때문이다. 아니 장로가 없는 교단도 있다. 중요한 것은 장로는 하나님이 주신 직책이기에 성경의 방법과 예수와 사도들의 가르침과 성령의 감동에 이끌려 장로직을 수행한다면 더 말할 나위가 없다.

실제로 한국교회의 성장을 막고 있는 것은 사역자들의 잘못된 욕망과 장로들의 권위로 인한 태도의 문제일 것이다. 사역자나 장로들이 자격을 잘 갖추지 않으면, 오늘의 한국 국회의원들처럼 독선이 되고 자만이 되고 자신의 이익에만 눈이 멀어 나라를 망치고 있는 것과 다를 바 없을 것이다. 사실 장로이면 직분상으로 존경받아야 마땅하지만, 교회 안에서 "저 장로만 없어지면 우리 교회는 부흥할 수도 있어"라는 볼멘소리들이 많이 들린다. 대부분 잘못하고 있는 장로 주변에는 그런 사람들이 모이기에 결국 패거리로 만들고 만다. 그래서 교회에서 가장 입김이 있는 장로의 생각대로 교회가 흘러가기도 한다.

필자는 어느 교회의 역사를 보게 되었다. 세워진 지 100년이 넘는 교회인데, 60년 전이나 40년 전이나 20년 전이나 지금의 성도의 수가 거의 같았다. 원인을 분석한 이야기를 들었는데 장로들의 득세 때문이라 한다. 사역자를 수없이 내보내는가 하면, 교회에 유익한 일인데도 장로의 생각에 안 맞으면 결재도 하지 않고 때로는 몰래 막아버리는 일도 있었다는 것이다.

고린도 교회가 네 계파로 나뉘어져 분쟁하는 교회라고 성경은 말하고 있다. 교회는 하나다. 그 어떤 파도 존재할 수 없는데 실제로는 너무 많이 존재한다. 그 이유는 바로 장로에게 있다고 해도 과언은 아니다. 물론 사역자가 패거리를 만들면 그 사역자는 오히려 나중에 그 패거리에게 당하고 만다. 한국교회 장로들은 성경이 말하는 존경받는 장로가 된다면 이보다 더 좋을 수는 없을 것으로 본다.

* 장로의 본분에 대해
1) 자기 스스로에 대한 본분

장로는 교회와의 관계도 중요하고 교인들과의 관계도 중요하고 사회와의 관계도 중요하지만, 제일 중요한 것은 자기와의 관계이다. 성도는 예수 믿기 전에는 사회적으로 살면 된다. 그러나 예수를 영접한 후에는 반드시 영적으로 살아야 한다. 영적으로 사는 것이 바로 신앙생활이다. 인간이 짐승처럼 산다면 그것은 육체적인 삶이다. 그러나 예수를 영접한 후에는 반드시 영적으로 살아야 한다. 인간은 육, 혼, 영으로 구성되어 있다.(살전5:23, 히 4:12) 육으로 살면 짐승의 삶과 같고 혼으로 살면 그저 사회적 인간으로 살아가는 존재이다. 그러나 영으로 사는 것은 영적인 삶이라 한다. 이것이 바로 초대교회의 신앙이고 생활 그 자체였다.

① 장로는 누구보다도 영적인 사람이어야 한다.
영적인 사람이 되려면 신앙생활을 오래 했다고 해서 영적인 사람이 아니며 교회에서 직분을 맡았다고 해서 영적인 사람이 아니다. 아무리 교회를 수십 년을 다녔다 할지라도 그것이 영적인 사람을 만드는 것이 아니다. 사람은 모두 다 하나같이 타락하여 혼(생각, 지식)의 위주로 살기도 하고 육 위주로 살다 보니 사람같이 살지 못하고 마치 짐승처럼 살아가는 삶을 살아가고 있다. 그래서 세계 역사는 나라끼리, 개인끼리 뺏고 뺏기는 삶으로 얼룩져 있다.

육이 지배하면 타락하게 되는 것이고 영이 지배하면 영적인 사람이 되어 하나님을 잘 섬기고 이웃을 사랑하는 사람이 되는 것이다. 영적인 사람이 되기 위해서는 제일 먼저 해야 할 일은 회개이다. 그래서 세례요한도, 예수님도 말씀의 선포 첫 마디가 "회개하라, 천국이 가까이 왔느니라"(마3:1,4:7) 였다.

"회개"는 μετάνοια(메타노이아)인데, "생각과 느낌의 방식의 변화, 개혁, 과거의 반전, 돌이킴"을 말한다. 회개의 참모습은 탕자의 비유에서 둘째 아들의 모습이다. 회개는 자신의 죄를 고백하고 의의 길로 돌아가는 것이다. 의의 길은 바로 예수님을 영접하는 길이다. 진실한 회개는 성령의 감동이 있어야 자신의 죄를 토해낼 수 있다. 성령의 감동이 없이는 절대로 진정한 회개를 이룰 수가 없다. 많은 그리스도인이 있지만 참되게 100% 자신을 포기하고 하나님께로 돌아가는 그리스도인들은 그리 많지 않다. 대부분 180° 방향 전환해야 함에도 90°만 돌아섰다면 교회의 일꾼이 되었을 때 다윗 왕국의 장군이였던 요압같이 될 가능성이 크다. 그는 결국 다윗의 마음을 아프게 하였고 솔로몬이 왕이 되었을 때 버림받고 말았다.

영의 사람이 되려면 성령을 반드시 받아야 한다. 성령은 영이시다. 영의 사람과 성령의 사람은 같은 말이다. 예수님은 이 세상에 오실 때 육을 입고 오셨다. 그리고 사람이 반드시 가야 할 길을 100% 보여주셨다. 사역자의 길, 장로의 길, 권사의 길, 집사의 길, 교사의 길 모두 100% 모본을 보여주셨다.

사실 예수님은 신이시고 하나님이시다. 그렇지만 우리에게 분명히 보여주시기 위해 사역에 시작하시기 전에 기도하시고 성령을 받으셨다.(눅3:21,22) 그리고 더 기도하셔서 요단강에서 광야로 오셨을 때 성령 충만하셨다.(눅4:1) 광야에서 40일 금식기도 마치고 마귀에게 3번 시험을 받은 후에 사역하시기 위해 갈릴리에 오셨을 때도 성령의 능력을 소유하시게 된 것을 누가는 상세하게 기록해 주고 있다.(눅4:14)

예수님이 사역하시기 전에 제일 중요했던 일은 바로 성령 받는 일이었다. 하물며 죄인이었던 인간이 하나님의 사역을 위해서 성령 받지 못한다면 무엇을 가지고 하나님의 사역을 할 수 있겠는가? 장로로 세워지기 전에 반드시 문답을 거치게 한다. 그때는 다 순종하고 말씀대로 행하겠다고 자신 있게 대답하지만, 성령을 받지 못하면 반드시 100% 불순종하게 되고 주인행세를 하게 마련이다.

예수님의 행적을 보면 100% 성령으로 역사하신 일이었다. 십자가를 지신 일이나 부활하신 일도 모두 성령의 역사였다. 그것은 예수님이 성령을 받으셨고 성령과 함께하셨기 때문이고 십자가 위에서 "다 이루었다"고 외치신 말씀조차도 성령이 함께 하셨기 때문이다.(요19:30)

영적인 사람에겐 많은 은사가 주어진다. 사도들처럼 병을 고치고 귀신을 쫓아내고 전적으로 하나님의 보호를 받으면서 살아간다. 이런 일을 행하는 장로는 눈 씻고 찾아도 찾기 힘들다. 또한 사역자인 목사에게서도 찾아보기 어렵다고 생각된다.

마가복음 기자는 부활 후 예수님이 하신 말씀을 유일하게 전하고 있는데, 성령을 받으면 이런 믿음이 되리라고 고백하고 있다. "믿는 자들에게는 이런 표적이 따르리니 곧 그들이 내 이름으로 귀신을 쫓아내며 새 방언을 말하며 뱀을 집어 올리며 무슨 독을 마실지라도 해를 받지 아니하나니 병든 자에게 손을 얹은즉 나으리라 하시니라"(막16:17-18) 이 일은 참 신앙을 소유하면 당연히 일어나는 일이다. 이런 일을 못하는 것은 성령의 능력이 없어서이다.

② 장로는 무엇보다 성경 곧 하나님의 말씀을 잘 알고 묵상해야 한다.
성경은 하나님의 감동으로 쓰인 66권의 책이다. 외경이나 가경은 성경 말씀이 아니다. 장로는 신학은 문제 되지 않는다. 사역자도 신학을 가지고 목회하는 것은 아니다. 그러나 성경 말씀은 모두가 다 나 자신에게 주어지는 말씀이다. 진정한 장로는 말씀 읽는 것을 게을리하시 않아야 한다. 말씀을 읽다가 나 자신과 부딪히는 문제가 생길 때 그 말씀을 묵상해 보면 큰 은혜를 받고 나 자신이 새로워지는 사실을 느끼게 된다. 지식이나 얻고자 성경을 읽는 것이 아니다. 그 말씀이 생명의 양식이고 나를 변화시키는 말씀이기에 읽고 듣고 묵상하는 것이다. 요한계시록 기자는 "이 예언의 말씀을 읽는 자와 듣는 자와 지키는 자는 복이 있나니 때가 가까움이라"(계1:3)라고 전하고 있다.

헬라어로 "말씀"은 2가지로 표현된다. λόγος(로고스)와 ῥῆμα(레마)이다. λόγος(로고스)가 천하 만민에게 주어지는 말씀이라면 ῥῆμα(레마)는 그 시간 하나님이 직접 나타내주시는 말씀이다. ῥῆμα(레마)의 과정이 없다면 사람은 영의 사람이 아니기 때문이다. 영의 사람은 늘 하나님이 직접 주시는 말씀을 받기도 하고, 성경을 읽다가도 필요함에 따라 하나님께서 말씀을 주신다.

시편 기자는 "오직 여호와의 율법을 즐거워하며 그의 율법을 주야로 묵상하는도다"(시1:2)라고 하며 이런 사람은 복 있는 사람이라고 규정

한다. 사실 시편 1편은 어원학상으로 축복의 절규이며 바로 축복이 그런 자에게만 있다고 말하고 있다. 또 시편 기자는 "오직 주밖에 나의 복이 없나이다"(시16:2)라고 부르짖고 있다.

장로는 오랫동안 신앙생활을 하였기에 장로가 될 수 있었을 것이다. 그런데 오랜 신앙생활을 하다보면 하나님의 말씀을 대수롭지 않게 여길 수 있고 성경을 멀리할 수도 있다. 필자가 국내외 부흥회를 다녀보면 장로들이 주로 맨 앞에 자리를 잡고 있다. 그런데 설교 시간이 되면 말씀을 많이 들었다고 생각하고 있는지, 70% 이상이 졸고 있는 모습을 보아왔다. 은혜는 받을 만큼 받았다는 교만 때문일 것이다. 그나마 30% 정도의 장로들이 말씀에 귀를 기울이고 사모하는 모습을 보면 이번 집회는 저들을 위한 집회라고 생각하게 했다. 진정한 장로는 하나님의 말씀을 즐거워해야 한다. 말씀 듣는 시간, 읽는 시간 모두 기대하면서 이 시간에는 하나님께서 어떤 은혜를 주실지 기대해야 한다는 말이다.

시편 기자 다윗은 여호와의 집에 올라갈 때마다 기뻐하고 즐거워하였으며 하나님의 영광을 얼마나 사모하는지 입을 열고 헐떡였다고 고백하고 있다.(시42:4, 119:81, 119:131, 119:174) 다윗은 왕이기에 최고의 권력자이다. 그런데도 어린아이처럼 어머니의 젖을 사모하듯이 말씀을 사모하는 마음으로 가득 차 있었다. 더 중요한 것은 하나님의 말씀을 묵상하는 것이다.

"묵상"이라는 말은 (하가)인데, "중얼거리다, 속삭이다, 명상하다, 작은 소리로 읊조리다"라는 뜻이다. 실상 묵상은 필자가 질문경영이라고 표현한다. 이 말의 뜻은 하나님께 묻고 하나님의 대답을 듣는 것이다. 사람이 하나님의 뜻을 아는 것이 그리 쉬운 것은 아니다. 그렇지만 하나님은 말씀을 통해 우리에게 가르쳐 주시고 있다. 사실 이 질문경영은 사역자에게는 필수 조건이 되어야 한다. 하지만 많은 사역자가 이것을 놓치고 있고 지적으로만 알려고 한다. 다윗의 삶은 사실 질문경영의 삶이었다. 전쟁을 앞두고도 하나님의 지시를 기다렸다. 이런 시간이 바로 묵상하는 시간이었고 하나님께 어떻게 싸워야 하는지도 물었고 하나님께서는 싸우는 방법을 알려주시므로 다윗은 늘 전쟁에 승리할 수 있었다.

우리의 신앙생활이 바로 그래야 한다는 사실이다. 다윗은 블레셋과 싸울 때 블레셋의 무수한 군대가 르바임 골짜기에 가득했다. 그때 다윗은 하나님께 질문경영을 하게 된다. "너는 올라가지 말고 그들 뒤로 돌아서 뽕나무 수풀 맞은 편에서 그들을 기습하되 뽕나무 꼭대기에서 걸음 걷는 소리가 들리거든 곧 공격하라 그때에 여호와가 너보다 앞에 나아가서 블레셋 군대를 치리라 하신지라"(삼하5:22-25) 이에 다윗이 여호와의 명령대로 하여 게바에서 게셀까지 블레셋을 쳐서 물리치고 대승리를 거두었다.

장로라면 자신의 사업 터든지 직장이든지를 불문하고 질문경영을 하게 되면, 어디서든지 존중받고 성공적인 삶을 살 뿐만 아니라 이 질문경영을 통하여 사회에서나 교회에서나 묵상을 통하여 존귀히 여김을 받게 될 것이다. 너무 어려운 일이라 생각하지 말고 꼭 시행하여, 먼저 하나님의 뜻을 물으면 하나님은 반드시 꿈이든지 이상이든지 어떤 과정을 통하여서라도 반드시 말씀하여 주신다. 그보다 더 먼저 할 일은 성령세례 받고, 더 기도하여 성령 충만 받아야 한다는 사실이다.

시편 1편 기자는 "묵상의 삶이 그 행사가 다 형통하리로다"(시1:3)라고 고백하고 있다. 묵상의 시간이 없다면 절대로 하나님의 뜻을 알 수가 없다. 하나님의 뜻을 모르기 때문에 출애굽한 이스라엘 백성들이 광야에서 40년 동안 다 죽어 묻히고 말았음을 알아야 한다. 결국 묵상 즉 질문경영이 없어서 하나님의 뜻을 전혀 모르고 죽어갔던 것이다.

③ 장로는 주님의 마음을 본받아야만 한다.

예수님의 마음은 사랑이다. 교회는 완전한 사람들의 단체가 아니다. 불완전한 단체라 해도 과언은 아니다. 그러기에 장로가 주님의 마음을 가지고 중심을 잡고 있으면 교회는 시험에 들지 않을 수 있다. 바울은

"너희 안에 이 마음을 품으라 곧 그리스도 예수의 마음이니"(빌2:5)라고 말하고 있다.

장로의 위치는 사역자와 모든 평신도의 중심에 있다. 사역자와 담을 쌓아도 안 되고 모든 평신도의 입에 오르내리는 사람이 되어서도 안 된다. 장로는, 사역자에게 순종과 복종해야 할 문제가 생길 때, 거리를 두고 신중히 해야 한다고 생각한다. 그러나 그것은 오직 주님의 마음을 가지고서 말이다. 때로는 사역자들이 질문경영을 놓치고 있어서 사역에 많은 실패를 거듭하게 되기 때문이다. 사역자의 잘못된 판단으로 교회가 통째로 이단으로 넘어가거나 건물을 가졌던 교회가 상가교회나 전월세 교회로 수없이 전락하는 것을 목격했기 때문이다. 사역자의 잘못된 것이 있으면 조용히 사역자와 만나 대화하고 좋은 길을 제시하고 때로는 설득도 하고 권면도 하고 마지막은 하나님께 떼를 쓰면서라도 기도해야 한다.

2) 사역자에 대한 장로의 본분

윗글에서 사역자에 대해 무조건 순종과 복종하는 일은 신중해야 한다는 기록을 남겼다. 필자는 그것을 브레이크 작용이라고 칭하고 있다. 어떤 사역자는 건설회사로부터 어마어마한 돈을 받아서 땅, 건물 투기도 하고 사역자의 맘대로 쓰고 말았다. 이 돈이면 땅을 사서 교회를 몇 천 평 이상 지을 수 있는 금액이었다. 나중에는 땅, 건물 투기가 저하되고 그 많은 금액은 온데간데없고 지금은 조그만 상가교회로 전락하고 성도들의 4분의 3은 떠나 지금은 4분의 1에 불과한 교회가 되었다. 장로는 하나였는데 그 사역자가 세운 장로였기에 아무 말도 못 하고 그냥 방관하다가 결국 그 사역자는 병이 들었고 몇 년 전에 세상을 떠나고 말았다. 하나님의 교회를 비참하게 만들고 말았다. 처음에 장로가 올바른 길을 제시했더라면 하는 아쉬움이 남는다. 물론 더 큰 문제는 사역자였지만 그것을 방관한 장로는 하나님 앞에서 책망받을 수 있는 일이 되고 말았다. 이런 경우에 장로는 하나님 앞에 엎드려 금식이라도 하며 기도했어야 한다. 그러나 그 장로는 도축장으로 끌려가는 소처럼 그냥 사역자에게 끌려가는 것만이 좋은 장로라고 생각하고 있었는지도 모른다.

물론 장로는 올바른 사역자에게는 절대 순종과 복종이 필요하다. 주님도 말씀하시고 계시다(히13:7, 벧전5:5). 사역자도 사람이기에 잘못된 판단을 할 수 있다. 그러기에 장로는 사역자에게 말씀을 전해야 할 때 전해야 하므로 위에서 본 사태의 경우 미리 방지할 수 있다. 물론 그런 일은 사역자와 성도들을 바른길로 인도하여야 함은 두말할 필요가 없다. 그러나 사역자의 손이 뻗치지 못하는 곳에 장로의 손길이 필요한 곳이 있다. 오죽하면 초대교회는 사도를 장로라고 불렀을까? 그만큼 장로의 위치는 필요하기 때문일 것이다. 장로는 무엇보다 주님의 마음을 가지고 모든 성도의 본이 되어야 한다.

한국교회는 고린도 교회처럼 파벌이 극심하다. 장로는 절대로 교회 안에서 패거리를 만들어서는 안 된다. 고린도 교회는 그리스도파, 바울파, 아볼로파, 게바파로 유명하다. 필자는 교회의 제일 큰 아픔이 그리스도파라고 역행해서 말하고 싶다. 왜냐하면 그리스도파는 아마도 우리만이 구원받고, 우리만이 올바른 파이고, 우리만이 최고이고, 다른 파는 상대도 안 한다며 교만한 목소리를 내게 될 수밖에 없다. 그래서 그리스도파가 제일 문제라고 생각되었다.

많은 한국교회에서는 목사파, 장로파로 나뉘어져 있는 교회가 의외로 상당히 많은 편이다. 아마도 이러한 문제를 조사한 기관은 없을 것이다. 필자는 많은 교회의 부흥회를 인도한 바 있다. 많은 사역자의 애로사항이 보통이 아님을 알게 되었다. 이것이 한국교회의 현실이다. 사실 장로 직분은 사역자를 도와서 교회를 하나님의 섭리 안에서 성장시키고 부흥시켜야 하는 직분이다. 사역자가 올바르게 목회하고 있다면 장로는

첫째로 아멘 신앙이어야 한다. 엄밀히 말하면 사역자는 주님이 보낸 사자이다. 사실 영적으로 보면 교회 목회는 모두 예수님이 하셔야 한다.

그러나 예수님은 하늘로 가셨고 성령을 보내셔서 성령은 사역자에게 사역할 수 있는 특권을 주신 것이다. 우리는 예수님이 하시는 일에 노멘할 수 없다. 아멘 해야 참신앙이지 않을까?

둘째로 힘들고 불가능한 일에 대해서도 '안 된다, 못 한다' 하지 말고 '할 수 있다, 한 번 해보자, 하면 된다' 라고 하는 긍정적 태도를 가져야 한다. 사실 성경에는 하나님의 역사로 말미암아 불가능한 일들이 가능해지는 사건으로 가득 차 있다. 모든 일에 절대로 하나님을 배제하는 일을 추진하면 그것은 하나님의 일이 아니다. 인간적인 일이 될 수밖에 없다. 교회는 모든 일에 성도들이 할 수 있는 일과, 하나님께서 하실 일을 합하여 결정하여야 한다. 인간적으로 보기에 힘들다고 무조건 반대하거나 안 된다는 식의 주장은 조심하지 않으면 안 된다. 그것은 하나님이 하시는 역사를 배제하고 있기 때문이다.

셋째로 사역자의 일이 받아들일 수 없는 일이었을 때 장로는 하나님 앞에 무릎을 꿇어야 한다. 사역자의 비전과 장로가 가지고 있는 비전과는 거리가 있다고 볼 수밖에 없다. 비전이 같으면 참으로 다행이지만 다르다면 아멘 하기가 분명히 힘들어 보인다. 중요한 것은 장로는 사역자가 하나님의 일을 하나님이 주신 비전과 믿음으로 하느냐를 보는 것도 중요하다. 믿음으로 한다는 것은 하나님께 영광이 되느냐, 사역자에게 영광이 되느냐의 문제이기 때문이다. 하나님께서 기뻐하실 일이냐 아니면 사역자가 기뻐해야 할 일이냐, 그리고 성경에 합하냐 아니면 성경에 부합하지 않느냐를 잘 보면서 하면 될 일이라 생각된다. 문제를 놓고 기도하였을 때 내 마음에 기쁨이 오면 하나님께서도 기뻐하실 일이고 계속 기도하였는데 불안한 마음이 들면 다시 한번 사역자와 의논하는 것이 무엇보다 중요하다.

3) 교회에 대한 본분

장로는 무엇보다 모든 평신도의 본이 되어야 한다. 본이 안되는 장로는 평신도들도 무시하고 진정한 장로로 여기지 않는다. 많은 교회 부흥회를 통해서 귀를 기울여 보면 사역자의 이야기도 많지만, 사실 장로의 이야기를 많이 듣는데 "저 사람은 장로가 아니다"라는 이야기를 수없이 들어왔기에 더욱 그렇다. 그렇다면 하나님 앞에 설 때 어떻게 될까? 무서운 이야기다.

① 장로는 제일 먼저 기도하는 일에 본이 되어야 한다.

새벽기도는 물론이거니와 새벽기도가 끝나고도 기도하는 시간이 많아야 한다. 그 이유는 장로는 사역자를 위해서, 교인들을 위해서도 기도를 아끼지 말고 더욱이 기도하는 장로라는 칭함을 받아야 한다. 바울은 그리스도인을 거룩함에 이르게 하는 비결이 "말씀과 기도"(딤전4:5)라고 단정 지었다. "참으로 거룩하다"라는 칭호를 사역자와 교인들로부터 받는다면 복 받은 장로이다.

② 장로는 신앙과 생활의 일치를 만들어 내야 한다.

말과 행동이 다르다면 올바른 장로가 아니다. 필자가 어떤 교회에 부임을 해보니 장로들이 새벽에 보이지도 않았다. 믿음이 큰 것처럼 말하는데 실제로는 신앙생활에 믿음을 찾아볼 수가 없다면 큰일이 아닐 수가 없다. 사단은 사역자들에게도 역사하지만, 장로들을 많이 이용하기도 한다. 물론 예수님까지도 시험을 한 사단이기에 사역자나 장로나 시험할 수도 있다고 생각한다. 어떤 장로는 사업을 하는 장로인데 항상 십일조는 쥐꼬리만큼 매달, 매년 똑같이 드린다면 그 장로는 신앙과 생활이 따로국밥인 셈이다. 그런데 이런 장로가 교회에서 임원을 뽑는 데 십일조를 가장 중요시 얘기한다면 언어도단일 수밖에 없다. 사단은 장로를 통하여 사역자가 사역하지 못하도록 막는 경우가 허다하다. 만일 사단에 속아 사역자의 길을 막았다면 그 후손도 사단이 그렇게 요리할 수밖에 없다. 3代가 장로 집안인데 3代가 모두 사역자를 내보내는 데에 최선을 다하고 있는 것을 필자는 보았다. 사단이 그 집에 대대로 똬리를 틀고 있는 것이 분명하다. 그 장로는 반드시 그만한 대가를 받아야 할 것임은 자명하다.

③ 장로는 섬기는 자의 자리에 있어야 한다.
　필자는 어느 교회에 부임해서 월요일은 사역자가, 남은 6일은 장로들이 화장실 청소를 맡아 달라고 부탁했다. 그리고 교회에서는 높은 자가 낮은 자를 섬기는 것이라고 당부했다. 그러나 단 한 분의 장로만이 순종하였는데 다른 장로들이 '내가 그래도 장로인데 어떻게 화장실 청소를 하느냐'는 것이었다. 이것은 세상에서는 통한다. 그러나 교회에서는 맞지 않는 말이다. 예수님은 "인자가 온 것은 섬김을 받으려 함이 아니라 도리어 섬기려 하고 자기 목숨을 많은 사람의 대속물로 주려 하심이라"(마20:28)고 말씀하셨다.
　요한3서는 교회 안에서 평신도들이 하나님께서 파송해 주신 사역자들을 어떻게 대접해야 하느냐의 문제에 대한 답이며 이 성경이 한 권의 책이라는 사실이다. 사도 요한이 가이오라는 평신도(오늘의 장로라고 볼 수 있다)에게 쓴 편지이다.(요한3서) 실제로 사도 요한은 가이오에게 어떤 대접도 받아본 일이 없다는 것이다. 단지 믿음의 평신도들한테서 들은 소식이 진실한 것이기에 성령의 감동을 받아 기록하여 신약 27권 중 1권의 책이 나왔다는 사실이다. 성경 1페이지도 다 못 채웠지만 어찌 되었든 하나의 책인 것은 분명하다.
　사실, 가이오라는 인물은 사도바울과 관계가 있다. 여기서는 그 내용을 지면 관계상 줄이면서 가이오는 오늘의 장로의 상을 보여주고 있다. 가이오는 마게도냐 교회의 식주인(교회 안에서 접대부장)이며(행 19:29), 바울에게 세례받은 자이다. (고전1:14) 그는 진리 안에서 행하는 자이다. 다시 말하면 말씀 안에서만, 예수님 안에서만, 성령 안에서만 행동하는 사람이었다. 성경에서는 주님의 사랑을 최고로 많이 받은 사람이라고 증언하고 있다. 다시 말하면 사도요한이 "가이오를 사랑한다"라는 말은 곧 주님이 사랑하신다는 말이다. 1절에 2번 그것도 "참으로"라는 단어로 쓰고 있다. 2절에도 1번, 5절에도 1번, 11절에도 1번 가이오의 이름을 불러야 할 때마다 "사랑하는 자여!"라고 부르고 있다. 한 장도 안 되는 문단에 5번이나 기록되고 있다는 것은 참으로 놀라지 않을 수 없다. 가이오는 사역자가 아니다. 그는 평신도이다.(장로라고 봄) 3대 축복을 받은 평신도였다.(영혼의 축복, 범사의 축복, 강건의 축복) 주님으로부터 직접 편지를 받은 평신도였다. 얼마나 영광일까! 또 한 사람 빌레몬도 평신도이지만 주님으로부터 편지를 받은 자였다. 이런 장로가 된다면 얼마나 영광일까! 주님이 만일 부르신다면 묘비에 이렇게 쓰면 어떨까? "가이오 같은 장로였다." 어떤 장로는 묘비에 "사역자를 눈물나게 해서 보낸 장로였다."라고 쓸 정도의 장로라면 장로가 되지 않은 것이 100번 나을 뻔하지 않았을까?

심기는 일은 시간을 내야하고 물질이 소모되어야 하므로 사실 어려운 일이다. 많은 평신도들이 장로가 되고 싶어 하기도 한다. 때로는 장로가 안 되면, 다른 교회로 가버린다. 참으로 어리석은 사람이다. 한국교회는 장로라고 그러면 꽤 인기 있는 직분이다. 영적으로 보면 하나의 직분일 뿐이다. 사역자든 장로든 권사든 집사든 별 차이가 없다.(고전12:5-6) 하나님께서는 "무엇을 맡았던지 사역은 여러 가지이지만 이루시는 하나님은 같으시다"라고 하시며 그 자리에서 하나님이 무엇인가를 이루게 하시는 직분이 영광이 있는 것이라는 말이다.(롬12:3-13) 장로는 봉사하는 사역자로 봉사하던지, 다른 직분을 가지고 봉사하든지 받을 상과 면류관은 어떤 자세로 봉사했느냐가 중요한 일이다.

4) 장로의 사회에 대한 본분

장로는 사실 교회 안에서만의 장로가 아니다. 교회는 언제나 사회와 연결되어 있다. 그러기에 장로는 사회에서도 바라보는 기대가 크다. 그래도 한국 사회는 일반인보다는 장로라 하면 그래도 인격적인 사람이 아닐까, 하며 바라보기 마련이다.

① 장로는 사회 전반에 걸쳐 리더(Leader)가 되어야 한다.

장로는 하나님이 쓰시는 그릇 임이 틀림없다. 사실 교회 안에서는 리더 자이기도 하다. 그러나 장로는 되도록 교회를 뛰어넘어 사회의 리더가 되지 않으면 안 된다. 필자는 군대 가기 전에 한동안 직장생활을 한 적이 있다. 서울 도봉동에 있는 근대 콘크리트 회사였다. 여기서는 아이빔, 전선주, 흉관, 파일 등을 만드는 곳이었다. 처음 들어갔으니, 아무것도 몰랐다. 아이빔, 전선주, 흉관, 파일을 콘크리트로 만들기 전 철근을 가지고 그 모양을 만드는 철근 반에 배치가 되었고, 주로 용접이나 철근을 굵기에 따라 동그랗게 마는 등의 일을 하는 곳인데 치수가 틀리면 안 되는 곳이었다.

처음으로 가서 조수 노릇을 하면서 1달을 보냈다. 그러면서 기도하였다. '하나님! 제게 지혜를 주셔서 이 회사에서 가장 리더가 되게 해 주세요.' 일하면서도 늘 기도하였다. 그런데 다리를 놓거나 빌딩을 지을 때, 땅속에 박은 콘크리트 파일이 수시로 불량이 나는 것을 보았다. 그러면 그 당시에 500만 원의 손해를 회사가 보게 되었다. 큰 것일수록 손해는 더 컸다. 필자는 퇴근하지 않고 '무엇 때문에 불량이 나는 걸까? 하나님! 가르쳐 주세요.' 하고 연구하기 시작했다. 그리고 혼자 '어떻게 해야 용접이 잘 붙는지' 시험에 시험을 거듭했다. 그래서 용접사가 되었고 불량 나는 문제를 해결하기 위해 밤잠을 설치며 연구를 거듭했다. 그 결과 불량은 콘크리트 반에서 나는 것이 아니라 필자가 소속되어 있는 철근 반에서 일어나는 일임을 알아냈다. 그래서 그 문제를 가지고 하나님께 기도하면서 그 문제를 해결해 놓았다. 이런 품목을 만드는 회사마다 수시로 불량이 일어났고 이것으로 회사마다 수익금이 감소하였지만, 해결되는 곳은 없었다. 입사한 지 3개월 만에 이 사실을 가지고 사장실에 찾아가 조목조목 말씀을 드리고 필자가 그린 설계를 토대로 철근 반에서 만들면 불량이 나지 않을 수 있다고 보고하였다. 사장은 깜짝 놀라면서 "며칠 동안 불량이 나지 않은 것이 네가 설계한 대로 만들어서 그런 것이냐?"하며 칭찬을 아끼지 않았다. 필자는 "저는 기독교 신앙을 가지고 있고 하나님께 기도해서 하나님께서 지혜를 주셔서 한 것이기에 영광은 하나님께만 돌리시면 됩니다"하며 인사를 하고 나왔다. 그 후 성과급과 월급이 몇 배가 오르기도 하였다.

사실 장로는 어느 곳에서 일을 하든지 그 일터나 사업장에서 좋은 지혜를 주셔서 어떤 일에든지 리더가 되게 하신다. 장로가 사회에 끌려다니는 것보다는 사회를 끌고 가는 리더가 된다면 하나님이 얼마나 기뻐하실까?

신앙 속에는 기도해서 꼭 얻어야 하는 3가지가 있다.
하나는 믿음이다.(막9:24) 믿음을 달라고 기도하면 주신다. 안 하면 안 주신다.(믿음 속에는 비전이 담겨있다)
둘째는 지혜이다.(약1:5) 지혜도 달라고 기도해야 주신다. 안 하면 안 주신다.(지혜 속에는 삶의 승리와 성공이 담겨 있다)
셋째는 성령이다.(눅11:13) 성령도 달라고 기도해야 주신다. 안 하면 안 주신다.(성령 안에는 능력도 포함된다)
이 세 가지만 소유하면 세상에서 어떤 일에도 리더가 될 수 있다.

② 장로는 사회에서 반드시 존경받는 자가 되어야 한다.
사역자나 장로는 사회 속에서 시험대 위에 있다. 존경받는 자가 되느냐, 멸시받는 자가 되느냐이다. 물론 모든 성도들도 마찬가지이다. 왜냐하면 우리는 정직하시고 진실하신 하나님을 섬기고 있는 사람들이기 때문이다. 물론 장로는 교회 안에서의 장로와 사회 안에서의 장로의 모습

이 다르다면 그는 존경받는 장로가 아니다. 그러면 교회 성장에도 문제가 생길 수밖에 없다.

필자가 부흥회를 간 교회 중의 100년이 넘은 교회가 하나 있었다. 그런데 한 장로가 우리 교회는 200명을 벗어나지 못하고 있고, 60년 전, 40년 전, 20년 전, 현재(2007년)도 200명밖에 모이지를 못하고 있다고 보고하였다. 그런데 저도 장로지만, 장로들이 바로 서지 못해서라고 하면서 눈물을 흘리는 모습을 보았다. 교회에서는 장로인데 사회에서는 장로가 아니구나!' 하는 생각을 갖게 되었다. 물론 교회 안에서도 존경받는 장로가 되어야 한다. 어떤 그룹을 만들어 자기들이 아니면 안 되는 모습은 마치 자신들이 해결사 같아 보이기도 한다. 그러면 많은 교인이 교회에 왔다가도 떠나고 만다. 그러나 장로는 사회 안에서도 "나는 하나님이 세워주신 장로"라는 긍지를 가지고 모든 것을 진실하고 정직하게 살아야 한다.

장로는 사회에서도 "복 주시는 하나님이심"을 장로의 삶을 통해 보여주어야 한다. 이것이 보이지 않으면 전도가 될 수 없다. 요한3서에 나오는 디오드레베를 보자. (요한3서1:9-11) 그는 교회 안에서 높은 직분(지금의 장로라고 볼 수 있음)이었지만 악한 자였다. 그리고 데메드리오를 보자. (요한3서1:12) 그는 뭇사람(사회인)에게도, 예수님에게도, 사역자(목사)에게도 칭찬을 아끼지 않은 교회 안에 충직이었다.

③ 장로는 그리스도의 사람으로 사회도 껴안는 사람이어야 한다.

사역자는 물론이거니와 장로는 특별히 교회와 사회에 적을 두고 살고 있다. 일찍이 에스겔 예언자는 "내 영을 너희 속에 두어 새 마음을 너희에게 주되 너희 속에서 굳은 마음을 제하고 부드러운 마음을 줄 것"(겔 36:26)이라고 예언했다. 반드시 장로는 성령을 받아야 한다. 성령 받지 못하면 우리 안에 있는 굳은 마음 곧 돌 같은 마음은 언제나 제거가 되지 않고 남아있다.

어떤 사건이 일어나면 마치 뜨물 통에 가라앉아 있던 음식물 찌꺼기들이 뒤범벅되어서 일어나는 원리와 같다. 그러기에 장로는 반드시 하나님으로부터 새 영(성령)을 받아서 부드러운 마음의 소유가 되어야 한다. 그 이유는 세상은 더럽고 추하여 별의별 일이 다 일어나기 때문이다. 이 사회를 껴안는 사람이 되려면 반드시 부드러운 마음의 소유자가 되어야 한다. 이 더럽고 추한 사회를 껴안으려면 사랑이 필요하다. 인간적인 사랑이 아니라 하나님의 사랑(아가페)이 필요하다. 바울은 "우리의 소망이 부끄럽지 아니함은 하나님께서 주신 성령으로 말미암아 우리 마음에 하나님의 사랑이 부은 바 됨이니"(롬5:5)라고 말한다. 용서할 수 없는 것이라 할지라도 용서하고, 나누어 줄 것을 나누어주며, 사람의 필요를 채워줄 수 있는 사람이 되는 것이다.

많은 장로가 잘못된 길을 가고 있다. 교회 안에 문제가 생기면 세상 법정으로 끌고 가서 해결하려고 한다. 주님은 책망하신다. 세상이 성도들에 의해 심판받게 될 것이고 천사들도 성도들로 인해 심판받게 된다. 그런데 세상에서 심판받으려고 교회 문제를 끌고 가는 것은 무책임한 처사다.(고전6:1-3)

왜 그럴까, 생각해 보니 토해내는 기능이 마비되어서이다. 바다의 많은 물고기는 짠물 속에서 짠물을 먹고 산다. 그러나 물고기를 잡아보면 바다의 짠맛이 배어 있지 않다. 왜냐하면 바다의 모든 물고기는 짠 성분을 토해내는 기능이 있기 때문이다. 장로가 하나님의 법을 따르지 않는 이유는 틀림없이 세상 법이 우리 안에 들어왔을 때, 그것을 토해내야 하는데 토해내지 못하고 세상 법정으로 끌려가는 것이다. 이 모습은 사실 장로들의 문제만은 아니다. 사역자들도 무슨 문제가 생기면 세상 법정으로 가는데 이것은 정말 정상이 아니다. 너무너무 비정상적이다. 이것은 결국 살아계신 하나님의 법을 무시하고 저버리는 행위가 아닐 수 없다. 하나님의 법보다 세상의 법을 우선시하는 모습이기에 반드시 하나님의 심판을 받을 것이 명백하다.

장로는 세상에서 사회에서 교회 안에서 멋진 장로가 되면, 한국 교회가 새로 거듭나게 될 것이며, 예수님도 하나님 보좌 우편에 앉아계시다가 일어나셔서 박수를 치시지 아니하실까!

제 13 장

모범적인 초대교회 평신도 모델

사실 교회 부흥이 사역자의 몫이라지만, 실제로 보면 평신도들의 몫이라고 생각하게 되는 것은 왜일까? 사실이 그렇다. 평신도들이 뛰지 않으면 교회는 절대로 부흥할 수가 없을 뿐만 아니라 될 수가 없다고 단정하여 말할 수 있다.

예수님도 "나는 전도하러 왔다"고 말씀하셨다. 바울은 고린도에서 "하나님의 지혜에 있어서는 이 세상이 자기 지혜로 하나님을 알지 못하므로 하나님께서 전도의 미련한 것으로 믿는 자들을 구원하시기를 기뻐하셨도다"(고전1:21)라고 증언하고 있다. 실제로 전도하는 것은 거의 평신도들이다. 고린도 교회의 교인 중 그리스도파, 바울파, 게바파, 아볼로파가 있었는데 그리스도파, 바울파, 베드로파(게바파)는 다 성령충만한 사역자들이지만 아볼로파는 성령 받지 못한 사역자였다. 만일 아볼로가 목회하는 교회의 평신도들이 성령 충만함을 받고 있다면, 교회는 크게 부흥할 수밖에 없었을 것이다. 그 교회에서 평신도 한 사람만이라도 성령 충만 받았다면, 3년 안에 큰 교회로 반드시 성장할 수가 있다는 이야기이다. 물론 사역자가 성령충만하면 더 말할 나위 없이 금상첨화이다.

필자의 평신도 시절의 간증을 다시 한번 하고자 한다. 필자가 처음 교회에 나가 부흥회에 참석하여 구원받고 성령 충만함을 받았고, 그 해 성탄절에 세례받고, 이듬해 1월에 당회에서 속장과 교사의 직임을 맡겨 주셨다. 주일 낮 예배에 20~30명 정도가 모이는 교회였고, 속회(구역회)는 4가정, 학생은 초등학생 2명과 중학생 5명으로 시작하여 1년 동안 열심히 기도하면서 충성 또 충성하였다. 그 결과 속회 4가정이 36가정으로, 초등학생 2명에서 50명으로, 중학생 5명에서 70명으로 부흥하게 되었다. 직임을 맡은 지 1년 만에 결실한 열매였다. 그때 주일 낮예배 인원은 150명으로 늘어났으며 7배의 교회 성장을 가져왔다. 결코 자랑하려고 쓰는 것은 아니다. 성령 받으면 이렇게 될 수 있다는 증거를 보여주기 위함이다. 그런데 그 당시 사역자는 방언도 부정하는 사역자였다. 교단에서 최고의 속장상과 교사상을 성령 하나님 덕분에 받게 되었다. 교회에 처음 나간 지 2년 만에 이룬 하나님이 주신 성과였다. '예수님처럼 3년이라면 500여 명의 교회 부흥은 이루지 않았을까?'라고 생각해 본다. 필자는 가는 교회마다 그런 일이 계속되었고, 사역자의 길을 가면서도 그 일은 더욱 크게 나타나게 되었다.

평신도들이여! 그냥 교회만 다니는 것이 중요한 것은 아니다. 신앙생활은 실제로 성령 받은 후부터 시작된다는 사실을 잊어서는 안 된다. 성령 받지 못하면 마치 빗물이 샘물이 되어 나와서 그리 시원하지 않은 것과 같다. 성령 받으면 깊은 우물 속에서 퍼 올린 시원한 냉수 같은 물을 마시는 것과 같이 차원이 전혀 다르다. 이것은 하늘과 땅의 차이라고 말할 수 있다. 그러면 모범적인 평신도의 모습은 어떠한지 찾아 나서 본다.

1. 평신도인 스데반 집사 Στέφανος(스테파노스)

스데반은 "면류관"이란 뜻을 가지고 있다. 초대교회의 120문도 중에 있다가 성령과 지혜가 충만하고 칭찬받는 사람 일곱을 택하여 집사를 뽑을 때, 제일 먼저 선택된 집사였다. 집사는 원어로 διάκονος(디아코노스)인데, "시종 드는 자, 섬기는 자"라는 뜻이다. 스데반은 집사로서 예수님처럼 성령 받고, 더욱 기도해서 성령 충만 받고, 더 기도하여 성령의 권능을 소유한 집사였다. 예수님께서 "기도하여 성령 받고"(눅 3:21-22), "더 기도하여 성령 충만함을 받으셨다"(눅4:1)고 기록되어 있다. 광야에서 40일을 기도하신 후, 예수님이 갈릴리로 오셔서 사역을 시작하실 때 "성령의 능력과 권능으로 갈릴리에 돌아가셔서"(눅4:14) 사역을 시작하셨다고 증거하고 있다. 스데반 집사도 예수님의 방법을 100% 따라 함으로 성령의 능력까지 받았던 것이었다.

1) 스데반 집사는 "기사와 표적을 행하는 집사"였다. (행6:8)

예수님은 부활하신 후 제자들에게 "믿는 자들에게는 이런 표적이 따르리니 곧 그들이 내 이름으로 귀신을 쫓아내며 새 방언을 말하며 뱀을 집어올리며 무슨 독을 마실지라도 해를 받지 아니하며 병든 사람에게 손을 얹은즉 나으리라"(막16:17-18)라고 말씀하셨다. 여기에서 믿는 자는 성령을 받고 능력을 갖춘 믿는 자를 말함이다. 성령 받지 아니한 믿음은, 기사와 이적을 행할 능력이 없을뿐더러 오히려 귀신을 무서워하며 도망가고 말 것이다. 자세한 기록은 없지만, 스데반은 기사와 표적을 민간에 행하였다고 기록하고 있다. 이것은 믿는 사람을 말함이 아니라 안 믿는 자들에게 기사와 표적을 행하였다는 말이다. 기사와 표적은 그 당시에 예수님만이 행하시는 일이었다.

성령은 예수의 영이시다. 스데반은 예수의 영이 임하므로 기사와 표적을 행하는 것이 당연한 것이고 반드시 믿는 자들에게 일어날 일이다. 아마도 초대교회 당시에 이스라엘 나라에는 소경도, 문둥병자도, 귀머거리도, 앉은뱅이도, 각종 환자들도 많았을 것이다. 그는 많은 질병의 환자들을 치유해 주었다는 것이다. 모두 예수의 이름으로 말이다. 그렇다면 스데반이 한 일이 아니라 예수님이 하신 일이 되는 것이다. 그리고 그 당시에는 귀신 들린 자들이 많아서 귀신으로 말미암아 중병에 걸린 사람들도 많았다. 그는 예수의 이름으로 상당히 많은 귀신을 쫓아냈을 것으로 여겨진다.

일찍이 주전 700년경에 이사야 예언자는 "그가 찔림은 우리의 허물 때문이요 그가 상함은 우리의 죄악 때문이라 그가 징계를 받으므로 우리는 평화를 누리고 그가 채찍에 맞으므로 우리는 나음을 받았도다"(사 53:5)라고 예언하고 있다. 예수님이 채찍에 맞으셨기에 우리가 질고, 질병, 고통, 슬픔 속에서 다 훌훌 벗어버리고 고침받고 치유함을 받게 되는데, 바로 예수님이 채찍을 맞으시면서 흘리신 피와 십자가에서 흘린 피를 믿는다면 나음을 얻을 것이다.

2) 스데반 집사는 "지혜와 성령으로 언어를 구사한 집사"였다.(행6:10)

하나님은 솔로몬에게 지혜를 주었는데 동방의 학자들이나 애굽의 학자들이 감히 따라올 수 없는 언어를 구사하므로 말미암아 그 주변 국가들이 아예 항복하면서 조공을 바치는 국가들이 되었다. 다윗이 전쟁을 해서 주변 국가들을 점령했다면, 솔로몬은 지혜 하나 가지고 전쟁 없이 주변국들을 속국으로 만들었다. 그런데 스데반 집사는 지혜와 성령으로 언어를 구사하니, 누가 감히 감당할 수가 있겠는가? 그 당시 많은 흩어진 유대인(디아스포라)들이 유월절 행사로 예루살렘을 찾아왔는데, 그들은 회당에서 스데반의 말을 감당하지 못하였고, 스데반의 논쟁 상대가 되지도 못했다.

예수님은 제자들에게 "너희를 넘겨 줄 때에 어떻게 또는 무엇을 말할까 염려하지 말라 그 때에 너희에게 할 말을 주시리니 말하는 이는 너희가 아니라 너희 속에서 말씀하시는 이 곧 너희 아버지의 성령이시니라"(마10:19-20)라고 말씀하셨다. 성령 받아 지혜로 말하는 자를 세상이 어찌 감당할 수 있으랴. 후에 히브리서 기자는 성령 받아 하나님의 사역을 감당한 사람들을 가르켜 "이런 사람은 세상이 감당하지 못하느니라"(히11:38)라고 밝혀주고 있다.

TVN에서 "알뜰신잡"(알아두면 쓸데없는 신비한 잡학사전)이라는 프로그램에서 몇몇 학자들과 진행자 그리고 중 한 사람이 이야기를 한창 나누고 있는데, "인간이 참으로 좀비가 될 수 있느냐?"라는 주제로 많은 이야기가 전개되었고, "한국의 좀비의 어머니"라고 할 수 있는 김은희 작가가 특별출연하여 한 가지 질문을 던졌다. 그 질문에는 김은희 작가가 그 문제에 대해서 어떤 작품을 쓰려고 하는 것같이 느껴졌었다. "정말 귀신이 존재하는가?"라는 질문에 "알뜰신잡"에 출연한 석학들은 제대로 된 대답을 하지 못하였다. 왜냐하면 이 질문은 영적인 문제를 담고 있기에, 하나님과 성경을 알지 못하면 대답할 수 없는 질문이기 때문이며 그들은 한 번도 귀신을 만나본 적이 없었기 때문일 것이다. 그 때 필자가 혼잣말로 "아! 귀신은 내 전공인데…"하고 중얼거렸더니, 아내(사모)는 "맞네!"라고 맞장구를 쳐 주었다. 아내는 필자가 목회하는 동안에 많은 기사와 표적을 행하는 것을 옆에서 지켜보고 겪어봤었다. 특히 귀신을 내쫓는 일은 거의 실패한 적이 없었던 것 같다. 언젠가 김은희 작가를 만난다면, 귀신의 정체에 대해서 많은 이야기를 나누고 싶다.

스데반 집사는 평신도로서, 사도들 못지않게 하나님의 시대를 일구어 낸 집사였다. 안타까운 것은 더 많은 날들을 보내었다면, 기사와 표적과 지혜로 엄청난 사람들을 하나님께로 돌아오게 하였을 것이다.

3) 스데반 집사는 "평신도지만, 성령의 역사로 명설교가"였다.

초대 교회사에 가장 긴 설교가 바로 스데반이 한 설교였다. 예수님께서는 마태복음 5장~7장에 걸쳐 산상수훈의 메시지를 선포하신 적이 있었고(약 6page), 스데반 집사는 사도행전 7장 1절~53절까지 약 3page 분량의 설교 메시지가 있다. 그 당시 사도들의 설교도 이만큼 긴 설교가 없었으며, 스데반 집사의 설교 내용은 이스라엘의 역사를 꿰뚫고 있으면서, 아브라함부터 광야교회 40년 동안의 반역과 초대 교회시대까지 구약의 조상들과 같이 성령을 거스리고 선지자들을 박해하고 죽였다. 선지자들이 오리라고 한 의인(예수님)을 죽였다고 그 당시 종교인들(장로, 대제사장, 서기관)을 향해 질타를 쏟아냈으며 그중에 종교인들과 유대인들이 마음에 큰 찔림을 받았지만, 오히려 회개한 것이 아니라 스데반을 죽이려고 이를 갈고 있었다는 것이다. 참으로 한심한 종교 지도자들이었다. 사실 이들은 모두 사단의 앞잡이였기에 하나님의 마음을 아프게만 하는 탕자와 같은 자들이었다.

4) 스데반 집사는 "영안이 열려 천국을 보는 집사"였다.

"스데반이 성령 충만하여 하늘을 우러러 주목하여 하나님의 영광과 및 예수께서 하나님 우편에 서신 것을 보고 말하되 보라 하늘이 열리고 인자가 하나님 우편에 서신 것을 보노라"(행7:55~56)라고 외쳤다. 스데반 집사는 영안이 열려 천국을 볼 수 있는 복 받은 집사였다.

이 책자를 필독하는 독자들이여! 스데반처럼 영안을 열어달라고 하나님께 부르짖어 보지 않겠는가? 영안이 열리지 않으면 영적 소경이다. 소경은 앞도 볼 수 없고, 옆도, 뒤도 볼 수 없으니 참으로 한심하고 안타까울 뿐이다.

5) 스데반 집사는 "평신도로서, 기독교 역사상 최초의 순교자"가 되었다.

순교자란 원어로 μάρτυς(마르투스)인데, "증인 선서, 증인, 순교자"라는 뜻이다. 스데반은 예수님이 승천하시기 전에 "오직 성령이 너희에게 임하시면 너희가 권능을 받고 예루살렘과 온 유대와 사마리아와 땅 끝까지 이르러 내 증인(μάρτυς, 마르투스)이 되리라"(행1:8)라고 하신 대로 예수 그리스도의 증인의 삶을 산 것 때문에, 자기 백성들에게 돌에 맞아 순교하게 되었다.

예수님을 알고 난 뒤, 그의 삶은 완전히 바뀌게 되었고 오로지 예수님의 복음을 전하는 데에 열정을 쏟았다. 그가 순교할 때, 변화 받기 전의 사울(바울)의 발 앞에 증인들이 웃옷을 벗어놓았다. 마치 사울에 의해 죽임을 당한 것이나 다름없어 보였다. 그럼에도 스데반 집사는 순교하면서도 원망, 불평하지 않고 오히려 예수님이 십자가 상에서 기도하시고 말씀하신 것처럼 행동하였다. "주 예수여 내 영혼을 받으시옵소서 하고 무릎을 꿇고 크게 불러 이르되 주여 이 죄를 그들에게 돌리지 마옵소서 이 말을 하고 자니라"(행7:59-60) 여기서 "자니라"라는 말은 원어로 κοιμάω(코이마오)인데, "자도록 이르다"라는 뜻이다. 마치 어린아이를 품에 안고 잘 수 있도록 자장가를 불러 주는듯한 부모의 모습이라는 것이다. 그러니까 하나님께서 품에 안으시고 마치 자장가를 불러 주시면서 스데반을 재워줬다는 것이다. 그리고 그는 용서의 사람이었다. 원수들을 품에 안고 자신은 하나님의 품에 안겨 잠든 평신도 집사였다. 그의 영광의 모습은 지금까지 빛나고 있다.

2. 평신도인 빌립 집사 Φίλιππος(필맆포스) - 행8장

빌립은 "말을 사랑하는 자"라는 뜻을 가지고 있다. 평신도인 빌립 집사는 일곱 집사 중에 스데반 다음에 이름이 거론될 만큼의 하나님의 일꾼이었다. 빌립 집사는 한참 사울이 교회를 잔멸하려고 발 벗고 나섰는데 남녀 상관없이 예수 믿는 자들을 끌어다가 옥에 넘기고 있었다. 그런 핍박과 박해 속에서도 빌립 집사는 주저하지 않고 평신도로서 하나님의 사역을 펼쳐 나갔다는 데에 우리는 박수를 보내지 않을 수 없다.

1) 빌립 집사는 "전도자라는 명칭을 최초로 들은 평신도 집사"였다.
(행21:8, 8:4, 8:12)
사도행전 기자는 "빌립이 사마리아 성에 내려가 그리스도를 백성에게 전파하니"(행8:5)라고 기록했다. 빌립은 평신도로서 전도자였고, 이는 예수님을 닮아있다는 증거이다. 예수님은 "우리가 다른 가까운 마을들로 가자 거기서도 전도하리니 내가 이를 위하여 왔노라"(막1:38)라고 말씀하셨다. 하나님께서는 "전도"라는 과정을 통해서 죽어가는 영혼들을 구원하시기를 기뻐하시므로 예수님이 3년 공생애 동안 전도의 삶을 사셨고 제자들에게도 맡기셨다.

전도라는 과정은 여러 가지로 쓰이고 있다. 전도는 원어로 ① κηρύσσω(케뤼소)인데, "선포한다, 알린다, 크게 외친다"라는 뜻이고, ② εὐαγγέλιόν(유앙게리온)인데, "복을 예고하다, 기쁜 소식을 전하다"라는 뜻이다. ③ διδάσκω(디다스코)인데, "가르치는 것"을 말하며 복음과 예수님에 대해 가르치는 것을 말한다. ④ μάρτυς(마르투스)인데, "증인, 순교자"라는 뜻이고, ⑤ μαθητής(마데테스)인데, "제자, 제자로 삼다"라는 뜻이다.

복음은 예수 그리스도의 사역과 교훈을 뜻하고, 하나님께로 나아가는 다리 역할을 의미하고 또한 새로운 피조물을 변화시키는 것으로 정의를 내릴 수 있다. 빌립 집사는 예수님의 뒤를 이어 엄청난 핍박과 박해가 있음에도 불구하고 전도자의 삶을 산 모범적인 평신도였다.

2) 빌립 집사는 "표적을 행하는 집사"였다.(행8:6)

표적은 이적, 기사, 기적을 의미한다. 표적은 반드시 성령 받고 또한 충만하고 더 나아가 성령의 권능이 임할 때만 일어날 수 있는 일이다. 그러기에 빌립은 '믿음과 성령이 충만한 사람'(행6:5), '성령과 지혜가 충만하고 칭찬 듣는 사람'(행6:3)이었다고 누가복음은 말하고 있다.

누가복음에 "예수님이 성령의 능력으로 갈릴리에 돌아가시니"(눅4:14)라고 기록하였는데, 빌립 집사도 사도들 못지않게 성령의 권능을 힘입었다는 것을 보여주고 있다. 그가 표적을 행한 곳은 사마리아 땅(북 왕국의 수도)이었다. 예수님은 "오직 성령이 너희에게 임하시면 너희가 권능을 받고 예루살렘과 온 유대와 사마리아와 땅끝까지 이르러 내 증인이 되리라"(행1:8)라고 하셨는데, 빌립 집사는 예루살렘을 넘어, 온 유대도 넘어 사마리아까지 가서 복음을 전하면서 표적을 행하므로 그가 전하는 복음이 더 신빙성을 얻게 되는 효과도 가져오게 되어, 사마리아 성이 빌립 집사 한 사람으로 말미암아 큰 기쁨이 되었다고 말하고 있다. (행8:8)

그가 행한 표적은 사람 몸에 붙어 기생하는 귀신들이 크게 소리를 지르고 나갔다. 빌립은 예수 이름으로 쫓아냄으로 말미암아 귀신으로 인한 병이 다 고침받게 될 뿐만 아니라, 중풍병자와 앉은뱅이도 치료해 주었는데 한두 사람이 아니라 많은 사람이었다는 사실이다. 그러니 그 성에 큰 기쁨이 있을 수밖에 없었다. 평신도 집사 한 사람이 한 도시 전체를 큰 기쁨으로 몰아넣었다는 사실은 인간의 그 어떤 방법으로도 할 수 없는 일이다. 이 일은 성령의 능력(권능)을 받은 자들만이 할 수 있는 일이다. 사역자가 아니어도 된다. 평신도 하면 장로, 권사, 집사, 성도라고 볼 수 있는데, 성도라도 성령의 권능만 받으면 얼마든지 할 수 있는 일인 것이다.

그런데 오늘날 이런 평신도를 찾아보기가 하늘에서 별을 따는 것보다 어렵다. 그 이유는 성령을 달라고 기도하지 않기 때문이다. 마지막 때가 가까울수록 기도하는 일은 더 적어진다. 아예 기도하지 않으면서 신앙생활 하는 때가 올 수도 있다. 이스라엘 백성들은 하나님을 잘 알지만, 백성들 중에 기도하는 사람을 찾아보기는 힘들다. 역대상 4장 9~11절에 나오는 유다지파의 야베스라는 평신도를 참고해 보면 좋을 듯하다.

3) 빌립 집사는 "그 시대에 이름을 날리던 마술사들과 접전을 벌여 승리한 평신도"였다.

사마리아 성에 "시몬"이라는 마술사가 기적을 일으킨다며 백성들을 놀라게 하고, 자신을 스스로 "큰 자"라고 지칭하기도 하였다. 그런데 마술사 자신은 기적이 아니라는 것을 누구보다도 잘 알고 있었다. 마술 자체가 100% 눈속임이라는 것을 빌립 집사는 알고 있었다. 마술이란 단어는 원어로 μαγεύω(마게우오)인데, "마법사, 요술쟁이"라는 뜻이다. 많은 사람들은 시몬의 마술을 보면서 하나님의 능력이라고까지 치켜세웠다. 그런데 평신도인 빌립 집사가 사마리아에서 기적을 행하면서 많은 사람이 예수를 믿고, 구원을 받고, 세례도 받는 것을 시몬도 보았다. 시몬이 빌립을 따라다니며 행하는 표적을 보고 예수를 믿게 되었는데 시몬은 빌립이 행하는 모든 표적과 이적이 바로 하나님의 성령을 받으면 된다는 것을 알게 되어 돈으로 성령을 사려고 시도하다가 사도들에게 큰 책망을 받고 돌이키게 되므로 화를 면하게 되었다. 평신도인 빌립 집사는 그 유명한 마술사인 시몬을 보기 좋게 성령으로 때려눕히고 말았다.

4) 빌립 집사는 "사마리아 성에 오순절을 오게 하는 디딤돌"이 되었다.

오순절은 유대의 절기지만, 오순절이 되었을 때, 하늘로부터 성령이 부어진 날이기 때문에, 사도행전 기자 누가는 오순절을 잘 기억하고있는 의사였다. 사도행전 2장이 유대인의 오순절이라고 한다면, 사도행전 8장은 사마리아의 오순절이고 사도행전 10장은 이방인의 오순절이었다. 유대인의 오순절은 120여 명이 모여 10일 동안 기도하므로 이루어진 오순절이라면, 사마리아의 오순절은 전적으로 평신도인 빌립 집사의 역사로 말미암아 디딤돌이 놓였고, 예루살렘 교회에서 베드로와 요한을 보냄으로 이루어진 오순절이었기에 더욱 큰 의미가 있다. 평신도 한 사람의 역사가 사마리아 성을 복음으로 초토화한 것은 누구든지 성령의 권능을 받으면 할 수 있는 일이다.

사도행전 10장은 역시 평신도인 로마의 백부장이 욥바에 있는 베드로를 청하므로 이방인의 오순절이 오게 하는 동기가 되었다. 고넬료는 기도의 사람이었고 환상을 보는 사람이었다. 사도행전 10장 44절~48절까지 많은 이방인이 성령받고 세례받고 구원받는 대역사가 기록되어 있다.

5) 빌립 집사는 "주의 지시를 받는 평신도"였다.

그 당시 이방인인 고넬료가 환상 중에 주의 지시를 받아 베드로를 초청하게 되었는데, 이 일은 그 당시 대단한 일이 아닐 수가 없었다. 빌립 집사도 사마리아에서 성공적으로 복음을 전하고 있었고(행8:25), 그때 주의 지시가 빌립에게 전해졌다. "지금 남쪽으로 향하여 예루살렘에서 가사로 내려가는 길까지 가라"는 주의 명령이었다. 그것은 황량한 광야 길이었다. 때로는 하나님의 역사는 이해가 되지 않을 때가 많다. 사마리아 동네 동네마다 다니면서 성공적으로 전도하고, 병을 고치고, 귀신을 쫓아내고, 아마도 빌립이 가는 곳마다 사람들이 인산인해를 이루었을 것으로 추정해 본다. 그런데 황량한 바윗덩어리들만 있는 광야로 가라는 것은 누구라도 이해가 되지 않을 것이다. 그러나 빌립은 그 즉시 순종했다. 순종한 이유는 "그는 성령의 사람"이었기 때문이었다.

사마리아에서 가사까지는 약 74km 정도가 된다. 사마리아에서 내려갔으니 대단히 먼 거리였다. 내려가 보니 에디오피아 여왕 간다게의 국고를 맡은 내시가 예루살렘에서 유월절 절기를 마치고 에디오피아로 돌아가는 길에 이사야 예언자의 글을 읽고 있었다. 성령이 다시 빌립에게 지시하여 빌립이 그가 타고 가는 수레에 가까이 나가서 "읽는 것을 깨닫느뇨?" 그때 내시가 "지도해 주는 사람이 없으니 어찌 깨달을 수 있느냐?"하며 빌립을 수레에 올라오게 하여 빌립이 말씀을 가르쳐 주었다. 내시가 읽는 말씀은 이사야 53장 7~8절이었으며, 빌립은 "이 말씀의 주인공은 바로 얼마 전 십자가에 죽으신 예수"라는 사실을 알려주고 복음을 전하니 내시가 세례받기를 청하여 빌립 집사가 세례를 베풀었다. 내시는 자신이 가던 길을 갔고, 이 일은 그 후에 에디오피아가 기독교 국가로 되는 기초가 되었다.

6) 빌립 집사는 "초자연적인 사람"이기도 하였다.

빌립은 내시에게 물가로 내려가 세례를 베풀었다. 내시와 빌립 집사가 물에서 올라오는데, 급작스럽게 주의 영이 빌립 집사를 다른 곳으로 '이끌어갔다.' 이 말은 원어로 ἁρπάζω(하르파조)인데, "빼앗아 갔다, 강탈해 갔다"라는 뜻이다. 다시 말하면 성령께서 들어서 빌립 집사를 아소도에 데려다 놓았다는 말이다. 이 말은 초자연적인 일이 아닐 수 없다. 내시는 빌립 집사를 다시 보지 못하고 기쁘게 자기 길을 갔다. 개혁 성경에서는 흔연히 내시가 내려갔다고 기록했다. 아소도는 빌립 집사가 내시를 만났던 가사의 북쪽에 위치한 지역이다. 빌립 집사는 아소도에서 열심히 복음을 전하였다. 이런 초자연적인 역사는 신약성경에서 흔히 보이지 않는 사건이다. 걸어서 간 것도, 뛰어서 간 것도 아니다. 하나님의 성령이 옮겨 놓은 것이었다. 빌립 집사는 사마리아에서 가사까지 약 74km나 되는 길을 걸어왔다. 많은 시간을 낭비하였기에 빌립이 한시바삐 복음을 전하게 하시려고 초자연적인 방법을 동원한 것이라고 볼 수밖에 없다. 이렇듯 빌립 집사는 하나님의 사람으로 크게 쓰임 받은 평신도였다.

3. 평신도인 빌레몬 집사 Φιλήμων(필레몬) – 빌레몬서

 빌레몬은 골로새 교회의 집사로서, "애정 있는 사람"이라는 이름의 뜻을 갖고 있다. 빌레몬서는 성경 66권 중 1권이 될 만큼 중요한 복음서이다. 그것도 1장밖에 없고, 1page 반밖에 되지 않는다. 사실 이 편지는 빌레몬의 가정의 종이었던 오네시모라는 사람이 바울의 전도를 받고 이 편지를 빌레몬에게 전한 서신이다. 이 얼마나 큰 영광일까? (성경에는 또 한 명의 평신도인 가이오가 있다. 요한3서는 사도요한이 가이오에게 보낸 편지이자 1권의 성경이다. 이 얼마나 영광일까? 가이오는 빌레몬 다음에 다루기로 한다) 빌레몬서는 바울이 쓴 편지이지만, 실제로 보낸 분은 바로 예수님이시다. 직접 예수님께로부터 편지 한 통을 받는다는 것은 가문의 영광이요, 축복이 아닐 수가 없다.

1) 빌레몬의 가정은 "신실한 믿음의 가정"이었다.

바울이 골로새 지방에 전도를 가서, 빌레몬은 복음을 받아들였고, 믿음의 가정이 되었다. 여기에는 빌레몬과 그의 아내 얍비아, 그의 아들 아킵보의 이름이 기록되었다. 빌레몬은 이 편지를 A.D.60~62년경에 받았을 것으로 추정된다. 빌레몬의 집은 교회로 사용되었는데, 골로새 교회 개척자는 에바브로 디도이지만, 교회터는 바로 빌레몬의 집이었다. 그 당시 빌레몬의 집은 부유한 편이어서 노예들도 거느리고 있는데, 당시에 로마의 지배권에 있었기에 특별히 노예 법이 가혹한 때였다. 그런데 노예 중 ὀνήσιμος(오네시모스, 그 뜻은 "이익")라는 종이 있었는데, 그는 빌레몬의 재물을 가지고 아주 멀리 로마에까지 도망을 갔다가 바울을 만나 예수를 믿고 바울의 종이 되었다. 바울이 이야기를 들어본즉, 그가 떠난 골로새 교회의 빌레몬의 노예라는 것을 알게 되었고, 빌레몬에게 오네시모를 돌려보내면서 편지를 전한 것이 빌레몬서였다. 신실한 믿음의 가정이기에 예수님으로부터 직접 편지를 받을 수 있었고, 이 가정은 정말 축복의 가정이라고 말할 수 있다.

2) 빌레몬은 "오네시모를 용서하고 오히려 영접하는 신앙인"이었다.

오네시모는 빌레몬의 노예이다. 노예는 그 당시에 주인에게 속한 물건과 같았기 때문에, 죽여도 벌을 받지 않았다. 그런데 그런 노예가 주인의 재산을 가지고 도망을 갔기에 도저히 용서받을 수 없는 죄인이었으나, 빌레몬은 복음을 받고 새사람이 된 그리스도인이었다.

바울은 편지에서 오네시모를 나의 심장이라고 적었고, 오네시모가 빚진 것을 내 앞으로 계산하라고 하였다. 빌레몬은 바울을 통해서 복음을 얻게 되었고 구원을 받았다. 세상에 그 무엇이라도 이것에 대한 대가를 치를만한 것이 없기에, 바울이 말한 것이다. 빌레몬은 그것을 충분히 알고 있었다. 그래서 오네시모를 영접하여 다시는 노예나 종으로 생각하지 않고 믿음의 가족으로 받아들이게 되었다. 빌레몬은 바울 때문에 오네시모를 영접하고 용서한 것이 아니다. 바로 예수님 때문이었다는 사실이다. "원수를 사랑하라"는 말씀이 오네시모를 용서하게 된 동기가 되었을 것이다. 분명히 오네시모는 빌레몬에게 있어서 원수와 같았다. 그러나 빌레몬의 마음은 얼음이 녹듯이, 오네시모에 대한 나쁜 감정이 사라져 버린 것이다. 그것은 빌레몬이 성령의 사람이었다는 것이다.

바울은 "소망이 우리를 부끄럽게 하지 아니함은 우리에게 주신 성령으로 말미암아 하나님의 사랑이 우리 마음에 부은 바 됨이니"(롬5:5)라고 로마교회를 향해 말하고 있다. 우리 마음속에 하나님의 사랑이 부어지지 않는 이상 인간은 절대로 원수를 사랑할 수 없다. 나쁜 감정을 가진 사람은 잊혀지지 않는다. 그러나 하나님의 사랑이 부어지면, 그 어떤 사람도 다 용서하고 품어 안을 수 있다. 하나님의 사랑은 오직 성령이 우리 마음속에 오셔야 가능한 일이다. 빌레몬은 100% 성령이 충만한 사람이었기에, 바울 역시 오네시모를 용서하고 받아준 것이라고 믿었을 것이다.

필자는 50사단 공병대대에서 단지 교회에 나간다는 이유 하나만으로 고참에게 뭇매를 맞고 죽음의 사선을 넘은 적이 있었다. 하나님께서는 미력하나마 필자를 사용하시려고, 대구통합병원에서 대장 절반과 소장 네 군데서 120cm를 잘라내고 38곳을 꿰매면서까지 죽음의 골짜기에서 살려주셨다. 그런데 필자의 마음속에는 그 고참을 미워한 적이 없었다. 그것은 하나님께서 필자의 마음속에 하나님의 사랑을 부어주셨기 때문이었다. 필자의 원수에 대해 진술서를 쓰라고 헌병대에서 요구했지만, 구타에 대한 사실을 알리지 않아 몇 번에 걸쳐 헌병대에서 고문을 당하기도 하였다. 결국 필자를 구타한 고참 (50사단에서만 전과 6범)은 필자가 고문을 받으면서까지 헌병대에 고발하지 않았기 때문에, 헌병대에서 풀려났다는 사실을 고참이 뒤늦게 알게 되었다. 후에 그는 필자가 입원해 있던 대구통합병원까지 찾아와 예수 믿겠다는 고백을 하면서 공원에서 몇 시간을 울다가 귀대하였다. 그 당시 그는 돌아가서 하나님께로 전

향하여 어떤 사역자로든지 최선을 다해 살아가다 노년의 삶을 알차게 보내고 있지 않을까 생각해 본다.

3) 빌레몬은 "사역자의 자랑거리며 기쁨을 주는 평신도"였다.

바울은 빌레몬을 "동역자"라 부르고, "우리의 사랑 받는 자"라고 하였고, "성도들의 마음이 너로 말미암아 평안함을 얻었으니 내가 너의 사랑으로 많은 기쁨과 위로를 받았노라"(몬1:7)라고 고백하고 있다. 바울은 다시 "오, 형제여 나로 주 안에서 너로 말미암아 기쁨을 얻게 하고 내 마음이 그리스도 안에서 평안하게 하라"(몬1:20)라고까지 부탁하였다. 사역자에게 최고의 기쁨을 주는 평신도는 요즘 시대에 찾아보기 힘들다. 눈을 씻고 찾아봐야 찾을까 말까, 할 정도가 아닐까? 그렇다고 사역자에게 아첨하는 평신도를 말하는 것은 아니다.

오늘날은 평신도의 시대이며, 시대적으로 보면 "라오디게아 교회 시대"이다. 차지도 않고, 뜨겁지도 아니하여 주님이 토해낼 수밖에 없는 신앙의 소유자들이 부지기수로 많다는 것이다. 사역자를 발가락에 낀 때만도 못하게 여기는 평신도들이 많다는 것이다. 사역자가 평신도(장로)의 말을 안 들으면 사역자를 쫓아내는 시대이다.

필자는 한 교회에서 교회의 방향과 사역자(필자)의 방향이 맞지 않다는 이유로 교단에 이임이 접수된 적이 있었다. (교회 역사 122년 책자에 기록되어 있다) 그러나 그 이임의 이유는 거짓이었고, 교회의 방향이 아니라 장로들의 방향이었던 것이었다. 그 마지막에 장로들의 거짓이 밝혀졌고, 교단은 필자가 그 교회에서 더 사역하든지 아니면 다른 곳으로 이동해도 된다는 판결을 받았다. 그러는 중에 하나님께서 그 누구도 갈 수 없는 사역지로 가라고 허락하셔서 필자 스스로 이임을 하게 되었다.

평신도가 교회의 주인인 듯 행세하고 있는 모습은 주님이 보실 때 가관이 아닐 수 없고, 주님을 실망시키는 일이다. 필자가 그 교회를 나올 때, 후임 사역자에게 두 가지 중에서 선택을 해야 한다고 말했다. 장로

(평신도)들의 말대로 사역하든지, 성령에게 이끌려 사역하든지 말이다. 이런 교회들이 한국에 얼마나 많을까 생각해 보면 끔찍한 일이 아닐 수 없다.

빌레몬은 교회를 섬기며 모든 성도를 섬기는 일에 분주한 평신도였다. (몬1:5-6) 이런 사람이 모범적인 평신도 상이다. 물론 좋은 평신도들도 많겠지만, 거만을 떨고, 교회 안에서 자리다툼하고, 자기주장이 통하지 않으면 교회를 떠나고, 사역자에 대해 이리저리 핑계를 대면서 불필요한 소리를 하는 평신도들이 얼마나 많은지 한국교회의 앞날이 걱정된다.

4) 빌레몬은 "주가 말씀하신 것보다 더 행할 줄 아는 평신도"였다.

빌레몬은 사역자뿐만 아니라 교회의 모든 성도를 섬기는 일에 최선을 다했고, 바울이 오네시모를 "종과 같이 대하지 말고 형제로 대하라"고 권면한 대로 하여 아마도 가족같이 대하였을 것으로 생각된다. 나를 주 안에서 너로 말미암아 기쁨을 얻게 하고 내 마음이 그리스도 안에서 평안하게 하라는 주님의 명령(몬1:20)에서 한 걸음 더 나아가 기쁨을 두 배로 얻게 하고 평안을 몇 배로 얻게 한 평신도였다고 생각된다. 그리고 "오직 너는 나를 위하여 숙소를 마련하라 너희 기도로 내가 너희에게 나아갈 수 있기를 바라노라"(몬1:22)라고 예수님(바울)이 말씀하셨다. 하나님의 사역자 엘리사를 위해 수넴 여인이 담장 위에 집을 짓고 방에는 촛대, 침상, 책상, 의자 등 필요한 모든 것을 준비해 놓았던 것처럼, 빌레몬은 아마도 사도바울이 머물 수 있는 집을 새로 짓고, 모든 것을 충분하고 넉넉하게 준비했을 것이다.

필자는 신학대학 3학년 때부터 은퇴할 때까지 40여 년 동안 부흥회를 인도하였다. 미국을 비롯해서 외국에 집회를 인도하러 가면, 최고의 좋은 호텔과 좋은 음식 그리고 며칠 쓸 물건들과 옷들이 준비되어 있었다. 한국에서보다 후한 대접을 받으면서 주님 앞에 죄송스럽기도 하였고, 감사하기도 하였었다. 사역자가 무슨 일을 맡기든지 명령할 때, 더 행할 줄 아는 평신도들이 된다면, 교회는 꽃을 피울 것이고 사역자들은 사도 바울처럼 기쁨을 얻고 평안을 얻게 되지 않을까 생각해 본다.

4. 평신도인 가이오 집사 Γαίω(가이오) – 요한3서

가이오라는 말은 "기쁨"이라는 뜻이다. 필자는 오늘의 평신도들이 가이오. 같았으면 하는 바람이다. 사도 요한은 마게도냐 교회에 가이오라는 집사에게 편지를 쓰게 되었는데 그것이 바로 요한3서이다. 요한3서는 성경 66권 가운데 책 1권에 속한다. 사실 1page도 되지 않는다. 그러나 성령께서는 한 권의 책으로 제시하시었다. 시편은 150편까지 있는 것에 반해, 요한3서는 1장이지만, 둘 다 모두 한 권의 중요한 성경이라는 것이다. 요한3서는 굉장히 광대한 축복이 담겨 있는 보물의 책이다. 사도 요한은 마지막 사역지인 에베소 교회에서 요한3서를 쓰게 되었고, A.D.95년에 밧모섬에 유배되고 그 후 유배지에서 풀려나 에베소에서 사역하다가 A.D.100년에 하나님의 부르심을 받았다. 아마도 A.D.98~100년 사이에 보낸 편지라고 생각된다.

가이오에 대해 알아보자. 가이오는 마게도냐 교회의 식주인이었고(롬 16:23), 사도바울의 동역자였다. (행19:29) 그리고 그는 바울이 두 사람에게만 세례를 베풀었는데, 한 사람은 가이오이고 또 한 사람은 그리스보였다. 이상한 점은 가이오는 사도바울의 동역자요, 바울에게 세례받고 구원받은 자요, 마게도냐 교회의 식주인(접대부장)이지만, 사도 요한과는 전혀 상관이 없었기에 사도 요한이 가이오에 대해 쓴 것 자체가 말이 되지 않는다. 그러나 하나님의 성령은 사도 요한으로 하여금 가이오에 대한 많은 소문을 듣고 펜을 들지 않을 수 없게 하셨을 것이다.

1) 가이오는 "참 신앙이 좋은 집사"였다.

"영혼이 잘됨같이"라는 말씀 속에서 과거에서부터 지금, 이 편지를 사도 요한으로부터 받는 그 시간까지 이상적인 신앙을 가지고 있었다는 것이다. 직임이 식주인 즉 교회에서 접대부장인 그는 얼마나 사역자를 잘 대접하는지를 어느 누구도 따라 할 수 없을 정도로 신실한 평신도였다. 물론 기본적으로 하나님과 자신과의 관계를 가장 두텁게 하며 신앙생활을 하였음은 물론이다.

"영혼이 잘됨같이"라는 말이 이것을 뒷받침해 주고 있을 뿐만 아니라 이 말씀은 과거형으로 쓰였다. 그런데 사실 가이오는 범사가 그리 잘되고 있는 사람은 아니었다. 왜냐하면 주께서 말씀을 주실 때에 "범사에 잘됨같이"라는 말로 표현이 되었다면, 가이오는 모든 일이 잘 풀리고 형통하는 삶을 살았다고 볼 수 있었을 것이다. "네가 범사에 잘되고"라는 말은 이제까지는 범사의 일들이 틀어지기도 하고 불통하기도 했다는 증거이다. "이제부터 네가 넘치게 잘될 것이라"라는 기도의 제목이다. 주께서 보낸 편지이기에, 주께서 범사에 잘 되기를 간구하셨다면, 가이오는 그때서부터 범사의 모든 일들이 술술 풀려나가는 축복을 받을 것이라는 말씀이다.

"네가 범사에 잘 되고"라는 말은 현재형으로 되어있다. 그렇다면 가이오는 범사에 잘 안되는 상황에서도 사역자를 대접하는 일에 최선을 다했다는 것을 예수님께서 인정하고 계신 것이다. "형제들이 와서 네게 있는 진리를 증언하되 네가 진리 안에서 행한다고 하니 내가 심히 기뻐하노라 내가 내 자녀들이 진리 안에서 행한다. 함을 듣는 것보다 더 기쁜 일이 없도다"(요3서1:3-4)라는 주님의 말씀에서 알 수 있다. 가이오는 범사에 잘 안된 사람인데, 자신은 굶어도 온 힘을 다하여 사역자를 대접하였다는 것이 큰 믿음이 아니면 할 수 없는 일임이 틀림없다.

요한3서의 전체 내용은 사역자를 예수님처럼 대접하고 있는 가이오와,

뭇 사람 (믿는 자나 믿지 않는 자 모두)에게 인정받는 데메드리오가 진리와 자신에게도 선한 자로 인정받았다고 칭찬하면서, 한편, 사역자(사도와 전도자)를 마치 자기 종처럼 생각하고 배척하며 교만하게 행동하는 디오드레베의 악행에 대한 이야기이다. 더 나아가 가이오는 사실 건강한 사람이 아니었다는 것이다. 정말 가이오가 건강한 삶을 살았다면, "건강이 잘됨같이"라고 기록하였을 것이다. "강건하기를 내가 간구하노라" 라는 문장에 의하면, 가이오는 이 편지를 받을 때에 건강이 좋지 않았던 것으로 보인다. 이 말씀은 미래형으로 되어있고, 지금은 아니지만 앞으로는 강건의 삶이 될 것이라는 예언의 기도이다. 그렇다면 가이오는 사역자를 대접할 만한 여건도 되지 않았고 건강에도 어려움이 있는 과정에서, 사역자를 예수님처럼 대접하였다는 사실을 예수님께서는 주시해 보시고, 주님이 보낸 자를 주님 대접하듯 하는 가이오에게 요한으로 하여금 편지를 쓰게 하셨다는 정론이다.

보통 요한3서 2절 말씀을 가지고 설교하는 사역자들이 심히 많지만, 그들은 많은 것을 놓치고 있다. 어느 사역자는 이 말씀을 사역의 토대로 삼았다는 중론이 있는데, 이런 축복은 넉넉하고 건강한 가운데 사역자를 대접한 성도들과는 거리가 멀다. 요한3서는 오직 평신도가 사역자를 어떻게 대접(영접)해야 하는가를 보여주는 진리의 장이다.

요한3서의 저자인 사도 요한은 예수님의 12 제자 가운데 사랑받은 제자였기에 그 사랑을 너무 잘 알므로, 예수님의 사랑을 받는 평신도 가이오에 대하여 자신 있게 말할 수 있었을 것으로 여겨진다. 사도 요한은 요한복음에서 "베드로가 돌이켜 예수께서 사랑하시는 그 제자가 따르는 것을 보니 그는 만찬석에서 예수의 품에 의지하여 주님, 주님을 파는 자가 누구오니이까, 묻던 자더라"(요21:20)라고 기록하였다. 요한3서에 첫 단어인 장로는 바로 예수님의 제자이자 사역자인 사도 요한이었다. "장로인 나는 사랑하는 가이오 곧 내가 참으로 사랑하는 자에게 편지하노라."(요3서1:1) 이 말씀은 사도 요한에게 가이오보다 더 사랑받는 자가 있었을까 생각하게 된다. 그런데 더 중요한 것은 가이오의 이름이 분명히 있는데도 그 이름을 불러야 할 때마다 이름을 부르는 것이 아니라 "사랑하는 자여"라고 부르고 있다. "사랑하는 자여"라는 문장이 2절, 5절, 11절에 나오고, "사랑"이라는 단어가 1절에 2번, 5절에 1번 사용되었다.

"사랑하는 자여"라는 단어는 원어로 ἀγαπητέ(아가페테)인데, "인간의 사랑이 아니라 하나님의 사랑"이라는 단어이다. 요한3서 기자인 예수님은 가이오에게 ἀγάπη(아가페)라는 단어로 자그마치 6번이나 사용하고 계시다. ἔλος(에로스)는 이성 간의 사랑이고, φιλω(필로)는 친구 간의 사랑인데, 이 사랑은 모두 인간적인 사랑이다. 그런데 하나님의 사랑은 유일하게 ἀγάπη(아가페) 이다. 다시 말하면 신의 사랑이다. 그러니까 예수님을 대신하여 파송된 일꾼이 바로 사역자(목사)이기에, 요한3서는 사역자인 사도 요한의 편지가 아니라 바로 예수님의 편지라는 것을 알 수 있다.

2) 평신도인 가이오는 "진리 안에서 행하는 성도"였다.

"진리"라는 말은 원어로 ἀλήθεια(알레데이아)이고, "진리, 참, 진실, 정직, 성실"이라는 뜻이다. 진리는 변하지 않는다. 사실 예수님, 성령님, 말씀 모두 진리이시다. 그런데 가이오에게 예수님은 "형제들이 와서 네게 있는 진리를 증언하되 네가 진리 안에서 행한다고 하니 내가 심히 기뻐하노라"(요3서1:3)라고 말씀하시고, 가이오에게는 "진리"라는 단어를 세 번이나 사용하시고, 데메드리오에게도 한 번 사용하셨다.

가이오의 행함의 진리는 "형제 곧 나그네 된 자들에게 행하는 것은 신실(믿음의 열매)한 일이니"(요3서 1:5)라고 단정 지어 말씀하시고 증언하시었다. "그들이 교회 앞에서 너의 사랑을 증언하였느니라"(요3서 1:6) 형제 곧 나그네는 교회 사역자를 말하고 있다. 사역자나 평신도나 하나님의 아들들이기 때문에, 모두 하나님 앞에서는 형제이다. 그런데 그 형제가 곧 나그네라고 말씀하고 있다. 교회 사역자는 나그네이다. 구약에서는 제사장, 선지자가 나그네였고, 신약에 들어와서는 교회 사역자가 나그네이다. 하나님께서는 세계 민족 중에 오직 이스라엘 족속만 나그네로 인정하시고 있다. "너희가 애굽 땅에서 나그네 되었었은즉 나그네의 사정을 아느니라"(출23:9, 신10:19, 행13:17) 뿐만 아니라 이스라엘 12지파 중에 레위 지파는 역시 나그네 중에 나그네였다. 그래서 매 지파의 분산지에서 살아야만 했다. 예수님도 자신을 나그네라고 명명하시었다. (마25:35) 레위 지파가 여호와의 기업이듯이 교회 사역자도 여호와가 기업인 것이다. 그러니 형제 곧 나그네는 하나님의 사역자, 교회 사역자를 일컫는 말이기도 하다.

  예수님은 사역자가 떠날 때, "네가 하나님께 합당하게 그들을 전송하면 좋으리로다"(요3서1:6)라고 말씀하신다. 예수님은 다 아시지만 마게도냐 교회 식수인(접대부장)에 대하여 그들 곧 사역자들이 증언하였다는 것이다. 마게도냐 교회는 빌립보, 데살로니가, 뵈뢰아 교회를 말한다. 사역하던 사역자들은 가이오에 대해서 접대를 잘하는 평신도 집사이고, 떠날 때는 최선을 다해 보답하고, 어떤 사역자가 오던지 최선을 다해서 영접하는 평신도라고 증언하였고, 이 증언을 들은 요한이 이것은 바로 "진리"라고 외치고 있다.

  사역자들은 세상에 나가서 이방인들에게 아무런 대접을 받지 못할 뿐만 아니라 오히려 박해받고 옥에 갇히기도 했기 때문에, 평신도들은 사역자를 잘 섬기지 않으면 안 된다. 사실 초대교회 때는 극심할 정도로 심했다. 지금의 한국의 실정을 보면, 사역자라고 해서 박해하고, 옥에 가두고 하는 일은 흔치 않은 일이지만, 이슬람권, 사회주의권, 유 불교권, 사이비 종교권에서는 박해받는 것이 사실이다. 왜 사역자를 잘 대접해야 할까? 왜 사역자가 올 때에, 잘 영접해야 하며, 왜 사역자가 떠날 때에 하나님께 합당하게 전송해야 할까? 그 이유는 바로 그 사역자들은 예수님이 보낸 사자요, 실상은 예수님이시기도 하기 때문이다. 교회마다 주님이 사역하시는 것이고, 주님은 당신의 사자들을 교회에 파송하신 것이다. 결국 사역자를 영접하지 않으면 예수님을 영접하지 않는 것이고, 사역자를 섭섭하게 보내면 예수님을 섭섭하게 보내는 것과 마찬가지이다.

요한3서에 가이오와 정반대되는 교회 일꾼이 하나 나오는데 "양육 받다"의 이름의 뜻을 가진 디오드레베이다. 그는 자기 마음에 안 들면, 온갖 악한 말로 사역자를 비방하고, 약점을 찾아내어 교회에 소문을 퍼뜨리고, 사역자를 영접하는 자들을 교회에서 내어 쫓았는데(요3서1:10), 예수님은 이런 일을 악한 일이라고 단정하고 예수님이 오시면 그가 행한 일을 잊지 않으리라고 하셨다. 그 말은 디오드레베와 같이 교회에서 주권을 잡고 행사하는 자는 천국에 들어갈 자격도 없고, 반드시 심판 하겠다는 중한 선언이다. 직분이 장로라 해도, 권사라 해도, 집사라 해도 마찬가지이다. 이에 반해 가이오는 정말 진리 위에서 진리를 행하는 일꾼이었다.

3) 평신도인 가이오는 "선한 것을 본받는 일꾼"이었다.

"사랑하는 자여 악한 것을 본받지 말고 선한 것을 본받으라 선을 행하는 자는 하나님께 속하고 악을 행하는 자는 하나님을 뵈옵지 못하였느니라"(요3서1:11)

우리는 이스라엘 역사 속에 하나님의 사역자를 배반하거나 불순종한 자들이 받는 재앙들을 다 들어 알고 있다. 모세 때에 모세의 흉을 보다가 문둥병에 걸린 미리암(모세의 누이)은 선지자이기는 했지만, 하나님께서는 단호하게 처벌을 내리셨다.(민12:1-10)

고라와 다단과 온이 당을 짓고 총회에서 택함을 받은 지휘관 250명과 함께 모세를 거슬렀을 때, 주도자인 고라는 모세와 아론의 권력을 찬탈하여 자신도 제사장이 될 수 있다고 믿었고, 르우벤 지파 출신인 다단은 자신들이 장자의 권위를 되찾아 권력을 휘두르려 했다. 그들은 당을 지었고, 모세를 거슬렸고, 반역했는데, 그것이 곧 하나님께 대한 반역이고 하나님께 거슬림이었다. 하나님께서는 가차 없이 그것에 합당한 심판을 내리셨으며, 주동자들 가족과 재물까지 모두 땅이 갈라져 스올로 내려갔으며 250명은 분향하는 향로에서 불이 나와서 다 태워버리고 말았다. (민16:1-35)

하나님께서는 다윗을 세우시고, 다윗에게 이스라엘 백성을 맡기시게 된다. 이 일에 반역하고 오히려 다윗을 죽이려 한 사울의 가문은 하나님이 심판하셔서 블레셋과의 전투에서 다 망하게 되고 말았다. 하나님의 사람을 시기하고 질투하고 죽이려 한 아버지 사울 왕의 탐욕 때문에, 다윗과 함께 마음을 같이 해 온 요나단도 죽음을 맞았고, 온 가문이 망하게 되는 과정을 맞게 되었다. 또한 다윗을 반역했던 사람들은 솔로몬에 의해 다 제거되고 비참한 죽음을 맞게 되었다.

특별히 예레미야 예언자는 핍박과 박해의 대상이었다. 바벨론에 항복하는 것이 하나님의 뜻이라고 했기 때문이다. 늪 속에 집어넣기도 하고, 물 없는 깊은 우물 속에 집어넣기도 하고, 옥에 가두기도 했지만, 그 일에 대한 심판은 여지없이 내리시고 말았다.

주님은 가이오가 선한 것 곧 진리를 행하는 일꾼임을 증명하시고 있다. 그런데 교회 안에는 사탄의 역사가 많은 곳이기에, 선한 것보다는 악한 것을 본받는 평신도들이 유난히 많다. 한국교회에서는 오래된 교회들이 내려오면서 당을 짓고, 악한 것을 본받는 평신도들이 많은 것은 사실이다. 이것은 사탄이 교회에서 똬리를 틀고 있기 때문이다. 사실 하나님의 교회에서 선한 것만 본받으려 해도 시간이 부족할 텐데, 디오드레베처럼 악한 것을 본받는 평신도들이 의외로 많다는 것이 심히 안타까울 뿐이다.

4) 평신도인 가이오는 "사역자뿐 아니라 온 교회를 돌보아 주는 성도"였다.

사도바울은 로마교회에 "나와 온 교회를 돌보아 주는 가이오도 너희에게 문안하고"(롬16:23)라고 편지를 보냈다. 마게도냐 교회는 빌립보 교회, 베뢰아 교회, 데살로니가 교회이며, 아가야 지역의 교회는 아덴 교회, 겐그레아 교회, 고린도 교회를 꼽을 수 있다. 그런데 데살로니가 교회가 믿음의 역사와 사랑의 수고와 소망의 인내로 말미암아 그 소문이 마게도냐 지방과 아가야 지방에 퍼져, 믿는 자들의 본이 되고, 그 믿음의 소문 때문에 사역자들이 더 이상 할 말이 없을 정도인 교회로 인정받게 되었다.(살전1:2-8) "데살로니가"라는 말의 원어는 Θεσσαλονίκι(데살로니키)인데, 이 말은 "하나님의 승리"라는 뜻이다. 아마도 데살로니가 교회에서 하나님의 승리에 앞장선 인물이 가이오가 아닐까, 생각해 보게 된다.

가이오는 마게도냐 사람으로, 바울과 온 교회를 돌보아 주는 일꾼이었기에, 뵈뢰아 교회와 빌립보 교회가 아가야 지방의 교회들(아덴 교회와 겐그레아 교회와 고린도 교회)을 돌보아 주는 역할을 한 것으로 추정된다. 사실 한 교회를 섬기는 일도 힘든 일인데, 많은 교회를 섬기고 돌보아 주는 것이 보통 일이 아님을 알고 있는 바울은 가이오를 "온 교회를 돌보아 주는 일꾼"으로 증언하고 있다.

다시 말하면 요한3서는 평신도들이 사역자를 어떻게 대접해야 하는가를 보여준다. 예수님은 "선지자를 대접하면 선지자의 상을 받고, 의인을 대접하면 의인의 상을 받는다고 말씀하셨다"(마10:41) 의인(믿는 자)을 영접하는 자는, 안 믿는 자들이 믿는 자를 대접하면 의인의 상을 받는다. 또한 믿는 자들이 사역자를 영접하면 사역자의 상을 받을 것이다. 아무쪼록 좋은 평신도들이 되기를 바랄 뿐이다.

※ 사역자를 접대함으로 3가지 축복을 받는 비결

요한3서는 평신도들이 사역자를 어떻게 접대해야 하는지를 보여줄 뿐만 아니라 평신도가 사역자를 잘 대접했을 때 하나님께서 어떤 축복을 주시느냐에 대해 말씀하고 있다. 요한3서는 성경 66권의 책 가운데 1page에 불과한 1권의 책이지만, 요한3서는 세상에서 인간의 삶을 가장 살찌게 하는 복음의 내용이며 하나님의 교회와 교회 사역자들이 함께 하나님의 사역을 더 크게 확장하는 기회를 제공한다.

먼저 요한3서는 영적으로 잘 이해하지 않으면 안 된다. 요한3서는 우리 예수님이 가이오에게 보내는 편지로 되어있고, "사랑하는 자"라는 말이 5번 나오는데 한 문장이 시작될 때마다 "사랑하는 자여!"라고 기록될 뿐만 아니라 우리 주님이 "내가 참으로 사랑하는 자에게 편지하노라"(요3서1:1)라고 말씀하신 것을 보면 주님이 얼마만큼 가이오를 사랑하고 계시는지를 알 수 있다.

1) 가이오에게 주신 축복은 영혼이 잘됨의 축복이 임한다.

"영혼"은 원어로 ψυχή(푸쉬케)인데, "영, 마음, 생기"라는 뜻이다. 하나님께서 인간을 창조하실 때 흙으로 빚으시고 그 코에 생기(영혼)를 불어넣으심으로 생령이 되었다. 하나님께서는 인간의 본질적인 요소와 교통하지 않으신다. 오직 영혼과만 대화하시고 교통하신다. "영혼이 잘된다"라는 것이야말로 인생 최대의 축복이라 할 수 있다.

2) 가이오에게 주신 축복은 범사에 잘됨의 축복이 임한다.

"범사에 잘됨"은 원어로 εὐοδόω(유오도오)인데, "순조로운 여행을 하려하다, 번영하게 하라"라는 뜻이다. 그러나 일생의 대부분의 삶은 순조롭지 못하고, 고달프기도 하고, 사고도 나고, 짧은 인생으로 생애를 마치기도 한다. 물론 오래 산다고 하는 것이 꼭 축복은 아니다. 그러나 하나님께서는 사역자를 잘 대접하는 자에게 인생의 여행을 인도해 주시므로, 순조롭게 여행을 마치는 축복을 받게 된다.

3) 가이오에게 주신 축복은 강건의 축복이 임한다.

"강건함"은 원어로 ὑγιαίνω(휘기아이노)인데, "강건하다, 건강하다, 안전하고 온전하다"라는 말이다. 인생의 여행에서 건강보다 더 소중한 것이 있을까? 물론 건강은 인간의 노력으로 얼마간은 얻을 수 있지만, 우리는 성경에서 하나님께 범죄함으로 병이 들어 죽는 많은 사람들을 보아왔다. 건강은 하나님께서 주셔야 얻을 수 있는 것이며, 사실 우리의 몸이 건강한 것은 창조주 하나님의 뜻이다.

외국에서 한 방송사가 "20세부터 70세까지 무엇이 제일 중요하냐?"라는 설문조사를 하였는데, 제1의 욕구는 "건강하고 싶다"라는 것이었다. 필자는 절대로 건강할 수 없는 사람이었다. 군 생활 동안에 주일마다 교회를 다녀온다는 이유로 4시간 동안 내무반에서 군홧발로 배와 등을 구타당하여 실신하였었다. 대구통합병원에서 11시간의 수술 끝에 대장 절반과 소장 120cm를 네 군데에서 잘라내었다. 그리고 터진 곳을 꿰멘 자리가 38군데나 되어 소화 기능을 다 잃고 말았다. 구타 사건 후유증으로 중년이 넘어서 허리 수술 3번, 목 수술 2번을 받긴 했지만, 40여년간의 모든 사역의 시간을 마치고 10년이 지나기까지 지금도 여전히 건강을 유지하면서 책을 쓰고 있다. 일평생을 보훈병원에서 장애자로 보내야 할 인생을 하나님께서는 모든 약한 부분을 치유해 주시고 회복시켜 주셨다. 아마도 필자가 18세 때에 처음 교회에 나가 은혜를 받으면서 사역자를 예수님으로 알고 섬기며, 사역자의 가정에 가장 좋은 것으로 채워드렸던 필자의 행실을 예수님께서 기억하시고 지켜주셨던 것으로 믿는다.

그렇다면 이 말씀은 가이오가 범사에 잘 안되고 건강도 좋지 않은 상태에서 사역자를 대접하는 일에 하루도 쉬지 않고 최선을 다했다는 증거이다. 평신도가 이러기는 쉽지 않다. 가이오의 건강은 후에 하나님께서 예정하신 시간에 고쳐주셔서, "영혼의 잘됨같이, 범사에 잘됨같이, 강건의 잘됨같이" 가이오의 삶이 축복 받았을 것이라고 생각해 보게 된다.

요한3서는 우리에게 어떤 교훈을 주고 있을까? 범사에 잘 안되고 몸에 병이 들어 건강이 좋지 않아도, 사역자를 대접하는 일은 곧 예수님을 대접하는 일이요, 그것이 하나님을 대접하는 일이기에 멈춰서는 안 된다는 것을 보여주고 있다. 그런데 오늘날 자기 주관만을 고집하는 평신도들로 인해, 사역자들이 힘들어하여 이내 병을 얻을 때도 종종 있다. 필자의 동료 사역자도 힘들게 하는 평신도 때문에, 지속적인 스트레스를 받고 결국 암 판정 후 암 수술을 받고 캐나다로 임지를 옮기게 되었다.

※ 사역자를 어떻게 대접할 것인가?

1) 사역자를 위한 좋은 대접은 "위하여 기도하는 것"이다.

이것을 알고 있기에 사도바울은 각 교회에 편지를 쓸 때마다 자신을 위해 기도해 달라고 부탁하는 것을 보면 알 수 있다.

"너희도 우리를 위하여 간구함으로 도우라 이는 우리가 많은 사람의 기도로 얻은 은사로 말미암아 많은 사람이 우리를 위하여 감사하게 하려 함이라"(고후1:11)

"또 나를 위하여 구할 것은 내게 말씀을 주사 나로 입을 열어 복음의 비밀을 담대히 알게 하옵소서 할 것이니"(엡6:19)

"기도를 계속하고 기도에 감사함으로 깨어 있으라"(골4:2)

"형제들아 우리를 위하여 기도하라"(살전5:25)

"끝으로 형제들아 너희는 우리를 위하여 기도하기를"(살후3:1)

2) 사역자를 위한 좋은 대접은 "모든 좋은 것으로 함께 하라"(갈6:6)는 것이다.

"좋은 것"은 원어로 ἀγαθός(아가도스)인데, "선한, 관대한, 정직, 아량있는"의 뜻으로 쓰인다. 좋은 마음씨와 덕을 가지고 대하라는 말씀이다. 디오드레베는 사역자를 함부로 대함으로 저주를 받은 것이다. "함께 하라"는 말씀은 "나누라"는 말씀이다.

3) 사역자를 위한 좋은 대접은 "모든 일을 즐거움으로 하게 하라"(히 13:17)는 것이다.

만일 사역자가 근심으로 일을 하게 하면, 교회나 교인이나 근심의 원인을 준 성도는 절대로 유익이 없다. 반드시 삶에 엄청난 손해를 보게 된다는 말씀이다.

4) 사역자를 위한 좋은 대접은 "사역자로 하여금 기쁨과 위로를 얻게 하라"(몬1:7)는 것이다.

사도바울은 빌레몬의 예수님 사랑과 성도 사랑에 대한 빌레몬의 소식을 듣고 기쁨과 위로를 받았다고 증언하고 있다. 빌레몬은 성도들에게 모범이 될 만한 큰 믿음을 가지고 있었기에, 사역자인 사도바울에게 기쁨과 위로를 받게 하였다. 야고보서는 믿음과 행함의 두 바퀴가 함께 굴러가야 살아있는 믿음이라고 고백하지만, 빌레몬서는 또 다른 사랑과 믿음의 두 바퀴가 주님에게뿐만 아니라 사역자에게 기쁨을 주었고 위로를 주었다고 증언하고 있다.

믿음은 교제를 필요로 한다. 먼저 예수와 나의 교제이며, 성도 간의 교제이다. 이것은 사역자나 평신도 간의 선을 알게 한다. 여기서 말하는 "선"은 원어로 ἀγαθός(아가도스)인데, "덕이 높은, 광대한, 유익한, 아량 있는, 청렴한"의 뜻이다. 그럴 뿐만 아니라 믿음의 교제는 그리스도께 미치도록 역사한다. 다시 말하면 예수 그리스도의 믿음에 이르도록 역사한다는 것이다. 우리의 표상은 예수 그리스도이시고, 어느 누구도 우리의 믿음의 표상이 될 수 없다. 히브리서 기자는 "믿음의 주요 또 온전케 하신 이인 예수를 바라보자"라고 말하고 있다. 예수님만이 실제로 믿음의 경주의 창시자시며, 승리의 완주자이시다.

"교제"는 원어로 κοινωνία(코이노니아)인데, "친교, 협력, 구제, 나눔, 참여"의 뜻이다. 빌레몬은 누구와도 협력하고, 누구와도 함께하고, 누구와도 친교를 나누는 평신도이다. 교회 안에서 내편 네편이 없고, 부하거나 가난하거나 상관없고, 권력이나 명예도 상관 없으며 모두 사랑과 믿음 안에서 이런 것들은 다 소멸하고 만다.

5) 사역자를 위한 좋은 대접은 "사역자의 수고를 알아야 한다"(살전 5:12-13)**는 것이다.**

12절 원문에는 "우리(사역자)가 너희(평신도)에게 요청한다"라는 말로 시작된다. 이 말씀은 평신도들에게 우리 예수님께서 요청하시는 말씀이다. 여기서 "주 안에서 너희를 다스리며 권하는 자들"은 사역자를 말하고 있다. "저희 수고도 알라"는 말씀은 평신도에게 주시는 말씀이다. "알고"라는 말은 원어로 εἰδέναι(에이데나이)인데, 이 말은 "호의를 가지다, 방법이 있다, 호의를 가지고 대하다"라는 뜻이다. 다시 말하면 이 말은 색안경을 끼고 보지 말고, 무슨 일이든지 사랑하는 마음을 가지고 대하고 보라는 말씀이다. 그리고 "가장 귀히 여기라"(13절)고 명령하고 있다. 왜냐하면 사역자가 파송되었다면, 그것은 바로 우리 예수님이 파송하신 것이기 때문에 예수님과 다를 바 없다는 것이다.

6) 사역자를 위한 좋은 대접은 "사역자를 배나 존경하라"(딤전5:17)**는 것이다.**

여기에 장로는 초대교회의 사역자를 일컫는다. 여기에 사역자의 주의사항은 "잘 다스려야 한다"는 것이다. 잘 다스리지 않는다면 참된 목자가 아니다. 주님은 이것을 삯군 목자라 명명하시고 있다. (요10:13) 삯군 목자는 자기 양을 돌보는 것이 아니라 삯을 받고 일하는 목자일 뿐이다. "잘 다스리는 장로들은 배나 존경할 자로 알되 말씀과 가르침에 수

고하는 이들에게는 더욱 그리할 것이니라"(딤전5:17)

왜 배나 존경하라고 하실까? 사역자는 하나님이 보내신 자들이기 때문이다.

구약에 3년 6개월 동안에 가뭄이 이스라엘을 덮었다. 그때 하나님의 사역자는 엘리야였다. 사르밧에 살고 있는 과부는 한 끼분 양식을 남겨둔 채, 아들과 함께 식사를 하고 굶어 죽을 것을 예상하고 있었던 때에 엘리야가 나타났다. 과부는 한 끼의 식사를 아들과 함께 해 먹은 것이 아니라 엘리야를 대접했다. 하나님의 사람을 배나 존경하기 때문이었다. "자식이 중요할까? 사역자가 중요할까?" 그러나 과부는 하나님의 사역자인 엘리야를 택하였다. 수넴 여인도 엘리사에게 마찬가지로 대했다. "배나 존경하라"는 것은 존경에 존경을 더하라는 것이며, 한번의 존경으로 끝나는 것이 아니라는 것이다.

7) 사역자를 위한 좋은 대접은 "사역자를 잘 대접하라"(요1서 3:20)는 것이다.

"너희를 영접하는 자는 나를 영접하는 것이요 나를 영접하는 자는 나를 보내신 이를 영접하는 것이니라"(마10:40)

"누구든지 내 이름으로 이런 어린아이 하나를 영접하면 곧 나를 영접함이요 누구든지 나를 영접하면 나를 영접함이 아니요 나를 보내신 이를 영접함이니라"(막9:37)

"그러므로 우리가 이 같은 자들(사역자)을 영접하는 것이 마땅하니 이는 우리로 진리를 위하여 함께 일하는 자가 되게 하려 함이라"(요3서1:8)

왜 사역자를 영접해야 할까? 예수님은 "선지자의 이름으로 선지자를 영접하는 자는 선지자의 상을 받을 것이요 의인의 이름으로 의인을 영접하는 자는 의인의 상을 받을 것이요"(마10:41)라고 말씀하시고 있다.

그리스도인은 반드시 모두가 다 "사역자의 상"을 받아야 한다. 예수님을 믿고 천국에 들어가기만 한다면, 부끄러운 구원이다. 마치 예수님과 함께 십자가에 못 박힌 강도와 같을 것이다. "사역자의 상"은 그리스도인이 하나님의 사역에 함께 참여하였다는 상이다. 물론 사역의 양과 질이 있겠지만, 사역자를 영접하지 않는 자는 결코 "사역자의 상"을 받을 수가 없다.

교회에서 재정부장은 대부분 평신도 중에 장로들이 맡고 있다. 많은 교회의 재정부장들은 사역자의 사례금 문제를 마치 자기 돈을 주는 것처럼 생각하여 아끼면 교회에 도움이 될 것으로 생각한다. 그러나 이것은 예수님이 제일 싫어하시는 일이시다. 교회의 모든 헌금은 예수님의 것이고, 사역자에게 사례금을 주는 것은 예수님이 주시는 것임을 잊어서는 안 된다. 재정부장이 사역자의 사례금을 아끼고 아낀다면, 우리 예수님을 인색하게 만드는 과오를 범하게 될 것이다.

필자는 부흥회를 인도하기 위해 많은 교회를 방문하였었는데, 그 교회들뿐만 아니라 한국교회의 70~80% 정도가 사례금 문제로 꾸준히 말이 생기고 있다는 것이다. 어떤 교회는 장로가 30년 동안 재정부장의 일을 해 오면서, 독단으로 다른 교회의 절반 수준의 사례금을 책정하고 지급하고 있었다. 그 장로가 받을 "사역자의 상"은 없다고 봐도 틀림없을 것이다. 예수님께서는 "내 돈 가지고 내가 보낸 사역자를 왜 그렇게 대접하여 힘을 빼놓고 어깨를 늘어뜨리게 만드느냐?"라고 질타하실 수도 있다.

필자는 이런 말도 들었었다. "교회가 크면 뭐 하냐? 사례금을 나만큼도 못 받는데!" 어떤 사역자의 조롱이었다. 물론 필자는 동요되지 않았다. 사례금 문제로 사역자와 재정부장이 다투거나 등을 돌리는 경우도 많다. 물론 교회 재정이 항상 모자라는데, 사례금만 올려달라는 사역자는 삯군 목자이지 않을까? 필자는 40년 목회에 사례금 얘기를 단 한 번도 한 적이 없었다. 왜냐하면 모자란 부분은 하나님께 기도하면 어떤 손길을 통해서라도 채워주시기 때문이다.

사례금을 가지고 사역자를 압박하는 평신도는 "진리"(요3서 1:4, 8)를 알지 못하는 자요, 우리 주님 앞에 설 때에 절대로 얼굴을 들 수 없는 부끄러움의 구원을 받을 것이다. 또한 사역자를 영접하며 사역자가 사역하는 것에 함께 동역하는 것이기에 "사역자의 상"을 받게 되는 것이며, 이것이 바로 "진리"라는 것이다. (요3서 1:8)

아무쪼록 좋은 평신도들이 되어서 반드시 "선지자의 상"을 꼭 받는 성도들이 되었으면, 하고 바랄 뿐이다.

제 14 장
전도방법론

1. 전도란?

"전도"란 원어로 κηρύσσω(케룻소)인데, "예고하다, 전파하다"라는 뜻이며, 한문의 뜻을 빌리면 전도(傳道)의 이 말의 뜻은 전할 전(傳)자와 길 도(道)자이다. 傳자는 人(사람 인)과 專(오로지 전)의 형성 문자이다. 이 말의 뜻은 "오로지 사람에게 전한다"의 뜻이다. 道자는 辶(책받침)과 首(머리 수)를 합하여 만들어진 문자이다. 전도라는 말은 결국 "오로지 사람이 걸어가야 할 길(진리)을 생각(머리) 속에 잘 새겨지도록 하라"는 뜻이다. 영어로는 Evangelization이라고 말한다.

예수님은 제자들에게 "우리가 다른 가까운 마을들로 가자 거기서도 전도하리니 내가 이를 위하여 왔노라"(막1:38) 라고 오신 목적을 분명히 말씀하시었다. 사도바울은 말하기를 "하나님께서 전도의 미련한 것으로 믿는 자들을 구원하시기를 기뻐하셨도다"(고전1:21) 라고 고백하고 있다. 전도만이 영혼을 구원하는 유일한 길임을 분명히 하고 있다. 디도서에는 "자기의 말씀을 전도로 나타내셨으니 이 전도는 우리 구주 하나님이 명하신 대로 내게 맡기신 것이라"(딛1:3)라고 바울은 실토하고 있다. 그러므로 전도는 사도바울에게만 국한된 것이 아니라 모든 구원받은 성도들에게 똑같이 맡겨진 일이라는 사실을 상기시켜 주고 있다.

　구약에서의 전도는 노아가 방주를 지으면서 많은 사람에게 하나님의 심판을 알렸지만, 그들은 노아를 미친 사람으로 착각하고 있었다. 아브라함은 브엘세바에 에셀 나무를 심고 거기서 영원하신 여호와의 이름을 불렀으며"(창21:33) 이것은 아브라함의 전도 방법이었다. 아브라함의 조카 롯은 소돔과 고모라 땅에서 예비 사위들을 찾아가 하나님의 심판을 알리면서 빨리 이곳을 떠나자고 요청하였지만, 예비 사위들은 농담으로 여겨 전도의 실패를 하고 말았다.

　구약의 많은 선지자가 수없이 하나님의 말씀을 외쳤지만, 거의 다 성공을 거두지 못하였다. 그래도 하나님께서는 에스겔에게 "인자야 내가 너를 이스라엘 자손 곧 패역한 백성, 나를 배반하는 자에게 보내노라, 그들은 패역한 족속이라 그들이 듣든지 아니 듣든지 그들 가운데에 선지자가 있음을 알지니라, 너는 내 말로 고할지어다"(겔2:3-7) 라고 말씀하신다. 다시 말하면 사람들이 듣든지 아니 듣든지 상관하지 말고 오직 하나님의 말씀을 선포하라는 준엄한 하나님의 명령이다.

　유일하게 전도에 성공한 선지자는 요나이다. 여기에서 우리는 하나의 진리를 터득해야만 한다. 선지자는 하나님의 영을 소유한 하나님의 사람들이라는 점이다. 절대로 하나님의 영을 받지 못하면 앞일에 대해서는 예언할 수 없고 또한 하나님께 인정받을 수 없다는 점에 유의해야 한다. 요나는 이스라엘을 괴롭히던 적국의 수도 니느웨 (12만명 정도가 사는 도시)에 가서 하나님의 메시지를 전하라는 명령을 받지만, 요나는 싫어서 다시스로 도망을 가다가 풍랑을 만나 배에 있는 많은 사람이 요나 때문에 풍랑이 일어난 것을 알고 바다에 던져버렸더니 풍랑이 그쳤다. 그때 큰 물고기가 요나를 통째로 삼켜버렸고 그 큰 물고기는 바닷가에다 요나를 토해내었다. 요나는 참으로 니느웨로 가기 싫었다. 하나님께서 이렇게까지 하시는 것을 보니 "그냥 가서 대충 얘기하면 되겠지"하고 니느웨 성을 돌면서 "40일이 지나면 니느웨가 무너지리라"고 설렁설렁 외치고 다녔다. 그런데 뜻밖의 일이 터지고 말았다. 앗수르 나라 왕에서부터 짐승에 이르기까지 금식을 선포하고 회개하기에 이른 것이었다. 더 놀란 것은, 요나였다. 요나는 맘에도 없는 이야기를 하고 다녔는데, 니느웨 성이 발칵 뒤집혀 회개하고 야단법석이니 이해하기가 어려웠다. 하나님은 결국 요나의 전도로 인해 니느웨의 멸망을 100년 간 유예시키시는 기적이 일어났다. "니느웨 성의 인구가 12만 명, 그렇다면 12만 명이 구원을 받은 것 아닌가!"라고 생각해 보게 된다.

여기에서 "전도"라는 것은 나를 사용하시는 것뿐이지 실제로 일하시는 분은 하나님 곧 성령(영)이시라는 사실을 요나는 인정하고 우리도 인정할 수밖에 없다. 우리를 다만 구원의 통로로 사용하시는데 성령 받지 못하면 하나님이 절대로 사용하실 수가 없다는 것이요, 성령 받은 사람은 억지로라도 전도하면 구원의 역사가 반드시 일어난다는 사실이다.

예수님의 제자들이 단 하루 전도에 동참하였는데, 예수님께서 그날 하루 동안만 그들에게 하나님의 영을 부어주셨던 것이었다. 그래서 병도 고치고 귀신도 내쫓고 많은 영혼을 구원할 수 있었다. 70인의 제자도 마찬가지였다. 이 사건들은 앞으로 성령을 받고 전도하게 될 것을 예표로 보여주신 사건이었다.

전도는 바로 하나님의 소원이다. 우리 평신도들이 알아야 할 것은 하나님의 소원은 모든 인류가 다 구원받기를 원하신다는 것이다. (딤전 2:4) 그런데 실제로 하나님께로 돌아와 구원받는 사람들은 아버지께서 돌아오게 하는 이마다 예수님께로 나아온다고 말씀하고 있다. (요6:44-45) 다시 말하면 아버지께서 이끄는 자들만이 예수 믿고 구원받게 된다는 말씀이다. 신앙인이 성령을 받고 충만하면 하나님께서는 전도할 대상자도 붙여주시고 또한 성령께서 전도하라고 감동하시면 백발백중 구원을 이루게 된다는 것이다. 그러나 성령 받지 못하면 이러한 사건이 절대로 일어나지 않는다는 것이다.

2. 전도의 도구들

1) 첫 번째 도구는 성령의 권능이다. (행1:8)

말재주나 말솜씨가 좋아서 되는 것이 아니라는 것이다. 성경을 많이 안다고 해서 되는 것도 아니다. 사역자나 장로, 권사, 집사가 되었다고 해서 되는 것도 절대로 아니다. "오직 성령이 너희에게 임하시면 너희가 권능을 받고 예루살렘과 온 유대와 사마리아와 땅끝까지 이르러 내 증인이 되리라 하시니라"(행1:8) 저절로 증인이 되는 길은 오직 한 길, 성령세례를 받아야 한다는 확실한 증거이다.

2) 두 번째 도구는 기도이다.

기도가 없다는 것은 이미 성령을 소멸한 자이다. 초대교회는 끊임없이 기도에 힘썼다. 그 결과로 120명이 3천 명으로, 3천 명이 5천 명으로 이제는 더 이상 구원받은 자를 셀 수 없을 정도에 이르렀다. 스가랴 예언자는 "은총과 간구하는 심령을 부어 주리니"(슥12:10)라고 예언하였는데 그 말씀이 사도행전 1장에서부터 마지막 28장에까지 더 나아가 오늘까지 이어져 오고 있기에, 오늘에도 많은 영혼이 구원받고 있다.

3) 세 번째 도구는 바로 말씀이다.

사도바울은 "전파하는 자가 없이 어찌 들으리요 보내심을 받지 아니하였으면 어찌 전파하리요 기록된 바 아름답도다 좋은 소식을 전하는 자들의 발이여 함과 같으니라"(롬10:14-15)

C.C.C에서 23년간 일을 했던 엘마엘톤이라는 사람이 있었다. 그는 교통사고로 하반신이 마비된 상태이기에 늘 휠체어를 타고다녔다. 이 사람이야말로 늘 기도의 사람이었다. 기도의 제목은 두말할 필요도 없이 "오늘도 하나님의 복음을 전할 때, 많은 사람을 구원할 수 있게 해 주세

요"하며 열심히 기도했다. 그러면서도 빼놓지 않은 기도의 제목은 "하나님! 나에게 하나님께 헌신할 영혼 100명만 주시옵소서"라고 기도를 쉬지 않았다. 그는 32세부터 C.C.C에서 일하면서 늘 정류장에 나가서 복음을 전하며 전도도 계속하였는데, 추우나 더우나 비가 오나 눈이 오나 날마다 휠체어를 타고 복음을 전했다. 그런데 왜 100명일까? 엘마엘톤은 나 같은 장애인이 100명의 영혼을 구원할 수 있다면 기적이라 생각했기 때문이었다. 그가 55세에 하나님의 부르심을 받았고, 늘 정류장에서 얼굴을 보았던 사람들이 엘마엘톤이 안보이자 서로서로 묻기도 하고 결국 세상을 떠났다는 소식이 퍼지게 되었다. 그런데 이때 기적이 일어났다. 이미 하나님께 헌신하고 있는 사람들 400여 명이 장례식에 참석했고, 더 놀라운 것은 장례식에 참석한 사람 중에 1,000여 명이 하나님께 헌신하기로 다짐하고 돌아갔다는 것이다. 그는 23년 동안 1,400여 명의 영혼을 구원하였고, 그의 장례 소식을 접하지 못해 장례식에 참석하지 못한 더 많은 사람들이 있을 것으로 판단하면, 그는 비록 장애인이었지만 정말 하나님을 사랑하고 하나님을 기쁘시게 하는 사람이었다는 평가를 할 수 있다.

 결국 전도는 건강한 사람만의 몫은 아니다. 장애인이든지 병이 들어있든지, 구원받은 모든 성도의 몫이다. 시간이 남아도는 사람의 몫도 아니다. 때를 얻든지 못 얻든지, 전해야 할 일이 바로 복음이다. 그런데 아직도 구원받은 많은 평신도가 복음에 대해 입을 열지 않고 있다. 왜 그러는 걸까? 하나님의 명령을 잊은 걸까? 아니면 하나님을 사랑하지 않는 걸까? 혹은 귀찮은 걸까? 많은 의구심이 든다.

 바울은 "하나님이 전도할 문을 우리에게 열어 주사 그리스도의 비밀을 말하게 하시기를 구하라"(골4:3) 고 골로새 교회에 기도로 부탁하고 있다. 아니 바울은 각 교회에 편지할 때마다 자신을 위해 기도해 달라고 부탁하고 있는데, 성도들의 기도 없이는 제대로 복음을 전할 수 없다는 것을 깨달았기 때문이다. 기도가 없다면 사단이 수없이 방해하고 있기 때문이다.

전도 못 하는 이유는 성령을 받지 못하였기 때문이다. 성령을 받으면 우리 맘속에 하나님의 사랑이 부어진다.(롬5:8) 그 하나님의 사랑이 부어지면, 위로는 하나님을 더 뜨겁게 사랑하게 되고, 세상으로는 많은 이웃을 사랑하게 되는데 제일 귀하게 사랑하는 비결이 바로 한 영혼, 한 영혼을 구원하는 것이다. 다시 말해 마음에 하나님의 사랑이 부어져야 그 사랑이 바로 전도로 이어지는 것이다. 왜 우리는 엘마엘톤과 같이 그런 열정이 없을까? 하나님의 사랑이 우리 마음속에 부어져야 사랑 안에 바로 열정도 있게 하고 충성도 있게 한다.

필자는 두 가지로 복음을 전하였다. 한 가지는 18세에 성령 받고 능력까지 받아 영혼을 구원하는 일이 18세부터 시작되었다. 1년간은 영적 사역 준비기간이었다. 물론 1년 동안도 전도를 쉬지 않았다. 가족은 물론 친척들, 친구들을 전도하여 많은 심령이 구원받게 되었다. 다음 해에 속장(구역장)과 교사(초등부, 중등부)직을 맡고서 하나님의 구원 역사는 계속되었다. 앞에서도 언급한 바 있는데, 단 1년 만에 초등 6학년 2명에서 50명으로, 중등부 5명에서 70명으로, 속장으로서는 4가정에서 36가정으로 하나님께서 만들어 주셨다. 그런데 지금 와서 생각해 보니 사역자들이 해야 할 일을 한 것 같다. 그 일은 6학년과 중등부는 매일 저녁 때면 교회에 모이게 하였고, 둘러앉아 "하나님! 우리에게 성령세례 부어주세요"라고 부르짖기 시작하였다. 필자는 그때 하나님께 "하나님! 저에게 부어 주신 하나님의 성령을 이 아이들에게도 부어 주세요"라고 기도하며 "저 또한 하나님의 크신 능력으로 하나님의 일을 할 수 있게 하소서"라며 기도하였다. 어떤 때는 2시간이 넘도록 기도 운동에 불을 붙였다. 그 당시 장년들은 이렇게까지 기도하지 않았다. 사역자 역시 그러했다. 하나님께서 기쁨과 평안을 주셨으며 학생들은 은사를 받았고 이 학생 중에서 7명의 사역자가 나왔다. 필자가 처음 교회에 나갔을 때는 모든 성도가 20여 명에 불과했는데, 2년이 되자 200여 명에 달했다. 이 모든 게 필자와 학생들의 기도 역사라고 생각된다.

3. 어떻게 교회가 부흥하였을까? (필자의 경험)

필자는 신학교 3학년 때 인천 부평에서 교회를 개척하였다. 개척 자금도 한 푼 없었으나 교회는 하나님 것이고, 필자를 하나님의 통로로 쓰시는 것이기에 염려가 없었다. 집도 없어서 처가살이한 적도 있다. 그리고 개척할 지역을 정하고 그 지역을 돌면서 하나님께 물었다. "하나님! 교회는 누구의 것입니까?" 그리고 필자는 대답하기를 "하나님 것이지요?" 다시 물었다. "그러면 예배 처소는 누가 주어야 하나요?" 그리고 필자가 다시 대답하기를 "당연히 하나님이 주셔야지요?"라면서 15일 동안을 돌았다. 그런데 하나님께서는 그 기도에 응답하신 것이다. 어떤 알시노 못한 분이 "왜 우리 동네를 왔다 갔다 하느냐?"고 묻길래, "이 동네에 교회를 세우려고 하는데 예배드릴 장소가 없어서 기도하면서 찾는 중입니다"라고 대답했더니, 그분이 자기 집으로 따라오라는 것이었다. 가게 터가 하나 있는데 작지만, 그냥 쓰라는 것이었다. 가게 터는 2평 반 정도였다. 혹시 교회 다니시냐고 물었더니 대대로 불교 집안이라고 하셨다. 이 지역은 새로 35평 대지 위에 18평 건물을 지어 분양하던 때였는데 150호 정도가 되었다. 필자는 그때 생각했다. "가게 터를 가지고 있는 교인 가정들도 많을 텐데, 어찌 불교 믿는 사람을 통해 예배 처소를 주셨을까?" 필자는 고개를 갸우뚱하지 않을 수 없었다. 상상할 수 없는 일을 하나님이 하신 것이었다.

조그만 강대상과 의자, 낡은 풍금 하나가 교회의 기물 전부였다. 한 달 동안 학교에 다녀온 후, 동네에 전도를 시작하였다. 그리고 한 달 후에 첫 예배를 드리기로 하였는데, 12명이 모이니 교회가 꽉 찬 것 같았다. "하나님! 장소가 너무 좁아요. 더 큰 것을 주세요"라고 기도하였다.

그 동네는 가게 터들이 다 그 정도 크기였고 다른 건물들은 없었다. 그래서 국방부 땅 빈 곳을 찾아내서 거기에다 30평짜리 천막을 세웠다. 여름에는 뜨겁고 겨울이면 추웠지만, 천막에도 교인들이 꽉 차게 되어서 50평짜리 지하 건물이 생겨 옮겼지만, 거기도 얼마 안 되어 꽉 차게 되었다. 교회를 지을만한 땅을 물색한 후, 새벽 3시에 일어나 교회를 지을 만한 땅을 찾아 그 땅에 가서 "하나님! 이곳에 교회를 세울 수 있도록 이 땅을 주세요"하고 기도한 후 몇 달이 지나서 땅 주인을 만나 교회 개척 2년 6개월 만에 133평 땅을 사고 80평 건물을 짓게 되었다. 1년이 지나자 교회에 교인들이 꽉 차서 할 수 없이 1부, 2부로 나누어 예배를 드렸다. 그 후 개척 10년 만에 대지 500평에 750평 교회를 건축하여 한 번에 1,000명이 예배를 드릴 수 있게 준비하였다.

이렇게 되기까지 폐병 말기 환자, 귀신 들린 자, 중풍병 환자, 불임 환자, 간암 말기 환자, 불교의 중, 우울증 환자 등 수많은 사람이 치유 받게 되는 역사를 쉬지 않으시고 부족한 필자를 통해 하나님께서 일해 주셨다. 필자의 교회가 부흥되는 사건이 몇 가지가 있었다.

1) 폐병 4기 환자의 가정이었다.

필자는 학교 다녀와서 시간이 될 때마다 각 가정을 돌면서 전도를 쉬지 않았다. 어느 날 대문 앞에 70대 할머니 한 분이 긴 한숨을 푹푹 쉬고 있었고, 그때 필자는 "할머니! 예수 믿으세요" 우리 동네에 조그만 교회가 세워졌다고 얘기하자, 그 할머니는 "예수 믿으면 폐병도 나을 수 있슈?"라고 물었다. 필자는 자신 있게 "그럼요. 어떤 병이라도 나을 수 있습니다"라고, 당당하게 얘기했더니, 그 할머니는 "그럼 안방으로 들어가 보슈"하였다. 집 안에는 마루에 삼 남매가 꽁보리밥을 한 그릇씩 안고 먹고 있는데, 6살의 장녀, 4살의 장남, 2살의 차남이었는데 모두 폐병 환자들이었다. 꽁보리밥을 먹다가 기침하기 시작하면, 숨이 넘어갈 정도였다. 안방으로 들어가 보니, 컴컴한 방에 한 여인이 누워있는데 송장 같아 보였다. 불을 켜고 가까이 가서 보니, 숨을 몰아쉬고 있었다. 할머니는 며느리가 부평성모병원에서 양쪽 폐가 모두 기능을 상실하여 보름 정도밖에 살아갈 날이 남지 않아서 병원에서 강제로 퇴원시켜서 집에 온 지 10일이 되었다고 설명해 주었다. 그 여인은 필자의 아내와 동갑이었고, 그래서 더 아픔이 컸다. 남편은 어디론가 사라졌고 시어머니가 와서 수발을 하고 있었다. 그날부터 필자는 혼자 그 방에서 그 여인과 함께 예배를 드렸고, 폐병 원수 마귀를 예수님의 이름으로 저주하면서 쫓아내는 기도를 쉬지 않았다. 3남매와 모친을 위해 학교도 쉬면서 한달 동안 병마와 싸웠다. 그렇게 10여 일이 지나자, 그 여인은 미음을 먹기 시작하였고, 죽을 먹게 되었고, 그리고 정상적인 식사를 하게 되면서 한 달 만에 혼자서 새벽기도를 나오게 되었다. 교회까지 100m 거리를 2시간에 걸려 나오면서, 새벽기도의 성도가 되었고, 3남매도 깨끗하게 치료되었으며, 이 가정의 이야기가 온 동네에 퍼졌다. "새로 생긴 상가 조그만 교회 전도사가 폐병 4기 환자의 가족을 다 살렸데"라는 소문에 의해 50여 가정이 새로 교회에 등록하게 되었다. 그 폐병 4기 여인은 집사가 되고, 권사가 되고, 여자로서 장로 추천을 받았을 때 온 교인들이 박수치고 찬성할 만큼 그의 신앙은 모든 이의 모범이었다.

2) 무당들과의 영적 전쟁이었다.

개척 1년 정도가 되었을 때, 지하실을 얻어 예배를 드리게 되었다. 주일 아침 어린이 예배에 설교하기 위해 문 앞에 나왔는데, 무당 7명이 마당굿을 펼치고 있었다. 남자 무당 두 사람은 작두날을 들고, 여자무당이 한 손에 칼을 들고, 한 손에 부채를 들고 작두날 위에서 맨발로 춤을 추고 있었다. 또 다른 여자무당은 닭을 잡아 칼로 닭목을 쳐서 쏟아지는 피를 근처에 뿌리기도 했다. 두 명의 남자 박수무당들은 장구와 북을 치고 있었다. 굿판을 구경하러 모인 동네 사람들이 100명~150명은 되어 보였다. 지난 금요일, 토요일 굿을 했고, 일요일이 마지막 마당굿이었다.

 필자의 사택은 연립주택 3층짜리 건물의 1층이었고, 굿을 한 집은 필자의 아래층 반지하 집이었다. 필자는 문 앞에서 조그만 목소리로 기도하였다. "하나님! 여기에 있는 7명의 무당들을 예수님의 이름으로 다 묶어주세요" 그리고 나서 교회에 도착하여 어린이 예배 설교를 하고 있었는데, 필자의 아내가 다급히 지하교회로 들어와서 지금 우리 집 앞에 큰일이 벌어졌다고 빨리 가보아야겠다고 다그쳤다. 설교를 서둘러 마치고 집 앞에 가보니 정말 난리가 아니었다. 7명의 무당들이 다 그 자리에서 손가락 하나 움직일 수 없도록 하나님께서 묶어 버리셨다. 굿을 하는 아랫집 사람은 "전도사가 무당들을 이렇게 만들었어. 그럼 우리는 어떻게 복을 받아! 다 날아간 거야!"하며 한탄하고 있었고 무당들은 "어떻게 해!"하며 울부짖고 있었다. 그때 한 여자가 큰 소리로 "정말로 전도사가 이 일을 했다면, 이 무당들을 풀 수도 있겠네? 그러면 우리들이 다 예수 믿자고!"라고 하자 많은 사람들이 호응하며 박수를 보냈다. 그때 필자는 150여 명이 모인 필자의 대문 앞에 서서 "여러분! 무당들에게 속지 마세요. 이 모든 일들은 귀신이 시켜서 하는 것입니다. 저는 아직 목사도 아니고, 신학대학을 다니는 전도사인데도 제 말 한마디에 이렇게 무당들이 묶여 있지 않습니까? 이 세상의 참종교는 예수님밖에 없습니다. 예수 믿고 구원받고 천국의 축복을 받으세요"라고 외쳤다. 그러고 나서 석유 드럼통을 굴려다 세워놓고 그 위에 필자가 올라가서 작두날 위에 있는 진짜 무당(광신 무)을 안수하였고, 차례대로 6명의 무당에게 안수를 마친 다음 "예수님의 이름으로 명하노니 묶음에서 다 놓임을 받을지어다"라고 명령하였더니 7명의 무당들이 다 풀려났다. 필자는 7명의 무당에게 다시는 이런 짓 하지 말고 노동해서 먹고 살아야 하며, 꼭 예수님을 영접하고 구원받고 축복받는 삶을 살라고 당부하였다. 그 무당들은 3일 동안 큰 굿을 하고도 아무것도 받지 못한 채 도망가듯 가버렸다.

이 일로 인해 50여 가정이 교회에 등록하게 되었고, 이때부터 땅을 사서 건축을 해야겠다는 꿈을 가지게 되었다. 사실 예수님의 방법을 따라간다면, 교회 부흥은 이렇게 쉬운 것이었다. 그 후에 교인들은 저절로 주위에 교회 자랑을 하게 되었고, 이 사건이 전도되어 열매를 맺게 되었다.

3) 귀신 들린 여인으로 인하여.

교회 개척 2년이 조금 지났을 때 땅을 133평 사고 교회 70평, 사택 10평인 80평의 교회를 건축하게 되었다. 어느 날 교회 근처에 살고있는 한 가정에서 귀신의 역사가 시작되었다. 귀신 들린 사람은 50대쯤 된 여인이었다. 그의 남편은 인천에서 큰 교회마다 찾아다녔지만 모두 헛수고였다고 얘기를 꺼냈다. 그 여인은 날이 갈수록 점점 더 악화되어 가고 있었다. 그때 남편은 아내를 데리고 필자를 찾아와서 상담받게 되었다. 남편은 아내가 제정신이 아니어서 무슨 짓을 할지 몰라 밤에도 잠을 설칠 때가 많다고 제발 아내 좀 살려달라고 애원하였다. 필자는 걱정하지 말고 하나님께서 어떻게 일하시는가를 지켜보자고 하였고 일단 아내를 교회에 두고 가라고 부탁했다. 교회에는 강대상 밑에 10여 평의 지하 예배실이 있어서 거기서 그 여인이 지내게 하였다. 성령 충만한 집사, 권사들을 시간대별로 기도하게 했고, 필자는 학교에서 돌아오는 대로 귀신 들린 여인과 1대1로 상담 아닌 상담을 하게 되었다. 당최 묻는 말에 대답을 하지 않아서, 안수하며 귀신을 제압하자 그때부터 사실을 토로하기 시작했다.

필자는 귀신 들린 자가 놀라울 정도로 말을 토해내는 모습을 보고, 뜻하지 않은 호재를 만났다고 생각했다. 수요예배 때에, 교인들에게 다음 주일 예배 때는 주위에 미신 믿는 사람, 불교 믿는 사람, 무교인 사람들 있으면 꼭 한 명 이상씩 데려오라고 신신당부하였다. 그들에게 전도하는 것이 아니라, 교회 한 번만 와보면 귀신의 역사를 볼 수 있다고 구경하러 가자고 전도 아닌 전도를 시켰다. 그랬더니 귀신의 역사를 보러 100여 명이 교회를 처음 찾았다. 많은 사람 앞에서 황춘자 성도(귀신들린 사람)를 강대상으로 올라오게 한 다음 안수하고 "내가 묻는 말에 정확하게 대답하여야 해! 만일 다른 말을 하면 너를 음부로 보낼 거야!"라고 으름장을 놓았다. 그날은 예배순서 없이 귀신 들린 여인을 통해 하나님의 역사를 전하게 되었다. 필자는 많은 사람 앞에 그 여인을 세워놓고 그 남편을 불러내어 아내가 어찌하여 이렇게 되었는지를 말하게 하였다. 그리고 그 여인을 안수한 다음, "묻는 말에 진솔하게 대답해야 해. 알았지?"하고 "이 세상은 누가 만드셨냐? 진짜 종교는 무엇이냐? 그럼 다른 종교들은 누가 만들었냐? 너는 예수님을 보았냐? 예수님이 십자가에 왜 못 박혀 죽으셨냐?" 등 20여 가지의 질문을 던졌는데 성경 말씀대로 다 대답했다.

  혹시 모인 사람 중에 '짜고 치는 것은 아닐까' 하고 생각할 것 같아 성경을 들고 몇 장 몇 절에 무슨 말씀이 있는지, 그리고 성경에 있는 구절 말씀에 무슨 말씀이 있는지를 물었다. 열 번을 물었는데 정확하게 알고 말씀을 암송하였다. 귀신이 광야에서 예수님을 3번 시험할 때, 딱 맞는 말씀을 끄집어내어 예수님을 시험하였던 사실이 지금 여기에서도 전개되는 듯하였다. 처음 교회를 찾은 사람 몇 명을 불러내고 성경을 한 권씩 주어서 아무 데나 얘기를 하면 이 여인에게 들어있는 귀신이 다 맞출 것이라고 얘기해주었고, 몇 명이 테스트를 해봤는데 귀신 들린 여인이 100% 맞추었다. 그 테스트는 필자도 맞출 수 없는 것이었다. 사람들은 모두 사뭇 놀래는 표정이었고 필자는 그 사람들에게 더 이상 귀신에게 속지 말고 예수 믿고 구원받아 하나님의 백성으로 살아가라고 권면하여 대부분 사람이 교인이 되었다. 필자가 더 놀란 것은 그 귀신이 하나님의 창조를 보았고, 예수 십자가의 사건과 부활, 승천도 보았다는 것이다. 예수님의 손과 발의 어느 부분에 못 박힌 것까지 알고 있었다. 그래서 "네 이름이 무엇이냐?"고 물었더니, "나의 이름은 천신마귀"라고 답하였다. 보통 귀신 중에서 높은 위치라는데, 그래서 필자가 "귀신의 왕 바알세불 정도는 되느냐?"고 묻자, 고개를 끄덕였다. 이날 예배는 순서가 없었지만, 새로 나온 100여 명 새신자들이 많이 감동하고 돌아갔고 그 후 이 일로 인해 60여 가정이 하나님께로 돌아오게 되었다. 그 주일 저녁 예배도 마찬가지로 순서 없이 귀신들린 성도와 함께 예배를 드리면서 남자 권사 7명을 앞으로 나와서 서 있게 한 후, 필자는 한명 한명의 권사의 이름을 부르며 "이 권사의 신앙은 어떠냐?"라고 물었다. 그랬더니 귀신 들린 여인은 십일조를 제대로 안 하는 권사, 술 담배를 하는 권사, 갖가지의 교인들도 모르는 이야기들을 쏟아냈다. 필자는 그때 저 귀신이 말하는 것이 맞냐고 물었더니, 모두 고개를 끄덕끄덕하고 인정하였다. 다음은 여자 권사들 차례였다. 귀신이 다 알고 얘기하니 수치를 들어내고 싶지 않은 사람들은 나오기를 사양했지만, 앞서 얘기했던 폐병 환자였던 권사를 포함해 몇몇 여자 권사들이 나왔다. 앞으로 나온 여자 권사들은 다 성령세례 받은 자들이었다. 그때에 귀신들린 여인이 무섭다고 필자의 뒤로 몸을 숨기었다. 그날 그 여인은 귀신으로부터 해방이 되었고, 필자의 교회에서 3년 정도 신앙생활을 하다가 대전으로 이사 가게 되었다. 이런 것을 보면 전도는 참 쉽다고 생각하게 된다.

그래서 예수님은 말씀으로만이 아니라 기사와 이적을 통해서 수많은 사람을 하나님께로 돌아오게 하신 것이고 초대교회도 역시 예수님의 방법으로 놀라운 교회 부흥을 이룬 것이다. 그렇다면 오늘에 사는 우리 평신도들도 회개하고 세례받고 기도하여, 성령세례 받고 더 기도하여 성령 충만 받고 더 기도하여 성령의 권능을 받아서 전도사역을 해야 하지 않을까?

4. 사영리 책자를 통한 전도

사영리 책자는 한국대학생선교회에서 전도용으로 만든 소책자다. 이 소책자는 이루 헤아릴 수 없을 정도로 인쇄되었고, 수많은 사람을 그리스도에게로 돌아오게 하였으며, 필자도 전도의 도구로 많이 활용했었다.

사영리 책자는 네 가지 원리로 전개가 된다.
① 제1의 원리는 하나님께서는 당신을 사랑하시며 당신을 위한 놀라운 계획을 가지고 계십니다.
② 제2의 원리는 사람은 죄에 빠져 하나님께로부터 떠나 있습니다. 그러므로 하나님 사랑과 계획을 알 수 없고 또 그것을 체험할 수도 없습니다.
③ 제3의 원리는 예수 그리스도만이 사람의 죄를 해결할 수 있는 하나님의 유일한 길입니다. 그를 통하여 당신에 대한 하나님의 사랑과 계획을 알게 되며 또 그것을 체험하게 됩니다.
④ 제4의 원리는 우리는 개인적으로 예수 그리스도를 나의 구주, 나의 하나님으로 영접해야 합니다. 그러면 우리는 우리 각 사람에게 하나님에 대한 사랑과 계획을 알게 되며 또 그것을 체험하게 됩니다.

1) 사영리의 사용법

사영리의 소책자 겉장을 전도 대상자에게 보이면서 잠깐 설명하는 것이 좋다. "사영리 소책자는 사람의 눈으로 볼 수 없는 4가지 영적인 원리입니다. 오직 사람만이 하나님께서 지으신 영적 존재이기에 만물의 영장이라고 부르고 있습니다. 이 말은 사람만이 영적인 존재일 뿐만 아니라 영원히 사는 존재라는 말입니다. 그러기에 사람으로 태어나서 4가지 영적 원리를 모르고 산다면 인생 최고의 비극이 아닐 수가 없습니다."라고 말한 뒤,

1page를 넘기면서 왼손으로 2~3page를 펴고 전도 대상자에게 읽어주는데(전도자는 다 암송하고 있는 것이 좋다), 전도 대상자가 잘 볼 수 있도록 하면서 적당한 속도로 읽어 준다. 마지막으로 밑에 있는 작은 글

씨를 묻는 방식으로 읽어 주면서 "그 이유는 뒷장으로 넘기면 알게 됩니다"하고 한 장을 넘겨 4-~page가 되게 한다.

역시 왼손으로 펴서 전도 대상자가 자세히 볼 수 있도록 한 다음, 사람이 풍성한 삶을 살지 못하는 이유가 바로 제2의 원리에 있다고 간단하게 이야기하고 제2의 원리를 기도하는 마음으로 적당한 속도로 읽어 준다. 결국 사람이 하나님을 떠나 있기에 하나님을 알지도 못하고 하나님의 섭리와 뜻도 알지 못하기에, 하나님께서는 그의 아들 예수님을 세상에 보내주셔서 사람을 회복시켜 주시기 위해 이 책자가 이야기하고 있는 것입니다.

하나님과 사람의 관계를 회복하는 유일한 길을 제3의 원리에서 말씀드리겠습니다. 그 뒤 6~7page를 왼손으로 잡고 전도 대상자가 잘 볼 수 있도록 하고, 제3의 원리를 기도하는 마음으로 읽어 준다. 이 사실은 역사적인 사건임을 강조하면서, 그러나 이상의 3가지 원리를 아는 것만으로는 인간이 절대로 회복될 수 없음을 알리고, 다시 한 장을 넘겨 8~9page를 왼손으로 들고 전도 대상자를 잘 볼 수 있도록 기도하는 마음으로 제4의 원리를 읽어 주면서, 여기에는 도표 2가지가 있는데 내가 주인으로 살아온 사람의 모습과 예수님을 나의 주인으로 모시고 살아가는 사람, 이렇게 두 종류의 사람을 나타내고 있다고 설명한다. (이 부분 이야말로 혼신의 지혜를 내어 진지하게 설명해 주어야 한다)

그다음 예수님을 맘속에 어떻게 영접할 수 있는가를 위해 또 한 장을 넘겨 10~11page를 왼손으로 들고 기도하는 마음으로 읽어 준다. 여기에는 예수님을 영접하기 위해 전도 대상자가 기도를 못 하기에, 전도자를 따라서 하는 기도 글이 있다. 이 글은 기도의 한 문장으로 되어있고, 정말 성령께서 역사해 주심을 의지하면서 따라 할 수 있도록 유도하면 된다. (그러면 역사는 성령께서 하신다)

그다음 12~13page를 열고 다시 왼손으로 잡고 오른쪽 손가락을 이용하여 한줄 한줄 읽어 내려간다. 여기의 기관차의 그림이 있는데, 잘 분석하여 이해하기 쉽게 읽고 설명해 주면 전도 대상자가 더욱 잘 깨닫게 될 것이다. 그리고 예수님을 영접하면 전도 대상자 안에 어떤 일이 벌어지며 어떤 축복을 받는가를 진지하게 얘기해 준다.

그다음에 마지막 14~15page를 열면서 역시 왼손으로 잡고, "이제 풍성한 삶을 살아가기 위해 어떻게 해야 할까요?"라고 묻고 글을 읽어 준다. 여기에

① "날마다 하나님께 기도 하십시오"
전도 대상자가 예수님을 영접했다고 하더라도 기도할 줄 모르기에, "지금 이곳에 하나님이 계십니다" 필요하신 것을 하나님께 자연스럽게 이야기하면 된다고 말하고 마지막에는 덧붙여 하나님께서는 기도하는 자의 편이시고 기도하는 자를 좋아하신다고 증언해 주고 꼭 3가지를 기도하는데, 첫째 믿음을 달라고, 둘째 지혜를 달라고, 셋째 성령을 달라고 하면서 끝으로는 꼭 "예수님의 이름으로 기도드립니다"라고 가르쳐 준다.

② "하나님의 말씀인 성경을 날마다 읽으십시오"
되도록 성경을 본인이 살 수 있도록 하는 것이 좋다. 성경은 기독교 서점에서 살 수 있다고 알려주고 아니면 전도자가 심부름해 주어도 된다.

③ "하나님께 항상 순종하십시오"
이 부분에서는 아직 전도 대상자가 성경을 읽어보지도 않았고 대부분 소유하고 있지도 않기에, 어떻게 순종해야 하는지를 알려주어야 한다. 교회를 정하면 꼭 예배 시간에 출석하게 하고 주일날은 어떤 일이 있어도 세상일은 중단하고 시간을 하나님께 바치도록 권면하고 교회를 같이 가는 것도 좋은 방법이다.

④ "말과 행동으로 그리스도를 증거하십시오."

이 일은 예수님을 영접한 성도들의 의무와 본분이기에, 가족과 친구 혹은 이웃에게 "예수 믿으세요. 그러면 구원을 받을 것입니다" 간단하게 복음을 전하는 것을 알려주면 된다.

⑤ "지극히 작은 일까지 하나님께 맡기십시오."

하나님께 맡기는 일은 기도로부터 시작된다. 식사 전에 기도 : "일용할 양식을 주셔서 감사합니다. 그리고 건강을 주세요. 예수님의 이름으로 기도드립니다" 그리고 "나의 할 일이 크든 작든 하나님 도와주세요"라는 믿음을 가지고 날마다 하나님께 기도하며 살아야 함을 가르쳐 준다. 또한 말과 행동이 세상 사람에게 조롱거리가 되면, 전도의 문이 막힐 수 있고 하나님을 기쁘시게 못 하게 되므로 조심스럽게 살아갈 수 있도록 권면한다.

⑥ "성령께서 당신의 일상생활을 주관하시게 하고 능력을 받아 그리스도의 증인이 되십시오"

우리의 삶을 주관하시는 분이 바로 성령하나님이신데, 성령은 곧 십자가에 못 박혀 죽으시고, 부활하시고, 승천하셔서 하나님 보좌 우편에 계신 예수님의 영이심을 알게 하고, 꼭 성령을 부어달라고 기도하게 함으로 성령세례를 받게 하고, 예수님처럼 더 끊임없이 기도하면 성령의 권능을 받고 증인이 되지 말라고 해도 스스로 증인이 되어 많은 영혼을 구원할 수 있다.

⑦ 그리고 마지막으로 교회를 선택하는 것이 매우 중요하기에, 정상적인 교회와 사이비 종파가 있다는 사실을 알리고 전도자가 선택해 주는 것이 좋을 듯하다. 혹시 교회가 멀면 신앙생활에 지장이 될 수 있기에, 되도록 가까운 교회를 소개해 주어도 좋을 듯하고 등록한 교회 사역자에

게 잘 부탁하는 방법도 중요하다. 전도자는 전도 대상자가 믿음에 굳게 서기까지 끊임없이 그 이름을 부르며 기도하여야 한다. 할 수 있다면 함께 기도원에 올라가서 하나님께 성령 부어달라고 부르짖어 기도하게 함으로 구원의 확신과 많은 은사를 받을 수 있도록 유도하는 것이 필자의 방법이다. (순복음 금식기도원 이용)

사영리 책자는 아주 작은 것도 있고 조금 더 큰 책자가 있는데, 되도록 읽어보라고 주는 것은 작은 것이 좋고, 전도 대상자에게 얘기할 때는 조금 더 큰 책자가 좋다고 생각한다. 글씨가 작으면 상대방이 못 볼 수도 있기 때문이다.

필자는 사영리 책자를 통하여 많은 영혼을 구원한 것이 사실이지만, 필자가 경험한 바를 소개하면서 전도해 왔다. 중요한 것은 영혼 구원에 대한 열정이라고 생각한다. 열정을 얻기 위해서는 예수님을 만나야 한다. 예수님만 만나면 주어진 열정은 그 누구도 빼앗아 갈 수 없다. 필자는 우울증에 시달리는 사람을 만나면, 먼저 상담부터 하고 상담을 통해 완치되지 않으면, 그때는 바로 안수기도에 들어간다. 사실 우울증도 알고 보면 귀신의 역사이기에, 우울증 귀신을 쫓아내면 정상으로 완치가 된다. 국내외에서 40년 동안 부흥회를 다녔으니 얼마나 많은 환자를 만났겠는가? 기록해 놓은 것은 없지만 실제적으로 많은 치유의 역사가 있었다. 그 일은 모두 하나님의 성령이 하신 일이었고 필자는 다만 도구로 사용되었을 뿐이다. 모든 것이 하나님이 주신 은혜이고 축복이고 놀라운 영광이었다고 말하고 싶다.

많은 평신도들이 이렇게 성령 받고 충만하고 능력까지 겸비해서 마지막 시대에 하나님의 도구로 사용되어 하늘나라에 많은 상급을 쌓아놓고 "착하고 충성된 종아!"라는 칭찬을 받는 평신도들이 되었으면 한다.

마 치 는 글

　먼저 쓴 책(2022년 11월 출간)은 「교회개척과 교회성장을 3년에 성공하는 길」이란 제목을 가지고 편찬하였는데, 부제로 "100% 예수님 방법론"을 제시하였고, 그리고 "사역자의 필수지침서"라고 썼는데, 이 시대의 교회가 하곡선을 긋기 시작한 지 30여 년이 되면서 이 책은 하나님의 사역자(목회자)들에게 하나님이 주신 선물이라고 생각하고 썼다. 이 책은 지금 친구 사역자가 영어로 번역하고 있기에 영어판도 나올 것으로 기대한다.

　2023년에 다시 펜을 들고 편찬하고자 하는 책은 평신도 필수지침서로 모든 평신도가 꼭 읽고 새로운 경지의 신앙생활 하기를 바라는 마음과 오늘날 교회의 모든 평신도가 초대교회 성도들같이 성령세례 받고 성령충만 받고 성령의 능력까지 받아 무장해서 세계 질서를 허무는 사단의 무리들과 싸워 올바른 교회를 세워나가는 것은 물론이거니와 마지막 시대에 교회를 크게 부흥시키고 무엇보다 영적으로 든든히 서가는 교회로 새로 거듭났으면, 하는 바람에서 쓰기 시작하였다. 사역자나 평신도나 교회 부흥을 시키는 사역은 결코 다를 수 없다는 마음으로 마치는 글을 쓰고 있다.

　필자는 17세에 하나님의 부르심을 받고 신학 공부를 하기 전까지 11년 동안 평신도로 교회사역에 매진하였다. 18세 때에 집사가 되었고, 10년 동안 봉사하였는데 그 10년의 봉사 생활이 사역자의 길을 가게 하는데 큰 디딤돌이 되었다. 10년 동안 하나님의 성령이 어떻게 이끌어주셨는지를 필두로 하여 맡겨진 초등교사의 일, 중등교사의 일, 재정부의 일, 사역자를 섬기는 일 그리고 속장(구역장) 일을 할 때 새벽을 깨우기 위해 새벽종을 4시에 치고 4시 30분에 재종을 치는 일은 쉬운 일이 아니었다. 새벽에 종을 치는 일은 노인 여권사가 맡아서 줄곧 쳐 왔다. 그때 새벽 3시면 일어나서 준비하고 속도원 가정마다 새벽기도를 가자고 대문을 두드리거나 창문을 두드리고 4시에 모여서 한꺼번에 함께 갔는데 빠른 걸음으로는 20분~25분 정도가 걸려 4시 30분 새벽예배 시간 안에 도착하여 예배를 드렸다. 그런데 꼭 새벽에 종을 계속 치고 싶었지만, 속도원들의 가정을 깨우는 일이 있어 할 수가 없었다. 2년이 지나면서 한 집사에게 몇 가정을 깨우게 하고, 또 한 집사가 몇 가정을 깨워서 데려오게 하여 결국 노인 여권사(김진심 권사)의 종을 치는 일을 가로채어 줄곧 4시에 일어나라는 종과 4시 30분에 예배가 시작된다는 종을 2년간 하루도 빠지지 않고 종을 치면서 기도하였다. 이 종소리를 들은 사람들 모두가 예수 믿게 해달라고 기도하면서 종을 쳤다. 사역자와 함께 심방하는 일, 귀신을 쫓아내는 일, 철야기도, 금식기도에 힘을 쏟았다. 그 당시에는 교회가 너무 가난해서 힘들고 어려운 때였다.

사역자의 아내가 쪼그리고 앉아서 우물에서 물을 길어다가 설거지하고 난 뒤, 다리에 쥐가 나 쩔쩔매는 모습을 보고 세면 벽돌을 이용하여 설거지를 서서 할 수 있도록 만들어 드리고 설거지물도 저절로 빠져나가도록 만들어 드렸다. 사역자는 고맙다는 인사를 하였다. 10년 동안은 교회와 사역자를 위하여 여호수아처럼 살았다고 해도 과언이 아니었다.

우리 집은 거의 사시사철 꽁보리밥인데 그래도 사역자의 가정은 되도록 쌀밥을 지어 먹을 수 있도록 해드렸다. 다시 돌이켜보면 또다시 그렇게 할 수 있을까, 하는 의문이 들 정도로 하나님께 헌신하였는데 지금 와서 보면 평신도로서 10년 동안의 삶은 성령의 적극적인 개입이었고 성령의 이끌림이었다고 감히 말할 수 있다.

이 10년 동안의 신앙생활이 사역의 길을 가는 40년 동안 큰 경험과 큰 보탬이 되었다. 필자가 강조하고 싶은 것은 교회 개척이라든가 교회의 내적 성장이든가 교회의 양적 부흥은 결코 사역자만의 몫은 아니라는 것이다. 엄밀히 말하면 교회 개척, 내적 성장, 외적 부흥은 사실 평신도의 몫이라는 사실이다. 성령세례를 받고 뜨거운 마음으로 교회를 개척하여 사역하면서 신학에 입문한 동료들이 의외로 많았다. 이미 그들은 하나님의 교회를 사역하면서 신학 공부를 하게 된 것이었다. 그러니까 평신도로서 교회를 개척하였거나 평신도로서 교회를 맡아 사역하고 있었는데, 100여 명 동문 중 70%가 이미 사역하고 있었다. 많은 평신도가 이 문제를 반드시 사역자의 몫이라고 강력하게 주장하는 이들이 많다. 그래서 사역자가 바뀔 때는 좋은 사역자가 와야 한다. 좋은 사역자를 찾아야 한다고 여러 사역자를 강단에 세워서 설교를 들어봄으로 테스트를 통해서 담임자를 결정하는 시대가 되었다.

하나님께서 사역자를 보내신다는 의미보다는 교회에서 평신도 대표 격인 장로들에 의해서 사역자가 세워지게 된다는 씁쓸한 생각이 드는 것이 필자만의 생각은 아닐 것이다. 하나님도 마찬가지라는 생각을 해보게 된다. 하나님께서는 자신의 권한을 절대로 빼앗기지 않으신다는 사실을 평신도들은 꼭 기억하였으면 한다. 그렇게 사역자를 잘 골라서 세웠다면 오늘날 교회들은 크게 부흥하였을 것인데, 실제로는 교회들이 점점 하곡선을 긋고 있는 것이 사실이다. 물론 다 그런 것은 아닐지도 모른다. 어쩌다 교회가 이렇게 사람 중심의 교회로 변질되었을까?

필자가 일산 백병원에서 수술받아야 하는 일이 있었다. 군대에서 주일에 교회 다녀왔다고 군홧발로 복부를 너무 많이 얻어맞아 소장, 대장, 위가 다 터졌었는데 대장은 절반, 소장은 120cm를 잘라내다 보니 소장과 대장끼리 붙들어 매 놓은 것이 풀어져서 그것을 다시 받쳐서 꿰매는 수술을 받아야 했다. 그런데 수술을 집도한 의사가 일산의 중형교회 안수집사였는데 필자가 목사인 것을 알고 우리 교회 담임 사역자를 구하는 중인데 어떤 사역자를 구해야 하는지를 물어봤다. 그래서 필자는 첫째는 세상 지식보다는 성령충만한 사역자면 좋겠고, 둘째는 설교할 때 원고 없이 성령이 주시는 말씀을 그대로 전하는 사역자면 더욱 좋겠고 그 이유는 사역자는 아마추어가 아니라 프로이기에 신구약에 하나님의 말씀을 전하는 사역자들이 모두 원고 없이 말씀을 전하였기 때문이라고 하였다. 셋째로 가장 중요한 것은 교회 대표 격 되는 직분자들이 정하지 말고 그 일을 하나님이 하시게 해야 합니다. 그렇게 되기 위해 이 3가지를 놓고 기도하고 다른 대표 격이 되는 분들과 공유하고 함께 기도하면 하나님께서 반드시 정해주실 것이라고 말을 전했다. 얼마 후에 다시 병원을 찾았더니 말씀해 주신 대로 그대로 교회에 전하고 기도하였더니 하나님께서 좋은 사역자를 보내주셔서 온 교우들이 다들 좋아한다고 말을 듣게 되었다. 필자의 마음도 그 교회 교인들의 마음 같아서 평안을 느낄 수 있었다. (2021년) 이 책을 읽는 독자(평신도들)는 어느 것이 옳다고 생각하고 있는지 대답을 듣고 싶지만, 들을 수 없는 것이 안타까울 뿐이다. 사역자도 사실 하나님의 뜻을 물어야 하고 교회도 반드시 하나님의 뜻을 묻기 위해 금식하면서 기도하지 않으면 안 된다.

필자가 사역하는 동안 필자의 교회보다 조금 더 큰 교회 두 군데에서 한번 설교하러 와보라고 해서 거절한 적이 있었다. 아마도 설교를 잘하나 보려고 하는 하나의 시험대였기 때문이었다. 사실 많은 사역자가 자신이 섬기던 교회를 떠날 때, 하나님께서 보내줄 거라고 하는 마음보다 반드시 자기 후배를 보내려고 하는 정치성이 의외로 많다는 것은 가슴 아픈 일이다. 이 일은 절대로 하나님께서 기뻐하는 일이 아님에도 성공하면 나중에 내가 그 교회로 보내주지 않았느냐고 큰소리치고 자랑하기 일쑤다. 이것이 현대교회의 고질병이라 할까? 어느 사역자는 자기 후배 아니면 절대로 부 사역자를 쓰지 않는 사역자를 볼 수 있다. 그래서 사역도 줄을 잘 서야 한다는 이야기가 생기게 된 것이다. 이런 모습들이 하나님의 교회를 수렁으로 몰아 넣고 있다. 왜 이런 일이 반복될까? 그 이유를 찾아야 한다.

 현시대를 보면 평신도들의 신앙은 사실 침체기라고 해도 과언이 아니라고 본다. 정말 한 교회에서 성령으로 충만해져 있는 평신도는 얼마나 될까? 사실 교회는 성령이 이끌어 가야 한다. 그런데 사람들이 교회를 이끌어 가고 있지는 않은지 되새겨 보아야 한다. 어떤 교회처럼 107년 교회 역사에 30명의 사역자가 다녀갔다면, 3~4년에 한 번씩 사역자가 바뀌었다는 이야기가 된다. 과연 하나님이 하신 일일까? 아니면 평신도들이 한 일일까? 고민해 볼 필요가 있지 않을까? 사단은 갖가지 방법으로 사역자들과 평신도들을 자기 것으로 요리한다는 사실이다. 중세교회는 사실 교회가 아니라고 봐야 할 정도였다. 그런데 그 중심에 있는 사역자들이나 평신도들은 그것이 하나님의 뜻이라고 알고 살았다.

 오늘날에는 신앙을 가지고 있지만, 신앙 비슷한 가짜신앙이 판을 치고 있고, 많은 평신도가 신앙 같지 않은 신앙에 머물러 있다는 것이다. 이런 사실은 한 가지의 문제라고 본다. 바로 하나님의 성령을 받지 못해 분별하지 못하기 때문이다. 신앙생활은 육적인 것이 아니라 영적인 것이다. 영적인 것은 영적으로만 분별할 수가 있다.

 이런 비유를 들어 아쉬운 마음이지만 그래도 이해를 돕기 위해 말해보고자 한다. 무당에는 3가지 종류의 무당이 있다. 첫째는 강신무이다. 강신무는 정말 귀신이 들어와 무당이 된 사람이다. 광신무가 아니면 작두날 위에 설 수도 없고 지난 일을 맞출 수도 없다. 그야말로 진짜 무당이다. 둘째는 세습무이다. 세습무는 어머니나 할머니 주로 여자들을 통해 세습되는 것을 말한다. 세습무도 어머니나 할머니가 강신무이면 진짜 무당이다. 셋째는 선무당이다. 선무당은 귀신이 자신 속에 들어와 있는 것처럼 행동한다. 그래서 옛말에 "선무당이 사람 잡는다"는 말이 생긴 것이다. 선무당은 강신무를 흉내 내는 것뿐이다. 선무당은 작두날 근처에도 못 간다.

여인들이 임신을 못 하면 어떻게든지 임신해 보려고 애를 쓴다. 그래서 상상임신을 하게 되기도 한다. 임신을 하지 않았는데 마치 임신한 여자처럼 행동한다. 예수 믿는 신앙도 반드시 성령을 받아야 참신앙인데, 성령 받지 못하였으면 성령 받기 위해 힘쓰고 애쓰면 반드시 하나님께서 성령을 부어 주신다. 그런데 성령도 받지 못하였으면서도 마치 성령 충만한 것처럼 행동한다. 그렇다고 하나님께서 그런 신앙을 인정하실 일은 절대로 없으시다. 사람을 속일 수 있어도 하나님을 속일 수는 없다. 하나님을 속인다고 생각하지 못하는 사람은 자기가 자기에게 속는 것이다. 성령 받지 못하고 주의 일을 하면 절대로 상은 없다. 하나님 앞에 섰을 때 하나님께서는 "세상에서 이미 상을 다 받았느니라"고 하실 것이다. 왜냐하면 성령 받지 못하고 집사가 되고 권사가 되고 장로가 되었다면 교회에서 이미 많은 평신도들에게 다 상을 받지 않았을까? "예수님, 제가요, 무슨 교회 장로이며 일평생 교회만을 위해서 살았습니다" 했다면 예수님께서는 "이 불법을 행하는 자야, 내게서 떠나가라, 나는 너를 알지 못하노라"라고 하신다면 참으로 어찌 될까? 가룟 유다의 모습을 떠올리게 될 것이다.

성령을 받지 못했다면 장로로써, 권사로써, 집사로서 교회에서 모두 자기 힘으로 하지 않았을까? 분명한 것은 신앙은 모두 성령의 힘이나 능력으로 해야 한다는 사실을 앞에서 누누이 필자가 강조해 왔다. 예수님도 성령으로 일하셨고, 모든 평신도가 반드시 성령의 힘으로 성령이 이끄시는 대로 해야 함을 하나님의 말씀이 증거해 주고 있지 않은가?

구약에서, 하나님께서 당신의 영을 부어주지 않았는데 선지자라고 예언하는 거짓 예언자들이 시대 시대마다 얼마나 많았던가? 사울 왕도 왕으로 일하게 하려고 하나님의 영을 부어 주셨다. 그러나 하나님의 영의 역사를 자신의 이름으로 남기고 자신의 부를 축적하는 데 사용하였다. 그래서 하나님께서는 하나님의 영을 거두시고 말았다. 그러나 그 후에도 사울 왕은 왕 노릇을 이어갔다. 사울의 영광은 마치 홍수에 밀려가듯 다

떠내려가고 말았다.

　오늘날 평신도들이 므나를 얼마나 남겼을까, 아니면 달란트를 얼마나 남겼을까 생각해 보게 된다. 므나의 비유는 모든 평신도에게 하나님께서 똑같이 나눠주신 것이다. 영적으로 보면 곧 구원의 은혜라고 볼 수 있다. 엄밀히 말하면 믿음이다. 이 믿음은 구원받는 믿음이다. 다윗이라고 두 번 구원받을 수는 없다. 베드로도 한 번 구원받는 말씀을 소유한 사도였다. 이렇게 구원받는 믿음은 마치 종들에게 한 므나씩 나누어 주신 것을 말하고 있다. 예수님 시대에 질고로 인해 고침을 받은 사람들에게 "네 믿음이 너를 구원하였느니라"(막5:34, 10:51)고 예수님은 말씀하셨다.
　그러나 또 하나의 믿음은 달란트이다. 달란트의 믿음은 절대 똑같지 않다. 달란트의 믿음은 곧 성령세례 받은 믿음이다. 분명한 것은 성령세례는 하나님께 구하지 않으면 절대로 받을 수 없는 믿음이다. (눅 3:21~22, 11:13) 달란트의 믿음은 크기도 하고, 적기도 하고, 넓기도 하고, 좁기도 하다. 얼마만큼 기도하였으며, 얼마만큼 씨름하며 묵상하고 읊조렸는지에 달려있다. 므나 믿음은 절대 기적을 만들지 못한다. 오직 달란트 믿음만이 많은 기적을 가져올 수 있다. 큰 믿음은 기적을 만들고 불가능을 가능케 한다. 예수님 말씀에 의하면, "큰 믿음은 산에 있는 나무를 바다에 심으라고 해도 심어지고 산을 바다에 던지라고 해도 산이 바다를 메꾸는 기적이 일어난다."라고 하셨다. (마17:20, 21:21, 막11:23)
　필자의 외가는 지금의 안산시에 있는 원시리였다. 그곳에 원시리 감리교회가 있었다. 그런데 바닷가 쪽으로 가파른 산을 하나 넘으면 초지리가 있는데 어느 날부터 여자 권사가 겨울이 되어 눈이 내리면 자꾸 미끄러지고 새벽기도 가기가 너무 힘들었다. 그런데 어느 날 목사가 설교하는데 막11:23 말씀이었다. 여권사는 이 말씀의 은혜를 받게 되었다. 그때서부터 "하나님 믿음으로 구하면 산을 들어 바다에 던지우라, 하면 이루어진다고 하셨으니 이 가파른 산아 떠나가서 바다에 떨어져라! 그래야 내가 새벽기도를 빠지지 않고 갈 수 있다." 몇 년을 기도하는데도 가파른 산은 끄떡도 하지 않고 그대로였다. 내 기도가 약했나 더 강하게 기도해야겠다. 그 산을 넘어갈 때, 내려갈 때 계속해서 기도하였는데, 어느 날 중장비들이 많이 오더니 그 산을 들어서 바다에 가져다 메꾸어서 교회로 가는데 평지가 되고 말았다. 그 권사는 하나님께서 내 기도를 들어 주셨다고 기뻐하였는데 아마도 하나님께서 그 권사의 기도를 들으시고 안산시를 개발하신 것이 아닐까, 생각도 해보게 된다.

교회 평신도들이여! 이런 일이 당신들에게 지금 일어나고 있느냐고 묻고 싶다. 일어나지 않는다면 내가 가진 믿음은 겨자씨 한 알보다도 못한 믿음이다. 씨앗 중에 가장 작은 씨가 겨자씨라 한다. 그런데 겨자 나무는 나무라고 하기에는 좀 이상하다. 왜냐하면 겨자 나무는 일년생이다. 다년생이 아니라는 얘기다. 그런데 성장 속도가 너무 빨라 마치 다른 나무들 10년 정도 자란 나무같이 4~5m까지 자랄 뿐만 아니라 수많은 새들이 깃들이고 사람들도 나무 밑에서 더위를 식히기도 한다. 2년, 3년이 아니라 단 12달, 1년이다. 왜 예수님께서 믿음은 겨자씨에 비유하셨을까? 바로 이 때문이다. 성령세례 받은 믿음, 달란트 믿음은 1년 안에도 결과를 볼 수 있다는 말이나 다름없다. 한 달란트 받은 종을 빼놓고 말이다. 한 달란트 받은 종은 성령 받은 니골라 집사처럼 사이비 종교(이단)의 교주가 되었을 것이 분명하다.

사역자에 비해 평신도의 숫자는 몇십 배, 몇백 배, 몇천 배는 된다고 생각된다. 그 많은 평신도가 잠을 자고 있기에 오늘날 교회가 하곡 선을 긋고 있다. 이대로 계속 10년만 더 가면, 유럽교회나 북미교회들처럼 노인들만 모이는 교회로 전락하지 않으리라는 법칙도 없다.

시대는 다니엘의 예언처럼 빨리 왕래하는 시대인데 교회는 거기에 따라가지 못하는 모습은 아닌지, 바로 대처하지 못한 것은 아닌지 스스로 돌이켜 보아야 한다. 예수님이 데살로니가 교회에 첫 번째 전하는 편지에서 "너희는 성령을 소멸치 말며 예언을 멸시치 말고"(살전5:19)라고 경고하셨는데, 분명히 한국교회가 오늘날 성령을 소멸하고 예언을 멸시하는 교회들로 전락해 가고 있다는 사실이다.

이런 사실을 분명히 알고 회복하는 길은 모든 평신도가 므나의 믿음에 머물러 아무것도 할 수 없는 믿음에서 마치 5달란트 2달란트 받은 종들과 같이 달란트 믿음으로 전도의 문이 열리고, 기도의 문이 열리고, 회개의 문이 열려질 때, 한국교회는 다시 일어나 새 출발을 할 수 있게 되는 길이 유일한 길이라고 생각된다.

일찍이 이사야 예언자는 "일어나라 빛을 발하라 이는 네 빛이 이르렀고 여호와의 영광이 네 위에 임하였음이니라 보라 어둠이 땅을 덮을 것이며 캄캄함이 만민을 가리려니와 오직 여호와께서 네 위에 임하실 것이며 그의 영광이 네 위에 나타나리니 나라들은 네 빛으로, 왕들은 비치는 네 광명으로 나아오리라 네 눈을 들어 사방을 보라 무리가 다 모여 네게로 오느니라 네 아들들은 먼 곳에서 오겠고 네 딸들은 안기어 올 것이라"(사60:1~4)라고 예수님의 시대, 성령의 시대를 예언하고 있다.

필자의 동문들에게 한 권씩 선물로 나누어 주었다. 동문들 중 상당수가 필자의 책을 읽어보고 하나님께서 다시 한번 기회를 주신다면 예수님 방법으로 꼭 사역해 보고 싶다는 고백을 수없이 들을 수 있었.

마지막으로 한국교회의 모든 평신도여!
우리 신앙은 반드시 성령세례 받아야 진짜 신앙이다. 왜냐하면 신앙생활은 100% 성령에게 이끌려야 하고 성령으로 이루어져야 한다는 것이 성경의 진리이기 때문이다. 예수님은 우리의 유일한 본이시고 길이시고 우리가 살아가야 할 표본이시다. 우리 신앙은 베드로를 닮는 것이 목적이 아니고 바울을 따라가는 것이 아니라 오직 예수님을 따라가는 것이 신앙이고 예수님의 행동을 따라 생활하는 것이 참신앙의 모습이다.

그런 예수님이 요단강에서 사람인 세례요한에게 세례를 받으셨다. 다시 말하지만, 세례는 "물속에 잠기다." 곧 육의 죽음을 뜻하는 것이다. 우리는 예수님 영접하기 전 100% 육을 따라 살았고 육을 위해 살았던 사람들이었다. 그래서 예수님은 첫 번째로 세례부터 받으신 것은 육의 자아를 죽이기 위해서이다. 예수님도 육을 입으셨기에 육의 자아를 물속에 장사 지냈으니, 예수님을 이끌어 가야 할 분이 필요했다. 그분은 바로 성령 하나님이셨다. 그래서 예수님은 그 자리에서 기도하셨다. 그 기도의 단어는 προσευχή (프로쉬케)인데 하나님만이 주실 수 있는 제목의 기도를 말한다. 예수님이 요단강에서 성령을 받으셨다. (눅3:22) 그리고 더 기도했다는 기록은 없지만 분명히 예수님은 더 기도하셨다.

"내 이름으로 일컫는 내 백성(사역자들과 모든 평신도)이 그들의 악한 길에서 떠나 스스로 낮추고 기도하여 내 얼굴을 찾으면 내가 하늘에서 듣고 그들의 죄를 사하고 그들의 땅을 고칠지라"(대하7:14)라고 말씀하시고 있다. 여기서 우리는 두 가지를 발견하게 된다.

하나는 정말 사역자와 평신도들이 세상에서 살 동안 악한 일을 도모하고 살까? 그렇지 않을 것이다. 혹 그렇게 사는 사이비 종교 교주와 따르는 교인들이 있을 것이다. "그 악한 길"은 꼭 세상에서 큰 범죄나 저지른 일만 말하는 것이 아니다. "악한 길"이란 하나님의 생각에 맞추어 살지 않고 자기 생각에 맞추어 사는 것도 하나님이 보시기에 악한 길이다. 오늘날 많은 평신도가 있지만 자신의 주관을 버리고 하나님의 말씀에 맞추어 사는 성도들은 몇 %나 될까? 10%라면 나머지 90%는 악한 길을 걸어가고 있는 것이고, 20%라면 80%는 악한 길을 지금도 걷고 있는 것이다.

또 하나의 문제는 영적인 문제이다. 신앙생활 자체가 성령으로만 가능하기 때문이다. 아무리 모태신앙이라 할지라도 반드시 성령세례를 받아야 한다. 그런데 수십 년을 믿었는데도 성령세례 받지 못했다면 그것 역시 악한 길이다. 그런 자들은 늘 교회에서 민주주의를 찾는다. 숫자놀음으로 교회를 이끌고 있다는 것이다. 예수님은 숫자놀음으로 제자들을 이끈 적이 한 번도 없으시다. 하나님의 교회는 절대적으로 숫자놀음을 배격해야만 한다. 교회는 사실 민주주의가 아니다. 교회는 신본주의라고 말할 수 있다. 야고보서는 믿음보다는 행함에 더 강조점을 두고 있다. 그래서 "행함이 없는 믿음은 죽은 믿음"(약2:26)이라고 고백하고 있다. 야고보는 "너희는 하나님이 우리 속에 거하게 하신 성령이 시기하기까지 사모한다, 하신 말씀을 헛된 줄로 생각하느냐"(약4:5)라고 외치고 있다.

모든 평신도는 마음속에서 성령이 시기하고 있다면 심판의 대상일 것이다. 여기에 "시기"라는 말은 원어로 φθόνος(프도노스)인데, "입을 삐쭉임, 질투"라는 말이다. 그런데 시기, 질투, 입을 삐쭉이는 분이 바로 성령이시라는 말이다. 여기에 두 가지 의미가 있다고 본다. 하나는 기도하면 하나님께서 성령을 보내주시는데 성령은 기도한 영혼의 주인이 되시기 위해 보내진 하나님이시다. 그런데도 자신이 이제까지 이 길로 왔으니, 자신이 주인 되는 것이 맞다.'라고 주인의 자리에서 내려오지 않는 모습이다. 또 하나는 성령을 받고 주인의 자리에서 내려와 성령이 주인이 되시니까 기쁨이 있고 평안이 있고 은혜가 넘치게 되었다가 얼마 지나지 않아 기도 생활이 점점 줄어들고 기도를 쉬는 죄를 범하게 되었을 때는 벌써 성령을 밀어내고 자신이 주인이 되어있는 것이다. 그래서 성령께서 시기하신다는 말씀이다. 여기 야고보서에는 성령세례 받지 못한 자는 아예 제쳐놓고 말씀하고 있다. 특별히 우리나라는 사단의 사상(사이비 종교, 타종교, 공산주의 등) 곧 나쁜 사상으로 물들어 있는 나라이며, 나라 자체도 위기이고 나쁜 사상에 물든 삯꾼 목자들이 어린 양들을 비탈길 혹은 낭떠러지로 몰아가고 있다.

 이 모든 것을 이기는 길은 하나님의 방법밖에 없다. 그것은 모든 평신도가 성령충만 받고 능력까지 받으면 더 말할 나위가 없다. 그러기 위해서는 하나님 앞에 무릎 꿇음이 절실히 필요한 시대이다. 기도 없이는 성령세례는 불가능하다.

 이 책을 읽는 독자들(평신도들)은 예수님이 누가복음 3장과 4장에서 보여주신 사건들을 내 사건으로 만들어 기적을 창출해 내고 병든 자를 치유하는 능력으로 많은 영혼을 구원하는 역사가 있기를 소망하면서 글을 마감하려고 한다.

 먼저 책을 쓰도록 역사해 주신 하나님께 깊은 감사와 찬송과 영광을 돌리며, 추천서를 써주신 서울연회 원로 김기택 감독, 미국 버지니아 Regent Univ 전학장 Vision Synan 박사, 미국 머드웨스트 대학교 전 총장 엄문용 박사는 미리 추천서를 써주셨는데 책의 교정을 보는 기간이 약 6개월 정도가 소요되는 동안에 하나님의 부르심을 받아 아마도 이 책이 출판되어 나올 때는 하나님 나라에서 보고 있으리라 생각되며 그 유가족 분들에게 하나님의 위로가 있기를 소망하면서, 눈 수술이 회복되지도 못한채 교정을 꼼꼼하게 봐준 좋은 친구 엄한갑 목사와 이 책을 편찬함에 있어 대필을 해준 아내(이복순 사모)와 컴퓨터 작업을 해준 아들(장남 문용신)과 마지막으로 이 책을 편찬해 주는 "바울서신"에 다시한번 깊은 감사와 더불어 글을 마치고저 한다.

신앙의 영적성장과 교회 양적부흥
평신도가 3년에 성취하는 길

인쇄일 2025년 5월 20일
발행일 2025년 5월 20일

지은이 문만식
발행인 김화인
펴낸곳 바울서신
편집인 김진순
주　소 서울 중구 을지로20길12 405호(인현동1가, 대성빌딩)
전　화 (02)2273-2408
팩　스 (02)2272-1391
출판등록 2024년 8월 6일 신고번호 제2024-000082호
ISBN 979-11-988809-4-9
정　가 25,000원

- 오직 하나님의 마음으로 책을 만드는 **바울서신**입니다.
- 펴낸이의 허락없이 이 책의 전체나 부분을 어떤 수단으로도 이용할 수 없습니다.
- 잘못된 책은 구입처에서 바꾸어 드립니다.